발표와 연설의 핵심 기법

**The Speaker's Handbook, 7th Edition**
Jo Sprague, Douglas Stuart

This edition first published in 2008 jointly by
Cengage Learning Korea Limited and Pagijong Press.

Original edition © 2005 Wadsworth, a part of Cengage Learning. The Speaker's
Handbook, 7th Edition, Jo Sprague, Douglas Stuart. ISBN: 978-0-534-63880-1.

This edition is translated by license from Wadsworth, a part of Cengage Learning,
for sale in Korea only.

For permission to use material from this text or product, email to
**asia.publishing@cengage.com**

ISBN-13: 978-89-7878-948-6

Cengage Learning Korea Ltd.
Suite 1801 Seokyo Tower Building
353-1 Seokyo-Dong Mapo-Ku
Seoul 121-837 Korea
Tel: (82) 2 322 4926
Fax: (82) 2 322 4927

Cengage Learning products are represented in Canada by Nelson Education, Ltd.

For product information, visit **cengageasia.com**

Printed in Korea
1 2 3 4 11 10 09 08

SEVENTH
EDITION

The
Speaker's
Handbook

# 발표와
# 연설의
# 핵심 기법

Jo Sprague · Douglas Stuart 지음

이창덕
임칠성
심영택
원진숙
민병곤
전은주
권순희
노은희
유동엽
서현석
옮김

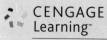

CENGAGE
Learning™

도서
출판 박이정

Australia·Brazil·Japan·Korea·Mexico·Singapore·Spain·United Kingdom·United States

# 발표와 연설의 핵심 기법

초판 인쇄 | 2008년 2월 20일
초판 발행 | 2008년 2월 29일

지은이 | Jo Sprague · Douglas Stuart
옮긴이 | 이창덕, 임칠성, 심영택, 원진숙, 민병곤,
　　　　전은주, 권순희, 노은희, 유동엽, 서현석
펴낸이 | 박찬익
디자인 | 이영희

펴낸곳 | **도서출판 박이정**
　　　　서울 동대문구 용두동 129-162 (우 130-070)
　　　　전화 | 02-922-1192~3
　　　　팩스 | 02-928-4683
　　　　홈페이지 | www.pjbook.com
　　　　이메일 | pijbook@naver.com
　　　　온라인 | (국민)729-21-0137-159

등록일자 | 1991년 3월 12일
등록번호 | 제 1-1182호

ISBN 978-89-7878-948-6 (93700)
값 27,000원

# | 발표와 연설의 핵심기법 |

누구나 원하기는 하지만, 여러 사람 앞에서 자신의 생각을 명확하게 표현하여, 상대로 하여금 내 이야기를 제대로 이해할 뿐만 아니라 감동을 받도록 말하는 일은 참으로 어렵다. 실제 발표나 연설 상황에서는 수십 수백 가지의 변인들을 고려하면서 말을 해야 하므로 말을 해 나가면서 내용뿐만 아니라 상황맥락까지 고려한 최선의 선택을 하기가 여간 어렵지 않다. 발표와 연설 같은 공식적 말하기를 성공적으로 해내는 능력은 사회생활을 해 나가는 데 대단히 중요한 능력이지만 살아가면서 저절로 터득되지는 않는다. 그러나 발표와 연설 같은 공식적 말하기의 경우, 의사소통의 기본 원리를 알고, 관계되는 요소들을 고려하여 면밀하게 계획을 세우고, 내용을 잘 조직하고 다듬어서 연습해 나가면 누구나 훌륭한 발표자, 연설자가 될 수 있다.

이 책은 스프레그(J. Sprague)와 스튜어트(D. Stuart)의 책, 《The Speaker's Handbook》제7판을 번역한 것이다. 7판이라는 판수가 말해주고 있듯이 이 책은 미국에서 대단히 인기 높은 말하기 책이다. 공식적 말하기의 핵심 요소들에 대해서 개념과 구체적 절차들을 잘 정리하고, 보통 사람이라도 공식적 말하기를 잘 할 수 있도록 만들어졌기 때문이다. 이 책에서는 취임 연설 같은 격식을 갖춘 공식적 말하기뿐만 아니라 친구나 가족 모임 같은 사적 모임의 말하기까지, 넓은 의미의 공식적 말하기의 핵심 요소와 기법을 체계적으로 다루고 있다. 실제 사람들의 언어생활은 개인적 대화나 담소 등의 말하기가 대부분이고, 대화의 문제 또한 여기서 발생하는 경우가 많기는 하지만, 사람들이 배우고 싶어 하고 자신의 말하기 문제에 대해 심각하게 고민하는 영역은 여전히 발표와 연설 같은 공식적 말하기다. 그래서 이 책의 번역 제목도 '발표와 연설의 핵심 기법'으로 정했다.

이 책은 모두 5부로 구성되어 있다. 말하기와 듣기의 기본 지식과 윤리, 그리고 말하기 불안 극복 방법을 다룬 1부로 시작해서, 공식적 말하기를 위한 계획과 주제 선택과 분석, 청중 분석, 자료 수집과 연구를 다룬 2부, 말할 요점을 찾아 정리하고 개요를 짜고, 서두부터 마무리까지 어떻게 구성할 것인지를 다룬 3부, 뒷받침 자료들을 챙기고 추론의 근거를 마련하고 청중의 흥미를 끌고 신뢰를 구축하는 기법, 동기를 부여하고, 정보를 전달하고, 설득하는 기법, 상황맥락을 활용하는 방법들을 다룬 4부, 전달 방식을 결정하고, 목소리를 다듬고, 표정과 동작을 사용하여 적절하게 표현하는 방법과 질문 처리하는 방법을 다룬 5부로 이루어져 있다. 지금까지 발표와 연설을 가르칠 때 단편적으로 다루어 온 기법들을 종합적이면서 체계적이고, 구체적으로 지식과 기법을 익혀 연습할 수 있도록 꾸며져 있으며, 계획과 구성 그리고 표현과 상호작용 과정에서 유의할 사항들도 조목조목 잘 제시하고 있다. 공식적 말하기를 공부하는 대학생뿐만 아니라 회사에서 프레젠테이션을 하거나 공식적인 자리에서 발표와 연설을 자주하는 일반인들에게도 자신의 공식적 말하기 능력을 한 단계 높일 수 있는 아주 유익한 책이다.

사회가 복잡해지고, 소통의 중요성이 강조되면서 발표와 연설, 프레젠테이션 등 공식적인 자리에서 자신의 생각과 주장, 알리고자 하는 바를 제대로 진단하고, 모자라는 부분을 점검해 훈련할 수 있는 지침서가 부족한 상황에서 이 책은 대단히 효과적인 말하기 지침서가 될 것으로 확신한다. 한국사회가 상당히 합리적 소통을 중시하는 쪽으로 발전해 가고 있지만 아직까지 말이 거칠고, 그로 인해 사람들 사이의 관계가 어려워지고 문제가 자주 발생하는 상황에서 지도자들부터 사회 초년생들까지 말하기를 제대로 점검하고, 문제점을 개선하는 노력이 절실한 시점이다. 이 책은 이런 필요와 요구를 상당 부분 해결해 줄 것으로 기대한다. 수많은 말하기 관련 책들이 시중에 나와 있지만 어떤 것들은 너무나 단편적이고 상업적인 경향으로 치우쳐 있는가 하면, 어떤 책들은 지나치게 학술적이어서 실제 말하기 상황에 적용하기는 무리가 있었다.

전국의 여러 대학과 교육 연구 기관에서 근무하는 역자들이 공식적 말하기의 기초를 위한 책을 같이 집필할 필요가 있다는 공감을 하고 있었는데, 공식적 말하기와 그 교육이 한국보다 앞선 미국에서 인기를 끌고 있는 이 책을 먼저 번역하면서 공부하고 기초를 다지는 것이 좋겠다는 쪽으로 의견이 모아져, 함께 번역하고 함께 읽어가면서 다듬었다. 역자들이 말하기와 듣기 교육 연구 전문가들이었지만 이 책을 번역하면서 새로운 것들을 배우고, 또 이미 알던 것들도 구체화하고 체계화하는 좋은 기회가 되었다. 이 책을 읽고, 필요한 기법을 익히는 모든 분들에게 각자 필요한 깨달음과 훈련 지침을 제공할 것으로 확신한다. 이 책의 대부분의 내용이 공식적 말하기에 관련되는 보편적인 내용들이지만 미국 상황과 한국 상황이 달라 적용하기 어려운 부분은 주를 달거나, 한국식 예문으로 부분 대체하였고, 생략해도 좋은 부분은 과감히 생략하였다. 이런 과정에서 생긴 오류나 실수가 있다면 이는 전적으로 역자들의 책임임을 밝혀둔다.

아무쪼록 이 책이 공식적 말하기를 공부하고, 발표와 연설을 좀 더 잘하기를 희망하는 모든 사람의 기대에 부응하기를 바라는 마음 간절하다. 나아가서 우리 사회도 좀 더 성숙한 언어문화, 대중 연설과 발표가 이루어지는 사회가 되기를 바란다. 이 책이 나오기까지 도움과 수고를 아끼지 않은 박이정 출판사 여러분께 감사드린다. 역자들의 출판 제의에 상업성을 따지지 않고 흔쾌히 출판을 허락해 주신 박찬익 사장님, 여러 역자들의 글들을 꼼꼼히 읽고 교정을 봐 주신 이영희 실장님을 비롯한 편집부 선생님들께 고마움을 표한다.

2008. 2

옮긴이 일동

# | 우리 시대를 위한 스피치 핸드북 |

### 서문

《발표와 연설의 핵심 기법(The Speaker's Handbook)》은 대학에서 화법 수업 교재로, 스피치에 관심을 가지고 있는 일반 독자들을 위한 실제적인 지침서로 그간 많은 사랑을 받아온 책이다. 이 책은 스피치를 준비하는 과정에서 일반적으로 겪게 되는 다양한 문제들에 대처할 수 있게 해 주는 스피치 일반 원리와 생생한 사례들, 그리고 실전 연습 문제들로 구성되어 있다. 이 책이 스피치를 다루고 있는 다른 책들과 다른 점이 있다면, 무엇보다 유연한 책 구성 체제라 할 수 있다. 스피치와 관련된 30개의 장들이 각각 완성도 높은 스피치를 보장해 줄 수 있는 여러 측면들을 다각도로 상세하게 안내해 주고 있기 때문이다.

### 핸드북 형식의 접근 방법

한 마디로, 스피치에 관한 모든 것을 한 권에 담아낸다는 것은 말도 안 되는 일일지도 모른다. 대중적 말하기로서의 스피치는 그 직접적인 발화 맥락과 특정 화자의 개인적인 특성, 청중의 반응과 같은 매우 특별한 성격들이 생생하게 개입되는 실제 상황이기 때문이다. 과연 이렇게 구체적인 말하기 행위에 대해 진정으로 유용한 안내를 해 주는 것이 가능할까?

물론 가능하다. 사람들이 공식적 말하기로서의 스피치에 대한 필요를 느끼고 있는 한, 효율적인 말하기 방법과 이에 대한 조언을 그 누군가로부터 구하게 될 것이기 때문이다. 그 옛날 이집트 무덤에서도 통치자가 백성들에게 무슨 말을 해야 할 것인가에 대해 진지하게 고민하고 있음을 보여주는 증거를 볼 수 있다. 호머(Homer) 시대의 전설을 표현하던 구술 전통은 이러한 말하기가 글쓰기보다 훨씬 앞서 있었음을 암시해 준다. 중국, 인디아, 아메리카의 고대 문명에 관한 정보가 축적됨에 따라 그 시대의 사람들도 나름대로 문화적으로 특징적인 말하기 방식으로 문제를 분석하고 토론해 왔다는 것을 알게 되었다. 이러한 것들 역시 그 문화권 안에서 다른 문화권 사람들에게 말하기 방식에 관한 좋은 안내가 될 것이다. 대개 이러한 유형의 안내는 다음 두 가지 방식이 될 것이다. 첫째, 말하기에 대한 경험을 많이 가진 사람들이 좋은 말하기에 대해 조언을 해 주는 방식이고 둘째, 좋은 말하기 방식에 관해서 이론화해 주는 방식이다.

이 두 가지 방식의 안내는 오늘날에도 여전히 유효하다고 본다. 뛰어난 화자들이 자신의 경험에 관한 책을 쓰는 것이 그 한 가지 방법이 될 것이다. 이러한 유형의 책들이 해마다 유행하고 인기를 얻는 까닭은 사람들이 이들의 개인적인 경험으로부터 도움을 얻고 있기 때문이다. 마찬가지 이유로, 대학 도서관들은 수사학과 의사소통학에 관련된 학술적인 자료들을 축적하려 노력하고 있다. 이 책에서도 역시 수 천 년 동안 이어져 온 말하기 연구의 연속선상에서 논의되고 탐구되어 온 내용들을 다루어 보고자 한다.

위의 두 가지 형식의 안내가 이천년 이상의 세월 동안 이어져 온 유서 깊은 전통을 바탕으로 한 것이라면 이와 구분되는 또 다른 제3의 형식이 있다. 이 형식은 개인적인 성공담을 서사적 형식으로 엮어 놓은 것도 아니고 학문적이고 이론적인 학술 서적도 아니다. 바로 본서와 같은 핸드북이다. 인류 역사상 화자를 위해 쓰여진 최초의 핸드북은 기원전 2세기 경 고대 그리스 시대의 소피스트 철학자에 의해 집필된 것이었다. 어떠한 분야든지, 핸드북이란 이론과 실제를 혼합해서 상세하게 자세한 형식으로 쓰여지기 마련이다. 스카우트 활동 관련 핸드북, 철새 관찰 핸드북, 관리 경영 핸드북, 명상 핸드북 등의 경우와 마찬가지이다. 이러한 모든 경우와 마찬가지로, 핸드북이란 오랜 기간, 여러 사람들에 의한 이론과 경험의 정수들만을 모아 놓은 것이라 할 수 있다. 핸드북의 유용성은 다음과 같은 특징으로 정리될 수 있다.

## 간결성

핸드북은 한 손에 쏙 들어오는 형식의 책이다. 핸드북은 휴대하기 쉽고 어디서든 참고하기 쉬울 만한 크기가 바람직하다. 이는 곧 책의 부피를 줄이고 가장 유의미한 지침만을 추출해서 엮어야 한다는 말이다. 그럼에도 불구하고 용례는 풍부해야 한다. 이를 위해 본서에서는 시디롬의 스피치 비디오 자료, 웹 사이트에 있는 스피치 원고들에 대한 구체적인 용례와 연습 문제들을 많이 싣도록 했다. 이 책 도처에 흩어져 있는 샘플 스피치 원고들은 표준적인 교재에서는 괜찮지만 핸드북 형식에는 맞지 않을 수도 있다. 만화와 사진 역시 상당 분량을 차지하고 있다.

## 참조의 편이성

핸드북의 내용은 어떠한 순서로도 사용이 가능하다. 각 장들의 체제나 배열이 임의로 구성된 것은 아니지만 독자나 교수자가 반드시 이 순서를 따라야 할 필요는 없다. 각각의 장을 집필할 때 가급적 다양한 사용자의 각기 다른 요구에 맞추어 자족적인 형식을 갖추도록 했기 때문이다. '정보의 고속도로'나 메뉴 선택 방식의 컴퓨터 혹은 '임의 접근'이라는 용어가 만들어지기 훨씬 전부터 사람들은 자신이 필요로 하는 것들을 배우고 싶어 했다.

성인 학습자는 자신의 학습 프로그램을 나름의 방식으로 설계해서 컴퓨터를 설치하거나 새로운 일을 배워 나간다. 컴퓨터를 구입하는 대부분의 사람들은 그 사용법에 관한 강좌를 수강하지 않는다. 이것저것 몇 가지를 시험적으로 해 보고, 사용설명서를 훑어보고, 바로 컴퓨터를 사용한다. 그러다가 어떤 문제가 생겼을 때에야 비로소 다시 사용설명서를 뒤적이면서 문제를 해결하기 위해서 필요한 정보만을 찾아보는 것이다. 사실 걱정할 필요가 없는 것에 대해 걱정하지는 않지만, 어떤 것을 문제라고 인식하기 전에는 걱정거리가 무엇인지 알 도리가 없다. 대중적 말하기로서의 스피치 역시 이와 마찬가지이다.

사람들은 실제 말을 해야 할 필요가 생기기 전까지는 어떤 노력을 기울여야 할 것인가에 대해 알지 못한다. 그러므로 이 책의 사용자들은 필요에 따라 어떠한 순서로든 편안하게 이 핸드북을 사용하면 된다. 교수자가 저마다 각기 다른 경험을 가지고 교실에 들어오는 것처럼 각 교육기관의 학생들 역시 저마다 다른 가치와 요구, 능력을 지니고 있다. 그러므로 교수자 개개인은 이러한 학생들의 말하기 기술을 증진시키기 위한 최선의 방법을 모색하여 각각의 경우에 맞는 장을 선택해서 가르치면 될 것이다. 이 책의 사용자가 교사나 학생, 혹은 전문직 종사자 누구이건 간에 우리는 이 책의 모든 장에서 필요한 부분들을 순서에 구애받지 않으면서 자유롭게 활용할 수 있을 것이다.

## 이용의 편리성

사람들은 컴퓨터에 관한 책을 집어들 때, 컴퓨터와 프린터 사이의 호환성을 언급하는 부분을 찾기 위해 전체 시스템 구조를 보지 않고 바뀐 프린터 모델에 관한 부분만 빨리 찾고 싶어 한다. 훌륭한 컴퓨터 사용자는 관련 정보를 구분하여 포스트잇이나 책갈피 등의 도구를 이용한 표지를 통해서 가능한 한 그 정보에 접근하기 쉽도록 해 놓는다. 본서에서는 사용자의 편이를 위해서 손쉽게 필요한 곳을 찾아볼 수 있도록 색인 부분과 각 장별 체크리스트를 보강하였다.

이러한 구분과 함께, 사용자들은 한 번에 모든 내용을 다 읽을 필요가 없다. 학급에서 정보전달 스피치를 준비하는 학생이 유머를 보강해야 할 경우를 가정해 보자. 그러한 경우, 이용자는 책장을 넘겨서 18a.4 부분을 미리 읽을 수 있다. 분량이 길지 않다. 신기술 채택에 관한 안건에 대해 이사회에서 프리젠테이션을 해야 하는 사업가라면 과연 발표할 모든 내용을 효과적인 순서로 어떻게 정리해야 할 것인가에 관한 문제로 고심하게 될 것이다. 이 경우에는 핵심 내용을 생각 중심으로 변형하는 내용을 다룬 9장과 정보 전달 및 설득적 말하기 전략에 관한 21장과 22장을 보면 될 것이다.

### 이 책을 효율적으로 사용하기 위한 몇 가지 방법

이 책을 십분 활용할 수 있는 몇 가지 구체적인 방법을 미리 제시하면 다음과 같다. 첫째, 이 책의 대부분을 읽고 싶은 독자라면 우선 1장을 읽기 바란다. 의사소통에 관한 대략적인 내용과 함께 화자로서 자신을 확실하게 규정할 수 있게 될 것이다. 아울러 자신의 말하기 수준을 진단하고 각각의 수준에 맞도록 말하기 기능을 개발할 수 있는 적절한 계획을 수립할 수 있는 접근법을 제공해 줄 것이다. 이 책은 일반적으로 화자는 단번에 모든 것을 의식할 수 없다는 가정 하에 집필되었다. 말하기 기능을 개발하는 프로그램을 설계할 때, 화자는 한 번에 모든 부분을 의식해서는 안 된다. 대번에 모든 부분에 집중하려고 한다면 의도한 목표가 좌절됨은 물론이고 말하기 기능도 제대로 발전시킬 수 없게 될 것이다. 1d에서 논의한 바와 같이, 화자는 자신의 말하기 방식이나 메시지의 정확한 언어 전달에 지나치게 신경을 쓰지 않도록 해야 할 필요가 있다. 그렇지만 어떤 스피치가 꼭 다른 대화와 다른 것이라면, 대화적 결속성을 깨지 않으면서 말하기 기술을 향상시킬 수 있는 방법 면에 좀 더 주의를 기울여야 할 것이다. 무엇에 우선순위를 둘지 명확하게 계획하는 일과 한 번에 의식적으로 추구해야 할 제한된 수의 목표를 결정하는 일이 성공적인 말하기로 이끄는 관건이 될 것이다. 이 핸드북은 사용자로 하여금 한두 가지씩 주요한 말하기 기술을 선별하여 연습하고 숙달하고 나서 다음 단계로 나아가는 방법을 사용하도록 권한다.

## 감사의 말

먼저 우리의 의견을 십분 수용해 주고, 자극해 주고, 궁극적으로 더 좋은 책을 만들도록 힘을 실어 준 Wadsworth 출판사 편집국 팀에게 감사의 마음을 전한다. 6차에서 7차 개정판의 책임을 맡아 준 데일드러 앤더슨과 에릭 카슨에게 감사한다. 책을 쓰고 고쳐쓰면서, 우리는 이 프로젝트에 남다른 열정을 가지고 소중한 동업자가 되어 준 의사소통 연구의 습득 팀 편집자인 매니 미첼과 선임 개발 편집자인 르네 델존의 도움을 많이 받았다. 또한 6차 본 편집 팀으로 있으면서 그 경험을 고스란히 이번 7차 개정판 작업으로 이전해 준 Wadsworth의 동지들−책 출판 메니저인 메어리 노엘, 선임 기술 프로젝트 메니저인 냐넷 와이즈만, 선임 마케팅 메니저인 킴벌리 러쎌, 출판 지원 서비스 탐의 비키 모란, 저작권 담당 편집자인 다이안 엘젭케에게 감사한다. 우리는 아울러 본서에 대한 아이디어로 처음 이 작업으로 이끌어 주었던 피터 도허티에게 고맙다는 말을 하지 않을 수 없다.

유타 대학의 메어리 굴드, 메네소타 대학의 나넷 존슨커리스키스, 캔자스 대학의 제니퍼 L. 루이스, 텍사스 엘파소 대학의 쉐리 로이스, 세콰이어스 대학의 로빈 맥게히의 소중한 지적과 충고에도 감사한다. 또한, 이 책을 이용하면서 격의 없는 지적을 해 줌으로써 우리에게 이 책이 보다 유용한 책으로 거듭날 수 있게 해 준 많은 사람들에게도 감사한다.

이 책과 씨름하는 내내 아낌없는 사랑과 지원을 아끼지 않았던 가족과 친구들에게 뭐라 감사의 말을 전해야 할지 모르겠다. 이 책이 그들의 사랑과 지원에 조금이라도 보답이 되었으면 하는 마음이 간절하다.

조 스프레그(Jo Sprague)
더글러스 스튜어트(Douglas Stuart)

## 차례

# 제1부
# 기초이론

# 서론

여러분은 공식적 자리에서 말할 기회가 많고, 또 이 책 내용을 공부해 가다 보면, 말하기 교실과 같은 곳에서 공식적으로 말할 기회가 있을 것이다. 당신이 직장이나 지역 위원회 같은 곳에서 발표할 일이 생겨서 이 책을 찾았을지도 모르겠다. 어쨌든 이 책은 만난 것은 좋은 기회이고 잘된 일이다.

어떤 사람에게는, "당신이 공식적 자리에서 말할 기회를 갖게 될 것이다."라는 말은 "당신이 곧 치수강(齒髓腔)－치아 속의 부드러운 부분, 혈관과 신경이 많이 분포되어 감각이 예민하여 치통을 느끼게 하는 부분. 골치거리) 하나를 갖게 될 것이다."라고 말하는 것과 같이 들릴 것이다. 많은 사람들은 공식적 말하기에 대해서 가벼운 부담부터 엄청난 공포까지 다양한 태도를 가지고 있는 것이 사실이다. 그런 염려들은 많은 사람들 사이에 퍼져 있는데, 사실, 우리가 원하지 않는데 발표나 연설을 하도록 요청 받는 것보다 더 안타까운 경우는, 당신은 말하고 싶은데 공적인 자리에서 제대로 말을 할 수 없는 경우이다. 다음과 같은 시나리오에서 말하고 싶은데 제대로 말할 수 없는 상황은 완전히 사람을 맥이 빠지게 만든다.

- 당신이 당신과 당신 가족에게 엄청나게 중대한 문제를 가지고 논의하는 공식 모임에 참석했는데 당신이 말해 본 적이 없는 능수능란한 말

재주를 가진 반대편 사람으로부터 협박을 받는다.

■ 당신이 수업 중에 어떤 질문을 받았을 때 그 답을 알고 있지만 손을 들용기가 생기지 않는다.

■ 당신은 어떤 문제를 가지고 동료들과 논의하는 업무 회의에 참석한다. 당신은 그 문제의 해결책을 가지고 있지만 당신은 당신의 생각을 충분히 명확히 표명할 수가 없다.

■ 당신은 업무상 모임이나 사회적 모임에서 지도자 역할을 하고 싶다. 그러나 그 자리는 발표나 연설을 자주 해야 하는데, 그 생각을 하면 온 몸이 공포로 뻣뻣해진다.

■ 당신이 정말로 원하고, 당신이 자격도 갖추고 있는 어떤 일자리를 위해서 면접을 받는다. 하지만 횡설수설하거나 더듬거리면서 주어진 질문에 제대로 대답할 수가 없다.

■ 당신이 잘 아는 주제에 대해서 프레젠테이션을 시작한다. 그런데 정작 중요한 내용들은 생각나지 않고 허둥대다가 서둘러 발표를 끝내고 만다.

■ 당신은 친구들이 자신들에게 일어났던 재미있고 신나는 이야기를 하는 동안 귀 기울이고 있다. 그리고 당신이 겪었던 이야기를 하고 싶어 죽을 지경이다. 그러나 너무 부끄러워 말을 꺼낼 수 없다.

이런 상황이 벌어지면 우리는 슬퍼진다. 누구나 이런 상황에 처하게 되면 힘이 빠지고 집중력도 없어지고 자신감도 없어진다. 더 심각한 것은 사람들이 공공 업무에 참여할 자신감과 방법을 모르기 때문에 밖으로 드러내지 않는 사람들의 목소리를 들을 수 없게 된다는 점이다. 민주 사회는 다양한 생각의 교환으로 이루어지고, 그 결과로 각자의 의견을 듣고 협의를 통해 최선의 행동을 선택할 수 있다. 모든 시민은 적극적으로 사회 건설에 참여하고, 또 압제와 권리 침해에 대해서는 적극적으로 드러내서 말해야 한다. 사회 기구들은 참여자들에 의해 움직이고, 상호 의사소통을 통해서 전문적인 평가가 이루어진다. 우리 사회의 연결고리와 가족 결속은 서로 이야기를 나누고 감정을 서로 교류하면서 공고해진다.

공적 영역의 말하기가 편하고 효과적으로 이루어지면 사회적 공동체의 이익과 더불어 개인적이고 전문적인 영역의 이익도 당연히 증대된다. 정보를 분석하는 경험과 자신의 의견을 발표하는 것은 일상 활동에 자신감을 더해줄 뿐 아니라 교실에서 얻는 것 외에도 더 많은 것을 배울 수 있다. 학급 토의에 적극적으로 참여하고, 발표를 준비하고, 조직하고, 다듬고, 시행하는 것은 여러분의 학습을 더욱 효율적으로 만들어 줄 것이다.

직업상의 이익을 고려해 보면, 인터넷 웹상에는 구인난에 다음과 같은 표현을 자주, 쉽게 찾아볼 수 있다. 예를 들어, '의사소통 능력이 뛰어난 사람', '말하기와 글쓰기 능력이 뛰어난 사람', '다른 사람을 잘 움직일 줄 아는 사람', '글쓰기와 의사소통 능력이 뛰어난 사람', 그리고 '개인과 집단 사이에서 의사소통 능력이 뛰어난 사람'과 같은 어구들이다. 분명히 당신이 공식적 말하기 능력을 잘 길러둔다면 직업을 구하는 데 도움이 될 것이다. 결국, 간결하고 핵심을 찌르는 대답을 하는 후보자, 자신의 생각과 원하는 것을 기억에 남도록 잘 표현하는 사람, 강한 스트레스를 잘 견뎌내는 사람이 좋은 인상을 주게 된다. 일단 직업을 갖고 나면 여러분은 여러분의 의사소통 능력을 효과적이고 전문적인 인재로서 개인적 만족을 얻을 수 있는 근무환경을 만드는 데 이용할 수도 있다.

지침서 차원에서 도저히 극복할 수 없는 환경(권력자에 반대하는 말을 하려면 엄청난 위험을 감수해야 하는 독재 사회나 조직, 집단)을 제외하고 사람들이 공식적인 자리에서 말을 하지 못하게 하는 요인들은 교육이나 지도과정을 통해서 드러내서 말할 수 있다. 효과적인 말하기 기술은 거의 모든 사람이 배울 수 있다. 그렇지 않다면 왜 수많은 대학에서 공식적인 말하기 과정을 개설하도록 하고 또 적극 추천하고 있겠는가? 왜 그렇게 많은 사람들이 국제 사회자 클럽 같은 모임에 자발적으로 참여하겠는가? 왜 큰 회사들이나 공공기관들이 그렇게 많은 돈을 들여서 발표훈련을 시키겠는가?

　　다른 기술(댄스, 프로그래밍, 정원수 전지 기술 등)과 마찬가지로 공식적인 말하기는 기본적으로 익혀야 할 원리들이 있고, 집중 훈련해야 할 부분이 있고, 전문가 선생님과 함께 배우는 동료들과 공부하면서 얻는 유익한 점들이 많다. 우리는 과묵한 사람들이 훈련과정을 통해서 자신감과 안정감을 갖는 것을 보아왔다. 우리는 처음에는 발표나 연설은 단순히 말하고자 하는 요점들을 늘어놓은 것이라고 생각하던 사람들이 사람들 앞에서 이야기해 나가는 과정에 어떻게 청중들을 끌어들이는가에 대해서도 정교하게 인식하는 정도로 달라지는 것을 보아왔다. 말할 때 요점들에 대해서 개요 짜기를 싫어했던 사람들로부터는 요즘 그들이 대학 강의에서나 직무 수행

과정에서 말하기나 쓰기의 조직 기법들을 어떻게 사용하고 있는지 증언하는 것을 자주 듣는다. 믿을 수 없겠지만 말하기를 정말 싫어하고 무서워했던 사람들 중 몇몇 사람들은 발표를 재미있어 하고 즐기게 되었다. 그 사람들은 요점을 분명하게 하고 사람들을 감동시켰다는 것을 청중의 얼굴을 통해 확인할 때 그것이 얼마나 신나는 일인지 알게 되었다. 사람들은 누구나 사람들 앞에서 말을 했을 때 칭찬과 박수를 받고 싶어 한다. 우리는 우리의 앞날에 대해 이야기할 때, 자신의 아이디어가 채택되고 자신이 한 말이 논의 과정에 기여하게 되었을 때 기분이 좋다. 공공 영역에서 우리 자신의 목소리가 반영된 것을 확인하는 것은 신나고 힘이 솟는 일이다.

제1장
# 말하기의 이해

# | 말하기의 이해 |

사람들 앞에서 말을 하는 것은 당신이 청자와 함께 의미를 만들어나가는 것임을 이해하라. 그리고 당신이 가지고 있는 대화 자료들을 주의 깊게 조합해서 화자의 역할을 잘 감당해 나가도록 하라.

발표나 연설을 준비하는 과정에 당신은 수십 아니 수백 가지 이상의 결정을 할 것이다. 당신이 사람들에게 말을 할 때, 순간순간 목소리, 몸, 마음까지 함께 고려하면서 말해 가는 동안 결정 과정은 점점 더 복잡하게 된다. 연설을 한 번 한다는 것은 간단히 이루어지는 것이 아니다. 하지만 당신이 연설에 관련되는 것들을 잘 조직하는 방법을 알고 있다면 그 복잡한 과정을 아주 간단하게 처리할 수 있다. 당신이 말하기와 의사소통 과정에 관여하는 기본적인 것들에 대해서 잘 알고 있다면 말이다. 당신이 계획을 세워 연설을 할 때 여러 요소를 선택하고, 분명하게 하고, 잠재적 복잡성을 줄이고 하는 일들을 잘 하려면 의사소통의 기본 원리나 이론적 틀을 가지고 연설하는 과정을 면밀히 들여다보라.

## 1a. 화자가 된다는 것의 의미를 파악하라

많은 사람들은 '공식적 말하기(public speaking)'라는 말을 들으면 '연설(speech)'의 고전적 구성 요소인 연사용 탁자나 연단, 무대, 그리고 강당과 같은 이미지를 떠올린다. 이러한 이미지는 어떤 사람에게는 두려움을 주기도 하고, 어떤 사람들에게는 활력을 돋우기도 한다. 그런데 이런 이미지는 대단히 좁은 의미의 공식적 말하기이다. 이 책에서는 좀 더 넓은 의미의 '공식적 말하기'의 개념과 '화자가 된다는 것'의 폭넓은 성격에 대한 그림을 제공할 것이다. 이 그림 안에는 과거 '화법'의 개념을 포괄하고 있고, 이 책 사용자들이 과거 화법의 기술도 잘 익히기를 바라지만 이 책은 그 이상의 것들을 담고 있다. 당신이 수상 축하연에서 연단 뒤에 서거나 위원회 모임에서 단상의 마이크 앞으로 나아가거나, 직장에서 함께 일하는 사람들과 마주 앉거나, 어떤 문제를 해결하기 위해 고민하면서 당신의 제안을 설명할 때 당신은 화자가 된다. 당신은 교실에서도, 직장에서도, 친구들이나 가족들과 있을 때에도 화자가 된다.

이러한 여러 상황 가운데 특정 상황에서 당신은 다른 상황에서와는 다른 화자가 된다. 맥락을 넓게 해석하는 이런 주장을 하면서 우리는 우리가 지나치게 넓히는 것이 아니라는 것을 분명히 알아둘 필요가 있다. 여러 사람이 모인 곳에서 이루어지는 모든 음성언어 소통이 공식적 말하기가 되는 것은 아니다. 아마도 공식적 말하기의 두드러진 성격은 어떤 행사에서 한 사람, 특정 화자에게 그 행사의 진행을 맡도록 모인 여러 사람들이 동의했을 때 공식적 말하기가 그 자체로 하나의 행사라는 점이다.

많은 사람들은 화자와 청자가 뚜렷이 구분된다고 믿는 경향이 있다. 즉 의미는 화자에 의해서 의미가 만들어지고 청자에게 전달된다고 생각하는 것이다. 이런 생각은 화자와 청자는 상호대립적 관계라는 잘못된 생각을 심화시킬 수 있다. 청중은 당신을 판단하고, 당신의 생각을 일방적으로 받아들이고 때로는 조작당할 수도 있는 사람들로 구성된 집단이라는 잘못된 생각 말이다. 의사소통 이론가들은 의미는 화자와 청자의 상호작용에 의해서 사회적으로 구성된다는 점을 강조한다.

화자에 대한 이런 관점이 화자의 기본적 책무를 면제해주거나 모든 말하기 상황이 즉흥적이라는 것을 의미하지는 않는다. 당신이 연사로서 전달하려는 목적을 확실하게 달성하기 위해서는 효과적이고도 효율적인 연설이되도록 당신의 온 힘을 기울일 의무가 있다. 당신은 창안자이자 발명가로서화자라는 것을 염두에 두어야 한다. 즉 당신은 연설을 통해서 무엇인가를해내야 하는 유일한 사람이고, 그것은 효과적인 말하기를 위해서 당신이 절대적으로 필요한 사람이라는 것을 의미한다.


## 1b. 의미중심 의사소통에서 공식적 말하기를 효과적으로 하기 위한 기초를 튼튼히 하라

말할 것도 없이, 공식적 말하기도 의사소통이라는 넓은 의미의 인간 활동의 한 범주이다. 간단한 화법 안내서라고 하더라도 커뮤니케이션의 성격이무엇이고, 어떻게 의미가 창조되는가에 대해 여러분이 어떻게 생각하고 있는지 점검해 보는 것이 필요하다. 지나치게 제한적이고 기계적으로 훈련을시작하는 것은 당신이 효율적으로 훌륭한 화자가 되는 것을 방해할 수 있다.

1. 의사소통은 단순히 정보를 주고받는 것이라고 당신의 관점을 제한하지 마라

정보시대 초기부터 수십 년 동안 '의사소통(커뮤니케이션)'은 송신자가수신자에게 정보를 정확하게 전달하는 것이라는 관점에서 정의되었다. 어

떤 유형의 말하기나 연설 준비 측면에서 이런 개념은 아주 유용한 점이 있다.(21장 참조) 그렇기는 해도 일반적으로 전화를 걸면서 말을 하는 것을 상품꾸러미를 배달하는 것과 비교하는 것은 무리가 있다. 이러한 비유는 당신이 불분명하고도 통신자 통제 단계 중심으로 생각하도록 유도하는 경향이 있다. "연설을 한다"는 것은 아이디어를 선정하고, 그것들을 조직하고, 언어에 잘 담아서 수신자에게 잘 전달되었다는 것을 입증하는 것이다. 하지만 대부분의 목적을 위해서 화자는 좀 더 협동적이고 복합적인 의사소통 모델을 받아들일 때 더 말을 잘하게 된다.

## 2. 함께 의미를 구성하는 과정으로 의사소통을 인식하라

창조라는 비유는 전혀 다른 이미지들을 불러일으킨다. 작업 중인 영화 제작자들을 생각해 보라. 또는 소프트웨어 디자인팀을 생각해 보라, 혹은 교재를 함께 쓰는 두 사람의 저자를 생각해 보라. 어떤 시점에서 한 사람이 다른 사람이 듣고 반응하는 동안 아이디어를 낼 수도 있다. 그러나 마지막 작품은 결국 서로 간에 상호작용을 통해 만들어낸 합작품이다. 그 결과물의 어느 한 사람의 마음에 존재하던 그대로가 아니다. 그러나 우리가 의사소통의 이런 두 가지 접근 방법의 차이를 명확히 구분해 내는 것은 결코 쉬운 일이 아니다. 화자 중심의 메시지로부터 통합적으로 창조된 의미로의 전환은 중요한 함축의미들을 내포하고 있다.

### 의미는 사회적이다

이 말은 송신자도 수신자도 개인으로는 어느 누구도 어떤 진술의 진정한 의미를 통제할 수 없다는 것을 의미한다. 어떤 화자가 사회적 규범을 어겼다면, "저는 전혀 공격적일 의사가 없었으므로 공격한 것이 아니다."라고 말한다고 해서 비난의 갈고리를 벗어날 수는 없다. 어떤 수신자가 어떤 진술이나 행동이 무엇을 의미하는지 일방적으로 결정할 수도 없다. 어떤 민감한 청자가 "난 공격 받았다고 느꼈어, 그러니까 그 말은 공격적이야."라고 상대의 다소 직설적인 표현에 대해서 과잉반응하는 것은 정당화되지 않는다. 우리들 대부분은 어떤 의사소통 과정에 일어난 일에 대해서 자신의 관점을 주장하는 이런 유형의 사소하고도 무익한 논쟁으로부터 자유롭지 못하다.

### 의미는 맥락 의존적이다

비슷하지만, 의미는 사전으로부터 찾아서 확정되는 것이라는 것에 대한 논쟁은 거의 없다. 이 말은 의사소통 과정에서 "진정한 의미"는 단어나 메시지만으로 전달되는 것이 아니라는 것을 의미한다. 텍스트를 둘러싸고(context) 있는 것으로서 '상황맥락(context))'를 생각해 보라. 단어들은 그것들이 발화될 때 사전으로부터 의미를 가져오는 것이 아니라 단어들을 둘러싼 모든 것들로부터 의미를 부여받는다. 어떤 메시지는 글자 그대로 해석이 되기도 하지만 상황맥락이 바뀌면 그 의미가 같을 수 없다. 의미에 대한 이런 접근 방식은 발화가 이루어질 때 어떤 목소리와 표정으로, 그리고 그 전에 어떤 일이 있었으며, 또한 누가 말했으며, 언제 어디서 진술했는지 등을 함께 고려하는 것이다.

### 의미는 불확정적이다

이 말은 달리 말해서 어떤 문장이나 행동도 고정된 시간 속에서는 그것의 "진정한 의미"를 가질 수 없다는 말이다. 뭔가 의미가 있다는 것은 일련의 사건의 연쇄 속에서만 해석되어야 한다. 어떤 연설은 한 가지 일화를 가지고 시작할 수 있는데 처음에는 그것이 진심으로 이해되지만 나중에 보면 그 일화는 화자가 반대하는 것으로 드러날 수도 있다. 의미는 화자와 청자가 이야기를 주고받는 동안에 분명해진다. 흔히 우리는 우리가 부닥친 상황 전체를 다시 돌이켜 생각해 본 후에야 그것이 무엇을 의미하는지 알게 된다.

궁극적으로 의미는 대화공동체에 의해 협상된다

어떤 메시지의 '참의미'가 무엇인지 판정하기가 애매한 경우, 낱말의 뜻에 지나치게 의존해서 판단하거나 화자의 의도에 따라 판단하거나 청자의 반응에 따라 판단하는 모든 경우 그것이 부적절하다는 것을 우리는 보아왔다. 그러므로 어떤 개념이나 메시지의 의미는 그 참여 멤버들이 이미 어떤 것에 동의했거나 다른 것들에 대해서 동의하도록 하는 더 큰 집단(사회공동체)에 의해서 결정되는 경우가 대부분이다. 예를 들면 직장에서 무엇이 성폭력에 해당하는지 결정하는가는 하나의 판결이나 국회청문회에서 결정되는 것이 아니다. 그 개념은 연설에서, 칼럼에서, 편집자에게 보내는 편지에서, 무수한 개인들 간의 대화를 통해서 잘게 쪼개져 결정되는 것이다. 성폭력에 대해서 매우 관대한 언급을 하는 사람들은 그들의 그런 개념이 다른 사람들에게 이제 더 이상 받아들여지지 않는다는 것을 알게 된다. 성폭력을 육체적 폭력 이외의 것들을 인정하지 않는 사람들의 개념도 더 이상 받아들여지지 않는다. 점차적으로 현재 미국 사회 문화에서는 성폭력의 폭넓은 개념을 일반적으로 받아들이게 되었다. 그러나 그런 의미들은 사회적이고, 맥락 의존적이고, 불확정적이기 때문에 그 개념도 계속적으로 변화해 갈 것이다.


## 1c. 익숙한 세 가지 의사소통 요소를 가지고 공적 말하기에 접근하라

청중과 의미를 만들어내려고 하는 많은 사람들이 공식적인 말하기에서 멋지게 시작을 하지 못한다. 당신이 다른 주제들을 가지고, 다른 상황에서, 여러 다른 그룹의 사람들과 성공적으로 의미를 만들어 낸 시간들을 생각해 보라. 당신이 화자로서 계약을 맺을 때, 당신은 새로운 기술들을 완전히 익힐 필요가 없다. 오히려 당신이 이미 당신의 레퍼토리에 있는 여러 가지 의사소통 기술들을 활용하는 것이 좋다. [그림 1-1]에 보이는 회화, 작문 기술을 이용할 수 있다.

당신이 이미 마음대로 사용할 수 있는 의사소통의 요소들을, 당신이 화자가 되었을 때 사용할 수 있도록 잘 수집해 두어라.


## 1. 의사소통 기술을 계발하라

매일 매일의 대화 중에서 당신은 당신의 감정 변화를 자연스럽게 표출하고, 당신이 상황에 편하고도 그때그때 적절하게 반응하도록 무엇인가를 하고 있다. 말할 때 당신은 전달하고자 하는 내용과 말하고 있는 사람에게 집중한다. 그 때 당신은 단어가 정확한지에 대해서는 별로 신경 쓰지 않는다. 왜냐하면 그 때 일어나는 일들은 주고받는 과정에서 그 의미가 분명해지고, 고도의 상호작용을 통해 이루어지는 것들이기 때문이다.


**[그림 1-1] 세 가지 의사소통 기술**

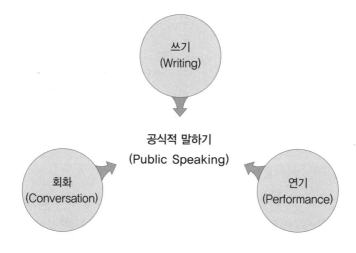

대화를 한다는 것은 언제 어떤 결과가 나올지 모르는 위험을 감수하는 것이다. 그러나 당신이 이런저런 불일치가 일어난다는 것을 안다고 해도 보통은 이러한 불확실성 때문에 다른 사람과 이야기 나누는 것을 그만두지는 않는다. 수많은 공식적 말하기에 대한 불안감은 이런 대화수행 모델 양상으로 당신이 실제 상황에서 말하기를 수행해 가는 동안 사라질 수도 있다.

화자가 받을 수 있는 가장 높은 찬사 가운데 하나는 "말에 능통하다 (conversational)"는 것이다. 공식적인 화자에게 유용한 대화 기술은 편안하고 자신 있는 태도로 말하고, 다른 사람들의 입장을 골고루 고려하면서 잘 들어주고, 계속적으로 피드백을 해보는 것들을 포함한다.

## 2. 쓰기 기술을 계발하라

당신이 당신의 아이디어를 종이 위에 써 두면 당신은 당신의 생각을 거리를 두고 볼 수 있고, 당신의 아이디어들을 잘 잡아둘 수 있다. 이러한 거리두기는 당신이 다른 형태로 실험해 볼 수도 있고, 당신이 다른 것들을 그려볼 수 있게 해서—장인이나 수리공처럼 처리할 수 있도록 도와 준다. 이것은 단순히 대화 아이디어를 이것저것 떠올려보는 것보다는 훨씬 시간이 많이 걸린다. 그 과정에 흔히 친구에게 말하는 "내 말 알겠지?"하는 모호함은 써 봄으로써 분명해질 수도 있다.

글로 쓰면, 당신은 단어의 선택이나 조직에 신경을 많이 써서 주의를 기울여 잘 다듬어진 메시지를 만들어 내려고 한다. 이 때 어휘들은 회화를 할 때보다 정교해진다. 당신은 이 단어 저 단어를 가지고 즐기고, 뉘앙스를 알아보고, 그리고 메시지가 잊혀지지 않도록 표현하는 정교한 방법들을 찾는 시간적 여유를 갖는다.

쓰기는 당신의 아이디어를 객관화해서 보고, 논리적 결속관계를 시험해 보고, 아이디어들이 서로 잘 어울리는지 확인하는 거리를 제공해 준다. 쓰기에서는 당신의 아이디어와 함께 다양한 권위 있는 사람들의 목소리를 함께 엮어낼 수도 있다.

그 다음에 쓰기를 가지고 화자가 언어에 주의를 기울이고, 아이디어의 순서, 그리고 연설의 내적 통일성에 신경을 쓰도록 한다. 글을 잘 쓰려면, 당신의 메시지를 가장 경제적이고도 강력하게 전달할 수 있도록 당신의 단어들을 다시 다듬고 조직하는 시간이 필요하다.

### 3. 연기 기술을 계발하라

대부분의 사람들은 자신들이 브로드웨이 쇼나, 록 콘서트에 나가지도 않았고, 심지어 지역 극장 연극이나, 장기자랑 같은 데도 나가지 않았기 때문에 연기자가 아니라고 말할 것이다. 그러나 이것은 '연기(performance)'의 개념을 지나치게 좁게 잡은 것이다. 실제로 우리는 모두가 연기자이다. 어떤 의미에서는 우리가 무엇을 하든지, 단순히 어떤 생각을 할 때조차도 연기연출은 있다. 그래서 우리는 친구에게 전화 한 통을 걸 때도 미리 생각을 하고 전화를 건다. 당신이 배구를 하거나 가족들에게 이야기를 해 줄 때에도 당신은 연기수행을 하고 있는 것이다. 이 책에서 당신의 연기 기술이라고 하는 것은, 어떤 신체적 특질들─목소리, 제스처, 동작 등─을 이용하는 법 배운 것을 사람들에게 강조점을 만들기 위해 사용하는 것을 의미한다.

많은 사람들에게 연기라고 하면 드라마와 연기상의 기법들을 생각한다. 깜짝 놀랄만한 바이올린 연주자의 등장, 경주 스타의 화려한 등장, 계시의 장면에서 배우의 중후한 말로 나타난 열정과 같은 것을 연상한다. 상황맥락 상에서 적절한 형태로 사용된다면 드라마와 연기 기법은 화자가 자신을 명백히 드러내는 데 있어 나쁠 것이 없는 것들이다. 청중의 감성적 욕구까지 잘 감안하면서 당신이 잘 해 나간다면 의사소통은 훨씬 더 완벽해 질 것이다.

말의 중요성을 지나치게 강조하면서 연설을 지도하는 사람들 사이에서 연기는 일종의 금기사항이 되어버렸다. 그렇게 된 이유는 오래 동안 연기는 그 자체가 중요한 인간 활동이라기보다는 목표로 인식되어 왔기 때문이다. 공식적 연설의 연기 양상을 경시하는 것은 연설이 단순한 회화나 개요, 필사본이 아니라 연설이 되게 하는 중요한 힘을 부정하는 것이다. 연기는 단순히 보여주기 위한 것이나 날조한 것이 아니라 화자와 청자 사이에 정보를 교환하고 메시지를 초월하는 실제 사건을 드러내 보여주는 것을 의미한다. 이러한 초월성으로 인해서 사람들은 "너도 거기 있었어야 되는데."라고 말하게 된다.

화자에게 유용한 연기 기술들은 전체 효과와 장치와 타이밍을 적절하게 사용하는 방법과 단순한 개별 모임을 하나의 응집된 집단으로 묶어내는 힘까지 고려하는 능력을 포함한다. 대부분의 연기자들은 모든 감각들을 적절하게 이용하는 방법을 안다. 그들은 시각효과, 조명, 음향, 음악, 유머, 그리고 드라마까지도 하나로 엮어낸다. 그들은 타이밍 감각이 뛰어나고 감성을 어떻게 끌어올리고 클라이맥스의 적절한 순간을 잡아내는 방법을 이해한다. 화자들은 이런 기술들을 배워서 사용하여 자신이 바라는 영향력과 전반적인 영향력에 도움이 되는 상세한 계획들을 실현할 수 있다.

### 4. 효과적인 연설을 위해서 이 세 가지 의사소통 요소들을 통합하라

이러한 세 가지 요소의 긍정적 영향력 기술에서 암묵적으로 드러내고 있는 것은 공적인 말하기에서 회화 요소, 작문 요소, 연기 요소를 생략해 버리면 성공적인 말하기가 될 수 없다는 명제이다. 화자는 청중의 응집된 주의를 끌기 위해서는 회화 기법을 적용하고, 작문으로 준비하고, 연기 기법을 적용하는 것이 필요하다. 이것은 모든 상황에서 모든 화자에게 이들 요소들이 똑같은 중요성을 갖는다는 말이 아니다. 위에서 기술한 긍정적 속성들을 잘 이해하면서 당신은 각 상황에서 시간과 장소를 하나로 융합하는 방법을 찾아낼 필요가 있다. 또한 당신은 이러한 요소들의 부정적 측면에 대해서도 이해할 필요가 있다. 1c.5에서는 한 가지 요소에 지나치게 의존할 때 위험성에 대해서 설명하고 있다.

어떻게 이러한 요소들을 통합하고, 혹은 당신이 그것들에 대해서 어떻게든 주의를 기울이는가 하는 것은 당신 능력을 어떻게 인식하고 있는가의 수준에 달려 있다.(1d를 보라) 혹은 당신이 연습 시간에 받게 될 피드백이 무엇인가에 달려 있다.(2장, 25장을 보라) 스스로 깨달았든 피드백을 통해서든 당신이 이 세 가지 의사소통 요소에 대해 현재 주의를 기울이고 있다는 것을 염두에 두고, 당신이 효과적인 연설을 하기 위해서 그 세 가지를 어떻게 통합할 것인가를 결정하는 과정에서 고려해야 할 사항 몇 가지를 살펴보기로 하자.

### 그 상황에서 필요한 것과 청중의 요구를 고려하라

연설의 유형과 상황이 당신이 여러 연설에서 사용하는 기술을 어떻게 결합할 것인가를 결정한다. 흔히, 공식적이고 청중이 많은 경우에 화자는 단어 선택과 전반적인 통일성을 위해서 글 쓰는 사람처럼 주의를 기울여야 한다. 토론의 사회를 맡아 의견을 조율할 때도 회화에 필요한 경청 기술을 개발하는 것을 당연히 포함하여야 한다. 축제 현장에서는 다소 과장된 열정적 감정표현을 위해서 소리를 지를 수도 있다. 7장에서는 당신이 말할 상대를 어떻게 파악할 것인가에 대한 몇 가지 안을 제시한다. 23장과 29장에서는 사건과 상황들에 대해서 가이드라인을 제시한다.

### 당신의 성격과 말하기 스타일을 고려하라

똑같은 사건과 똑같은 주제에 대해서도 화자는 각기 다르게 말할 수 있다. 당신이 누구인가, 어떤 방식으로 당신이 일을 잘 할 수 있는가에 잘 들어맞기만 한다면 어떤 요소는 무시하고 어떤 요소는 중요하게 다루는 것은 잘못하는 것이 아니다. 예를 들면, 당신이 편안하고도 달변이면서도 청중을 편하게 해주는 연사 중의 한 사람이라면 당신은 그런 기술들을 가장 많이 사용할 것이다. 만약 당신이 대단한 이야기꾼이거나 극적인 재능이 있다면 당신은 그것들을 극대화할 수 있는 요소들을 사용해야 한다. 만약 당신이 사람들 앞에서 드라마틱하기는커녕 자발적으로 무엇을 나서 하는 데 어려움이 있다는 것을 알고 있다면 당신은 당신의 말과 메시지가 청중에게 잘 밀착되도록 당신의 연설 내용을 잘 다듬는 데 신경을 써야 할 것이다.

### 5. 어느 한 가지 요소에 지나치게 두드러지게 의존하지 마라

화자는 이들 세 가지 영역으로부터 몇 가지 행동요소를 찾아낼 필요가 있다. 비록 비율은 다양할 수 있지만, 회화, 작문, 연기의 세 가지 요소 가운데 하나를 편향적으로 과대 사용하는 것은 그것을 무시할 때와 마찬가지로 바람직하지 못하다.

회화에 지나치게 의존하는 것은 다음 결과로 이어질 수 있다.

- 시간과 말의 비경제적 사용
- 알고도 저지르는 경솔한 실수들
- 주의를 산만하게 하는 전달과정의 나쁜 습관 통제 실패
- 구조화 실패와 이미 한 말의 반복
- 초점을 잃어버리거나 갑자기 바꾸어버림

쓰기에 지나치게 의존하는 것은 다음 결과로 이어질 수 있다.

- 부자연스런 언어 사용과 부자연스런 어조 – 통조림으로 만든 듯한 소리
- 유연성 부족과 청중에 적응 불가능 – 특별 적용을 위한 여러 번의 기회 놓침

- 메시지의 일방적 전달
- 일반적인 청중에 초점을 맞춤
- 텍스트를 읽거나 외워서 전달하는 경향

연기에 지나치게 의존하는 것은 다음 결과로 이어질 수 있다.
- 우스꽝스러운 시작
- 화자와 청자 사이의 전달 작용을 방해하는 이기적이고도 멜로드라마 같은 연출
- 청중이 표출된 화자의 감정이나 정서를 못 미더워함으로써 결과적으로 전달된 사실의 정확성을 의심하게 되는 신뢰성 상실
- 과장되고 지나치게 의도된 말을 함으로써 말하고자 하는 중심 내용을 잊어버림
- 화자와 청자를 모두 당혹스럽게 하는 부자연스런 대화

**연습 1.**

당신이 이야기꾼으로서, 작가로서, 연기자로서 강점과 약점을 고려하면서, 공적 화자로서 당신이 사용해야 할 자료들을 평가해 보라. 이들 영역의 무엇이 당신의 공식적 말하기를 가장 잘 전달할 수 있도록 할 것인가? 또 이들 영역의 무엇이 당신이 전달하기 힘들게 만들 것인가? 어떤 요소들을 당신이 화자로서 지나치게 활용하는 경향이 있는가?

## 1d. 기법을 익히는 데 사고의 역할을 이해하라

사람들은 단순한 것들을 배우는 것과는 달리 복잡한 기법들을 서로 다르

게 익힌다. 공적 말하기와 같은 기술은 여러 가지 육체적, 지적 작용을 포함한다. 대부분의 이러한 작동과정은 이미 당신의 기본 능력 목록 안에 들어 있다. 숨 쉬는 방법도 알고, 어떻게 손을 움직이며, 새로운 개념을 어떻게 정의하고, 여러 아이디어들을 어떻게 범주로 묶는지도 알고 있다. 당신이 효과적인 공적 연설을 만들어내기 위해 이러한 기법을 통합하는 방법을 모르고 있을 뿐이다. 기법을 배우는 과정은 다음 네 단계를 통해 이루어진다.

### 1. 의식하지도 못하고 할 수도 없는 단계

이 단계에서는 화자는 자신이 어떤 영역에서 실수를 하고 있다는 것조차 깨닫지 못하고, 배워야 하는 기법이 있다는 것을 깨닫지 못할 수도 있다.

### 2. 의식하지만 할 수 없는 단계

이 단계에서 화자는 뭔가 서투르고 불합리하게 하고 있다는 것과 발전해야 할 부분이 있다는 것을 깨닫는다. 이런 생각은 자신이 할 수 없는 것을 더욱 더 못하게 만들고, 더 초조하게 만드는 경우가 많다.

### 3. 의식하면서 할 수 있는 단계

이 단계에서는 화자는 자신이 잘 하지 못하는 영역을 파악하고 개선하기 위해서 노력을 한다. 하지만 수행을 잘하기 위해서는 사고의 어떤 영역에 혼신의 힘을 기울여야 한다. 조금만 신경을 곤두세우고 있지 않으면 제대로 능력을 발휘할 수 없어지고 마음 편하게 이전과 같은 상태로 퇴보하기 쉽다. 그러나 화자가 이런 새로운 행동과 스스로 점검하면서 겪는 번거로움을 잘 견디어내면 그 느낌은 사라진다.

### 4. 의식하지 않지만 잘 할 수 있는 단계

이 단계에서는 화자는 여러 기술들을 배우고 통합하여 자연스럽게 능력을 발휘할 수 있게 된다-더 이상 의식을 집중해서 주의를 기울일 필요도 없다. 기술들을 수행하는 데 더 이상 노력할 필요도 없고, 때로는 즐거울 수도 있다. 이 단계에 오른 화자들은 단순히 말하는 것 이상의 것을 할 수 있다. 청중의 반응으로부터도 자유롭고 의사소통을 원활히 하기 위해서 자발적으로 조정해 나갈 수도 있다.

당신의 의사소통의 많은 부분은 무의식적이다. 당신이 입술을 얼마나 움직여 소리를 내는지, 혹은 왜 친구한테는 이런 방식으로 말하고 당신의 사장님한테는 왜 저런 방식으로 말하는지 생각하지 않는다. 동시에 당신은 잘 알고 있는 단어를 잘못 발음할 때도 깨닫지 못할 수도 있고, 신경이 예민해졌을 때 머리카락을 비비 꼬기도 하고, 종종 성급한 일반화의 오류를 그대로 받아들이기도 한다. 이러한 것들은 무의식적인 불능의 사례들이다.

그럼 언제 당신은 의사소통에 의식적으로 신경을 쓰게 되는가? 보통은 당신이 새로운 기법을 배울 때나 의사소통 과정에 문제가 생겼을 때다. 기법을 완전히 익혔을 때나 의사소통 문제가 해결이 되고 나면 당신은 다시는 의식하지 않게 된다. 이것은 아주 효과적인 장치다. 당신이 좀 더 도전적인 무언가에 의식을 집중할 수 있도록 당신은 스스로를 자유롭게 만들고 있는 것이다.

이러한 과정을 깨닫는 것은 당신의 인식을 인식하게 해 준다는 점에서 대단히 중요하다. 발전해가는 화자로서 당신은 기법을 배우는 데 우선순위를 두고 당신이 어디에 주의 집중을 할 것인지 결정할 수 있다. 1e에 열거된 잘못된 개념들은 기법의 발달과 연관 지어 보면 이해할 수 있다. 말하기는 특별한 노력이 필요 없다(오해 2)는 사람은 보통 자신이 자신의 약점을 파악하고 새로운 의사소통 기법들을 연습하는 어려운 과정 없이 곧장 4단계로 뛰어올라가고 싶어 한다. 이와는 달리, 말하기는 너무나 어려운 것이라(오해 3)고 생각하는 사람은 의식하면 잘 할 수 있는 3단계와 노력하면 결국에는 4단계에 이를 수 있다는 것을 믿지 않는다. 무엇이 무의식적 행동인가를 알아보려고 시도하면 그것들이 개선되기 전에 더 악화되는 것처럼 보일 수 있다. 그러나 능력 확대가 목표라면, 그 과정은 꼭 필요하다. 그리고 그것은 값을 치르고 문제를 정리하는 것이다. 당신이 알기 전에 이전에는 새롭고 껄끄럽던 새로운 행동들은 당신이 훨씬 더 잘 했던 과거의 행동들처럼 습관이 되면 자연스럽고 자유로워진다.

회화, 쓰기, 연기 기술을 골고루 사용하지 않으면 부적절한 것에 당신의 신경을 집중하게 하는 나쁜 결과를 초래할 수 있다. 연설을 하는 동안 다양한 단계에서 다른 기법들보다 특정 영역의 기법에 집중을 하는 것은 상당히 유익할 수 있다.(5장을 보라) 그러나 한 영역에만 부적절하게 의존한다면 당신이 능력 있는 화자가 되지 못하도록 만드는 것이다.

연기 모델에만 지나치게 의존하는 사람은 아이디어 자체를 전달하는 데도 신체적이고 음성적 전달 부분을 지나치게 의식한다. 자신이 능력이 없다고 생각하면서 이런 관점을 가지고 있는 사람은 자의식과 초조감으로 몸이 굳어질 수 있다. 또 다른 극단적인 예는 자신이 연설하는 데 대단한 능력이 있다고 지나치게 의식하는 사람이다. 그는 자신의 제스처와 목소리를 너무나 좋아한 나머지 가식적이거나 쇼를 하는 것처럼 보일 수 있다. 그는 자신이 전달하고자 하는 내용보다는 자신의 연설하는 모습에 지나치게 신경을 쓴다.

쓰기에 지나치게 의존하는 사람은 그 반대 방향으로 신경을 쓰는 잘못을 범한다. 그 사람은 자신이 말하고 있는 내용에 대해서만 너무 신경을 쓰고, 자신이 말하고 있다는 것에 대해서 신경을 거의 쓰지 않는다. 혹은 그 사람은 듣는 사람들은 꾸벅꾸벅 졸고 있는데 칠판 위의 공식을 계속 설명하고 있거나, 어떤 사람이 내용을 이탈하게 하는 질문을 하면 자신이 복잡하게 설계한 자신의 생각의 끈을 놓쳐버린다.

쓰기나 연기 기법에 거의 신경을 쓰지 않고 자신의 이야기에만 집중하는 사람은 말하고자 하는 본질적 내용보다는 아주 개인적이고 사소한 이야기만 하고 끝내는 실수를 범할 수 있다. 만약에 자신의 연설을 더 잘하기 위해서 쓰기와 연기 기법들을 잘 사용할 수 있었다면 그의 회화술을 연설하는 동안 전면에 내세울 수 있고, 또 내세워야 한다.

말하기가 무엇보다도 개인 간의 의사소통이라는 점을 명확히 한다면 여러분은 메시지의 정확한 전달이나 표현 방식에 지나치게 얽매이지 않게 된다. 매일 매일의 상호작용 과정에서는 당신은 아주 기본적인 것들만 인식한다. 당신이 말하는 이유와 목적, 파악하고자 하는 메시지의 핵심 내용, 이야기 나누고 있는 사람들과의 관계, 당신이 받아들이고 있는 반응들만 인식한다. 다음은 당신이 대중에게 말을 할 때에도 마찬가지로 당신이 똑같이 신경 써야 하는 것들이다.

### 연습 2.

당신이 구할 수 있는 두 대통령 후보자의 연설을 비교해 보라. 각 연설자들이 사용하고 있는 회화, 쓰기, 연기의 세 영역의 방법들의 특별한 예들을 찾아낼 수 있는가? 그 다음, 두 연설자의 그런 요소들을 사용하는 점을 비교, 대조하라. 어떤 요소를 각 사람은 가장 많이 사용하고 있는가? 각 사람은 무엇을 가장 효과적으로 사용하고 있는가? 당신은 그 차이를 그들이 말하고 있는 내용의 특성 때문이라고 보는가, 개인적 스타일의 차이라고 보는가?

당신이 마스터한 한 가지 기법을 설명해 보라. 그 기법을 익히는 데 기법 터득의 네 단계를 어떻게 거쳤는가?

당신의 말하는 기법을 좋게 한 것뿐만 아니라 당신이 신경을 썼거나 쓰지 않았던 것들을 재구조화하고 당신의 생각을 조절하는 데 효과가 특별히 좋아진 것을 당신의 생활에서 예를 들 수 있는가?

공식적 화자로서의 당신이 인식하고 있는 잘 하는 영역은 어떤 것들이 있는가? 잘 안 되는 영역은? 잘 안 되지만 의식하지 못하는 영역들을 골라내거나 과거에 그런 사례들을 찾아낼 수 있는가?

## 1e. 효과적 기법들을 익히는 데 방해가 되는 공식적 말하기에 대한 여러 가지 일반 오해를 주의하라

공적 말하기를 가르치는 여러 가지 방법 있고 훌륭한 화자가 되는 방법에 대한 민간요법들이 많이 있다. 만약 당신이 잘못된 정보나 지나친 단순화의 오류를 피한다면 당신은 화술을 훨씬 빨리 마스터할 수 있을 것이다.

오해 1 : 훌륭한 화자는 만들어지는 것이 아니고 태어나는 것이다

어떤 사람들은 타고난 화자처럼 보이기도 한다. 사실 그런 사람들은 그들의 말하기에 관계되는 몇가지 기본 능력이 몇가지 있거나 화법 관련 기술들

을 빠르게 습득하는 것뿐이다. 외양과 상관없이 훌륭한 테니스 선수나 뛰어난 바이올린 연주자와 마찬가지로 뛰어난 화술가로 태어나는 사람은 아무도 없다. 타고난 소질이나 조기 학습은 어떤 사람들이 좀 더 빨리 배우거나 조금 더 잘 하는 것을 의미한다. 그러나 어느 누구든지 적절한 도움을 받고, 동기를 부여 받고, 철저한 교육을 받으면 테니스 게임을 할 수 있고 간단한 음악을 바이올린으로 연주할 수 있는 것처럼 실제로는 어느 누구든지 명확하고도 효과적으로 공식적 말하기를 수행하는 방법을 배울 수 있다.

오해 2 : 훌륭한 말하기는 즉석에서 쉽게 이루어진다

세계 수준급의 피겨선수들을 보면, 우리가 너무나 어렵게 생각하는 동작들을 아주 쉽게 해 내는 것을 보면서 우리는 매료된다. 그렇지만 보기에는 그 동작들이 쉽게 이루어지는 것 같아도 삼 회전 돌고 내리기(triple axels)가 우리가 얼음판에서 한 번만 해 보고 나면 할 수 있는 것이 아니라는 것을 잘 안다. 다년간에 걸친 훈련과 노력과 연습을 통해서 그것들이 별 힘들이지 않고 하는 것처럼 보이는 것이라는 것을 우리는 잘 안다. 모든 사람이 피겨 스케이트를 타지는 않지만, 모든 사람이 의사소통을 한다. 우리 모두는 날마다 이루어지는 만남을 통해서 효과 차이는 있지만 좋은 생각들을 나누고 주고받는다. 이런 성공 때문에 우리는 훨씬 더 공식적이고 대중적인 말하기의 어려움을 과소평가하게 만든다. 많은 화자들이 "나는 말할 줄 알고, 그러니까 당연히 연설하는 방법을 알고 있지."라고 생각한다. 이런 오류는 그들이 연설에서 실패하고 난 후에 깨닫게 되고, 그리고는 용기를 잃어버리게 된다. 덧붙이자면 이런 소심함은 오해3에서 비롯되는 것일 수 있다.

오해 3 : 말하기는 당신이 처음 배웠을 때처럼 항상 어려울 것이다

실제 청중들을 상대로 어떤 기본 주제를 가지고 연설할 때 내용을 준비하

는 것은 절대적으로 필요하다. 처음에는 짧은 연설을 위해서도 여러 시간을 소비해야 할 때 당신은 이렇게 말하고 싶을지 모른다. "무슨 소용이 있어? 사람들 앞에서 말할 때마다 이렇게 많은 시간과 노력을 투자할 수는 없어." 라고. 하지만 노력과 신경 집중이 필요한 기법은 당신이 익혀 가는 동안 점점 간단해지고 당신이 완숙한 단계에 이르게 되면 거의 자동화된다는 것을 잊지 마라. 신발 끈을 처음 맬 때 얼마나 어려웠는지 기억해 봐라. 운전은? 농구공 잘 다루기는? 현재는 당신이 이런 기술 가운데 하나를 완전히 터득했기 때문에 당신은 당신이 도달하고자 하는 목표를 대수롭잖게 생각한다. 당신이 의도적으로 주의 집중해야 하는 예기치 않은 상황이 일어나지 않는다면 하나하나 목표에 도달하는 훈련을 따라가기만 하면 목표들은 그대로 이루어질 것이다. 연설의 개요를 짤 때 문장 표현이 매끄럽게 되지 않고, 하나로 엮어지지도 않을 때 기억하라: '하다보면 쉬워지게 돼 있어.' 라고.

오해 4 : 효과적 말하기에는 간단한 공식들이 있다.

청중과 함께 의사소통을 한다는 것은 믿을 수 없을 정도로 복잡다단한 일이다. 모든 연설이나 발표는 같은 것이 하나도 없다. 화자마다 독특한 스타일과 개성이 있고, 청중은 나름대로의 요구와 선호하는 것이 있고, 상황은 그때그때마다 다르다. 말하기 상황마다 이 세 가지 요인이 의미를 창출해 낸다. 어느 누구도 연설을 준비하고 행하는 데 필요한 모든 목적에 딱 들어맞는 비법을 제시할 수 없다. 이런 것을 염두에 두면서, 즉각적인 화술 성공을 약속하는 워크숍이나 슈퍼마켓 계산대에 놓인 책들에 홀리지 않도록 조심하라. 모든 경우에 가장 빠른 방법은 가장 좋은 방법이 아니다. 당신이 어떤 기법을 잘 배워서 습관이 되기를 바란다면, 그 좋은 습관을 발전시키기 위해서 분명히 시간을 투자할 각오를 해야 한다. 운전의 경우를 돌이켜보아도, 당신이 확실한 기본기술들을 배웠다면 당신은 운이 좋은 것이다. 공적 말하기 영역에서도 기본적으로 동의하는 몇 가지 기본이 있다. 어떤 기본 원리들은 이천 년 전의 아리스토텔레스의 '수사학(Rhetorics)'까지 거슬러 올라가고, 현재의 사회과학 연구에 이르기까지 정교화 되고 있다.

우리는 이런 원리들을 신뢰한다. 이 책에 있는 도움말들은 가장 쉽고 빠른 것보다는 가장 믿을 만한 것에 근거를 두고 있다. 철저한 청중 분석을 하는 것은 모든 경우에 적용이 되는 연설을 준비하는 것보다 훨씬 더 어렵다. 완전한 문장으로 개요를 잘 짜도록 하는 것은 순서상에서 몇 군데 점찍어 표시해주는 것보다 훨씬 시간이 더 걸린다. 테이블에 기대어 원고를 읽어나가는 것보다 균형을 유지하고 서서, 이야기하듯이 소리를 다듬어 메모를 보면서 말하는 것은 훨씬 어렵다. 그러나 이런 기본기들을 익혀두면, 당신은 모든 경우에 해당하는 비법 외에는 아무 것도 가진 것이 없을 때보다는 훨씬 더 유연하고 효과적으로 말할 수 있게 될 것이다.

비록 이 책의 여러 장들이 여러 가지 처방으로 씌어 있지만 모든 상황에 자동적으로 적용할 수 있는, 단순히 이렇게 해라 하지마라 하는 것은 발견할 수 없을 것이다. 말하기의 기초는 간단하게 설명되어 있지만, 이러한 원칙들의 통합과 적용은 당신이 각각의 말하기 상황에서 어떻게 잘 판단하는가에 달려 있다.

> **연습 6.**

공식적 말하기에 대한 오해 가운데 무엇이 가장 일반적이라고 보는가? 당신은 어떤 오해를 하기 쉬운가? 당신이 인식하고 있는 또 다른 오해가 있는가?

> **연습 7.**

전문적인 영역에서 공식적 말하기 기법은 어떤 강력한 역할을 하는가? 직

업적으로 공식적 말하기와 관련된 기사들을 검색해 보라. 그 직종 안에서
공식적 말하기의 중요성에 대해서 말한 기사 내용을 요약해 보라.

제2장

듣기

# | 듣기 |

> 듣기 능력이 신장되면 말하기 능력도 신장되고 청자의 임무를 잘 감당
> 할 수 있다.

말하는 시간보다 듣는 시간이 더 많기 때문에, 대개 듣기가 말하기보다 더
쉽고 자동적이라고 생각한다. 그러나 듣는 시간이 더 많다고 해서 듣기를
더 잘하는 것은 아니다. 듣기는 중요한 의사소통 기능이다. 듣기는 일터에서
필수적인 요소이고 인간관계의 성패를 좌우하는 핵심 요소이다. 일상생활
에서 좀더 효과적인 대인 영향력을 가지려면 우선 자신의 듣기 방법이 어떤
것인지 알아야 한다. 대중 발표의 경우도 물론이다. 대중 발표자의 말을 면
밀하고 주의 깊게 듣게 되면 발표 중에 어떤 것이 의미 있고 어떤 것이 의미
가 없는지에 대한 정보를 잘 얻을 수 있다.

## 2a. 효과적인 듣기는 말하기와 관련됨을 깨달으라

좋은 청자와 좋은 화자가 되는 것과 서로 관련되어 있다. 이 책의 기법들
을 익히면 듣는 능력이 확실하게 향상된다. 듣다보면 어떤 화자가 좋은 화
자인지 알게 되므로 성공적으로 말하기 위한 재간들을 알게 될 것이다. 동

시에 청자로서 자신의 습관과 태도에 대해 살피게 되어 말하고 듣는 능력이 신장될 것이다. 국제듣기학회의 웹 사이트인 http://www.listen.org에서는 잘못된 듣기 습관을 개관해놓고 있는데, 이곳에서는 듣기와 관련된 자극적이고 흥미로운 인용문을 제시하면서 듣기의 가치에 관한 몇 개의 짧은 글을 소개하고 있다.

이 책은 청자와 화자를 공저자(coauthor)로 취급한다. 청자가 인식하고 알아차려야 비로소 메시지가 존재하게 된다. 듣기 행위는 언뜻 스쳐지나가는 것 같지만 소리 자극을 인식하고, 그것들을 의미 있는 음성 조합으로 조직하고, 이해 가능한 낱말이나 구로 식별하고, 그 의미를 해석한다. 그렇게 보자면 듣기는 수동적인 경험이 아니다. 오히려 정신을 집중하여 연습해야 하는 행위들의 복합체이다.

## 2b. 듣기는 준비가 필요하다

말할 때는 대개 준비해서 말하지만 들을 때는 대체로 아무 준비 없이 듣는다. 그래서 듣기에 준비가 필요하다는 말이 어리석게 들릴지 모르겠다. 그러나 잘 들으려면 반드시 시간을 들여서 미리 준비를 하여야 한다. 가만히 있으면 저절로 들을 준비가 되는 것은 아니다.

### 1. 주변을 정돈하라

오늘날과 같이 한꺼번에 여러 가지 일을 처리해야 하는 사회에서는 운전하면서 라디오를 듣고, 전화를 받으면서 컴퓨터 카드 놀이를 하고, 교수의 강의를 들으면서 소핑리스트를 작성한다. 그런데 듣기가 우선적일 때는-주의 집중을 요구할 때는-그런 식으로 행동하지 않는다. 다시 말해,

꼿꼿이 앉아 화자를 응시하며, 노트 필기에 필요한 것 이외에는 모두 치워 놓는다.

## 2. 말을 멈추라

인터뷰와 같이 다른 사람에게서 정보를 얻어 그것을 이해한 다음에 자기 이야기를 해야 할 필요가 있는 상황에서는 이 충고가 특히 중요하다. 청자들은 대개 말을 멈추는 동안에 반박할 궁리를 하느라 내적인 해석을 계속하여 온전히 듣지 못한다.

## 3. 목적에 따라 들으라

듣는 목적이 학습인가, 새로운 관점의 이해인가, 논쟁의 타당성을 판단하는 것인가, 재치 있는 이야기를 즐기기 위한 것인가? 중심 목적은 대개 이 넷 중의 하나이다. 각각의 목적을 달성하기 위해서는 각기 다른 듣기 기능들을 가지고 다르게 접근하여야 한다. 2c-2f에서 보게 되듯이 공감, 지적 호기심, 비판적 분석, 집중이 각기 다른 상황에서 각각의 방식으로 역할을 한다. 잘 들으려면 각 목적에 맞추어 필요한 준비를 하라.

## 2c. 지적 호기심과 비판력을 갖추고 들으라

청중이 화자와 전혀 다른 의견을 갖거나 새로운 아이디어에 집착하는 것은 화자에게 바람직하지 못한 태도이다. 마찬가지로, 무비판적으로 메시지를 받아들이는 것은 스스로에게 바람직하지 못한 태도이다. 능숙한 청자는 두 극단 사이를 잘 조정해 나간다. 실제 삶의 경험과 일반 상식을 토대로 한 비판적인 평가와 너그럽고 관대한 수용 사이에서 균형을 유지한다.

## 1. 화자에게 경의를 표하라

화자의 견해가 마음에 들지 않고 주제가 어설프더라도 대중 스피치는 용기와 노력이 필요하다는 점을 인정하라. 주의를 집중하고 공식적 상황에서 지켜야 할 할 예의를 갖추어라.

우리는 미국 영어 토박이 화자들이 약간 다른 억양을 가진 비토박이 화자들의 발표를 들을 때는 그들을 존중할 것을 약속하도록 하고 있다. 토박이어의 영향 때문에 익숙하지 않은 발음이나 억양을 듣는 법을 배워야 한다. 우리와 의사소통하기 위해서 그 화자는 미국 영어 어휘, 문법, 통사를 배웠고, 그리고는 큰 용기를 내어 새로운 언어로 대중 앞에서 스피치하고 있다는 것을 명심해야 한다. 다시 말하자면, 자신의 귀를 약간 다른 음성 패턴에 익숙해지도록 반드시 노력해야 한다. 점점 다문화사회가 되어가는 지금, 다양한 억양에 귀를 적응시키는 것이 직장이나 공동체 생활에 도움이 될 것이다.

## 2. 화자의 관점에 마음을 열라

화자의 스피치가 끝나기 전에 "잠정적으로 판단"해서는 안 된다. 다 들은 다음에야 들은 것을 판단할 수 있다. 화자를 엄격하게 비판하는 태도를 취하는 대신 의식적인 노력을 통해 비판을 지적 호기심으로 바꿀 수 있다. 말하고 있는 것이 정확하게 무엇인가? 무엇이 그런 관점에 이르게 했는가? 화자의 의도가 순수하고 올바르다면, 어떻게 해서 이러한 결론에 도달하였는가? 어떤 정보를 사용하여 그런 정보를 유의미하게 하고 있는가?

추론에 대한 논의를 살펴보면,(16a. 1 참조) 같은 데이터가 아주 다른 관점을 이끌 수 있다. 위와 같은 분석적 접근을 통해 화자 세계의 내면을 살피면 다음 둘 중의 하나에 이르게 된다. 질문하거나 반박할 정확한 요점을 찾아낼 수 있거나, 화자의 견해를 다소간 수용하여 자신이 변하는 것을 깨닫게 된다.

## 3. 의식적으로 화자의 구조에 따르라

주제, 요점, 근거, 단서들이 분명하게 드러나든 그렇지 않든 이것들을 파악하도록 노력하라. 구조를 파악하게 되면 내용을 쉽게 기억하게 되고, 그 타당성을 평가할 수 있다.

안타깝게도, 모든 화자들이 내용을 잘 구조화하여 전달할 수 있는 능력을 갖춘 것은 아니다. 그래서 발표의 내용이 정돈된 구조를 갖추고 있지 않은 경우가 있으며, 또는 분명한 신호를 보내면서 내용을 전환시키는 것도 아니다. 그렇지만 요점의 구조를 개관해 주는 일반적인 모형에 의존하면 듣고 있는 스피치의 내용을 쉽게 파악할 수 있다.

## 4. 화자의 주장을 비판적으로 평가하라

논쟁적인 주장을 할 때는 비판적 사고 기능을 동원하여 논거의 타당성을 검증하라. 이렇게 자문하라.

- 중심 내용들이 주장을 정당화하고 있는가? (9c 참조)
- 주장이 타당한가? 아니면 받아들이기 어려운가? (22b 참조)
- 이 주장은 사실 명제인가, 가치 명제인가, 정책 명제인가? (22b 참조)
- 각 주장에 대한 증거들이 요점과 관련되는가? (15 참조)
- 예시, 근거, 통계의 증거들이 적절한가? (15 참조)
- 요점들 사이의 관계는 논리적인가? (16 참조)
- 진술되지 않고 당연한 것으로 간주된 전제는 무엇인가? 그 전제들은 타당한가? (16c 참조)
- 잘못된 생각이 제시되지는 않았는가? (16f 참조)
- 감정적 호소를 잘못 사용하고 있지 않는가 혹은 지적인 논증 대신에 감정적 호소를 사용하고 있지 않는가? (20d 참조)

### 5. 질의 응답 시간이 되면 적극적으로 질문을 하라

질의 응답 시간에 활용하기 위해 글에 표시를 해 두어라. 순수하게 질문만 하라. 자기 발표를 하거나 논증하거나 화자를 함정에 빠뜨리려고 하지 마라. 다시 지적하지만, 지적 호기심이 발동하여, 화자가 말하고자 하였던 내용을 깊이 이해하는 데 도움이 될 만한 질문을 하라.


## 2d. 조언자로서 들을 때는 건설적인 피드백 원리를 사용하라

조언자로서 화자의 말을 들을 때는 다른 청중보다 더 잘 듣고 화자의 주장이 타당한지, 스피치가 효과적이었는지에 대해 피드백을 해야 한다. 이 피드백의 이유는 화자가 계속 더 나은 발표를 할 수 있도록 돕고, 화자가 다음 발표를 잘 준비하도록 돕는 것이다.(25a -25b 참조) 각 경우에 비판자/조언자는 재치 있게 진실을 표현하여 피드백을 하여야 한다. 피드백을 해야 할 내용들이 단편적이어서 정리가 잘 되지 않거나, 스피치 자체를 판단하는 것이 아니라 스피치 태도와 화자의 사람 됨됨이를 연결지어 생각이 떠오를 때도 있다. 다음은 피드백을 해야 할 청자들을 위한 지침들이다.

### 1. 긍정으로 시작하라.

화자가 노력한 점과 잘한 점을 인정하라.(우리는 이 책을 수정하면서 무엇을 고치고 무엇을 그대로 두어야 하는지에 대한 독자의 의견을 반영하였다. 독자의 도움이 없었다면 제대로 고치지 못했을 것이다.)

### 2. 중요한 내용을 먼저 지적하라

우선순위에 따라 지적하라. 스피치의 효과를 지적하기 전에 먼저 전체적인 내용에 대해서 지적하라. 발표한 메시지가 의미가 있는지 혹은 전체적인 전략이 효과적이었는지를 판단하라. 그 후에 어떻게 멋있게 말할 것인가에 대해 지적하라.

### 3. 구체화하라

"발표가 체계가 없습니다."보다는 "첫 번째 주장에서 말한 문제의 원인을 세 번째 주장에서 다시 언급하고 있습니다."라고 말하는 것이 도움이 된다. 여기에 "훌륭한 발표였습니다만"보다는 "닫혀진 차 안의 온실효과와 공기를 비교한 것은 매우 훌륭했습니다."와 같은 긍정적인 논평을 덧붙여라.

### 4. 지시하지 말고 의견을 제시하라

모두들 나와 같은 의견을 가지고 있을 것이라고 짐작하지 마라. 내 비판은 나만의 생각이라는 점을 먼저 인정하라. 내 방식에는 맞지 않은 생각을 다른 사람들은 훌륭한 생각으로 받아들일 수 있다는 점을 염두에 두라. 그러다 보면, "매우 극적으로 말씀을 시작하셨는데요, 다른 사람들은 어떨지 모르겠지만 적어도 저에게는 아직까지 그런 방식이 부담스럽습니다. …한 점에 대해 생각해 보신 적이 있으신지요?"와 같은 방식으로 제언하게 될 것이다.

### 5. 이 정도의 피드백을 화자가 현실적으로 수용할 수 있을지 판단하라

어떤 내용을 어떻게 지적할까를 결정할 때는 항상 화자가 어떻게 받아들일 것인지 고려해라. 화자의 말하기 방식이 화자의 문화적 정체성과 관련된다면 굳이 지적할 필요가 없다. 또 파생된 문제 가운데는 직접 그것을 지적하는 것보다 비디오테이프를 보는 것이 덜 당황하게 할 수 있는 것들도 있다. 문제가 심각해서 일반 동료들이 지적하는 것보다는 스피치 전문가가 피드백을 하는 것이 더 나을 때도 있다.

화자의 표정이 굳어지는지 살펴라. 발표 초기에 피드백을 하게 되면, 보완을 위한 주요 제언들을 할 수 있다. 그러나 발표가 끝날 무렵이라면, 화판(畵板)으로 돌아가라고 제안하기엔 너무 늦을 것이다. 발표자가 피드백을 듣고 지금까지 발표가 모두 물거품이었구나 하는 실망을 하지 않도록 다음 발표가 지금보다 더 나아질 수 있는 피드백을 하라.

## 6. 90:10 원리를 이용하라

대인 의사소통을 가르치는 한 저자가 개발한 이 원리에 따르면, 화자의 약점은 화자가 그 내용에 대해 지나치게 신경을 쓰기 때문에 발생한다. 과잉 대응하기 때문에 강점이 오히려 약점이 된다는 것이다. 그렇기 때문에 "화자가 사용한 방식은 90%는 발표에 매우 긍정적이지만 단지 10%만이 문제가 된다."고 피드백을 하는 것이 좋다. 어떤 방식 자체가 문제가 되는 것이 아니라 그것에 지나치게 신경을 써서 오히려 문제가 된다고 지적해야 한다. 예를 들면 다음과 같이 피드백을 할 수 있다; "발표자는 비공식적인 대화 스타일로 말씀하셨는데요, 아주 효과적이었습니다. 그렇지만, 단지 한두 가지 점이 너무 구어적이거나 일상적이어서 진실성을 약간 흐리게 합니다." 혹은 "제시한 증거들이 주장을 매우 신뢰롭게 하였습니다. 그러나 한두 개의 통계 자료들은 너무 세밀해서 한눈에 파악하기 어렵습니다. 그래서 일상생활의 사례를 끼어 넣거나 쉬운 해석을 몇 개 덧붙이면 좋을 듯합니다."

### 연습 1.

다음은 피드백 시간에 이루어진 화자에 대한 지적들이다. 건설적인 피드백의 원리에 따라 더 나은 표현으로 수정하라.

　1. 너무 독선적인 자세입니다.

　2. 큰 소리로 말해주세요.

3. 발표가 재미가 없습니다.

4. 주머니에서 손을 빼세요. 유머를 더 사용하세요. 핵심 증거들이 주장을 입증하지 못합니다.

## 2e. 정보 수집을 위해 들을 때는 들은 내용을 잘 정리하라

스피치를 통해 다른 사람으로부터 정보를 구하는 것에 대해 8장에서 다루고 있다. 이런 상황에서 효과적으로 듣게 되면 관심 주제에 대해 깊이 이해할 수 있고 시간을 효과적으로 사용할 수 있다. 전문가와 공식적으로 면담할 때나 관심 주제에 대한 비공식적으로 이야기를 나눌 때에는 다음과 같은 듣기 기법들을 사용하라.

### 1. 부연 설명하라

부연 설명하거나 명료화해서 요점을 잘 이해했는지 점검하라. 생각한 것을 재진술해서 화자에게 확인을 받거나 잘못된 해석을 수정할 수 있게 하는 것이다. "다시 말하자면, 당신이 말하고 있는 것은…" 혹은 "이것이 말씀하신 것에 대한 예가 되지 않을까요?" 혹은 "'식별'이라는 용어가 의식적인 집중을 내포하고 있는가요?"

### 2. 명료해질 때까지 후속 질문하라

전문가와 인터뷰할 때는 전문가를 배려한답시고 그가 자신의 생각을 마음껏 말하도록 놓아두지 말고 예상하지 못했던 유익한 수확을 얻을 수 있도록 문을 충분히 열어두면서도 당신이 원하는 초점을 잡을 수 있도록 일련의 질문을 준비해야 한다고 8d. 2에서 이미 지적한 바 있다. 그런데 질문하려면 먼저 주의 깊게 전문가의 말을 들어야 한다. 주의 깊게 들어야 필요한 다음 질문을 할 수 있다. 개방적인 질문에 전문가가 대답을 하게 되면 그 대답하는 말을 잘 들으면서 후속 질문을 생각해내야 한다. "장기적으로 볼 때 학급 규모가 교사 개발보다 더 중요한 문제라고 방금 지적하셨는데요, 왜 그렇게 생각하십니까?"

### 3. 노트하라

다른 사람에게서 정보를 얻고자 들을 때는 반드시 노트하라. 노트하는 방법을 잘 모르면 우선 화자의 말 그대로를 노트하게 된다. 그러나 듣는 목적에 따라 들은 내용을 정리해야 한다. 모든 것을 노트하려 하지 말고 메모 기법을 사용하여 듣는 목적에 유의미한 것들만 정리하여 노트할 필요가 있다.


## 2f. 청중을 파악하고자 할 때는 총체적으로 들으라

새로운 정보나 지식을 얻기 위해 듣는 것보다 상대를 파악하기 위해 들을 때가 있다. 주어진 상황에서 상대가 어떠한지 맥락적으로 파악하려고 들을 때 사용하는 듣기 방법을 '총체적 듣기'라 한다. 청중을 분석하여 청중이 어떠한지 파악하고자 들을 때에도 총체적으로 들어야 한다.

### 1. 다양한 층위에서 들으라

모든 발화에는 피상적인 메시지만 있는 것이 아니라, 분명하게 드러나지는 않지만 그 사람이 화제나 대화에 대해 어떻게 느끼는지를 드러내주는 메시지도 있다. 단어 선택, 비유, 강조된 표현에 주의를 기울여야 전체의 의미가 잘 드러난다.

## 2. 행간을 들으라

비언어적 단서 속에 발화의 의미가 묻혀 있는 경우가 많다. 귀로만 듣는 것이 아니라 눈과 마음으로 들어야 한다. 화자의 어조나 신체 언어를 잘 살피면 화자가 무엇을 강조하며 어떤 점이 모순되는지 잘 알 수 있다. 화자가 자신의 감정을 어떻게 조절하는지 살피면 의미를 더 잘 파악할 수 있다.

## 3. 침묵을 들으라

말로만 의사소통하지 않는 아닌 경우도 있다. 화자가 말을 하지 않는 것이 무엇인지 살피는 습관을 들여라. 어떤 화제를 생략했거나 서둘렀는가? 언제 오랫동안 중단했는가? 부모가 세 아이에 대해서만 계속 이야기하면서 네 번째 아이 이야기를 하지 않는다면, 구직자의 이력서에서 2년의 기간이 사라졌다면, 판매원이 상품의 모든 면에 대해 이야기하면서 가격에 대해서는 언급하지 않는다면, 이런 생략은 의미가 있을 것이다.

## 2g. 일반적인 듣기 함정을 피하라

### 1. 공상하거나, 무의미하게 낙서하거나, 긴장이 풀어지지 않도록 하라

안락한 의자, 빠른 목소리, 수면 부족은 졸음을 몰고 온다. 잘 들으려면 능동적으로 참여하여야 한다. 능동적인 참여에 장애가 될 만한 것들을 피하라. 나도 모르게 노트에 낙서를 하기 시작하면 이것은 정신을 차려 다시 집중하라는 신호이다.

화자가 같은 내용을 장황하게 늘어놓으면 마음이 해이해지기 쉽다. 능숙한 청자들은 그 시간을 건설적으로 사용한다. 예를 들면, 나중에 하게 될 질문을 생각하거나, 화제와 연결시킬 수 있는 것들이 무엇인지 생각해 보는

것이다.(2b 참조)

## 2. 내용과 무관한 것들에 빠져들지 말라

화자가 발음을 잘못하거나, 문법적으로 오류가 있거나, 내용이 앞뒤로 오락가락하거나, 잘못된 억양을 사용하는 경우가 있다. 반대로 화자의 억양이 매혹적이거나, 목소리가 아나운서 같거나, 외모가 아주 수려한 때가 있다. 어떤 경우이든지 이런 사소한 것들에 빠져들면 잘 들을 수 없다.

## 3. 메시지를 무비판적으로 수용하지 말라

화자의 말을 무비판적으로 받아들이지 말라. 무언가 이상하게 들린다면 화자의 말이 실제로 이상하기 때문일 것이다. 청자에게는 화자의 말을 따져 보아야 하는 윤리적인 책임이 있다. 수동적으로 들으면 이 책임을 감당할 수 없다. 화자의 말을 따져 들어야 화자의 말을 의미 있게 할 수 있다.

## 4. 끝까지 듣지 않고 미리 화자의 생각을 거부하지 말라

화자의 말을 끝까지 들어라. 예를 들어, 한 화자가 사형을 지지한다고 해서 다른 모든 지지자와 똑같은 내용을 발표하는 것은 아닐 것이다. 끝까지 주의 깊게 들으면 새로운 논증을 듣거나 생각지 못했던 흥미로운 내용들을 발견할 것이다.

## 5. 논박을 준비하느라 상대의 말을 잘 듣지 않으면 안 된다

그 자리에서 바로 논박해야 하는 토론 상황이 아니라면, 지나치게 비판적이거나 분석적일 필요는 없다. 자기 생각에만 너무 빠지지 말라.(2b 참조)

## 6. 청자로서 마땅한 비언어적인 태도를 취하라

동의하지 않거나 혼란스럽더라도 우거지상을 짓거나 눈동자를 굴리지 마라. 그 문제에 대해 눈빛을 흐리거나 화자에게 따분하게 보이지 말라. 수용적이고 반응적인 듣기 태도를 취하는 것이 화자에 대한 예우이다.(2c. 1 참조)

제3장

# 말하기 윤리

# | 말하기 윤리 |

> 공식적인 화자의 일반 윤리들을 숙지하라.

이 핸드북은 주로 공식적인 스피치를 '효과적으로' 계획하고 전달하는 방법을 달성하는 데 도움을 줄 것이다. 그런데 이런 목적을 달성하기 위해서 다음과 같은 부가적인 차원 하나를 염두에 두어야 한다. 때로 한 화자가 조작적이거나 교묘하게, 부정직하거나 공격적인 방법으로 청중을 설득하는 데 성공하지만, 이러한 경우 모든 화자에게 윤리적인 문제를 일으킨다. 그 문제는 "무엇이 작동되는가?"가 아니라, "무엇이 옳은가?"이다.

다행스럽게도 효과적인 말하기와 윤리적인 말하기의 일반 원리는 함께 작동한다. 통계로 술책을 부리는 화자나 맥락으로부터 권위를 인용하는 화자는 종종 그 과정에서 오류를 범한다. 감정적인 호소를 서투르게 해도 그러한 역효과를 일으킨다. 명백하게 환심을 사려고 하는 스피치 스타일을 청자가 불성실하다고 지각하게 되면 화자는 신용상의 곤란을 겪기 때문이다. 그리고 비록 화자가 도덕적으로 고상하더라도 청중이 항상 좋게 반응하리라는 보장은 없다. 역사적으로 보면 문제가 되는 기법을 쓴 화자의 사례나, 엄청난 성공으로 보상을 받은 화자의 사례가 많다. 궁극적인 문제는 "화자가 도덕적으로 고상한 체 할 것인가 말 것인가"를 넘어서서 인격적 가치와 같은 복잡한 영역에 있다. 즉 화자는 윤리적으로 정당한 것이 무엇인지 결정해야 한다.

공식적인 말하기에서 윤리적 선택에 관한 접근은 기본적인 문제에 관해 자신이 지닌 철학적 신념과 도덕적 신념으로부터 시작된다. 기본적인 문제란 사람들이 서로를 대하는 방식과 그리고 무엇을 정직하다고 간주하는지에 관한 것이다.

어떤 경우에는 윤리적인 신념이 너무 개별적이어서 그 신념들은 각자의 양심 문제인 듯이 보인다. 그러나 옳고 그름에 관한 우리의 신념은 다른 사람들에 의해 심하게 영향을 받는다. 의사나 변호사 같은 전문가 집단의 윤리 법전에서 그러한 신념을 엿볼 수 있다. 전국커뮤니케이션협회도 윤리 법전을 만들었는데, 아래 사이트[1]에 가면 볼 수 있다. 약간은 비공식적이지만, 윤리적인 불문법으로 가족이나 종교, 문화 등이 존재한다.

## 3a. 모든 인간의 선택에는 윤리적인 측면이 있음을 인식하고, 공식적인 말하기에서 이런 윤리적인 측면이 어떻게 작동하는지 인식하라

만약 자신이 철학적 성향을 지니고 있다면, 플라톤, 칸트, 롤스, 나딩스 등이 구축한 윤리 시스템의 장점을 따져보면서 기뻐할 것이다. 만약 그러한 성향을 지니고 있지 않다면, 우리가 일상적으로 하는 윤리적 결정이 지닌 파급력 있고 복잡한 성질에 대해 곰곰이 따져볼 것이다.

---

1) **역자 주** : 원문에는 http://www.natcom.org/policies/External/Ethical/Comm.htm 가면 볼 수 있다고 했으나 이 사이트가 잘 열리지 않으므로 http://www.natcom.org 로 들어가서 보기 바람.

## 1. 모든 행위에는 윤리적 차원이 있음을 인식하라

화자가 어떤 결정을 하든지 그것은 도덕적으로 중립적이지 않다. 우리는 우리가 말하는 것이 차이를 가져올 것이라고 믿기 때문에 말한다. 그리고 실제로 그러하다. 어떤 스피치는 다른 사람들을 위험한 행위를 하게 할 정도로 심각할 수도 있다. 물론 준비되지 않고, 초점이 없는 메시지는 단지 다른 사람들의 시간을 낭비하기 때문에 외견상 아무런 해가 없을 수도 있다. 하지만 말할 때마다, 자신이 권력을 행사하고 있음을 인식하고, 자신이 행하는 것의 결과나 말하지 않은 것의 결과에 대한 책임도 떠맡아야 함을 인식해야 한다.

## 2. 윤리적 결정은 대부분 두부 자르듯이 분명하지 않음을 인식하라

종종 공적인 말하기에서 어떤 일이 일어나는가에 물음에 "상황 나름이지."라고 대답한다. 어떤 행위가 옳은지 또는 윤리적인지에 대한 질문은 매우 복잡하다. 일상생활에서 고전적인 의사소통 딜레마는 정직할 것인지 아니면 잔꾀를 부릴 것인지에 대한 선택의 문제다. 하지만 흑백과 같은 선택의 문제는 거의 없다. 대부분의 경우, 우리가 할 수 있는 최선은 좀더 밝은 회색 그림자를 선택하는 일이다. 소통자로서 우리는 각각의 사례를 좀더 열심히 생각해야 하며, 경험과 사색을 통해 판단을 진전시켜야 한다. 시간이 흘러감에 따라, 상황의 미묘함을 분별해야 하며, 언어적·비언어적 의사소통 사용에 좀더 민감하게 그리고 책임감 있게 기술적으로 대처해야 한다.

## 3. 윤리적 결정은 맥락에 따라 변함을 인식하라

토론 대회에서 어떤 토론자가 오전 9시에 합법화된 매춘에 찬성할 수도 있으며, 오전 10시 30분에 합법화된 매춘에 반대할 수도 있다. 이런 맥락에서 작동하는 게임의 규칙이란 가능한 격렬하게 그리고 재주껏, 할당된 주제의 한 쪽을 옹호하기 위한 것임을 이해해야 한다. 이러한 비윤리성은 풋볼 팀이 첫 쿼터와 세 번째 쿼터에 북쪽 골문을 방어하다가, 두 번째 쿼터와 네 번째 쿼터에 남쪽 골문을 방어하는 경우와 마찬가지다. 그러나 한 후보자가 오레곤 주에서 투표자에게 스피치할 때 한쪽 입장을 취하다가, 켄사스 주에서 반대쪽을 입장을 취한다면, 이것은 대단히 비윤리적이라고 판단한다. 왜냐하면 정치 무대를 비판하는 청자라면, 그러한 공적인 스피치에서는 게임의 규칙이 아니라 화자의 진실한 신념을 성실하게 진술하는 것이 중요하다고 판단되기 때문이다.

어떤 경우에는 자신의 말조차도 변한다. 정치 지도자는 자신들을 위해 원고를 써 줄 원고 작성자를 고용할 것이다. 하지만 이 일은 윤리적으로 간주된다. 왜냐하면 지도자와 같은 공복(公僕)들에게 요구하는 사항들을 공복들이 매번 혼자서 준비하고 스피치하는 것이 불가능하기 때문이다. 그러나 학교 수업에서는 학생들로 하여금 자신의 스피치를 창의적으로 만들도록 요구한다. 왜냐하면 학습 경험은 다양한 기술을 획득하였는지에 달려 있으며, 그 기술에 관해 평가하는 것에 달려 있기 때문이다. 친구를 유령 작가로 이용하는 것은 이 맥락에서 분명히 표절이다.(3d 참조)

## 3b. 자신만이 지닌 핵심적인 가치의 순수함을 존중하라

공식적인 화자는 단순한 메시지의 전달자가 아니라, 이미 청중과 호흡하고 있는 존재다. 비록 자신의 목적을 달성하기 위해 적응과 조정, 배려 등의 노력을 하고 있지만, 자신에게 진실할 의무가 있다. 스피치를 마쳤을 때, 누가 어떻게 반응을 했는지에 관계없이, 자신이 말한 것과 말하는 방식에 대해 항상 좋게 느껴야 한다. 마음속으로부터 나오는 것을 꺼려하지 말고, 주제에 대한 자신의 열정과 확신을 표현하라.

### 3c. 청중의 순수함을 존중하라

많은 윤리 시스템이 지닌 중요한 신조는 인간을 자유 의지와 자율성을 지닌 유일한 개체로 인식한다는 점이다. 이런 가치 시스템에서는 타인을 지배할 권력을 가진 자도 자신들의 목적을 위해 타인들을 수단으로 쓸 권리가 없다는 점이다. 공적인 화자는 특이한 종류의 힘을 가진다. 청중이 자신들의 시간과 주의를 기울이면서 화자를 신뢰할 때, 화자는 공정하게 그리고 관심을 가지고 청중을 대할 의무가 있다. 화자는 필요한 자신의 근거를 추구할 권리를 가지고 스피치를 하지만, 청자의 행복을 그 대가로 해서는 안 된다. 윤리적 화자로서 청자의 지성을 과소평가해서는 안 되며, 청자를 속여서 청자의 건강과 안전, 금융 비밀, 다른 이익을 위험하게 하는 결정을 내리게 해서도 안 된다. 스피치를 마칠 무렵, 청자가 이전보다 더 좋아졌다는 확신을 느껴야 한다. 청자가 자신의 요지에 동의하든 그렇지 않든, 청자에게 조작이나 강압 없이 아이디어를 심사숙고할 기회를 주어야 한다. 그러면 청자가 이성적인 결정을 할 수 있을 것이다.

### 3d. 아이디어의 순수함을 존중하라

비윤리적 행위의 "희생자"는 당장 드러나지는 않기 때문에 인식하기가 어려워 가장 소홀하기 쉽다. 화자는 먼저 아이디어의 통합성을 존중하는 책임감을 지녀야 한다. 이런 원칙을 숙지하기 위해서 개별적인 스피치 행위가 어떻게 사회 구조를 강화하게 하거나 취약하게 하는지 보다 큰 관점을 취할 필요가 있다. 우리는 더불어 살고 함께 일하기 위해서 의사소통이 정직하게 그리고 믿음을 바탕으로 전개되고 있음을 온전히 믿어야 한다.

## 1. 표절하지 말라

자신과 청중 이외에, 당장 눈에 보이지 않지만, 윤리적 의무로 대해야 할 타인이 있다. 그들은 자신이 스피치 상황에 끌어들인 아이디어와 말의 주인 이다. 타인의 재산을 훔치는 꿈을 꾼 적도 없는 개인들조차도, 문제를 해결 한 학자들의 해결책이나 스피치에 필요한 친구들의 개요를 빌려오는 것을 아무런 죄의식 없이 당연시 하는 듯하다. 공적인 말하기의 윤리는 일반적으 로 타인의 핵심 아이디어나 정확한 말을-또는 아이디어와 말을 표절하는 것- 자료의 출처도 밝히지 않고 사용하는 것을 금지하고 있다. 표절은 교육 기관과 출판 세계에서는 심각한 범죄이다. 공적인 지도자가 표절자로 밝혀 질 경우 그의 업적은 손상을 입게 된다.

스피치 내용의 비윤리적 전용을 피하기 위해서는 아이디어와 통계, 그리 고 증거와 같은 출처를 주의 깊게 노트하는 습관을 형성하는 것이 좋다. 놀 랄만한 일화나 이야기, 또는 구절의 반전을 들었을 때, 언젠가 인용하고픈 생각이 들 것이다. 그 때 바로 기록하면 출처를 분명히 밝히는 데 도움이 될 것이다.(8e. f 참조)

표절의 모습을 피하는 데 도움을 주는 여러 출처들이 있다. 다음과 같은 사이트들을 참조하기 바란다.[2]

---

2) http://northwestern.edu/uacc/plagiar.html 또는
   http://washington.edu/courses/tc231/course_info/plagiarism.html 또는
   http://owl.english.purdue.edu/hnadouts/print/research/r_plagiar.html.

## 2. 거짓말 하지 말라

어떤 주장이나 글로도 악의를 가진 사람이나 병적인 거짓말쟁이의 뻔뻔스러운 거짓말을 멈추게 할 수는 없다. 그런데 대부분 정직을 둘러싼 쟁점들은 상당히 미묘하다. 법정은 "진실, 온전한 진실, 오직 진실만" 말할 것을 맹세하게 하지만, 이러한 맹세와 거리가 먼 증언이 항상 위증이 되는 것은 아니다. 왜냐하면 일상적으로 상호 작용하면서 이러한 표준에 맞추어 사는 사람은 거의 없기 때문이다. 예를 들면, 너무 자상한 나머지, 어떤 사람은 친구의 새 옷이 대단히 매력적이지 않지만 그 옷을 칭찬한다. 또 대통령 후보자가 "더 이상 새로운 세금은 없을 것이다"고 약속하거나, 간호사가 아이에게 주사가 "조금 따끔할 것이다"고도 하며, 청자를 즐겁게 하려고 우스운 이야기를 더 과장하기도 한다. 어떤 말이 거짓말인지, 하얀 거짓말인지, 사소한 거짓말인지, 얼버무리기인지, 재주껏 말 바꾸기인지는 "상황 나름이지"라는 구절 속에서 항상 발생한다.

공적인 말하기에서, 대부분 사람들은 적어도 다음과 같은 행동 범주들이 정직한 스피치와 부정직한 스피치를 가르는 기준이라고 생각한다.

### 완전히 상반된 진술을 할 때
보기 두 가지:

■ 나는 휘트니스 센터에서 아무런 금전적인 이익이 없다. 나는 단지 네 건강만 신경 쓴다.
[매번 새로운 회원이 등록할 때마다 대리 수수료를 받을 때]

■ 나는 내 인생을 이 나라 국토방위에 바친다.
[샌디에이고에 있는 점원 역할로 국방의 의무를 한가하게 보내고 있을 때]

### 거짓 인상을 남기려고 말장난할 때

때로 화자는 대단히 정확한 정의를 사용한다. 비록 기술적으로 정확하나 완전히 잘못된 그러한 정의를

- 버클리에서 수년간 공부하면서 내가 배운 한 가지는…….

  [그렇게 공부한 수년간은 거실에서 책읽기를 하면서 보낸 시간이다. 버클리에 있는 캘리포니아 대학에서 강의를 듣지도 않으면서]

- 불법적인 마약 사용에 연루된 것에 대해서, 나는 결코 이 나라 법을 위반한 적이 없다.

  [다른 나라에서 마약 사용을 했을 때]


### 자기가 한 진술이 완전히 뒤집어질 만한 "온전한 진실"의 일부를 남겨두고자 할 때

다음 경우가 그러하다.

- 요즈음 암 센터의 전문 스탭 가운데 유아 성희롱자로 유죄 판결을 받은 사람은 없다.

  [그러나 전문 스탭 5명 중 한 명이 공식적으로 기소되었고, 비전문 스탭 한 명은 유죄 판결을 받았다]

- 내가 검토한 12건의 연구 중 어떤 것도 흡연이 폐암을 일으키는 것을 보여주지 않았다.

  [그러나 흡연이 폐암과 관련된 것임을 보여주는 예가 많다]


### 3. 과도하게 단순화하지 말라

아이디어의 순수함이 지니는 또 다른 차원은 제재가 지니는 사실과 실재에 관한 신뢰성과 관련이 있다. 비록 어떤 복잡한 쟁점에 대해 "단지 하나의 진실"만이 있다고 말하기 힘들지만, 너무 깊이가 없거나 과도하게 단순화된

설명은 기본적으로 참 모습을 제공한다고 말할 수 없다. 대중 앞에서 스피치하면서 하나의 화제를 가리고 공식적으로 드러내 말하기 전에, 먼저 윤리적인 의무를 다해야 한다. 즉 그 화제에 대해 미리 열심히 공부하거나, 표면 아래 심층적인 면을 검토하거나, 증거를 조심스럽게 재보거나, 다양한 견해를 살펴보아야 한다.

### 3e. 윤리적인 결정은 비중 있는 복잡한 요인들이 얽혀 있고, 우선순위가 뒤바뀔 수 있는 여러 목표들도 함께 얽혀 있음을 이해하라

화자는 절묘한 균형을 잡으면서 여러 가지를 결정해야 한다. 특히 언어나 감정적인 호소, 그리고 설득적인 전략을 할 때 자신의 선택이 청중에게 윤리적인 충격을 줄 수도 있음을 명심하라.

### 1. 고통이나 공격을 유발하는 언어를 사용하지 말고, 생동감 있고 강한 자신감을 수반한 언어를 사용하라

어떤 사람은 쟁점을 "막대기와 돌로는 내 뼈를 부러뜨릴 수 있으나, 말로는 결코 나를 해칠 수 없다."는 속담으로 시작하기도 한다. 틀림없이 이 속담은 학교 운동장 어디선가 허세를 부리며 나왔을 것이다. 그러나 심각한 감정 손상은 이러한 언어 남용에서 시작되었는지도 모른다. 화자는 연단에 올라서 볼모가 된 청중에게 저속한, 인종차별적인, 성차별적인, 저속한 말 등으로 이와 유사한 고통을 일으킨다. 어떤 화자는 자신의 요점을 강화하고자 증오의 언어를 일상적으로 사용한다. 물론 누적적인 언어 효과는 무엇인가를 고치는 힘도 있지만 분열시키는 힘도 있다. 예의 바르고 책임감을 지닌 화자는 개성 없고 김빠진 구절에 의존하지 않으며, 어휘와 은유, 스타일

을 풍부하게 갖추어, 정확하고 다양한 그리고 감각적인 스피치를 구사하고
자 한다.

## 2. 감정적인 호소를 남용하지 말고, 감정적인 수준을 잠정적으로 정하고, 그 수준에서 청중에게 호소하라

수 세기 동안, 수사적 전통에서 화자의 우선적 책임은 논리적으로 건전하
고 잘 준비된 논쟁을 하는 것이었다. 만약 이 이념을 고수한다면, 감정적인
거짓 호소 같은 것은 별로 하고 싶지 않을 것이다. 청자에게 하는 감정적인
호소는 자신이 말하고자 하는 요점을 지지하거나 강조하는 합법적인 방법
이다. 그러나 감정적인 호소와 논리적인 분석을 정확한 비율로 정할 수는
없다. 물론 확고한 신념을 전달하고자 그런 감정에 가끔 빠지는 화자를 비
난하고자 하는 것은 아니다. 그러나 욕구나 감정, 그리고 가치에 심하게 의
존하는 다음과 같은 경우는 매우 의심스럽다.

- 이전에 지각하지 못한 욕구를 청자에게 일으켜서, 청자로 하여금 이 욕
  구를 의식하게 하고, 청자에게 상당한 고통이나 불편을 초래하는 화자
  는 의심스럽다. 왜냐하면 이 욕구에 대한 반응으로 청자가 하는 행동
  은 화자에게 직접적으로 유리하기 때문이다.
- 극단적으로 감정적인 호소를 청자가 매우 감성적일 때 하거나, 청자가
  상처받기 쉬운 삶의 영역과 관련지어 하는 화자도 의심스럽다.
- 감정적인 호소는 청자를 좀더 독립적이거나 자율적으로 그리고 힘 있게
  만들기보다는, 더 혼란스럽고 의존적이고 불안하고 무능하게 만들기 때
  문이다. 화자는 그런 호소를 지속적으로 그리고 체계적으로 행한다.
- 감정적인 호소의 기저에 있는 논리적인 근거는 냉정하고 전문적인 관
  찰자에게는 아무런 효과가 없다. 특히 화자가 그런 논리적인 치밀함을

따져보지 않고 말하는 경우, 그런 감정적인 호소의 효과는 거의 없다.

### 3. 단순한 설득적 기법을 피해야 한다는 강박 관념을 버리고, 강력한 설득적인 호소를 사용하라

설득을 할 때, 개념 정의를 하게 되더라도 중립적이지 않다. 관점의 한 부분이 더 가치가 있음을 결정해야 하기 때문이다. 22장에서 요약된 설득 전략은 스피치를 성공적으로 하는 데 도움을 줄 것이다. 그러나 자신의 관점을 관철 시키려면, 기억해야 할 것이 있다. 그것은 좋은 화자는 건강한 증거로 뒷받침되는 논리적인 논거의 역할을 결코 소홀히 하지 않는다는 점이다. 누군가를 설득하여 어떤 탈취제 상품을 사게 하거나 공항으로 태워달라고 할 때, 말초적인 방법을 사용하는 것은 정당화될 수도 그렇지 않을 수도 있다. 그러나 분명치 않은 생각이나 무관한 주장을 토대로 사실이나 가치, 정책과 같은 중요한 문제에 대해 타인의 마음을 바꾸고자 하는 것은 변호할 여지가 없다. 몇 십 년 전 저널리스트 집단이 정리한 고전적인 선전 장치 기법 목록은 다음과 같다. 이 기법은 비윤리적 화자들이 청중이 이성적으로 생각하지 못하도록 할 때 종종 사용한다.

중상모략

아이디어나 사람에 대해 부정적인 명칭을 붙이면서, 화자는 청중에게 두려움이나 증오심을 불러일으킨다. 예를 들면, 성차별주의자, 테러리스트, 비전문적 등의 매우 공격적인 단어는 청중들의 비판적인 능력을 끊게 한다. 화자는 청자에게 이러한 감정의 기복을 일으켜, 자신이 주장해야 하는 요지의 부족한 점을 덮고자 한다.

화려한 일반성

다른 극단적인 경우는 화자가 개념이나 진술에 긍정적인 반응을 일으키는 것이다. 즉 약간 추상적인 미덕을 표상하는 단어나 구절을 사용하면서 그런 반응을 일으킨다. 이런 기법은 한 입장의 장점을 토대로 하여 청자를 바꾸고자 한 것이 아니라, 애국심이나 모성애와 같은 것을 자극하는 것이다.

### 부적절한 결부

긍정적인 감정을 일으키는 다른 방법은 대중적인 인물을 어떤 원인이나 상품과 결부하는 일이다. 즉 화자는 건강한 논거를 부적절한 확장으로 대치하는 것이다. 그래서 어떤 드라마 배우는 의사 역할 때문에 존중받게 된다. 그러나 그 배우가 실제 두통 치료법을 처방할 때도 등장한다면, 그는 자신의 능력을 넘어선 것이다. 이는 잘못된 인상을 토대로 한 것이다.

### "아주 소박한 사람들"

청중과 함께 정체성을 확립하여 제시된 아이디어에 구성원들이 수용적인 태도를 지니는 것은 좋다. 그렇지만 화자가 "당신은 내가 말하는 것의 내적인 타당성 때문이 아니라, 내가 단지 당신을 좋아하기 때문에 나를 믿어야 한다."고 함축한다면, 이런 정체성 형성 과정은 도가 지나친 것이 된다. "이 자리에 있는 우리 모두는 아주 소박한 사람들이다."는 기법의 보기는 정치인이다. 정치인의 단상에는 "나는 워싱턴의 핵심 요원이 아니다."라고 쓰여 있다. 그리고 "부모로서 우리는 아이들이 실제로 어떠한지 알고 있다."는 근거를 내세우면서 교육 심리학자의 이론이나 연구물을 깎아 내리는 화자 역시 그러하다. 이런 장치는 반지성적이다. 왜냐하면 청중의 "일반 상식"과 전문가와 학문, 그리고 반대자들의 "무모한" 추론을 거의 구별할 수 없게 만들기 때문이다.

### 유리한 카드 모으기

이 방법은 화자가 자신의 입장을 지지하는 사실이나 사례만을 조심스럽게 사용하거나 편견이 있는 내용만을 대표 사례로 내세우는 것이다. 경찰 공무원을 많이 고용하는 것에 대해 반대하는 어떤 사람은 경찰의 성적인 직권 남용이나 압수한 마약의 장물 보고서를 강조하면서 "우리가 그런 종류의 인간에게 권위를 더 주라고 돈 쓰기를 원하는가?"와 같은 물음을 제기한다.

### 시류에 편승하기

이 기법은 화자가 독립적인 사고를 하는 사람을 좌절시키고자 할 때 유용하다. "모두가 그것을 하고 있다."고 하는 것은 안전 요구를 자극하고 타인과 다르게 되거나 홀로 남게 되는 것을 두려워하게 만든다. 화자들은 자주 자신들의 입장을 지지하는 대중적인 의견 투표수를 인용한다. 그러나 많은 사람들이 어떤 제안을 선호하고 있다는 사실은 이런 인용이 반드시 옳다는 것이 아님을 보여준다. 검토 대상이 되는 정식 진술은 그 장점으로 평가되어야 하지 대중성으로 평가될 수 없다.

### 전이(轉移)하기

익숙하지 않은 것을 청중에게 좀더(또는 덜) 받아들이게끔 하기 위해서 화자는 어느 정도 익숙한 것에다 익숙하지 않은 것을 갖다 붙일 것이다. 그러나 그 둘 사이에는 아무런 관계가 없을 때가 종종 있다. 유명한 프로 골프 선수와 마지막 이름이 같은 지역 후보자를 생각해 보자. 비록 이 후보자는 골프를 하지 않지만, 그는 항상 후보자 명단에 별명을 "골프"라고 쓴다. 이와 유사하게 비디오 게임을 "우리 사회에 만연하고 있는 암"으로 특징짓는 일은 다음과 같은 지식을 토대로 작동하고 있다. 즉 모든 청중 구성원들은 그와 같은 무시무시한 병을 직접적인 경험이나 간접적인 경험을 아마 했을 것이라는 것이다.

어떤 설득자는 다음과 같은 기법을 자신을 지적으로 보이도록 하는 데 사용하거나("아주 소박한 사람들"과는 반대가 되는 방법), 군중과는 다른 것으로(시류에 편승하기와 반대가 되는 기법) 사용할 것이다. 이런 설득적인 방법들은 그런 사람들이 쓸 때마다 문제가 된다.

- 청자를 중요한 쟁점으로부터 멀게 하라.
- 중요한 차이점을 흐리게 하라.
- 무관한 요인을 의사 결정 과정에 집어넣어라.
- 감정적인 호소를 부적절하게 그리고 과도하게 사용하라.

**연습 1.**

다음은 수 세기 동안 반복되는 참과 거짓에 관한 상투 어구들이다. 각각의 경우에 공적인 화자가 윤리적이고 공정하고자 노력할 때 직면하게 될 문제와 관련을 지어 보시오.

1. 만약 모든 사람들이 그 일을 했다면 세상은 어떻게 되겠는가?
2. 당신이 타인에게 무엇을 바라듯이 타인에게 그렇게 하시오.
3. 무엇보다도 해를 끼치지 마시오.
4. 매일 아침 거울로 당신 자신을 볼 수 있습니까?
5. 목적이 수단을 정당화하지 않는다.
6. 잘못 두 가지가 바른 일 하나를 만들지 못한다.
7. 당신 어머니가 당신이 이것을 하는 것을 알기 원하십니까?
   [좋아하는 선생님/점원/존경받는 대부분 친구들]

청자는 공적인 화자로부터 이성적으로 무엇을 예측하는가? 채택되기를 바라는 "청중의 권리 장전"을 쓰시오.

3e. 2에서 제안한 원칙에 따라 다음과 같은 감정적인 호소의 사용을 평가하시오.

1. 만약 당신 몸통에 1인치의 살이 잡힌다면, 당신은 역겨울 정도로 뚱뚱하며 우리 헬스클럽 회원권을 사야 한다.

2. 외부 공격으로부터 우리나라를 방어하기 위해 우리는 우주 정거장 방어 시스템이 필요하다.

3. 하나님이 꿈에 내게 와서 말하기를 만약 내가 4월 1일까지 8백만 불을 모금하지 않으면 나를 하늘나라로 부른다고 했습니다. 당신의 기부를 바랍니다.

4. 나는 당신이 지난 주 반 친구 두 명이 죽었을 때 얼마나 충격을 받았는지 압니다. 그 친구들은 틀림없이 당신이 오늘 국회의원에게 마약 밀매자를 엄벌하는 법을 요구하는 편지를 쓰기 원합니다. 당신은 당신 친구를 위한 당신의 사랑을 보여줄 수 있으며, 당신이 경험하는 그 고통을 타인이 겪지 않도록 해 줄 수 있습니다.

5. 우리 조직의 판매원이 되면, 여유 시간으로 1년에 5만 달러를 벌 수 있다. 그러나 정확히 내가 말한 대로 해야 한다. 내 손에 당신을 맡기면 내가 당신을 부자로 만들어 주겠다.

제4장
# 말하기 불안
# 극복하기

# | 말하기 불안 극복하기 |

말하기 불안을 이해하고, 분석하고, 받아들여라. 긴장을 풀고 말하기를 준비하면서 자신감 있게 말하고 있는 자신의 모습을 마음속으로 그려보도록 하자.

무대 공포, 의사소통 불안, 스피치 불안증, 수줍음, 부끄러움-이러한 공적인 말하기에 대한 두려움은 매우 보편적인 증상이기 때문에 커뮤니케이션 분야에서 가장 많이 연구되고 분석되어 온 분야 가운데 하나이다. 이 분야의 연구가 여전히 이러한 말하기의 두려움을 극복할 수 있는 처방을 명쾌하게 내 놓고 있지는 못한 상태이지만, 전문가들은 당신이 대중 앞에서 좀더 편안하고 자신감 있게 말할 수 있는 몇 가지 방법들을 제시해 주고 있다.

다음의 말하기 불안 대처방안들은 여러 유형의 말하기 어려움에 대처하는 과정을 안내해 줌으로써 대중적인 말하기 불안 증상을 줄여줄 수 있을 것이다.


## 4a. 말하기 불안에 대한 관점을 새롭게 하라

### 1. 말하기 불안을 자연스러운 것으로 받아들여라

대개의 사람들은 모든 말하기 상황에서 침착하게 말하려고 노력한다. 하지만 현실은 다르다. 이것이 무대 공포증, 부끄러움, 또는 말하기 불안으로 불릴 수 있는지는 모르겠지만 사실 사람들은 누구나 말하기에 대해 두려움을 느낀다. 다섯에 한 사람 정도는 말하기 수행에 치명적인 영향을 미칠 정도의 심각한 두려움을 경험하고 있다. 스무 명 가운데 한 사람 정도는 도저히 대중적인 말하기를 수행할 수 없을 정도의 심각한 말하기 두려움 증상을 겪는다. 그렇지만 대부분의 사람들은 이러한 두려움에 대해 잘 대처하면서 상황을 긍정적인 방향으로 이끌어가고 있다. 대중적인 눈으로 말하기를 하는 사람들─영화배우, 운동선수, 음악가 등 전문적인 화자들─은 이러한 두려움을 감추는 방법들을 체득한 이들이라 할 수 있다. 말하기 상황이 편안하지 않더라도, 이들은 자신의 감정을 몰아서 말하기에 집중할 줄 안다.

말하기의 경험을 많이 가질수록 말하기에 대해 보다 많은 자신감을 갖게 된다. 말하기 불안은 대개 대중 앞에 서기 직전 상황과 처음 말하기를 시작하는 도입부에 극대화된다. 일단 말하기를 시작하고 나서 청중들의 반응을 접하게 되면, 이제까지의 부정적인 감정들은 어느새 기분 좋은 흥분 상태로 바뀌게 된다. 당신의 말하기 불안 정도가 어느 수준인지를 본서의 웹 사이트에 올라와 있는 PRGA-24를 활용하여 자가 진단해 보도록 하라.

## 2. 자신의 말하기 불안 증상을 가능한 한 구체적으로 분석해 보라

"무서워서 죽을 것 같아."

말하기 공포에 대한 극도의 불안한 감정 상태를 표현하는 일반적인 진술이다. 한 연구 결과에 의하면 사람들이 죽음의 공포 다음으로 두려워하는 것이 바로 대중 앞에서 말하는 것이라고 하지만, 실제로 이러한 말하기 경험이 치명적인 수준이라고 생각하는 사람은 거의 없다. 사람들은 과연 무엇을 두려워하는가? 손으로 잡히지도 않고, 그 실체가 잘 정의되지도 않은 두려움에 대해서는 대처하기 어렵다. 논리적으로 이러한 두려움에 대처하는 방법은 이러한 두려움의 요인들을 구체적으로 분리하여 살펴보면서 그 문제들을 해결해 나가는 것이다.

종이 위에 자신이 무엇을 두려워하는지를 써 보는 것도 좋은 방법이다. 가급적 구체적으로 써 보아라. 만약 당신이 "사람들이 날 바보 같다고 생각할까봐 겁이 나요."와 같이 반응했다고 한다면, 스스로에게 다음과 같이 질문해 보라. "내가 어떻게 할 수 있을까?"('내가 한 스피치를 잊어 버려야지.'), 그리고는 "그 다음에는 무슨 일이 일어날까?"('청중들은 내가 멍청하다고 생각할 거야'). 당신의 목록에 다음의 틀을 활용해 보라.

나는 (이러이러한 사건이) 일어날 것과 (그 일의 결과가) 이어질 것이 두렵다.

자신의 목록을 작성한 다음, 자신이 가지고 있는 두려움을 유형별로 분류해 보라.

'발표할 때 준비한 시각 자료가 잘 보이지 않을까 봐 걱정이 돼.' 와 같은 항목이라면, 대처 방안은 간단하다. 몇몇 친구와 함께 시각 자료의 명시성 정도를 점검해 보고, 문제가 있다면 다시 설계하면 된다. 4b에서 제시한 바와 같이, 많은 두려움의 원인은 준비를 충분히 하지 못함에서 비롯된다. 이렇게 자신이 무엇을 두려워하는지를 단순히 써 보는 행동만으로도 당신은 그 두려움에 대해서 즉각적으로 대처해 나갈 수 있게 될 것이다.

당신이 작성한 두려움의 목록 가운데 물리적 반응에 관련된 것들이 있을 수 있다. '발표 중에 손이 떨리고 목소리가 갈라질까 봐 걱정 돼.' 만약 당신이 걱정하는 대부분의 두려움이 이러한 범주에 속한 것이라면, 4c에 제시된 사항에 주목하기 바란다.

목록의 상당수 항목들이 자신이 설정한 높은 기준에 부합하지 못해 오는 것일 수 있다. 이러한 유형의 두려움이라면 적극적인 동기부여와 함께 당신이 할 수 있는 최선의 노력을 다하면 될 것이다. 그렇지만 본서에서 제시된 제안의 위력을 믿고, 실패할 것이라는 생각을 떨쳐버리도록 하라. 4d에 제시되어 있는 긍정적인 자기 모습을 그려보고 말로 되뇌어 보면 적극적인 자아에 대한 기대를 갖게 하는 데 효과적일 것이다.

만일 두려움이 너무 심해서 이조차도 하기 어렵거나 두려움의 목록이 너무 많다거나 "말하는 도중에 주저앉아 버릴지도 몰라"와 같은 극도의 불안 증상이 계속된다면, 4e에 언급된 방법들을 생각해 보라.

마지막으로, 말하기 불안 목록을 살펴보고 자신이 가장 두려워하는 요인이 어떤 결과를 가져오게 될 것인가를 판단하라. 정기적으로 대규모의 청중들 앞에서 강의를 하는 대학 교수라도 겨우 열 명 남짓의 동료 교수들 앞에서 논문을 발표해야 하는 상황에서 두려움을 느끼는 것처럼, 대부분의 사람들은 동료나 권위를 갖춘 인물들 앞에서 겪게 될 부정적인 평가에 대해 가장 큰 두려움을 느끼게 된다.

이러한 부정적인 평가에 대한 두려움은 청중에 대한 두려움으로 바뀔 수 있다. 일단의 회중으로서, 청중은 위협적이고 위험해 보일 수 있다. 스스로에게 청중이란 그저 개개인들이 모여서 이루어진 무리일 뿐이고, 스피치 역시 좀더 확대된 형태의 대화일 뿐임을 일깨워 주도록 하라. 만일 그 가운데 서너 명의 사람에게 이야기하는 것이 두렵지 않다면, 전체 청중을 향해서 이야기하는 것도 두렵지 않게 될 것이다.

물론, 간혹 가혹하고, 비판적인 사람도 있긴 하지만, 대부분의 청중들은 자비롭고 협조적이다. 그들은 좋은 스피치를 듣게 되면 이내 그 화자의 편에서 후원자가 되어 줄 사람들이다. 특히, 그들은 화자가 자신감 있는 모습으로 말해 주길 원한다. 잔뜩 긴장한 모습으로 말하는 화자의 이야기를 듣고 있을 때 어떤 느낌이었는지를 떠올려 보라. 불편함과 당황스러운 느낌은 화자의 긴장감과 거의 비례관계를 이루게 된다. 이는 대부분의 청중들이 기본적으로 공감하고 있는 것이다. 청자는 화자가 어떤 감정적 어조로 말하는가에 반응하게 된다. 예컨대 잔뜩 긴장한 상태에서 말하는 화자는 청중 역시 긴장 상태에서 듣게 만들어 버리고 만다. 또한 화자가 다소 떨면서 이야기를 시작해서 스피치를 겨우겨우 이끌어가게 되면 청중 역시 느슨한 상태로 듣게 된다.

만일 사람들이 무대 공포증에 대처할 수 있도록 도울 수 있는 특별한 한 가지 방법이 있다면, 그것은 청중을 비평가가 아닌 수용자로 재인식하는 일일 것이다. 화자는 말하기의 두려움을 깨고 나와야만 한다. "내가 어떻게 보일까? 사람들이 나를 좋아할까? 내 스피치가 충분히 괜찮은 것일까?" 스스로에게 자신이 그 자리에 선 것은 뭔가를 보여주기 위해서라기보다는 그 어떤 것을 함께 나누기 위한 것이라고 생각하라. 생각을 진실하고 수용적인 가상의 청중에 초점을 맞추도록 하라. 이러한 청중에게 어떤 말을 해야 할까? 당신이 제공하는 생각과 정보들이 어떻게 이들 청중의 삶을 풍요롭게 할 것인가?

이 모든 정보는 말하는 시점에서 대화적 자원의 중요성의 문제와 관련된다.(1c. 1을 보라) 몇몇 최근의 연구 결과에 의하면 말하기 불안을 줄이는 최선의 상법은 당신이 대중적인 말하기를 바라보는 관점을 바꾸는 것이라고 한다. 쉽지는 않지만 일단 스스로 청중을 향해 뭔가를 해야 한다고 생각하기보다 청중과 더불어 뭔가를 이야기해 보자고 생각할 수만 있다면 한결 편안한 마음을 갖게 될 것이다.

## 4b. 철저한 준비와 연습을 통해서 자신감을 갖도록 하라

왜 스카이다이버들은 한 조각으로 된 땅에 착지할 수 있다고 생각하는 것일까? 준비와 연습은 이들의 두려움을 가라앉혀 준다. 왜 투자가들은 기꺼이 위험을 무릅쓰고 엄청난 규모의 돈을 투자하는 것일까? 준비와 실행이 명쾌한 결과에 대한 비전을 주기 때문이다. 여러 가지 예에서 보는 바와 같이, 말 잘 하는 훌륭한 화자는 별도의 노력을 안 하는 것처럼 보이지만 사실은 전혀 그렇지 않다. 겉으로는 노력을 안 하는 것처럼 보일지라도 일정 기간동안 폭넓은 준비로 무장된 사람들이 대부분이다. 이들이 내뿜는 자신감은 철저한 준비의 결과일 뿐, 결코 타고난 재주나 운에 의한 것이 아니다. 거의 모든 사람들이 자신감 있는 자세와 태도로 연설을 할 수 있다. 철저히 준비한 화자는 기구를 세심하게 점검한 스카이다이버나 수많은 경제 예측 후에 투자하는 투자자처럼 자신감을 가질 수 있다.

만일 당신이 스피치를 시작하는 것이 어렵게 느껴진다면, 도입 부분을 좀더 손질할 필요가 있다. 스피치의 연속성을 잃게 될까 봐 걱정이 된다면, 생각의 흐름을 내재화할 수 있도록 여러 차례 소리 내어서 연습을 해 보도록 하라. 만일 말하기에 불안을 느낀다면, 이 불안감을 준비를 보다 철저히 하라는 자극 신호로 이용하는 것도 좋은 방법이다. 자료의 세심한 부분까지도 신경을 써서 훈련하도록 하라. 여러 차례 전체 스피치의 개요를 검토해 보라. 당신이 무엇을 하든, 결과에 대해 걱정하면서 보내기 보다는 긍정적인 결과를 얻으려고 준비하는 것이 훨씬 더 바람직하다는 것을 기억하라.

말하기를 준비할 때, 25장에 제시된 연습과 관련된 본서의 제안들을 따르는 것도 유용할 것이다. 마지막 순간에 스피치 내용을 바꾼다거나 말할 내용을 암기한다거나 너무 많이 연습해서 이야기 내용이 진부해진다거나 말하기 자체가 기계적인 것이 되지 않도록 주의하라.

## 4c. 몸의 긴장을 이완시키는 기법을 이용해서 말하기 불안에 대처하라

두려움이나 불안함을 느낄 때, 우리 몸은 근육이 긴장하게 됨으로써 방어 기제를 취하게 되거나 과도한 아드레날린을 분비함으로써 불안감으로부터 벗어나고자 하는 상태에 이르게 된다. 그렇지만, 이러한 전투적 내지 도피 반응은 들판에서 야생 동물과 직면하면서 적응해야 했던 우리의 선조들에게는 유용한 것이었을지 몰라도, 주어진 위협이 심리적인 것일 때는 적절하지 않다. 말하기 불안이 우리의 원초적인 위협감을 자극할 때, 우리는 빠른 심장 박동, 어지러움, 위경련, 떨림, 땀 흘림, 그리고 입안이 바짝 마르는 등의 증상을 경험하게 된다. 후두 근육의 긴장은 떨리는 음성과 부자연스러운 소리를 유발하고 심지어는 예상치 못한 변성기 때의 목소리마저 가져오게 된다.

이러한 물리적 증상은 성공적인 말하기 경험을 갖게 되면서 점차 줄어들게 될 것이다. 그러나 어느 정도의 신체적 불편함은 여전히 지속될 것이다. 다행스럽게도, 당신은 보다 편안하게 느낄 수 있도록 도움을 주는 몇 가지 기법들을 숙달할 수 있다.

아드레날린이 많이 배출되어서 흥분하게 될 때는, 신체적인 운동이 이러한 흥분을 어느 정도 줄여줄 수 있다. 물론, 스피치를 하기 전에 지나친 운동을 하는 것은 도움이 되기보다는 도리어 지나친 자극이 될 수 있다. 그러나 주변을 가볍게 산책한다거나 발표장을 이리저리 서성거리는 행동은 몸의 상태를 평상시처럼 편안하게 해 준다. 만일 당신이 잠시 동안이라도 자신만의 가벼운 운동—무릎을 구부려 본다거나 팔을 흔들거나 목을 돌리는 등의—을 하게 되면 한결 기분이 좋아질 것이다. 만일 스피치를 하기 전에 청중을 보면서 그 자리에 머물러 있어야 한다면, 조심스럽게 주먹을 쥐었다 폈다 할 수 있을 것이다. 그렇지만 어떤 이상한 준비 의례를 치르는 것처럼 자신의 명성에 위협을 가할 필요는 없다. 일단 스피치가 시작되면, 아드레날린이 제공해 주는 남은 에너지를 이용하여 스피치를 보다 활력 있게 하도록 한다. 적절하면서도 역동적인 제스처는 긴장해 있는 부분들을 자연스럽게 풀어줄 것이다.

몇 가지 긴장 완화 기법들을 배움으로써 불안 증상들을 극복할 수도 있다. 다른 기술처럼 긴장 완화는 연습을 통해서 가능하다. 스트레스, 긴장, 긴장 완화 등과 관련된 수많은 책이나 테이프를 이용하여 먼저 긴장해 있는 자신의 몸의 부분들을 고립시켜서 긴장을 푸는 방법을 배워야 한다. 명상, 생체 기능 조절, 또는 자기 최면 등을 시도해 보라. 특정 근육 기관을 단단히 조이고 이완하기, 깊이 심호흡하기, 고요한 배경을 머릿속으로 떠올려 보기, 자신의 몸의 부분들을 따뜻하게 혹은 무겁게 감각하는 장면을 상상해 보기 등의 방법을 익히도록 하라. 이러한 기법들에 대한 사람들의 반응에는 개인차가 크게 있을 수 있다. 자신에게 맞는 한두 가지 방법을 찾을 때까지 실험을 계속하라. 이러한 기법들을 배우고 연습하고 나면, 말하기 전에 긴장을 풀고 심지어는 맥박수와 혈압도 낮아짐을 경험하게 될 것이다.

긴장을 완화하는 데 도움을 주는 화학제품들—알코올, 약, 진정제 등—은 절대로 권할 만한 것이 못 된다. 대부분 스피치를 하는 동안 그릇된 안정감을 주면서 심리적으로나 신체적으로 심각한 부작용을 미칠 수 있기 때문이다.


## 4d. 불안을 이길 수 있도록 긍정적인 자기 암시를 하라

### 1. 성공하는 장면을 그려 보아라
심리학자들은 성공의 장면을 떠올려 보는 시각화 작업이 수행에 엄청난 영향을 미친다는 것을 발견했다. 불안을 경험할 때, 당신은 자신의 말하기에 대한 가장 부정적인 결과를 떠올리게 된다. 상상의 내용이 강력하면 강력할수록, 떠올릴 수 있는 재난의 강도는 더욱더 가공할 만한 수준의 공포가 된다. 그렇지만, 이렇게 무서운 영상들을 다른 방향으로 바꾸어 보자. 예를 들면, 테니스 선수, 축구 선수, 연주회장에서의 피아니스트들은 자신이 갈망하는 모습을 이미지로 떠올려보는 것이 매우 긍정적인 도움이 된다는 것을 알고 있다.

스피치를 준비할 때, 절대로 자신이 실패할 것이라고 생각하지 않도록 하라. 그러한 생각이 일단 머리를 들게 되면, 곧바로 긍정적인 시나리오로 바꾸어라: "나는 서서히 강연장으로 올라가면서 청중을 향해 미소 짓는다. 스피치를 시작할 때 내 음성은 매우 강하면서도 자신감 있게 들릴 것이다." 그렇지만 지나치게 완벽을 기하는 비현실적인 기준을 설정하지 않도록 하라. 상상 속에 몇 가지 우발적인 경우를 허용하도록 하라: "만약 핵심적인 내용이 생각나지 않을 경우, 미리 준비한 메모를 들여다보면서 내가 전달하고자 하는 주요 내용에 집중하도록 한다." 말하기 전에 하루에 몇 번씩 이렇게 긍정적인 시각화 작업을 해 보아라. 연습을 하면서, 청중들이 자신의 말하기에 호감 있게 반응해 주는 모습을 떠올려 보라. 그리고 단상에 서기 직전에, 자신이 투영하고 싶은 어조와 이미지를 떠올려 보라: "내가 그 자리에 있을 때, 나는 따뜻하고, 자연스러우면서도, 자신감 있는 태도로 성실하게 멋진 연설을 할 수 있을 거야."

## 2. 부정적인 내적 진술은 긍정적인 것으로 바꾸어라

불안을 줄이는 한 가지 방법으로 인지적 재구조화라고 불리는 치료 기법을 들 수 있다. 이 치료 기법의 핵심은 우리의 심리적 논평을 탐색하고, 불안을 유발하는 비현실적이거나 비합리적인 진술들을 확인하고, 그것을 보다 긍정적이면서도 논리적이고, 현실적인 신념으로 대체하는 것이다. 우리는 누구나 마음속으로 끊임없이 무엇인가에 대해서 이야기를 한다. 이러한 이야기들은 너무나 익숙한 것이어서 거의 의식하지 못한다. 조금만 자세히 들여다보면, 이것들을 마음의 앞부분으로 끌어내어서 이러한 혼잣말들이 자신의 행동에 어떤 영향을 미치는가를 살펴볼 수 있다. 이러한 속내들은 사실에 대한 진술문이 아니라 자기 스스로 만들어낸 진술문들로 만일 이러한 말들이 효율적인 판단을 하는 데 방해가 된다면 얼마든지 바꿀 수 있는 것임을 기억할 필요가 있다. 일단 당신이 대중적 말하기에 대한 반응을 지배하는 속내를 충분히 인식할 수만 있다면, 비생산적인 믿음을 보다 긍정적인 것으로 대체해 버릴 수 있다. [표 4-1]의 예를 참조하라.

**[표 4-1] 태도를 바꾸는 말들**

| 그릇된 믿음 | 긍정적인 대체어 |
| --- | --- |
| 청중들이 모두 좋아하지 않는다면 실패한 스피치가 될 거야. | 대부분의 사람들이 호의적인 반응을 보여준다면 잘 할 수 있을 거야. |
| 훌륭한 화자는 절대로 '어', '에'와 같은 말은 절대로 하지 않아. | 약간의 더듬는 부분이 있더라도 특별히 주의를 기울이지 않는 한, 알아채지 못할 거야. |
| 도무지 이 긴장을 어떻게 해 볼 수가 없어. | 약간의 불안감을 느끼긴 해도, 얼마든지 이 긴장 상태를 극복해 낼 수 있을 거야. |
| 아무 생각도 나지 않을 거 같아. | 여러 번 연습해서 스피치의 기본 구조를 알고 있으니까 별 걱정 없어. |
| 중간에 기절해 버리면 어쩌지? | 정신을 집중해서 겁먹지 말고 재미있게 임하자. |
| 내 발음 때문에 아무도 내 말을 못 알아들으면 어쩌지? | 청중들은 내가 말하는 방식이 아닌 내 이야기를 듣고 싶어 할 거야. |
| 누군가 내 무식함을 공격하려고 질문할거야. | 난 절대로 모르는 것이 없어. 이 주제에 대해서 충분히 공부했고, 그 어떠한 질문에 대해서도 대답할 준비가 되어 있어. |

당신의 비생산적인 반응들은 습관적인 것이어서 쉽게 바뀌지 않을 것이다. 우선, 새로운 형식을 배울 때처럼, 대체 문장들을 기계적으로 반복하라. 대체 문장들이 합리적이고 논리적인 것들이기 때문에, 당신의 마음은 기꺼이 이 대체 문장들을 받아들이길 원할 것이다. 사람을 격려하는 말은 종종 당신이 신체적인 평정과 함께 새로운 신념을 강화해 나갈 수 있도록 보다 편안한 상태가 되도록 도움을 줄 것이다.

### 연습 1.

당신이 가지고 있는 잘못된 신념에는 어떤 것들이 있는가? [표4-1]에 제시된 것을 바탕으로 하여 자기 나름의 목록들을 작성해 보고, 이를 대체할 수 있는 진술문을 만들어 보라.

### 4e. 위에서 제시된 사항이 전혀 도움이 되지 않는다면, 다른 지원책을 강구해 보라

몇몇 말하기 불안 증상은 너무나 뿌리 깊은 것이어서 본서에서 제시한 방법들로 치료될 수 없는 것이 있다. 만약 당신의 말하기 불안이 이러한 것이라면, 이를 극복할 수 있는 도움을 필요로 할 것이다. 연구 결과에 의하면 아무리 심각한 수준의 말하기 불안 증상이라 하더라도 유능한 전문가를 만나 치료를 받으면 얼마든지 고칠 수 있음을 보여주고 있다. 당신은 불안을 유발하는 모든 원인들을 탐색하는 장기간의 치료를 받을 필요는 없다. 말하기 불안을 위한 훈련 프로그램들은 거미나 비행, 혹은 밀폐된 공간에 대한 두려움 등의 공포를 극복하는 데 이용되는 기법들을 적용함으로써 직접적으로 불안 증상에 대처해 나갈 수 있도록 구안되어 있다.

많은 대학에서 말하기 불안 증상을 겪고 있는 학생들을 위한 특별 강좌들을 제공하고 있다. 어떤 곳에서는 일반 강좌를 대체할 수 있는 워크숍을 제공하기도 한다. 이러한 프로그램들은 체계적으로 불안에 대한 민감도를 줄이는 방법(긴장을 완화하고 긍정적인 이미지를 시각화하는 방법을 결합한 형식), 인지적 재구조화, 기능 훈련, 혹은 이러저러한 방법들을 결합한 형태를 이용한다. 심리학자들과 스피치 컨설턴트들 또한 말하기 불안을 줄일 수 있는 프로그램들을 제공해 주고 있다. 이러한 프로그램들은 '무대 공포, 의사소통 불안, 말하기 불안, 수줍음 치료' 등의 이름으로 운영되고 있다.

# 제2부
# 준비하기

## 서론

어떤 화자는 스피치의 예비 단계에 관해서는 별로 신경을 쓰지 않는다. 그러면서 "말하는 방법을 알기 때문에 스피치를 마찬가지로 잘 할 수 있다."라고 생각한다. 대개 그들은 스피치는 쉽고 스피치 직전에 몇 분만 써서 생각을 정리하면 충분하다고 생각한다. 반대로 어떤 사람들은 스피치가 너무 어렵다고 생각하기 때문에 성급하게 본 단계로 접어드는 바람에 예비단계를 소홀히 하기도 한다.

스피치라는 최종적인 '산물'에만 주목하고 창조성에 해당하는 '과정'을 소홀히 한다면 무언가를 생산하기 위하여 서두르게 된다. 스피치를 하도록 제의를 받았을 때 마음속에 제일 먼저 떠오르는 화제들을 가지고 바로 시작하고 그것을 가지고 발표를 연습하기 시작하고자 하는 충동을 느낄 것이다. 이러한 과정을 겪다 보면 자신의 지식이 충분하지 못하다는 것을 알게 될 것이고, 이것은 도서관에서 조사를 충분히 해야지만 해결할 수 있을 것이다. 도서관에 간다 하더라도 연구의 방향성을 정하기가 쉽지 않으며, 특히 스피치를 듣게 될 청중에 대한 사전 지식이 없는 경우 방향성을 잡기가 더욱 어렵다. 나중에 발표 자료를 다시 검토해 보면 미리 수집한 많은 정보들이 스피치의 목적과는 맞지 않을 때도 있다.

여러분이 알고 있는 능숙한 화자들도 그러한 헛수고를 하는지 궁금할 것이다. 그들은 자신의 스피치를 별로 힘들이지 않고 하는 것처럼 보이기 때문에 스피치 준비도 아주 원활하게 하는 것처럼 보인다. 이것은 그들이 프로 육상선수나 음악가처럼 치밀한 준비와 각고의 노력 위에 스피치를 완성할 수 있는 기능과 기법을 가졌기 때문에 가능하다. 이런 능숙한 화자들은 스피치 준비 과정을 잘 조직함으로써 시간을 절약하고 이중의 노력이나 헛수고를 최소화한다. 그들은 준비의 모든 단계를 잘 겪어 내야 신뢰할 만한 생산물이 얻어진다는 것을 잘 알고 있다.

제5장
# 계획하기

# | 계획하기 |

발표를 충분히 준비할 수 있는 계획표를 만들어라. 창조적 단계를 밟아 나갈 수 있는 충분한 시간을 할애하라.

대중 앞에서의 발표를 준비하는 일은 집의 외관을 페인트로 단장하는 것과 같은 단순하고 기계적인 행위와는 다르다. 그것은 이전에 한번도 존재한 적 없는 새로운 무언가를 만들어 내며, 어느 누구도 이렇게 디자인 한 적이 없는 것을 만들어 내는 창조적인 행위이다. 이렇게 본다면 발표를 준비하는 일은 마치 그림을 그리거나 단편 소설을 쓰는 것과 같다.

이 글은 당신이 지니고 있는 시간을 바탕으로 발표 준비를 위한 스케줄을 만들도록 도와주며, 발표 준비를 진행할 때 시간 관리를 할 수 있도록 도와 줄 것이다.

## 5a. 독특한 메시지를 기획하기 위해서는 내용을 창안하는 4단계에 시간을 할애하라

창조적 과정에는 준비하기, 숙고하기, 발현하기 그리고 정련하기의 4가지 단계가 있다고 하였다. 연설자에게 있어서 1단계인 '준비하기'는 소재를 수집하고 주제와 대상 청중의 특성을 분석하고 흩어진 부분을 하나로 모으는 단계이다. '숙고하기' 단계에서 문제 해결의 실마리가 보이지 않으면 좌절하게 되고 심지어는 절망감에 사로잡히기도 한다. 이 시기 동안에는 우리의 무의식적인 사고가 이러한 문제들을 해결하기 위한 작업을 지속하고 있다.

3단계인 '발현하기' 단계에는 흩어져 있던 해답들이 모두가 들어맞기 시작하며 깨달음이 점점 더 증가한다. 이러한 발현은 우리가 한참 발표 준비에 매달릴 때 찾아오기도 하고, 고속도로를 운전하거나 샤워를 할 때, 심지어는 수면 중에 나타나기도 한다. 대개는 이러한 깨달음이 찾아오면 유쾌한 기분과 안도감이 찾아온다. 이때는 우리는 지난 수일 동안 했던 것 보다 더 많은 것을 수 시간 안에 이룰 수 있게 된다.

마지막 단계는 '정련하기' 단계이며, 창조적인 아이디어들이 짧은 시간 안에 쏟아져 나온 뒤에는 비교적 긴 시간 동안 세부적 사항을 점검하고 미세적인 부분을 다듬는 과정이 필요하다. 준비하기 단계와 마찬가지로 이 단계도 인지적이며 집중을 요한다. 실제로 정련의 과정이 없다면 창조적 생각만으로는 세상의 빛을 보지 못하는 경우가 많다. 발표자들이 '발현하기' 단계에서 많은 훌륭한 아이디어들을 창조해 놓고서는 '정련하기' 단계를 거치지 않고 바로 발표해 버림으로써 제대로 평가를 받지 못하는 경우도 있다.

이와 같은 4가지의 창조적 단계를 규정하는 이유는 각각의 단계별로 적절한 시간을 배분하는 것이 중요하기 때문이다. 앞으로 전개될 내용들은 4가지 단계 가운데 어느 하나도 등한시 되지 않게 함으로써 독자들이 적절히 준비할 수 있도록 유도하기 위함이다.

### 5b. 발표 준비를 위해 현실적인 시간표를 작성하라

어느 대학에서 발표 지도 교수들이 자신들의 강좌를 수강하는 학생들에게 학기말 설문 조사를 하였다. 질문의 내용은 "다음 학기 수강생들에게 강좌와 관련해서 어떤 조언을 하겠느냐?"하는 것이었다. 그 결과 대부분의 대답은 "발표 준비를 일찍 시작하라"는 것이었다. 그렇게 대답한 학생들은 모두 자신들이 쉽게 준비할 수 있다고 생각하고 발표 준비에 소요되는 시간을 실제보다 과소평가한 것을 후회하고 있었다. 어느 정도가 충분히 "일찍"이라고 할 수 있는지 알기 위해서는 현실적인 시간표를 작성해 보아야 한다.

영업 회의를 조직하든, 쓰레기 재활용 캠페인을 기획하든 간에 발표의 전문가들이 자신들의 프로젝트를 계획할 때는 몇몇의 구조화된 시간 관리 기술을 활용한다. PERT 시스템이나 Gantt 차트를 인용하지 않고도 여러분이 쉽게 적용할 수 있는 유용한 원칙이 있다.

## 1. 발표를 준비하기 위해 완수하여야 하는 과제를 나열해 보고, 각각의 과제에 소요되는 시간을 파악하라

이 때 단순히 도서관 방문 시간이라든가 시청각 자료 제작과 같은 가시적이고 물리적인 과제뿐만 아니라 '발표 주제에 대한 분석'과 같은 지적인 활동 등에 필요한 시간을 반드시 포함시켜야 한다. 각각의 과제에 대해 예상되는 최장 시간과 최단 시간을 모두 기록하라. 이 때 여러 가지 예기치 않은 불리한 상황까지도 모두 상정하라. 예를 들면 도서관에서 필요한 모든 간행물을 다른 사람이 이미 모두 대출해 간 상태라면 어떻게 할 것인가? 발표 준비를 위해 시간을 비워둔 날 오후에 뜻하지 않게 전화벨이 계속 울리면서 일을 할 수 없게 되면 어떻게 할 것인가? 특히 주지할 것은 창조적인 과정에 있어서 어떤 부분들은 시간에 쫓기면 절대로 진행할 수 없는 부분들이 있다. 발표를 준비하기 위해 시간을 계획할 때는 항상 예기치 않은 상황에 대비하여 여유 시간을 비축해 두어야 한다. 발표 리허설은 여러분이 두통이 있거나 감정적으로 불쾌한 상태라도 할 수 있다. 그러나 발표를 조직하는 과정에서 창조적인 부분들은 신체적으로나 정신적으로 완벽한 집중을 요한다.

발표 준비의 첫 단계부터 스케줄을 짜는 데 필요한 정보를 수집하고 자료의 획득 가능성 여부를 파악하여 각각의 과제에 필요한 시간을 진솔하게 평가하여야 한다.

## 2. 그 전단계의 일이 먼저 끝나야 가능한 과제가 무엇인지 파악하라

이것은 소위 전문적인 기획관리자들이 말하는 '주경로 결정'이다. 발표 연습에 3시간을 할애하고서 그것이 계획의 전부라고 말해서는 안 된다. 발표 연습 3시간은 발표 개요서가 완성된 다음에 기획되어야 한다. 또한, 발표 개요서를 만들기 위해서는 먼저 발표의 목적과 취지 설정이 선행되어야 한다. 이처럼 발표의 모든 단계를 순차적으로 나열하고 각각의 단계별로 필요한 시간을 더해 가면, 목표에 도달할 수 있는지를 알 수 있다. 대개 발표를 성공적으로 할 수 있는 유일한 방법은 시작 시점을 최대한 당기는 것(때로는 바로 '오늘')이다. 발표까지 3주가 남았고 계획상 발표 1주전부터 준비를 하더라도 대부분이 그 안에 가능하다 하더라도 일부 예비 단계의 작업들은 바로 '지금' 이루어 져야 하는 경우가 있다.

더 나아가서 발표까지 3주가 남았는데, 주경로를 작성한 결과 준비시간이 5주가 소요된다고 가정하자. 준비 계획이 이처럼 실행 불가능한 것이라는 것을 발표 이틀 전에 깨닫게 되는 것 보다는 차라리 지금 깨닫는 편이 낫다. 일반적으로 이런 경우는 준비 계획을 축소하거나 드물게는 발표를 다른 날로 연기할 수 있을 것이다. 즉, 8명을 개인 면담하는 대신 2~3명만 전화 인터뷰하는 식으로 변경할 수 있을 것이다. 또한, 워싱턴에서 몇 주 후에 배달될 전국적 통계 자료를 기다리기 보다는 해당 지역에서 구할 수 있는 가장 좋은 통계 자료를 인용할 수도 있을 것이다. 또, 제작하는 데 수 일이 소요되는 전문적인 슬라이드를 준비하는 대신 손으로 그린 오버헤드 프로젝터 필름으로 대신할 수도 있을 것이다.

좋은 발표를 위해서는 준비 초기 단계부터 현실적으로 가능한 계획을 세워야 한다. 그렇지 않으면, 준비 과정 가운데 가장 중요한 '연습'과 '정련'의 단계를 생략하게 되는 사태가 생길 수 있다.

### 3. 준비와 연습에 있어서 주요 단계별로 중간 마감일을 정하라

[그림 5-1]에서는 발표의 준비와 연습을 '초기 결정과 분석', '연구', '발표 자료 개발', '연습'의 4단계로 나누었다. 각각의 단계에 대해 중요 과제는 실선의 사각형 안에 표시하였으며, 관련은 있으나 시간에 쫓기지 않는 과제들은 점선 사각형 안에 표시하였다. 이 그림에서 일반적으로 아래쪽과 오른쪽으로 갈수록 시간적으로는 뒤쪽에 해당한다. 또, 이 그림은 마감 기한이 있는 각 단계들 간의 이행과정을 보여준다. 바꾸어 말하면, 각 단계의 중요 과제(실선 안)는 이전 단계의 중요 과제가 완성되기 전에는 시작할 수가 없다. 어느 시점에는 협의 또는 광의의 주제를 선정할 것인지, 목적과 이론 등에 관해 예비 결정을 내려야 하며, 진지하게 연구하여야 한다. 그리고 어느 시점에 와서는 자료 수집을 멈추고 준비된 자료를 하나로 집약하여야 한다. 발표 개요서를 빨리 완성하지 못하면, 연습의 첫 단계를 시작하지 못한다. 피드백 연습 시간을 너무 늦게 잡으면 피드백을 충분히 활용할 수 없게 되어 버린다.

그러나 가끔 준비 단계들을 간단하게라도 다시 되짚어 볼 필요가 있다. 그러다보면 새롭고 중요한 증거들이 저절로 떠오를 수도 있다. 또 더 많은 시청각 자료들이 필요하다는 것이 피드백 도중에 드러나기도 한다. 이러한 경우 변경은 최소한도로 하되, 각 단계를 한참 거슬러 올라가서 바꾸는 일은 없어야 한다. 일반적으로 발표 준비의 마지막 단계에서는 발표 내용에 있어

결정적인 변경을 해서는 안 된다고 생각한다. 마지막 '연습' 단계에서는 발표의 구성과 기본적 내용에 대해 완벽하게 파악하고 있어야 하며, 표현과 전달 방식, 시간 안배, 청중으로부터 기대하는 반응을 이끌어 내는 방법 등을 마지막으로 손질하는 데 집중하여야 한다.

**[그림 5-1] 발표 계획과 연습**

| 초기 결정과 분석 | 연구 | 발표 자료 개발 | 연습 |
|---|---|---|---|
| 화제 선정하기<br>화제 범위 좁히기<br>목표 명시하기<br>주제 진술하기<br>화제 분석하기<br>청중 분석하기 | 예비 연구<br>기초 자료 탐독<br>자료를 찾기 | | 지속적으로 대화하기 |
| | 본 연구<br>기사와 서적 탐독<br>인터뷰 | 가능한 논점을 기록하기<br>개략적인 개요서 작성 | |
| | 계속적 연구<br>세부사항 점검<br>구체적 사실이나 통계자료 검색<br>일간 신문/방송/최신 뉴스 등을 탐색 | 완전한 문장으로 개요서 작성하기<br>개요서에 보조 자료와 주의 집중 장치 추가<br>서론, 결론, 단원 간 이행 등을 준비 | |
| | | 프레젠테이션 보조 자료나 유인물 준비<br>발표 노트 준비<br>내용과 문체에 대해 일부 수정 | 단계별로 연습하기<br>조언받으며 연습하기<br>고쳐가며 연습하기 |

## 5c. 발표 준비를 할 때 구두로 하고, 타인과의 협조적 대화 과정을 이용하라

발표는 구두로 이루어지므로 발표 준비도 구두로 직접 구성해야 한다. 발표에서 의미전달은 발표자와 청중의 상호작용에 의해 좌우되므로 상호 협력적으로 준비를 해야 한다. 준비 단계에서 작가나 행위자로서의 기능을 요구하는 부분에서조차 발표는 마치 대화하듯이 이루어져야 한다.

기본적인 발표 개요서를 작성할 때까지 발표 연습을 할 수 없지만, 초기 단계에서부터 활용 가능한 구두 연습의 방법이 있다. [그림 5-1]에 오른쪽에 나타나 있는 '지속적으로 대화하기'는 여러분이 화제에 관해 자신과 또는 다른 사람과 계속적으로 대화를 나누는 것을 말한다. 다른 생각이나 말들을 시도해 보고 이것들이 의미를 형성하는지를 보라. 그러나 이 경우는 다른 사람들 앞에서 정식으로 발표를 연습하는 것은 아니다. 점심식사나 잡담 도중에 여러분의 생각을 대화에서 끌어내 보는 것이다. 여러분과 대화한 타인들로부터 여러분의 생각에 대한 반응을 일일이 얻어낼 필요는 없다. 여러 명에게 이야기를 해 본 뒤 여러분이 발표를 구체적인 언어로 조직하기 시작했다는 것을 알게 될 것이다.

단 하나의 음성으로 말하는 사람은 없다. 책상에 혼자 앉아서 발표를 준비할 때에도 동료들의 생각이나 억양 등이 여러분에게 영향을 미친다. 이것은 아주 당연한 것이며, 오히려 이러한 점들을 여러분에게 유리하도록 잘 이용해야 한다. 만일 여러분이 운이 좋다면, 이러한 협력적인 구두 과정을 발표 준비에 대한 피드백과 지원을 이끌어내는 공식적인 방법으로 활용할 수도 있다.(25 참조)

**5d. 말을 건네듯이 발표를 하기 위해서 준비과정의 단계별로 다른 자료들에 초점을 맞추라**

이 책의 첫 장에서 대부분의 사람들이 대화자나 작가 혹은 행위가로서 자료들을 충분히 지니고 있다고 기술했다. 훌륭한 발표를 하기 위해서는 발표의 계획과 연습 단계의 각각 다른 시점에서 서로 다른 비율로 이 자료들을 활용하게 된다. 이 자료들은 모든 과정에서 나타나지만 과정의 각 단계별로 특정 자료에 대한 강조점이나 주의사항이 변할 수는 있다. [그림 5-1]는 이러한 우선순위의 변화를 예시하고 있다. 일반적으로 준비단계에서는 글쓰는 능력이 전면에 대두된다. 이것은 발표문을 쓰는 것을 의미하지 않는다. 오히려, 요점을 선택하고 배열하며 적절한 예시를 찾아내는 능력이 우선한다는 것을 의미한다. 단원간의 이행이나 발표 문장을 다듬는 일에 집중하기도 한다.

발표가 어느 정도 구성이 되면 연습 단계로 접어들게 된다. 연습 단계에서는 행위적 요소의 중요성이 증가한다. 구두 연습을 통해서 음성적·신체적인 언어로 특정 요점을 강조하거나 특정의 효과를 이끌어 낼 수도 있다. 여기서는 시청각 보조 자료나 소품을 활용할 수도 있다.

준비 단계나 연습 단계에서 이러한 자료들을 충분히 섭렵했다면 실제 발표에서는 작가나 행위자로서의 기능보다는 대화자로서의 기술이 중요하다. 우리가 말하는 '말을 건네듯이' 하는 발표란 대부분의 발표 상황에서 효과적이고, 일반적인 어조를 말한다. 발표자가 자연스럽게 대화를 하는 것처럼 보이며, 청중과 말을 주고받는 식의 관계에 의식적으로 주의를 기울일 수 있다. 준비 단계에서 작가로서의 기질을 발휘하고 연습단계에서 행위자로서의 기질을 발휘한 까닭에 실제 발표에서는 대화적 기법이 훨씬 더 자연스럽게 발휘될 수 있다. 여러분의 생각이 화제에 훨씬 더 집중되고, 언어는 더 우아해지며, 음성은 표현력이 증가되며, 신체 에너지는 일상적인 대화에서 보다 더욱 강하게, 그러나 자연스럽게 발휘될 수 있게 된다. 왜냐하면 이 같이 '말을 건네듯이' 발표하는 방식은 준비와 연습이라는 의식적인 과정에서 내재화(內在化)됨으로써 최종적인 발표 중에 무의식적인 자신감으로 나타나기 때문이다. 이러한 변화의 특성은 이 책의 여러 부분에서 다루고 있다.(17, 24, 26, 27장 참조)

## 5e. 흔한 함정들을 피하라

발표자가 준비 단계에서 범하는 흔한 함정들은 대략적으로 예측이 가능하다. 이 같은 함정은 '시간적인 지연'과 같은 인간 본연의 공통적 특성을 반영한다. 아래에 열거한 함정들에 유념하면 실수로 당신의 노력을 헛되이 만드는 상황을 피할 수 있다.

### 1. 심사숙고할 시간의 부족

창조적인 과정은 촉박한 시간에서 강압적으로 나오지는 않는다. 당신의 발표를 구체적으로 구성하기에 앞서 충분한 시간 동안 주제에 대해 숙고할 수 있는 시간을 계획하라. 당신이 발표의 주제에 푹 젖어 지내면서 의식과 무의식이 상호 대화할 때에 비로소 가장 좋은 아이디어가 탄생하게 된다.

### 2. 실수할 수 있는 여유도 없음

만일 당신이 스스로의 능력을 과신해서 준비 시간을 너무 촉박하게 잡는다면 예기치 않았던 조그만 돌발변수에도 발표를 제대로 하기 어렵게 될 것이다. 또한, 이 경우 만일 아주 큰 돌발변수가 발생하면 발표를 완성할 수가 없게 될 것이다. 발표 준비를 계획할 때는 약간의 숨쉴 수 있는 여유를 미리 마련하여야 한다.

### 3. 필자로서의 어려움

발표 준비가 글쓰기와는 다르다는 점은 늘 강조하지만, 이 함정은 많은 작가들이 처하게 되는 마비 상태와 같다. 작가들은 글을 쓰는 마감 시간을 남겨 놓고 아무것도 적혀 있지 않는 빈 원고를 마주치게 되는 상황을 극도로 두려워하며, 그렇게 되지 않기 위해 조금 더 연구하고 조금 더 생각하며, 책상을 좀 더 잘 정리하는 경향이 있다. 좋은 발표를 하기 위해서는 마무리 날짜에 훨씬 앞서서 창조적 과정을 위해 준비하는 것을 중단해야 한다.

(성공적인 스피치를 위해서 마감 날짜 전에 준비를 위한 준비는 그만두고, 쓰기를 당장 시작해야 한다)

### 4. 발표자로서의 어려움

마지막 순간까지 말로 표현하는 연습을 미루지 말라. 당신이 세계 제일의 발표자가 아닌 이상 말로 표현하는 연습 없이 발표하는 처음 순간부터 그 발표를 남들에게 돋보이게 할 수는 없다. 말로 하는 연습이란 반드시 청중들 앞에서 하는 연습을 의미하지는 않는다. 어쨌든 준비단계에서 일찍부터 말로 표현하는 연습을 하라.

제6장

# 화제의
# 선택과 분석

# | 화제의 선택과 분석 |

재미있으면서도 다루기 쉬운 화제를 선택하라. 그 화제로 이끌어 내고 자 하는 어떤 반응을 미리 정하라. 명확하게 초점을 전달하기 위해서 전체 메시지를 군더더기 없이 간결한 하나의 논제로 다듬어라.

처음 떠오른 화제에 안착하지 말라. 다양한 화제를 고려하고, 화제의 다양한 면모를 검토하라. 좋은 화제를 선택했다면 화제의 범위를 좁히고, 그것에 관해 당신이 말을 해야만 하는 이유를 분명히 하라.

## 6a. 화제를 선택하라

화자로서 우리는 상황에 따라 다양한 화제를 선택할 수 있다. 사무 관리 자로서 비서 조직의 효율성에 관해 말해야 하는 경우도 있고, 저명 인사이어서 자신이 선택한 화제를 무엇이든지 말할 수 있는 기회가 주어지기도 한다. 때로는 학생이어서 금요일 아침에 세 번째 연사로 자유 스피치를 해야하는 경우도 있다.

대다수의 발화 상황은 화제가 극단적으로 제한되어 있는 상황과 화제가 열려 있는 상황 사이에 위치할 것이다. 모임에서 축사를 해야 하는 경우도 있고, 로터리 회원들에게 경제에 관해 말해야 하는 경우도 있다. 이런 경우에도 우리는 우리가 말할 화제를 선택해야만 한다. 화제의 범위가 정해져 있는 상황에서도 화자, 청중, 상황에 맞는 화제를 선택할 필요가 있다.

### 1. 자신의 경험이나 전문영역, 관심영역에서 화제를 도출하라

우리는 말하는 상황에서 많은 양의 지식을 동원한다. 화제에 관한 많은 양의 지식을 동원할 수 있기 때문에 평화유지군(또는 슈퍼마켓, 환경단체)에서 활동한 우리의 경험을 말해달라는 요청을 받는 것이다. 때로는 우리가 살아온 환경이나 배경이 청중을 흡입하는 알찬 화제를 발굴하는 디딤돌이 되기도 한다. 그러므로 화제를 도출하기 위해서 자기 스스로에게 수많은 질문을 해야만 한다.

연이은 질문에 답하는 과정에서 떠오른 답을 평가하기 위해 멈추어서는 안 된다. 활용할 수 있는 화제의 목록을 브레인스토밍 방법으로 도출할 수도 있다. 이 경우 떠오른 아이디어를 내적으로 검열해서는 안 된다. 말도 안 되는 아이디어가 좋은 아이디어를 떠오르게 할 수도 있고, 별것 아닌 아이디어들이 서로 엮어져서 탁월한 아이디어로 발전할 수도 있다. 충분한 크기의 목록을 작성하기 전까지는 떠오른 아이디어들을 판단하지 않는 것이 브레인스토밍의 요체이다. 바보같이 보일지라도 다양한 각도로 질문에 답해 보아야 한다. 나중에 청중과 상황에 맞는 가장 좋은 화제를 선택할 수 있을 것이다.

#### 특별한 경험을 해 보았는가?

여행 갔던 곳, 해본 일, 심지어 곤경에 처했던 사건 등을 떠올려 보라. 큰 풍선도 타 보고, 도심에서 일해 보기도 하고, 은행 강도에게 인질로 잡혀있어 본 적이 있을 것이다. 이것들은 적절한 상황에서 좋은 이야기꺼리이다.

우리에게 당연한 것이 다른 사람들에게는 매우 흥미로운 것일 수도 있으니 경험의 이모저모를 간과해서는 안 된다. 우리가 일곱 자녀 중의 한 명에 불과했거나 언제나 혼자 일했거나 집과 학교에서 다른 언어를 배우며 자랐을지라도 우리의 경험을 다른 사람과 공유함으로써 우리는 그들에게 낯선 사건에 대한 그들의 이해를 높여줄 수 있다.

### 특별한 지식이나 기술을 가지고 있는가?

우리는 모두 특정 분야의 전문가이다. 당신은 무슨 일을 하며 생계를 유지하는가? 만약 우리가 감정평가사로서 많은 돈을 벌고 있다면, 우리의 기술에 대해 열성적으로 듣고자 하는 청중이 반드시 있을 것이다. 높은 보수와 명예를 가져다주지 못하는 직업일지라도 좋은 화제가 될 수 있다. 사람들은 일머리를 알고 싶어 하는 욕구를 가지고 있어서, 그 일을 하는 사람에게는 지극히 일상적인 일로 보이는 것조차도 듣고 싶어 하는 경우가 있다. 농담이 아니다. 우리 짐이 이 공항에서 저 공항으로 어떻게 옮겨지는지 아는가? 콘서트 무대의 뒤편에서는 어떤 일이 벌어지고 있는지 아는가?

우리가 하는 일에 대해 설명하는 대신에, 일을 하면서 만나는 사람들에 대해서 이야기할 수도 있다. 만약 우리가 사람들을 관찰하는 것을 좋아하거나 행동을 묘사하는 데 예리한 감각이 있다면 우리는 아마추어 인류학자나 사회심리학자가 될 수도 있다. 우편 배달부의 눈으로 본 개 주인이라든가 중고차 거래소의 특이한 관습이라든가 치과 병원의 환자 대기실에서 이루어지는 상호작용 등과 같은 화제를 가지고 인간의 본성이나 우리 문화의 특정 측면에 관한 우리의 통찰을 이야기 해 줄 수도 있다.

우리가 학교에서 공부한 것들을 청중이 모르고 있을 수도 있다. 우리가 가진 재능이나 취미, 기술 등에 대해서도 떠올려 보자. 집의 배선을 다시 한 이야기나 긴장 완화를 위한 치료 시간에 악기를 연주한 이야기나 여행을 위해 음식을 준비한 이야기나 미스터리 소설에서 묘사된 영국 교실의 구조에 대한 이야기 등을 말할 수도 있지 않겠는가? 우리는 우디 알렌의 영화나 홀로그램 기술, 다양한 맥주의 종류, 수단(Sudan)의 역사, 비밀스런 종교 의식 등과 같은 화제들에 관해 남다른 소양을 가지고 있을 수도 있다.

### 강한 신념이나 의견을 가지고 있는가?

어떤 모임에서 총기 규제에 관해 열띠게 논쟁하는 경우를 상상해 보자. 지금까지 많은 쟁점을 다루어 왔지만, 이 논쟁처럼 우리를 열정적으로 뛰어들게 만든 적은 없었다. 어떤 화제가 우리를 이처럼 열정적으로 만드는가? 우리의 핵심 가치관을 건드리는 이슈들이 아마도 좋은 화제가 될 것이고, 우리가 확신을 가지고 말할 때 우리는 스스로를 덜 의식하게 될 것이다. 설령 반대 입장을 가지고 있는 청중일지라도 우리가 진심으로 이야기하는 것에 대해서는 좀더 관대하게 대해 줄 것이다.

우리를 열정적인 논쟁으로 몰아가는 이슈뿐만 아니라, 우리를 지적으로 매혹시키는 이슈들도 있다. 핵가족이 감소하는 이유나 인간 관계가 실패하는 이유, 좋은 관리자가 되는 방법, 다른 지적 생명체의 존재 여부 등에 관한 지론(持論)을 가지고 있지는 않은가? 당신의 신념을 설명하는 것만으로도 훌륭한 연설을 할 수 있다.

### 더 알고 싶은 것이 있는가?

어쩌면 우리는 은행에서 대출을 받은 직후부터 중앙은행의 활동에 관해 관심을 가졌을지도 모른다. 중유럽의 동맹 관계 변화에 대한 글을 읽은 후부터 소련연방의 붕괴 원인에 관해 관심을 가지게 되었을지도 모른다. 우주 탐험에 관한 영화를 보고나서부터 도서관에 가서 국제 우주 정거장에 관한 정보를 찾고 있었을지도 모른다. 말을 해야 하는 상황을 우리 자신의 호기심을 자극하는 화제를 탐구하는 기회로 활용하라.

## 2. 청중과 경우에 맞는 화제를 선택하라

6a. 1에서와 같이 질문에 관한 다양한 대답을 브레인스토밍해 봄으로써 다채로운 화제의 목록을 작성할 수 있다. 그 중에서 우리가 말할 하나의 화제를 꼭 집어내기 위해서는 청중과 상황을 고려해야 한다.(7장 참고) 다음과 같은 두 질문을 던지는 것이 필요하다.

- 이 사람들이 기대하는 것은 무엇인가?　　　[청중]
- 이 사람들이 지금 기대하는 것은 무엇인가?　 [상황]

청중이 어떤 사람이고, 왜 여기에 모여 있는지를 고려함으로써 많은 화제를 털어낼 수 있다. 은(銀) 시장의 변동에 관한 말하기는 아무리 재미있는 이야기일지라도 7학년 학생들에게는 맞지 않을 것이다. 일본의 고건축에 관한 이야기는 의사들이 가장 듣고 싶어 하는 이야기는 아닐 것이다. 상품을 선전하거나 선거 유세를 하거나 특정 신념을 갈파하는 것도 추모식장에서는 적절하지 않을 것이다.

부적절한 화제들을 목록에서 제외시켰다면, 그 다음 단계로 남아 있는 것 중에서 가장 적합한 화제를 선택해야 한다. 강점이입이 이 시점에서 활용할 수 있는 가장 강력한 도구이다. 회의실이나 교실의 딱딱한 의자에 앉아있다고 상상해 보라. 도대체 무슨 말을 듣고 싶어서 여태껏 앉아 있는가?

## 3. 시의 적절하고 보편적인 화제를 선택하라

6a. 1과 6a. 2의 절차를 거쳤을지라도 아직도 하나 이상의 화제가 우리 목록에 남아있을 수 있다. 다른 조건이 동일하다면, 가장 좋은 화제는 시의 적

절하고 보편적인 화제이다. 어떤 이슈는 항상 있어왔고, 앞으로도 인류 담화의 일부로 남아있을 것이다. 개인과 집단의 권리, 안전의 욕구와 모험의 욕구 등과 같은 이슈는 1000년 전에도 논의되었고, 100년 전에도 논의되었으며 앞으로도 우리 후손들에 의해 계속 논의될 것이다. 현재의 사건을 이와 같은 영속적인 인류 담화와 연결지을 수 있다면, 우리는 시의 적절하고 보편적인 것을 말하고 있는 셈이다.

이 조건이 충족되었다고 해서 반드시 좋은 화제가 되는 것은 아니다. 보편성 조건을 검토해 보자. 만약 어떤 사건이 2주 동안 신문의 1면을 장식해 왔다면, 그 사건에 대해 말하는 것은 시의 적절한 일일 것이다. 그러나 그 사건을 보편적인 용어로 풀어서 들려주지 못한다면 청중이 이미 알고 있는 것 이상을 전달하지는 못할 것이다. 그 반대 상황도 마찬가지이다. 청중의 현재 삶과 얽혀있지 않는 화제는 제 아무리 심오한 것일지라도 청중의 흥미를 자극하기 어려울 것이다. 심오하고 보편적인 화제는 반드시 시의 적절한 것이어야 한다. 또한 시의 적절한 화제는 반드시 보편성을 띄고 있어야 한다.

[표 6-1]은 지나치게 지엽적이거나 지나치게 보편적인 화제가 시의 적절성과 보편성의 기준을 충족시키기 위해 어떻게 변형될 수 있는지를 보여준다. 각 기준을 충족시킬 수 있는 이야기의 종류가 다름에 주목하라.

**[표 6-1] 시의 적절하고 보편적인 화제**

| 시의 적절하나 사소한 화제 | 보편적이나 두루뭉술한 화제 | 시의 적절하고 보편적인 화제 |
|---|---|---|
| 지난 주 KKK단이 시내에서 집회를 열었을 때 큰 충돌이 일어났다. | 집회결사의 자유는 반드시 지켜져야 한다. | 지난 주 KKK단 집회에서 발생한 물리적 충돌은 집회결사의 자유를 제약하는 것과 관련된 중요한 문제를 야기한다. |

| 시의 적절하나 사소한 화제 | 보편적이나 두루뭉술한 화제 | 시의 적절하고 보편적인 화제 |
|---|---|---|
| 퀘벡으로 여행을 갔었다. | 여행은 문화의 다양성을 이해하게 해 준다. | 퀘벡으로 여행을 하면서 내 문화와 다른 문화를 대조시킴으로써 내 문화를 더 잘 이해할 수 있었다. |
| 우리 회사는 새로운 이익배분방식을 도입하였다. | 고용인을 파트너로 여기는 것이 최고의 경영철학이다. | 우리의 새로운 이익배분방식은 고용인의 이익을 보장하며, 최고의 경영철학을 반영하고 있다. |

**연습 1.**

다음의 화제들이 여러분에게 무척 흥미롭고, 여러분은 이 화제에 대해 말할 예정이라고 가정해 보자.

> 1. 무술
> 2. 기소 전의 중재
> 3. 사회 안전 시스템의 문제점
> 4. 텔레비전 광고가 만들어지는 방법
> 5. 이슬람에 대한 서구 사회의 오해

다음의 청중에게는 어떤 화제가 가장 적합하겠는가? 그렇게 고른 이유를 설명해 보라. 원한다면 하나 이상의 화제를 고를 수도 있다.

> a. 자신의 주장을 다양한 정보원에서 수집한 정보와 통계 자료로 논증해야 하는 과제를 받은 학생들
> b. 사회봉사활동 모임의 오찬회에 참석한 사람들
> c. 이웃의 청소년들
> d. 시사(時事)를 연구하는 모임의 회원들

e. 사업 박람회에서 기조연설을 듣는 사람들

연습 2.

이들 화제를 시의 적절하고 보편적인 것이 되게 하려면 어떻게 발전시켜야 할지를 설명해 보라.


## 6b. 화제의 범위를 좁혀라

다음과 같은 오래된 농담이 있다.

> A: 오늘밤 연회에서 축사를 하기로 했어.
> B: 뭘 말할 건데?
> A: 음, 15분 정도.

A의 대답이 전혀 엉뚱한 소리는 아니다. A의 대답은 시간의 제약을 고려하여 화제의 범위를 좁힐 때까지는 화제의 선택이 끝나지 않았다는 화제 선택의 원리를 나타내는 것이다.

화제의 범위를 좁힘으로써 얻을 수 있는 가장 큰 이점은 깊이 있는 분석이 가능하다는 것이다. 피상적인 말을 하지 않기 위해 준비 단계에서 시간을 점검하는 것이 필요하다. 화제에 들어가기 위해서, 그리고 저 깊은 곳으로 들어가기 위해서는 시간이 허락하는 한도 내에서 발전시켜야 하는 요점의 개수를 제한해야 한다. 애초부터 화제의 범위를 제한하면 준비 시간과 노력을 절약할 수 있다. 대학교육에 관한 모든 책과 논문을 뒤지는 대신에, 대학 재정이나 학점 부여 방식, 남녀 공동 기숙사 제도와 같이 화제와 관련된 것으로 범위를 좁힐 수 있다.

## 1. 주어진 시간 안에 다룰 수 있는 아이디어의 수를 결정하라

보통 사람은 평균적으로 1분에 100에서 150 단어 정도를 말한다. 매우 빨리 말하거나 느리게 말하면 이 범위를 다소 넘어서게 될 것이지만, 대부분의 사람들은 1분에 125 단어 정도를 말한다. 여러분의 말 빠르기를 확인하고 싶으면, 26a.2를 참조하기 바란다.

전형적인 신문기사의 한 단락은 대략 125단어로 구성되어 있다. 대강 말해서 보통 사람은 1분에 한 단락 정도를 말한다. 전문적인 내용이나 통계숫자, 대화, 대본의 한 부분 등이 섞여 있는 내용을 말하거나 특별히 여러분이 말을 느리게 하는 사람이라면 한 단락을 2분 정도에 말하는 것으로 보아도 될 것이다. 대충이지만 이것을 화제의 범위를 제한하는 현실적인 지침으로 활용할 수 있다.

예컨대, 우리가 형사사법제도에 대해 8에서 10분 정도 말하도록 예정되어 있다면 1, 2분 정도는 도입부에 할당해야 할 것이고, 1분 정도는 결론부에 할당해야 할 것이다. 그렇다면 6, 7분 정도가 본론을 위해 남아 있는 셈이다. 만약 우리가 형사사법제도의 역사, 범죄의 원인, 범죄 통계를 잡는 방법, 보호관찰 부서의 역할, 경찰관 모집의 어려움 등에 관해 말할 요량이라면, 각 주제별로 1분에서 1분 30초 정도의 시간을 잡아야 할 것이다. 재판에 관한 주제를 빠뜨릴 수는 없지 않는가. 화제의 범위를 좁혀서 2개의 하위 화제를 3분씩 말하거나 3개의 하위 화제를 2분씩 말하는 것이 더 현실적인 계획이지 않을까?

**[표 6-2] 말할 요소별 시간 할당계획**

| 말할 요소 | 시간(분) |
|---|---|
| 도입 | |
| 청중에게 인사한다. | 1 |
| 아저씨에 대한 일화를 소개한다. | 1 |
| 화제를 도입하고 주요 내용을 안내한다. | 1 |
| 첫 번째 주요 요점 | |
| 설명하고 정의한다. | 1 |
| 하위 요점 | 2 |
| 하위 요점 | 2 |
| 두 번째 주요 요점, 세 번째..... | − |
| | − |
| | − |
| 결론 | 2 |
| | − |
| | 20 |

똑같은 방법을 프레젠테이션이나 강의와 같은 긴 말하기에도 적용할 수
있다. 20분 정도의 말하기를 20개 정도의 짧은 단락으로 보아도 되고, 열 개
정도의 긴 단락으로 보아도 된다. [표 6-2]는 앞서 예로 든 우리의 말하기가
어떻게 분절될 수 있는지를 보여주는 것이다.

### 연습 3.

어떤 연설이 2,900개의 단어로 구성되어 있다. 보통 사람이 이것을 전달
하는 데 대략 얼마 정도의 시간이 소요되겠는가?

**2. 청중과 상황, 그리고 화자로서 가지고 있는 자신의 강점에 관한 철저한 분석을 토대로 몇 개의 주요 아이디어를 선택하라**

형사사법제도의 관한 우리의 말하기를 한두 개의 주요 요소로 한정지어야 한다는 것을 알았다고 해서, 어떤 요소를 선택해야 하는지도 알게 된 것은 아니다. 다음의 질문들을 고려함으로써 화제의 범위를 효과적으로 좁히는 능력을 발달시킬 수 있다.

**어떤 화제가 공적으로 말을 할 때 가장 적합한가?**

일련의 숫자를 5분 동안 쭉 읽어가는 것이 현명한 일일까? 그보다는 그 자료들은 추후 연구를 위해 떠넘기고, 핵심적인 숫자의 의미에 대해 논의하는 것이 더 현명하다.

공적인 연설에서 논의할 만큼 중요한 화제인지, 누구나 알고 있는 식상한 정보를 전달하는 것은 아닌지, 일부 청중만 관심을 가지는 특수한 문제를 논의하는 것은 아닌지, 잘난 척하기 위해서 말하는 것은 아닌지 등을 자문해 보아야 한다.

**어떤 화제가 청중과 상황에 가장 적합한가?**

청중에 관한 분석을 토대로 말할 내용의 강약을 조절하자. 청중의 요구, 태도, 지식, 기대와 직접적으로 관련되는 화제 요소를 선택하라.(7장 참고)

**어떤 화제를 가장 자신 있게 설명할 수 있는가?**

본인이 가장 잘 알고 있는 내용, 가장 관심 있는 내용을 화제로 선택하라. 복잡한 현상을 설명하는 데 탁월한 재능이 있는가? 추상적인 아이디어를 구체적이고 개인적인 것으로 설명하는 데 재능이 있는가? 통계숫자를 말하기보다는 인간사에 관해 이야기를 하는 것이 더 쉬운가, 아니면 그 반대인가? 화자로서 본인의 개성에 가장 적합한 화제 요소를 선택하라.

연습 4.

10b에 있는 만화책의 개요를 보라. 만화 마니아들에게 그 이야기를 해야 한다면 화제를 어떻게 제한하겠는가? 11b에 있는 여성 노동인구에 관한 개요를 보라. 고등학교 사회 시간에 15분 동안 그 이야기를 해야 한다면 화제를 어떻게 제한하겠는가?


### 6c. 말하는 목적을 분명히 하라

모든 말하기에는 일반적인 목적, 개인적인 목적, 기대하는 결과가 있다.

#### 1. 일반적인 목적을 확인하라

화자로서 우리의 의도는 무엇인가? 청중의 마음을 바꾸려고? 무언가를 가르치려고? 그들을 즐겁게 하려고?

만약 우리가 "재즈"를 화제로 정하고, "재즈 색소폰 연주자"로 화제를 제한하였다면 그에 관한 몇 가지 이야기를 들려줄 수 있을 것이다. 우리는 오네트 콜맨의 화성 이론을 청중에게 이해시키려고 하는가, 소니 크리스가 정당한 평가를 받지 못했다는 것을 주입시키려고 하는가? 아니면, 스탄 게츠와 아트 페퍼가 마약을 끊고 나서 재기한 이야기를 들려주려고 하는가?

말하기의 일반적인 목적은 다음과 같이 세 가지로 분류된다.

정보전달    무언가를 설명하고, 가르치고, 정의하고, 분명히 하고, 예
          시하고, 지도하기 위한 말하기

| 설득 | 영향을 미치고, 확신을 주고, 동기를 부여하고, 무언가를 사게 하고, 전도하고, 행동을 촉발하기 위한 말하기 |
|------|------|
| 친교·정서 | 즐거움을 주고, 영감을 불러일으키고, 축하하고, 축사하고, 청중의 기억을 되살리기 위한 말하기 |

친교·정서를 위한 말하기를 종종 "즐거움을 주기 위한 말하기"로 부르기도 하지만, 이 명명은 불행히도 청중 앞에서 일방적으로 재잘대는 것을 연상시켜서 그 범위가 너무 좁아 좋지 못하다. 친교·정서를 위한 말하기는 특정한 감정이나 반응을 이끌어내는 것이다. 감정이나 느낌에는 즐거움이라 부를 수 있는 재미, 기분전환, 일상에서의 해방감도 있지만 추도식에서 느끼는 엄숙함, 숙연함, 공동체 의식, 감사하는 마음도 있다.

단 하나의 목적만을 가지고 있는 말하기는 없다. 대부분의 말하기에 여러 가지 목적이 섞여있으며 하나의 목적이 지배적인 역할을 할 뿐이다. 예를 들면, 강의는 가르치는 것을 주 목적으로 하지만 동시에 특정한 태도를 심어주는 역할도 한다. 선거유세는 지지자의 확보를 주 목적으로 하지만 즐거움을 주기도 한다. 탁월한 설교 말씀은 정보전달과 설득, 친교·정서 이 세 가지 목적을 동시에 달성하기도 한다.

**연습 5.**

다음 화제의 일반적인 목적이 무엇인지 말해 보라.

기차

자연임신

금에 대한 투자

패션

## 2. 개인적인 목적을 정하라

어떤 화제로 달성하고자 하는 개인적인 목적을 정하는 데 있어서 말하려는 내용의 일반적인 목적(정보전달, 설득, 친교·정서)을 확인하는 것이 도움이 된다. 개인적인 목적을 명시화하는 과정에서 이야기를 하려고 하는 주요 이유들을 떼 내어보라. 여러 가지 잡다한 이유들이 많이 있겠지만, 그것 간의 명확한 우선순위를 정하지 않고서는 말할 내용을 고르는 것도 말할 내용을 조직하지도 녹녹치 않을 것이다. 자신만의 개인적이고 현실적인 목적을 정하라. 10분 만에 체스의 모든 것에 관해 가르치길 원하는가, 단지 체스의 기본적인 룰을 가르쳐 주길 원하는가? 청중이 우리 회사의 통신 시스템을 사게 하길 원하는가, 단지 그 시스템을 관리자들에게 시연할 수 있도록 청중이 허락해 주게 하길 원하는가? 다음 단계로 나아가기 전에 아래 문장을 완성해 보는 것이 필요하다.

이 말하기로써 내가 성취하고자 하는 단 하나의 목적은 …

이 시점에서 우리의 화제는 명확한 초점을 가지고 있어야 한다.

**좋지 않음** : 나의 개인적인 목적은 청중에게 정치학에 관해 알려주는 것이다.

**좋음** : 나의 개인적인 목적은 청중에게 미국의 양당 체제의 역할에 관해 설명하는 것이다.

**좋지 않음** : 나의 개인적인 목적은 음주 운전을 하지 말라고 청중을 설득하는 것이다.

**좋음** : 나의 개인적인 목적은 음주 운전을 한 운전자에게 엄격한 처벌을

내려야 한다고 청중을 설득하는 것이다.

### 3. 청중으로부터 이끌어내고자 하는 결과를 명시하라

우리가 원하는 개인적인 목적을 명확히 했다면, 이제는 입장을 바꾸어서 청중으로부터 이끌어내고자 하는 행동을 명시해보라.

내 말을 들은 청중으로부터 이끌어내고자 하는 단 하나의 행동은 …

달리 말해서 우리의 말하기가 성공적이었을 때 청중은 어떤 행동을 하는가? 이것을 주요 결과라 한다.

**좋지 않음** : 내가 기대하는 결과는 이 상품을 파는 것이다.
**좋음** : 내가 기대하는 결과는 당신이 이 상품을 구매하게 하는 것이다.

**좋지 않음** : 내가 기대하는 결과는 광합성을 설명하는 것이다.
**좋음** : 내가 기대하는 결과는 당신이 광합성의 작용을 이해하게 하는 것이다.

우리가 원하는 주요 결과를 확인하면, 우리는 말하기의 목적을 보다 분명히 이해할 수 있게 된다. 일반적인 목적에 내재해 있는 많은 하위 목적들은 청중으로부터 이끌어내고자 하는 구체적인 행동으로 진술할 수 있다. 청중이 기타를 배우게 하는 것이 우리의 궁극적인 목적이라면, 우리는 먼저 그들이 기타를 배우겠다고 결심하길 원하고, 둘째, 그들이 기타를 사길 원하고, 셋째, 그들이 기타 수업을 듣길 원하고, 마지막으로 그들이 기타 연습을 계속하길 원한다.

각 경우에서 행위 동사의 중요성에 대해 생각해 보라. 우리가 원하는 청중의 행동에 주목하라. 이 같은 목적분석의 효용은 교육 분야와 사업 분야에서 최근에 입증되었다. 학교에서 선생님들은 막연하게 정의된 목적을 구체적인 행동 목표로 재 진술함으로써 교수-학습을 강화할 수 있다는 것을 배웠다. 사업장에서 노사(勞使)는 목표 관리 제도를 도입함으로써 과업을 분석하고, 목표를 정하고, 데드라인을 결정하는 데 도움을 받을 수 있었다.

똑같은 과정이 우리가 말하기를 계획하는 데 있어서도 도움이 된다. 우리가 원하는 주요 결과를 행위 동사를 사용하여 더 작은 구성 요소로 쪼개어라. 청중이 미술을 이해하길 원하는 것에서 한발 더 나아가야 한다. 우리의 말하기가 성공적이었을 때 그 성공을 어떻게 확인할 수 있는지 스스로에게 자문해 보아야 한다. 미술을 이해하게 되었을 때 사람들은 어떤 행동을 보일까? 미술을 이해하는 것과 관련된 구체적인 행동이나 작용으로는 다음과 같은 것이 있을 것이다.

- 화랑에 간다.
- 미술에 관한 책을 읽는다.
- 스스로 미술 작품을 만든다.

말하기의 유형별로 말하기의 목적과 기대하는 결과는 다음과 같이 정련될 수 있다.

일반적인 목적 : 정보전달
개인적인 목적 : 효과적인 취업 면접 방법을 청중에게 알려준다.
기대하는 주요 결과 : 나는 청중이 취업 면접의 네 단계에 익숙해지길 원한다.

결과를 이루는 행동: 나는 청중이

- 취업 면접과 다른 면접의 차이를 구별하기를 원한다.
- 면접자가 기대하는 것이 무엇인지 이해하기를 원한다.
- 취업 면접의 네 단계를 나열할 수 있길 원한다.
- 비언어적 행동의 중요성에 관해 인식하기를 원한다.

일반적인 목적 : 설득

개인적인 목적 : 환경을 보전하기 위해서 개인의 행동 양식을 바꾸어야 한다는 점을 청중에게 설득시킨다.

기대하는 주요 결과 : 나는 청중이 환경의 요구에 적극적으로 부응하길 원한다.

결과를 이루는 행동 : 나는 청중이

- 대중교통을 이용하기를 원한다.
- 썩지 않는 물질은 가능하면 사용하지 않기를 원한다.
- 재활용 종이나 재활용 유리, 재활용 알루미늄, 재활용 철 등과 같은 재활용품을 사용하기를 원한다.
- 주거 에너지의 효율성을 높이기를 원한다.
- 친환경적인 정견을 가진 정치인을 지지하고, 환경 문제에 돈과 시간을 기여하기를 원한다.

일반적인 목적 : 친교 · 정서

개인적인 목적 : 복잡한 과업의 성공적인 마무리를 축하하고, 그 과업의 성공에 기여한 인물을 칭송한다.

기대하는 주요 결과 : 나는 프로젝트에 참여한 모든 구성원이 연대감을 느끼기를 원한다.

결과를 이루는 행동 : 나는 청중이

- 엔지니어, 디자이너 등을 포함하는 모든 구성원이 각 팀의 성과와 기여를 인식하기 원한다.
- 자신의 개인적 기여에 대해 자부심을 느끼기를 원한다.
- 매 과정에서 이룬 성공을 다시 기억하기를 원한다.
- 프로젝트에 참여한 사람들만이 이해할 수 있는 농담을 주고받으면서 일체감을 확인하기를 바란다.
- 개발팀의 활력소였던 아네트에 대한 고마움을 공유하기를 원한다.

**주의** : 개인적인 목적이 일반적인 목적을 그대로 반영할 필요는 없다. 때로는 설득을 하기에 앞서 정보를 전달해야 하는 경우도 있고, 정보를 더 잘 전달하기 위해 재미를 가미하기도 한다. 그러나 대개의 경우 기대하는 주요 결과는 일반적인 목적을 반영하고 있어야 한다.

**연습 6.**

아래에 제시된 청중에게 기대하는 주요 결과를 읽고, 결과를 이루는 행동을 적어도 네 개 이상을 말해보라. 결과를 이루는 행동을 구체적이고 명시적인 동사로 설명하라.

1. 나는 청중이 유전 공학에 관해 배우기를 원한다.
2. 나는 청중이 갈라파고스 군도를 여행하면서 겪는 스릴을 경험하기를 원한다.
3. 나는 청중이 보다 안전하게 운전하기를 원한다.

## 6d. 화제 분석을 위해 간명한 논제를 개발하라

### 1. 말하려는 내용의 핵심을 표상하는 논제를 평서문의 형태로 만들어라

많은 경영 컨설턴트는 팀원의 에너지를 집중시키기 위해 과업을 짧은 임무 진술로 쪼개어서, 어떤 행동을 완수했을 때 그 행동이 적합한 것이었는지를 구체적으로 평가할 수 있게 해 주는 것이 필요하다고 말한다. 같은 맥락에서 화제의 분석도 그 아이디어가 어떠했는지를 평가하기 위해 간명한 논제가 필요하다. 목적이나 기대하는 결과와는 달리, 논제는 증명해야 하는 명제나 발전시켜야 하는 테마(theme)의 형태로 진술된다. 중심 생각이라고도 불리는 이 평서문을 통해 우리의 이야기는 초점을 가지게 된다. 논제는 우리가 가고 싶은 곳(목적)을 생각하는 것에서 거기에 가는 방법을 생각하는 것으로 넘어가게 해 준다.

논제는 단지 화제를 밝히는 것이 아니라, 말하려는 내용을 정련한 것이어야 한다. 논제는 말할 대상(주부)과 말하는 내용(술부)을 명확히 해야 하므로 완결된 단문으로 진술되어야 한다. 이는 사고의 명료성을 높이기 위해서이다. "나는 오늘 장미에 관해 말하려고 한다."란 논제는 '나'를 주부로, '말하려고 한다'를 술부로 하고 있어서 말하려고 하는 핵심 내용('장미')에 관해서는 아무것도 알려주는 것이 없다. 반면에 "장미는 아름답다."란 논제는 화제(장미)가 주부이고, 말하려고 하는 내용(아름답다)이 술부이다. 사고의 연관성과 완결성을 검증하는 데 있어서 명제의 진술이 하는 역할에 관한 것은 11b를 참고하기 바란다.

논제는 우리의 접근이 다른 것과는 차별성을 가질 만큼 충분한 정보를 담고 있어야 한다는 사실을 명심해야 한다.

## 정보전달을 위한 말하기

**좋지 않음**     내가 말할 내용은 조직 폭력배에 관한 것이다.

**그저 그러함**     청소년들은 조직 폭력배를 멋있게 여긴다.

**좋음**     청소년들이 조직 폭력배를 멋있게 여기는 데에는 수많은 사회학적인, 발달론적인 이유가 깔려있다.

## 친교 · 정서를 위한 말하기

**좋지 않음**     우리는 새로 구입한 긴급구호 헬기를 축하하기 위해 여기에 모였다.

**그저 그러함**     새로 구입한 긴급구호 헬기를 공개하는 것은 오코너 병원과 지역 사회를 위해 기념할 만한 일이다.

**좋음**     새로 구입한 긴급구호 헬기는 기금 기부자들의 헌신적인 노력의 산물이며, 이로써 우리 지역 사회의 의료 수준은 질적으로나 양적으로나 성장할 것이다.

## 설득을 위한 말하기

**좋지 않음**     결핵을 치료하기 위한 조치가 취해져야 한다.

**그저 그러함**     항생제에 내성을 가진 결핵이 증가하고 있고, 이들 결핵을 박멸해야만 한다.

**좋음**     항생제에 내성을 가진 결핵을 치료하기 위한 범정부적인 교육과 연구, 그리고 대응이 필요하다.

### 2. 화제를 분석하기 위해 논제를 일련의 질문으로 쪼개어라

어떤 물질을 분석할 때 화학자들은 그것의 구성 성분을 확인한다. 화자가 화제를 구성하는 하위 화제를 분석할 때에도 마찬가지 과정을 거친다. 설득을 위한 말하기의 경우에 이 과정은 매우 구조화된 이슈 분석의 형태를 띠고,(22b 참고) 정보전달을 위한 말하기나 친교·정서를 위한 말하기에도 그러하다. 논제를 발전시키기 위해서 우리는 일련의 질문을 만들고, 그 질문에 답해야 한다. 이들 질문은 청중이 우리의 논제를 받아들이기 전에 그들 스스로에게 던지는 질문과 같다. 또한 우리가 발표 준비를 계속하기 전에 우리 스스로 확인해야 하는 질문과도 같다.

논제에 드러나 있는 단어에 그 자체에 너무 구속되지 말라. 문장의 문법적 구조를 분석하면 주부와 술부에 채워야 할 것을 알 수 있다. "그 책을 들고 가자."란 문장은 "(당신이) 그 책을 들고, (당신이) (그것을 가지고) 가자."로 분석된다.

설득하는 말하기를 위한 다음의 논제를 보자.

> 다른 산업화된 국가들과 마찬가지로, 미국은 인종, 성, 연령에 토대를 둔 카스트와 같은 사회 체제를 가지고 있다.

이 논제에는 청중이 물어 볼 여섯 개의 질문이 포함되어 있다.
- 미국에 카스트 제도와 같은 사회 체제가 있는가?
- 계층의 분화는 인종에 기초하고 있는가?
- 계층의 분화는 성에 기초하고 있는가?
- 계층의 분화는 연령에 기초하고 있는가?
- 미국은 산업화된 국가인가?
- 다른 산업화된 국가들도 이런 성향을 보이는가?

만화에 관한 다음의 논제를 보자.

범위나 역사, 영향력 등을 고려할 때 만화는 미국 대중 문화의 흥미로운
일부이다.

이 정보전달을 위한 말하기의 논제에는 네 개의 질문이 포함되어 있다.
- 어떤 것이 만화의 범위에 포함되는가?
- 만화의 역사는 어떠했는가?
- 만화가 미친 영향은 무엇인가?
- 만화가 미국 대중 문화의 흥미로운 일부인가?

퇴임식에서 행해질 다음의 논제를 보자.

브라울리오 푸엔테스 씨가 회사에 끼친 공헌과 그의 인간적 매력을 생각
할 때, 우리는 그를 그리워할 것이고 그가 은퇴 후에도 잘 해 나가길 기원
한다.

이 친교 · 정서를 위한 말하기의 논제에도 네 개의 질문이 포함되어 있다.
- 구체적으로 그는 어떤 공헌을 하였는가?
- 우리가 높이 평가하는 그의 인간적 매력은 무엇인가?
- 그를 어떻게 그리워할 것인가?
- 그가 은퇴 후에 어떻게 잘 해 나가길 기원하는가?

이 질문에 답하기 위해 우리는 브라울리오 푸엔테스 씨의 과거 행적을 살
펴볼 것이다. 그와 함께 일한 동료들에게 그가 은퇴한 후 무엇이 가장 그리
울지 물어볼 것이고, 그가 은퇴 후에 여행을 할 것이지, 난초를 기를 것인지,
컨설팅 회사를 꾸릴 것인지 알아볼 것이다.

앞서 살펴본 질문의 답이 말하려는 이야기의 주요 내용이 아닐 수도 있고, 예시한 순서대로 아이디어를 발전시켜야 하는 것도 아니다. 하지만 이런 분석을 통해 무엇을 어떻게 준비해야 하는지 감을 잡을 수 있고, 뻔한 실수를 미연에 방지할 수 있다.

**연습 7.**

다음 논제가 적절한지 평가해 보라. 만약 적절치 않다면 고쳐보라.

1. 우리는 그 도시의 문제를 어떻게 해야 하는가?
2. 캄보디아의 역사와 민족, 캄보디아가 안고 있는 문제 등이 오늘 우리가 다룰 화제이다.
3. 운동선수를 위한 의무적인 약물검사의 필요성
4. 납세자들은 음란물이나 반애국물에 보조금을 주어서는 안 된다.
5. 카이사르 샐러드를 만드는 방법
6. 국회의 공전에는 세 가지 원인이 있다.

**연습 8.**

연습 9에서 만든 논제에서 질문을 뽑아보라. 이 모든 이슈를 언급할 것인가?

**연습 9.**

다음의 논제에서 질문을 뽑아보라.

1. 상대평가 방식은 정확하지도 공정하지도 않으며, 엘리트주의적이다.
2. 크루즈 여행은 휴식을 취하고, 친구를 만들고, 세계를 구경하는 좋은 방법이다.
3. 재산세는 본질적으로 누감(累減)하는 속성을 가지고 있기 때문에 세원으로 삼기에는 불확실하고, 불평등하다.

## 6e. 필요하다면 제목을 정하라

모든 말하기에 논제와 제목이 필요하지만, 모든 말하기에 반드시 제목이 필요한 것은 아니다. 사전에 공지를 했거나 인쇄된 프로그램이 있거나 화자가 공식적으로 소개되어야 하는 상황일 경우에 제목이 필요하다. 시급히 정해진 시간 안에 제목을 알려야 하는 경우가 아니라면, 말할 내용을 다 만든 다음에 거기서 하나를 고르면 된다.

제목은 평서문이어도 되고, 의문문이어도 되고, 구나 단어여도 된다.

"위기에 처해 있는 언론의 자유"

"언론의 자유가 정말로 자유로운가?"

"언론의 자유에 대한 침해"

"언론의 자유 : 멸종 위기에 있는 희귀종"

**주의** : 논제와 제목을 혼동해서는 안 된다. 논제는 말하려는 내용을 조직하고 마련하는 데 있어서 핵심이 되는 평서문이다. 제목은 그렇지 않다.

효과적인 제목은 청중의 흥미를 자극하고, 청중이 이야기를 듣고 싶어 하게 만든다. 말할 내용의 핵심을 잘 드러내는 은유나 인용구, 암시 등을 활용하여 제목을 만들 수 있다.

"누가 현대판 골리앗에 대항하는 다비드가 되겠는가?"

"사회 안전: 카드로 만든 집"

"모든 사람에게 악의를 품고"

"급식 문제, 기아의 기회"

"부드러운 락에서 거친 장소로"

"고속에서 여유를"

"열린 귀로 병 고치기"

똑똑해 보이려거나 심오해 보이려고, 다음과 같이 청중을 어리둥절하게 만들 제목을 고안하지는 말라.

"Babaloo!"

"시카모어 고등학교의 헤라클레이토스"

우리가 전달할 수 있는 것 이상을 약속하는 제목을 붙이지도 말라. 거짓 광고에 해당하는 일이다. "일주일에 이틀만 일하고 수입을 두 배로 늘리는 법"이란 제목을 걸고서, 월급 범위 내에서 투자하는 방법을 소개해서는 안 된다. "백악관에서 흙 캐기"란 제목을 읽은 청중은 백악관의 정원사로서 우리가 가지고 있는 추억에 관한 내용보다는 훨씬 더 자극적인 내용을 기대할 것이다. 이런 것은 스포츠 신문의 제목은 될 수 있어도 좋은 말하기 기법은 못 된다.

제목을 간명하게 하라. 18세기 소설에나 나올 법한 다음과 같은 수다스런 제목은 피하라.

"유명한 몰 플랜더의 행운과 불행. 그녀는 뉴게이트에서 태어났으며 아동기를 제외하고는 60살이 될 때까지 파란만장한 삶을 살았다. 12년 동안 창녀로 살았으며 그 동안 다섯 번 결혼하였다. 12년 동안은 도둑으로 살았으며 8년 동안 버지니아에서 유배 생활을 하였다. 마침내 부유해졌으며 정직하게 살았고, 죄를 회개하며 죽었다. 그녀가 직접 쓴 비망록에 기초하여 다니엘 데포어가 쓴 글"

"동성 집단에서 반응의 잠복과 자폐, 그리고 순서교대에 관한 준 실험적 연구: 병인학"과 같은 지나치게 전문적인 제목도 좋지 못하다. 요컨대 우리가 할 이야기를 제목에서 다 다루어서는 안 된다.

### 연습 10.

10b와 11b에 예시되어 있는 개요의 제목을 정해보라.

### 연습 11.

다음의 범주와 그에 해당하는 예를 서로 짝지어라.

1. 일반적인 화제
2. 범위를 좁힌 화제
3. 일반적인 목적
4. 개인적인 목적
5. 청중에게 기대하는 주요 결과
6. 결과를 이루는 행동
7. 논제
8. 분석 질문
9. 제목

   a. 심폐기능 소생술을 할 수 있는 사람이 있었다면 더 많은 생명을 구했을까?

   b. 심폐기능 소생술을 할 수 있는 사람이 더 많다면 더 많은 생명을 구할 수 있다는 사실을 청중에게 확신시키기

   c. 친구들에게 심폐기능 소생술을 배우도록 격려하기

   d. 심폐기능 소생술

   e. 나는 청중이 심폐기능 소생술을 할 수 있는 사람의 수를 늘리는 데

적극적으로 동참하기를 원한다.

f. 심폐기능 소생술을 배우고, 세상을 더 안전한 곳으로 만들자.

g. 심장 발작이나 유사한 응급 상황에서 심폐기능 소생술을 활용할 수 있도록 가능하면 많은 사람이 심폐기능 소생술을 배워야 한다.

h. 설득하기

i. 심폐기능 소생술의 학습 가치

제7장
# 청중 분석

# | 청중 분석 |

철저한 청중 분석에 기초하여 말하기를 준비하라.

말하기란, 화자의 심정적 의도만으로 논의할 수 있는 게 아니며, 진공 속에 존재하는 텍스트만을 의미하지도 않는다. 화자는 청중에게 말할 내용을 일방적으로 주는 것이 아니다. 화자와 청중이 서로 의미를 창출해 내는 것이다. 화자가 실제적으로 말하려고 하는 것(의도)과 어떤 과정을 거쳐 말한 내용을 청자가 해석하는 것으로써 말하기 상황의 궁극적인 산출물이 산출되는 것이다. 그러므로 청중 분석은 말하기 계획에서 중요하다. 말하기의 공동 화자인 청자에 대해 끊임없이 관심을 기울여야 한다.

어떤 특정 반응을 원하면서 특정한 집단의 사람들에게 말을 하기 마련이다. 만약 여러분이 특정한 집단 사람들이 어떤 사람인지 알지 못한다면, 여러분이 말하고자 하는 것 중에서 강조해야 할 것이 무엇인지, 그리고 여러분의 생각을 가장 효율적으로 제시하는 방법이 무엇인지 등을 포함하여 지적인 수준을 결정하기 어려울 것이다. 철저하게 청중을 분석하는 것이 중요하다. 청중의 나이, 성별, 태도, 기대하는 바 등이 말하기 계획에 영향을 미친다.

청중의 구성 요건은 다양하다. 한 집단의 구성원이 많은 유사점을 가질수 있다. 반면에 다른 집단의 구성원은 반대로 공통점이 적을 수도 있다. 청중에게 있어서 공통점과 차이점의 정도는 각 개개인의 개성에 따라 다를 수 있다. 이것을 7장에서 논의하겠다. 예를 들면, 같은 집단이라 하더라도 여성으로써 공통점이 있을 수 있다. 그러나 여러분의 생각에 동의하거나 동의하지 않음으로써 차이점이 드러나기도 한다. (어떤 집단이 여성이라는 점에서 공통됨에도 불구하고, 당신 주장에 동의할 수도 동의하지 않을 수도 있다.)

우리는 이러한 개성을 별개의 인자로 접근하고 다양한 종류의 공통적 청중에게 사용할 수 있는 기술을 묘사하고자 한다. 이러한 기술들을 실제 청중에게 적용하여 적절하게 혼합하고 대응하여 사용해야 할 것이다.

말하기를 준비하는 과정에서 자료들을 청중에게 적용하기 위하여 정보를 사용할 수 있다.


### 7a. 가능한 한 많은 채널을 통해 청중에 대한 정보를 모색함으로써 청중을 이해하는 능력을 개발하라

청중에게 여러분의 생각을 듣도록 요청할 때, 청중들이 여러분의 경험의 길에 반쯤 오도록 하여 여러분의 경험에 동감하도록 요청해야 한다. 반면에, 여러분은 청중의 경험에 반쯤 가도록 하는 것이 필수 사항이다. 이렇게 한다면, 여러분과 청자가 공통점을 공유하면서 말하기 공동체를 형성할 것이다. 그러나 그렇지 않다면 상호작용이 이루어지지 않을 것이다. 각각의 사람들은 특정한 문화적 배경, 지리적 위치, 직업 집단에 속한 다층적 공동체 구성원이다. 그리고 각각의 공동체에는 그들만의 특정한 어휘가 있으며, 접촉 코드가 있게 마련이다. 다른 관점으로 설명하자면, 청중을 되돌아보고 관찰함으로써 여러분은 청중과의 사이에 간격을 좁힐 공동체의 연결고리를 발견하게 될 것이다.

다음은 청중에 대한 의미 있는 정보이다. 참고하기 바란다.

## 1. 직접 관찰하라

직접적 관찰은 청중을 파악하는 데 의미 있는 방법이다. 청중을 분석할 때 가장 쉬운 방법은 청중이 어디에 소속된 사람인가를 알아보는 것이다. 소속을 알면, 청중이 관심을 보이는 것, 청중을 설득할 방법, 청중을 웃길 방법이 무엇인지를 알 수 있다. 잘 알지 못하는 청중과 말을 해야 하는 상황에서, 만약 여러분에게 충분한 시간이 있다면, 청중이나, 집단이 어떤 기능을 하는지 관찰해 보도록 하라. 집단과 만나는 상황에서 잘 관찰해 보거나, 그들에게 얘기해 본 경험이 있는 다른 사람 얘기를 들어봐도 도움이 될 것이다.

## 2. 정보를 체계적으로 수집하라

청중에 대한 정보를 알아보는 좋은 방법은 그들에게 직접 물어보는 것이다. 정치인들과 광고업자들은 대중의 의견을 수렴하고 시장을 조사하기 위해 수없이 많은 돈을 쓴다. 조사를 하면 청중이 누구인지, 청중이 어떤 생각을 하고 있는지 알게 된다. 서너 개 항목의 질문으로 데이터를 모을 때 사소한 것에도 신경을 쓰라. 정보를 수집하는 과정에서 흥미와 호기심이 유발되기도 할 것이다.

## 3. 표본 집단을 선택해서 인터뷰하라

청중 전체에 관한 정보를 얻지 못할 때, 집단의 한두 사람과 이야기를 하도록 하라. 그것도 불가능하다면, 여러분의 청중과 비슷한 특성을 가진 사람과 이야기를 나누도록 하라. 10대의 학생들에게 말하기를 해야 하는 상황이라면, 한 명의 10대-비록 그 한 명이 여러분의 청중이 아니더라도-와 얘기를 해보는 것이 좋은 정보를 얻게 해 줄 것이다. 여러분이 말하게 될 사람을 파악하기 위해서 IBM회사에서 근무하는 사람과 인터뷰해보는 것도 좋다. 또 여러분이 지방의 큰 모임에서 말하게 된다면, 지방 여성 단체에 있는 한 친구와 얘기해 보는 것도 도움이 될 것이다.

인터뷰로 사람들이 생각하는 것과 사람들이 생각하는 방법을 알아내고 찾아낼 수 있다. 열린 질문을 하고, 협조적인 톤으로 후속 질문을 함으로써 반응을 확장하도록 요구하라. 사례나 일화를 물어 보도록 하라. 또한 인터 뷰에 응해주는 사람이 사용하는 언어에 귀 기울이라. 그럼으로써 그들이 사 용하는 어휘나 은유에서 가장 의미 있는 통찰력을 얻을 수 있게 될 것이 다.(17e 참고)

### 4. 관련된 사람과 이야기를 나눠라

청중은 여러분과의 상호작용이 이루어지기를 기대하고 있다. 그렇지 않 다면, 여러분을 초대하지도 않았을 것이다. 사람들과의 관계를 통해서 청중 에 대한 인식을 하려는 노력을 해야 한다. 세부적인 질문을 주저하지 마라. 결국 여러분과 청중과의 관계와 접촉이 성공적인 말하기를 좌우하게 된다.

### 5. 지적인 추론과 공감의 방법을 사용하라

청중에 대한 세부적인 정보가 없다면, 인간의 일반적인 행동과 집단에 대 한 일반적인 지식을 사용하라. 파티에서 만난 청중과 세미나에서 만난 청중 에게 가정할 수 있는 것이 무엇이겠는가? 이러한 가정이 명료할 필요가 있 다. 미국총기협회 컨퍼런스 석상에서 청중에 대해 이성적인 추론을 하기는 쉬울 것이다.

여러분은 이성적인 힘만을 사용하려고 하지 마라. 공감이 이미지를 불러 일으키도록 하라. 여러분 자신을 비추어 청자에게 적용하도록 하라.

세부적으로 관련이 없을지 몰라도 내면적인 감정이 드러나도록 경험한 상황을 상기하도록 하라. 예를 들면, 일방통행 길을 쌍방향 길로 바꾸겠다는 제도에 대해 이웃집 사람들이 화를 내고 목소리를 높인다면, 한 시민으로서 여러분은 그들을 이해하기가 쉽지 않을 것이다. 이 제도의 변화가 이웃 사람들의 안전과 재산 가치를 위협한다는 식으로 이웃 사람들이 인식한다는 것을 기억해 보라. 그리고 "이러한 상황에 내가 처해 있다면 어떨까?"라고 자문해 보라. 그리고 "이런 감정을 내가 느낄 때는 언제일까?"라고 자문해 보라.

## 7b. 청중의 경향을 예측하는 자료로 청중의 통계학적인 특성을 분석하라

평균적인 청중이란 없다. 나이, 성별, 인종, 사회적 경제적 수준, 종교 등에 관한 최근의 통계조사가 정확하다고 생각하고 청자 앞에 선다면 화자는 당황하지 않을 수 없다. 각 청중에 대한 생생한 통계 자료가 청중의 일반적인 반응을 예견하도록 하는데 도움을 줄 것이다. 다음과 같이 몇몇의 요령 있는 질문이 있다.

- 청중의 평균 나이는 얼마인가?
- 연령의 범주는 어떠한가?
- 청중에게 성차별적인 것은 무엇인가?
- 여러 인종과 민족이 혼합되어 있다면, 그 비율은 얼마인가?
- 집단의 사회경제적 수준은 어떠한가?
- 청중의 직업은 무엇인가?
- 종교는 무엇인가?
- 정치적 성향은 어떠한가?
- 위에 제시한 항목에 대해서 청중의 공통점은 무엇이고 차이점은 무엇

인가?

　명확하게 말하자면, 이러한 통계적인 특성이 모든 발화자에게 항상 동일하게 중요한 것은 아니다. '사회적 안전제도 개혁'에 대한 말하기를 준비하는 상황에서는 청중의 연령 분포를 아는 것이 중요한 것처럼, '낙태'에 대한 말하기를 준비하는 상황에서는 청중의 종교적인 성향을 아는 것이 중요할 것이다. 그러나 연령이나 종교적인 성향이 다른 화제에도 똑같이 영향을 주는 것은 아니다. 특정한 화제에 따라 상대적으로 중요도가 차이남에도 불구하고, 일반적인 그림을 여러분에게 제공한다는 측면에서 볼 때, 통계적인 특성을 분석하는 것은 주목할 일이다(화제에 따라 경중의 차이가 있겠지만, 통계적인 특성의 분석은 전체적인 밑그림을 그리게 해 준다는 점에서 유용하다). 만약 여러분이 말하게 될 대상이 북유럽 자손이면서 중년이고 전문직에 종사할 사람들일 거라고 예상하였는데, 다인종이면서 10대인 사람들이 한 방 가득히 있다면 얼마나 당황하겠는가?

　여러분이 말하기를 준비하고 연습할 때, 청중에 대한 이미지를 떠올려보는 것은 전략에 큰 영향을 미칠 것이다. 언어 사용, 유머, 청중에게 전달하는 말투 등은 일반적인 문화적 인식에 근거해서 이루어질 것이다. 22장과 23장에서 더 자세한 것을 논할 것이다.


　**주의**(Caveat) : 통계적 요인에 근거하여 일반화 될 수 없는 경우도 있다. 데이터를 도출한 연구 자체에 오류가 있는 경우가 있다. 또한 연구 결과가 발표되었던 당시의 상황이 최근 급속한 사회적 변화로 인해 변화했을 수도 있다. 연구한 시간이 매우 많이 지났음에도 불구하고 통합이나 요약을 통해 이론이 일반적인 사람에게 전달될 수도 있다. 정확하게 잘 통제되고 구안된 사회 과학 연구라 하더라도 한 집단의 결과가 다른 집단의 결과와 다를 수 있다. 예를 들면, 연구 대상으로 선택된 남녀의 특성이 평균적인 남녀의 특성과 동떨어질 수도 있다.

그렇다고 해서 '사람들이 개별적이기 때문에 집단의 데이터가 아무 것도 말해 줄 수 없다'고 주장하는 것은 너무 어리석은 일이다. 청중이 여자인지, 65세 이상인지, 아시아계 미국인인지에 대한 정보를 안다면, 청중에 대해 아무런 정보를 가지고 있지 않은 것보다 훨씬 나은 것이다. 통계 자료를 통해 확률적인 가능성을 알 수 있다. 즉, 청중이 어떻게 반응할지 정확하게는 알 수 없지만, 예측할 수는 있는 것이다.

이러한 분석의 한계를 아는 것이 청중의 반응에 영향을 미치는 통계적인 특성을 이해하는 데 도움이 될 것이다.

## 1. 나이 / 세대

"네가 젊다고 느끼는 만큼 젊은 것이다." "나이는 마음이다."와 같은 격언은 실제적인 나이대로 생각하지 말라고 경고해 주는 문구이다. 80세인 사람이 새로운 경험을 받아들일 열린 마음과 자세를 지니고 있고, 항상 호기심이 많고, 18세인 사람이 고리타분한 생각을 하고 있는 경우를 접해보았을 것이다. 그러나 이러한 예외적인 사람이 존재함에도 불구하고, 우리는 대개 세대를 일반화해서 본다. 어른이 되면서 심리적 발달이 멈추는 것이 아니라 인생을 통하여 계속적으로 성장한다는 최근의 이론이 있다. 에릭슨 (Erikson)과 쉬히(Sheehy)의 연구는 20대, 30대, 40대에 사람들의 위기와 재편성 가치에 대한 통찰을 제공한다.

- 젊은 사람들은 이상주의자 경향이 있다. 젊은이들은 변화와 개혁을 하는 토론에 적극적이다. 사회적 변화를 좋아하고 미래에 발생할 결과를 예측하고 싶어 한다.

- 젊은 사람들은 동료의 가치 기준에 의해 크게 영향을 받는다.
- 젊은 사람들은 유창하고, 유행적인 표현을 좋아한다. 젊은 사람들은 빠르고, 흥미진진한 템포, 여러 미디어나 의사소통 채널을 사용하는 것을 좋아한다.
- 나이든 사람은 보수적이다. 전통적인 가치에 호소할 때 나이든 사람이 더 잘 반응한다. 그들은 큰 변화를 싫어하고 현 사회적 지위에 집착하는 경향이 있다. 그들은 결과를 기다리는 것에 대해 침착하고 참을성이 있다.
- 나이든 사람은 분명한 서론과 전문, 요약 등이 있는 논리적이고 구조화된 표현을 더 좋아한다. 나이든 사람은 느리고, 사려 깊은 표현을 더 편안해 한다.

청중의 인생 활동 범위에 대해 생각해보고, 일반적인 자아상과 청중의 나이에 근거하여 그들의 특별한 경험들을 추론할 수 있다. 예를 들면, 단순히 50세라는 것은 중요하지 않다. 2차 세계 대전 당시에 어린 시절을 보낸 50′대들과 1960년 이상주의 시대, 즉 워터게이트 시대에 학창시절을 보낸 50대들은 결코 같지 않다. 2차 세계 대전을 거치고, 경제 공황을 거쳐 1970년대에 50대를 지내고 있는 청중 또한 다르다. 참가하는 청중이 누구냐에 따라 현실감 있고 생동감 있는 사건이란 달라질 것이다. 영화, 텔레비전 쇼, 노래, 스포츠 중에서 어떤 것이 그들의 삶 중심에 있겠는가? 청중이 지루해하는 대상이 나이에 따라 다를 것이다.

## 2. 성별 / 성

성별(sex)이란 생물학적인 남녀와 관계있는 일반적인 범주이다. 성(gender)은 '사회적인 성에 가장 적절한 것을 배운다' 는 말처럼 사회적 역할에 관련된 것이다. 말하기에서 성별을 직접적으로 연관시키는 경험이란 찾기 어렵다. 물론 할례나 젖먹이기 등과 같은 말을 할 때에는 청중의 남녀 혼합 여부를 고려해야 할 것이다. 반면에 성은 청중 분석에서 고려해야 한다. 이 문제는 청중에 남자와 여자가 있느냐의 문제가 아니라 청중이 얼마나 (사회적으로) 남성적이냐 여성적이냐의 문제와 관련이 있다. 성에 대한 기대감은 문화적인 경계 안에서 이루어지는 것이고, 급속하게 변화하는 것이다.

전통적으로 여성은 성숙하고, 민감하고, 동정심이 있고, 감정적이다. 그래서 과거에는 집, 가정, 안정, 사랑이 여성과 관련된 표현이었다. 전통적으로 남성은 지배적이고, 공격적이고, 야심이 있고, 비감정적(스포츠에서는 예외이지만)이다. 그래서 탁월한 남자 집단에게는 권력, 성공, 경쟁적 가치, 논리 등의 말이 사용되곤 하였다.

최근 10년 사이에 많은 남성과 여성들은 사회적 성역할이 말씨와 개인 발전에 얼마나 영향을 미치는지를 알게 되었다. 공적인 삶과 사적인 삶에서 새로운 성 역할과 노동의 분화를 실험하는 연구가 있다. 이 과정을 경험한 남자와 여자들도 사회적 역할이나 권력 관계에 대한 정형적인 가정이 제시될 때는 정형성을 그대로 드러낸다.

당신은 화자로서, 대중적인 청중을 화나게 하는 말은 하지 말아야 함을 알고 있을 것이다. 특히 여성들에게 과거에 경험했을 중압감 등을 상기시키는 말은 그들의 권위나 역할을 경시하는 말이 될 것이다. 소녀, 여자 아이, 여성과 같은 언급이나 편벽되게 성을 나타내는 듯한 표현들은 여자들의 지위를 하찮게 여기고 있다고 생각할 경향성이 있다. 옷이나 외모에 대한 언급이 칭찬이나 좋은 의미로 거론되어도 여성들은 성별과 장식된 액세서리로 자신들이 취급되고 있다고 생각할 수 있다. 청중들에게 다음과 같은 표현은 피하는 것이 좋다.

나는 당신의 사랑스러운 상사인 루리 교수와 저녁식사를 하면서 환담을
나누었어요. 내가 학교 다닐 때 그녀와 같은 선생님을 왜 갖지 못했을까?
미스터 데이비스씨 왼편에 파란 드레스를 입은 아름답고 젊고 매력적인
여성은 우리 지역의 판매 책임자인 린다 씨예요.

또한 전통적인 역할을 언급하는 다음과 같은 사례들도 피하는 것이 좋다.

내일 아침 당신의 부인이 아침을 차릴 때, 슈퍼에서 얼마나 썼는지 물어
보세요.〔어떤 집에서는 남자들이 아침을 차리고 장을 볼 수도 있다〕
당신에게 가업을 물려줄 아들이 있다면 그에게 …를 물어보세요.〔왜 딸은
언급하지 않는가?〕

특히 여자라면, 다른 여성을 화나게 하는 방법으로 여자의 무능력을 언급
하지 마라.

과정이 복잡한 게 있다. 사무실에서 남자 사원이 그것을 나에게 설명했
고, 나는 그것이 옳다고 기대하였고….

## 3. 인종 / 민족

여자나 남자처럼 민족 집단 사이의 차이는 타고나는 것이 아니다. 그 차
이는 사회화와 경험의 다양화의 결과로 생긴 것이다. 캘리포니아 주에 살기
때문에 우리는 새로운 이주자들을 접하게 된다. 가족들과 함께 이민 오는
사람, 폭넓은 기회를 잡기 위해서 오는 사람, 난민으로 오는 사람 등이 바로
그들이다. 우리 사회에서 다양한 사람들과 이야기를 하게 되면, 왜 우리 조
상들이 여기에 왔고, 대대손손 오래도록 미국에서 살아왔는지에 대한 자부

심을 갖게 된다. 몇몇 사람들은 기회를 찾기 위해 왔으며, 몇몇 사람들은 경제적 어려움이나 정치적 종교적 어려움을 피해서 왔고, 몇몇 사람들은 노예로서 어쩔 수 없이 미국에 왔다.

이와 같은 민족적, 문화적 다양성은 문제로 여겨질 수도 있지만 흥미로운 기회로 여겨질 수 있다. 옛날에 한 지역에 서너 민족 집단이 함께 살 때, 이 집단의 문화적 가치와 상징에 대한 연구는 흔한 일이 아니었다. 그러나 오늘날은 한 지역이나 조직에 10여 개의 문화가 섞여 있으며, 청중에 대한 분석에서 민족에 대한 분석이 압도적으로 중요하다고 본다.

더 복잡하게도 요즘 청중은 다문화 집단일 뿐만 아니라 다문화를 지닌 개개인으로 구성된 집단이다. 진정한 의미에서 단일문화를 유산으로 받은 사람을 찾기란 극히 어렵게 되었다. 예를 들면, 한 사람이 유럽의 아버지와 남미의 어머니 사이에서 태어나고 4개의 대륙에서 산 경험이 있는 사람이 있다. 또, 어떤 사람은 부모의 인종이 대립적이고 중상류 계층의 생활 스타일과 교육을 받은 사람이 있다. 또 어떤 사람은 한국계 미국인 3세이면서 미국에서 태어나 미국의 문화를 대부분 경험한 사람이나 한국이름을 가지고 있고 한국의 경험을 한 사람이거나 아시아인과 관련이 있는 특징을 가지고 태어난 사람이 있다.

인종이 아니라 경험이 그 사람의 양상을 규정하므로 백인, 아프리카계 미국인, 정통 미국인, 라디노/라티나, 아시아계 미국인과 같은 문제로 적절한 처방이 있는 것은 아니다. 대신 여러분은 각 집단 사람들의 경험에 가능한 한 친숙해질 필요가 있다. 미국에서 백인이 아닌 인종의 집단과 소수민족 집단이 겪게 되는 통상적인 경험에는 차별과 억압이 있다. 여성들처럼 이 집단의 구성원들에게 자신의 지위를 깎아내리거나 고리타분하고 오래된 전형성을 의사소통에서 언급한다면 이들은 별로 좋아하지 않을 것이다. 집단성과 개별성은 중요하다. 성을 뺀 이름, 애칭, 별명 등으로 불러달라는 요청이 없는 상황이라면 사람들을 성을 뺀 이름이나 애칭이나 별명으로 불러서는 안 된다. 미스터, 박사, 각하와 같은 타이틀을 백인 남자에게 붙여서는 안 된다. 반면에 더 격식 없이 불러주어야 한다. 청중을 지칭할 적절한 집단명이나 그들의 요구를 존중하는 방법을 찾도록 하라.

주류적인 문화 집단과 비주류적인 문화 집단 사이의 관련성에 민감하다는 것을 보여주게 되면 화자는 문화의 다양성을 인정하고 있다는 것을 드러내게 되는 셈이다. 어떤 민족 집단은 자신들의 역사나 문화의 표준관점으로 사물을 바라보는 경향이 있다. 다른 문화적 관점을 탐구하는 시간을 갖는다는 것은 원활한 의사소통을 위한 신선한 길을 열어주는 것이다. 낯선 이름이나 낯선 문구를 정확하게 발음하려고 노력하고, 일반화 되고 정형화된 문화를 피하려고 한다면 개방성과 호의적인 태도를 나타내게 되는 것이다.

이러한 탐구는 적절하게 사용될 때 의의가 있다. 방송에 나오기 위해서 정치인들이 각 민족의 식당마다 돌아다니면서 음식을 먹는 것과 같은 피상적인 접근은 결과적으로 다른 사람을 속이는 것이나 다름없다. 요점적으로 말하자면 의사소통에 영향을 미치는 인자를 고려해야 한다. 예를 들면, '믿을 만한 이미지를 구성하는 것은 무엇인가? 적절한 눈 마주침은 무엇인가? 어느 정도의 논쟁이나 긴장이 불편함을 느끼게 하는가?' 등의 인자를 고려해야 한다.

## 7c. 청중으로서 의미 있는 것이 무엇인지 이해하도록 노력하라

화자는 정보를 전달하는 것이 아니라 청자와 함께 의미를 구성하는 것이기 때문에 청중을 분석하는 것은 특정 집단의 사람들이 의미를 어떻게 구성하는가를 배우는 것만큼이나 중요하다. 여러분이 수집한 통계학적인 데이터는 복잡한 과정의 문맥 속에서 다루어질 때 유용하다. 사람들이 세상을 해석하는데 있어 나이, 인종, 성별 등이 영향을 미친다는 것은 주지의 사실이다. 또한 종교, 사회적 계층, 교육 정도, 경제적 지위, 성 역할, 건강, 신체적 능력, 그 밖의 다른 인자도 영향을 미친다. 믿을 수 없을 만큼 미국 사회가 다양해지고 계속적으로 미국 사회가 변화함에 따라, 이러한 변인이 특정한 주제와 어떻게 관련이 있는지를 규정하여 말하는 것은 쉽지 않다. 화자는 청자의 정적인 특성에 근거하여 청자를 예측하는 비현실적인 일에서 자유로워질 필요가 있다. 대신에 화자와 청자는 끊임없는 구성과 재구성의 과정에 참여하고 있으며, 세상에 참여하고 있다는 것을 명심해야 한다. 다음 [표7-1]은 청중과 관련된 것을 리스트화한 것이다.

**[표 7-1] 청중과 관련된 것**

| 이해 수준 | 분석 |
|---|---|
| 청중을 알아차리지 못함 (이해 수준 낮음) | 제가 논의되고 있는 것을 말씀드리겠습니다. 저와 같은 방식으로 이해하시기 바랍니다. |
| 청중의 특징을 수용함(이해 수준 좋음) | 여러분은 남자들이기 때문에 아마도 승자에 대한 저의 언급에 반응할 것이고 관심 있어 할 것입니다. 여러분이 나이든 사람이기 때문에 보수적이고 갑작스런 변화에 회의적일 것입니다. |
| 청중이 주제를 어떻게 해석할지 이해하고 청중을 존중함(이해 수준 높음) | 여러분은 경험으로 여러분을 규정하는 이와 같은 방식에 관심을 둘 것입니다. 여러분의 세계관이 여러분에게 영향을 미치고 나의 위치가 여러분에게 얼마나 의미 있는지 그리고 얼마나 공유되는지를 말하겠습니다. |

청중을 가장 잘 이해하는 세 번째 이해 수준은 공감(empathy)과 인지적 능력(intellect)을 요구한다. 이 관점에서 여러 사람들이 같은 사건을 관찰할 때 어떻게 반대적 결론을 논리적으로 도출해내고 해석하는지 파악할 수 있다.(16a 참고) 이와 같은 청중 분석에서 어떤 것이 핵심 가치(혹은 세계관, 개인 구조 시스템, 참고의 틀, 비형식적인 이론, 혹은 서사)(20c 참고)로 기술할 수 있는 것인지를 간과하기도 한다. 청자들은 그들의 경험을 구조화하는 데 무엇을 끌어들여서 의미화 하는가?

이러한 정보에 두 가지 방법이 있다. 여러분의 범주를 혼용하게 하는 문학 작품, 예술 작품, 독서, 여행 등을 접하여서 문화적 차이나 집단적 차이를 배울 수 있다. 또한 여러분이 이해하기 원하는 사람들과 대화에 참여하고 개방적으로 상대방의 말에 귀 기울임으로써도 문화적 차이나 집단적 차이를 배울 수 있다. 여러 해 동안의 신조나 태도를 그들이 여러분에게 말해 줄 수도 있다. 그러나 의미화를 하는 과정에서, 당연하게 생각하거나 분명하게 그들을 아는 것은 어렵다. 질문을 통해서 혹은 전통적인 인터뷰를 통해서 여러분의 통찰력을 가질 수 없다. 그보다는 관찰과 청중의 가치, 우선권, 대립 등에 주의 깊은 관심을 통해 통찰력을 가질 수 있다.(17e 참고)

## 7d. 화제에 대한 청중의 태도를 결정하라

사람들과의 상호작용 가능성을 극단적으로 반대하는 범위에서부터 극단적으로 찬성하는 범위까지의 연속선상에서, 여러분의 화법 이론이 어떻게 퍼져 있는지 알 수 있다. 기본적으로 많은 사회과학 연구는 양 극단의 연속선상에 있는 범주에 사람들의 태도를 명확히 나타낼 것을 요구한다.

<----------------------------------------------------------->
적극 반대    반대    약간 반대    보통    약간 찬성    찬성    적극 찬성

어떤 특정한 행동이 목표라면, 청자의 반응을 다음과 같이 범주화하여 나타낼 수 있다.

행동에 반대      행동하려하지 않음      행동 할 준비가 됨      행동을 취함
<----------------------------------------------------------->

청중의 다수가 연속체의 왼편에 위치한다면 청중이 흥미 없어한다는 것을 의미하며 청중의 다수가 연속체의 오른편에 위치한다면 청중이 흥미로워한다는 것을 알 수 있다. 가운데에 위치한다면 그저 그렇다는 것이다.

대부분의 화자는 청중과 화법 전략을 계획할 때 화제에 대한 청중의 경향성이 가장 중요한 정보라는데 동의한다. 만약 여러분이 논쟁적인 화제를 다룰 때, 태도나 경험 면에서 여러분과 판이하게 다른 사람을 인터뷰하기는 어려울 것이다. 청중의 답변을 주의 깊고 성의 있게 들어라. 정보를 수집하는 단계에서는 청중을 변화시키려는 전략을 세우지 않을 것이다. 그보다는 청중의 관점과 여러분의 관점이 어떻게 관련성이 있는지를 알려고 노력하는 것이 낫다. 이 말은 당신의 견해에 찬성하지 않는 사람에 대해 판단하거나 성향을 파악하는 것이 낫다는 말이다. 청중이 흥미로워 할 것인지, 중도적인 입장을 취할 것인지, 흥미로워하지 않을 것인지가 일단 결정되면, 22장에서 제시하는 특별한 제안을 따르도록 하라. 화제에 대한 태도가 설득적인 말하기와 명확하게 관련이 있다하더라도 청중은 화법을 형성하고 이룩하는데 영향을 줄 수 있다.

## 7e. 특정한 말하기 상황에 대한 세부 사항을 모음으로써 청중의 기대를 예측하라

우리는 말하기에 목적을 두고서 지식의 중요성에 강조를 둔다. 그러나 청중의 듣기에 중점을 둘 때 무엇을 중요하게 생각할 것인가? 왜 청중들은 귀한 시간을 여러분에게 할애하면서 듣고 있는 것인가? 아마도 그들은 강의를 듣기 위해서 직업 상 의무감에서 앉아 있을 수도 있다. 청중은 당신이나 당신이 제시하는 화제와 관련이 있다면, 자발적으로 왔을 것이다. 예를 들면 조직의 사회적 접촉이나 회의의 일부로 어쩔 수 없이 참고 있는 경우가 아니라면 자발적으로 왔을 것이다. 다행히도 청중은 여러분이 말하려고 하는 것에 흥미를 갖고 왔을 것이다. 어떤 청중의 경우는 다른 동기를 가지고 왔을 것이다. 여러분이 말하기를 준비하는 데 있어, 청중의 기대가 무엇인지를 아는 것은 지극히 중요하다. 여러분이 예상한 것과는 다르게 청중이 다른 종류의 말을 기대하고 있다면 여러분의 말하기는 실패할 것이다.

이 말은 여러분이 청중의 기대에 억압을 받아야 한다는 것을 의미하지 않는다. 청중들의 마음을 움직일 수 있고, 청중이 아는 것과 기대하는 것이 무엇인지를 발견하는 것이 필요하다는 의미이다. 청자에 대한 다음의 질문으로 시작해 보라.

### 1. 화제에 대해 무엇을 알고 있는가?

청중의 교양을 과대평가하거나 과소평가함으로써 손해가 클 수가 있다. 이미 알고 있는 사실을 듣는데 시간을 낭비할 청중은 없다. 또한 청중을 꼼짝 못하게 하는 화자를 좋아할 사람도 없다. 똑같은 이치로, 자신이 알지도 못하는 어휘나 배경지식을 가정하여 들어야만 하는 복잡한 이야기나 기술적인 이야기를 들으면서 좌절하고 싶어 하는 사람도 없다. 이러한 두 가지 상황에서 청자는 화를 낼 것이고 나중에는 듣는 것을 무시해버릴 것이다. 자신의 현 이해 수준에 맞는 정보에 노출될 때 사람들은 잘 듣고 잘 배우게 된다. 이 경우에 청자는 지루해하지도 않을 것이며 당황하지 않을 것이다. 수준에 대한 총괄적인 가정을 하지 말고 오히려 청중분석의 기술을 사용하도록 하라.

### 2. 청중들은 당신에 대해 어떻게 생각하고 있는가?

청중들은 여러분(화자)에 대해서 듣고, 읽고, 가정하고 있다는 것을 명심하라. 만약 여러분이 의심의 여지가 없는 전문가이거나, 환상적이거나, 혹은 만난 적이 있는 재미있는 화자라면, 청중들은 당신에 말에 귀 기울일 것이 틀림없다. 여러분은 청중들이 긍정적인 기대를 해 주길 바랄 것이고 부정적인 것은 극복하길 바랄 것이다. 신뢰가 말하는 것보다 앞선다는 것을 아는 게 중요하다. 말하는 동안 얼마나 많은 신뢰를 강화하는 것이 필요한지를 결정하는데 도움을 주기 때문이다.

### 3. 집단으로서 청중의 성향은 어떠한가?

청중은 다양한 집단의 응집력 수준을 지닌 많은 형태로 나타난다. 집단의 응집력이 약한 청중의 예를 들자면, 신문의 한 쪽에서 당신에 대한 기사를 읽고서 당신이 말하는 것을 들으려고 모이는 사람들이 집단의 응집력이 약한 청중의 한 예이다. 반면에 일반적인 청중은 일반적인 성향을 가지고 있다. 사업이나 클럽에서 오랫동안 관계가 있었던 지속적인 집단에서부터 교실에서 몇 주동안 같이 공부한 사람까지 다양하다. 청중에 대한 이러한 성향을 모을 필요가 있다. 청중이 떠맡은 과제는 무엇인가? 사회적 사건을 청중은 공유하고 있는가? 청중이 직면한 문제는 무엇인가? 집단으로서 성취해야 할 것은 무엇인가? 청중이 다른 화자에게서 듣고 싶어 하는 것은 무엇인가? 이 속에서 여러분이 말하려는 화제와의 관련성을 찾게 될 것이다.

## 4. 말하기를 둘러싼 프로그램은 무엇인가?

여러분에 대한 청중의 기대를 이해하기 위해서는 즉각적인 상황의 문맥에서 말할 장소(place)를 알아야 한다. 여러분이 3일 동안 전문적인 학술대회의 일부에 참여하고 있는지, 고등학교 집회에 참여하고 있는지에 따라 여러분을 친숙하게 나타낼 것인지, 어떤 식으로 나타낼 것인지가 결정된다. 청중이 집에서 왔는지, 아침 8시부터 와서 청중이 기다리고 있는지, 몇 분 정도 말해주기를 기대하는지, 칵테일 시간을 갖는지 혹은 저녁 식사를 하는지에 따라 여러분을 어떤 식으로 나타낼 것인지가 결정된다. 청중이 너무 편안한 자세로 듣는다거나 만족한 자세로 듣는 것이 화자에게 도전일 수 있다. 목마른 자세로 혹은 배고픈 자세로 듣는 것도 화자에게 도전일 수 있다. 앞선 상황에서 오랫동안의 보고를 들었었는지, 끊임없는 헤드 테이블에 접했는지, 혹은 코미디언과 만났는지, 여러분의 말하기가 핵심 이벤트인지, 혹은 임원을 선출하려고 하는지, 저글링을 기대하는지, 혹은 화자를 따르려고 하는 것인지? 등을 알 필요가 있다.

여러분이 이러한 상황을 모두 통제할 수는 없을 것이다. 그러나 이러한 질문에 가능한 한 많이 그리고 미리 답변하는 것이 중요하다. 그래야 기회에 합당한 말하기를 준비하는데 많은 도움이 될 것이다.

### 연습 1.

여러분이 국방비 지출에 대해서 얘기하는 화자라고 가정해보라. 적어도 두 가지의 관련 있는 통계학적인 자료와 의견의 데이터를 요약하여 준비를 하라. 만약 화법 수업 시간에 하게 된다면, 청중으로서의 반 학생들을 기술해보라. 혹은 잘 알고 있는 집단에 대해 기술해 보라.

법정 토론에 관해 녹취한 자료를 구해서 들어보고, 청중에 대해서 어떻게 파악하고 말하는지 살펴보자. 실제 상황과는 어떻게 다른지 비교해 보자.

제8장

# 연구

주제에 대해 연구하라. 광범위한 자료로부터 효율적으로 정보를 수집할 수 있는 전략을 사용하라.

자신의 인생 역정에 대해 말해 달라는 요청을 받았다고 가정해 보자. 어렵지 않은 일이라고 생각할 것이다. 누가 여러분보다 여러분 자신을 더 잘 알겠는가? "그리고 나서, '99년, 아니 '98년인가 여름에……." 하는 식으로 떠오르는 대로 이야기를 풀어 가면 그만일 터이다. 그러나 이와는 다른 가정으로 시작해 보자. 전문 전기 작가가 당신의 삶에 대해 관심이 있어서 당신 이야기를 자신의 순회강연(lecture tour, 역주-설명 안내를 해 주는 견학) 목록에 포함시키고 싶어 한다. 작가는 당신을 면담하고 '99년, 아니 '98년인가 여름에 일어난 일을 알아내고자 할 것이고 그래서 당신의 부모님, 형제, 자녀, 지도교수, 친구, 동료와 인터뷰도 하고 도서관에서 파일을 열심히 살펴보기도 할 것이다. 동시에, 작가는 자신의 컴퓨터를 켜고 몇 개의 검색엔진으로 자신이 원하는 정보를 얻을 수 있는 인터넷 사이트를 찾고, 웹 데이터베이스에 깊이 접근하여 나타나는 것을 보고자 할 것이다. 여러분과 전기 작가의 말하기 기능이 같다면, 어떤 말하기가 청중에게 좀 더 정확한 정보와 분석을 제공하겠는가? 어느 쪽이 더 균형 잡힌 관점을 견지하겠는가? 이런 우스운 예를 통해서 우리는 자신에게 아무리 친숙한 화제라 할지라도 연구를 통해서 이익을 얻을 수 없는 화제는 없음을 알 수 있다.


## 8a. 연구 전략을 세우라

여러분의 노력을 할당된 시간에 최적화하는 연구 전략을 계획하라. 이것은 연구에 돌입하기 전에 자신의 화제와 상황에 대해 성찰할 것을 요구한다. 어느 정도의 시간이 있는가? 화제의 특성으로 보아 어떤 사실들이 중시되어야 하는가? 조사가 필요한 주제는 무엇인가? 연구 목표는 무엇인가? 정보를 얻을 장소에 초점을 맞춘 질문도 있다. 도서관에서 잘 찾을 수 있는 것은 무엇인가? CD-ROM을 이용하거나 온라인 서비스와 인터넷에 연결하여 컴퓨터로 할 수 있는 연구는 무엇인가? 여러분의 화제에 대해 토의해 줄 만한 사람은 누구인가?


### 1. 연구는 주어진 시간에 맞추어 하라

연구에 대한 접근 방법은 준비할 시간과 화제의 특성에 따라 크게 달라질수 있다. 5장에서는 준비에 필요한 실제적 시간표가 있어야 한다고 제안하였다. 하루의 여유가 있다면, 문헌을 철저히 연구할 수는 없지만, 도서관에서든 CD-ROM으로든 온라인으로든 백과사전과 같은 일반 참고 도서로부터 자료를 얻을 수는 있다. 시간이 좀 더 있다면, 좀 더 폭넓은 노력을 기울여 일반적 출처로부터 수집할 수 있는 정보를 이보다 특정한 자료로 나아가기위한 지침으로 사용하는 것도 가능하다.


### 2. 화제는 일반적인 것에서부터 구체적인 것으로 접근하라

"큰 그림(big picture)"을 그려보는 것으로 조사를 시작하라. 너무 성급하게 한 가지 연구 방법에만 몰입할 경우 자신의 화제에 도달하는 데 중요한 다른 이정표를 놓칠 수 있다. 연구에 깊이 개입할수록 더 구체적이 될 수 있다. 이제, 무엇을 무시해도 좋은지뿐만 아니라 예상 외로 어떤 다른 분야가 연구에 적절한지에 대해서도 알게 되었다면, 그러한 길들을 효과적으로 따를 수 있는 충분한 이해를 하게 된 것이다.

제5장의 계획표와 같이 본 연구에 앞서 한 차례의 예비 연구 또는 시험 연구가 필요하다. 자신이 잘 모르는 화제에 대해서는 사전에 다소 일반적인 연구를 수행한 후 화제 분석을 진행해야 한다. 화제가 친숙한 경우에도 자신의 마음속에 분석의 초점을 구체화하기 위하여 이러한 예비 연구가 필요하다.

연구를 시작하기 위한 기본 자료는 타인과 문헌 정보 이 두 가지이다. 전문가에게 자유롭게 접근할 수 있는 경우가 아니라면, 일반적으로는 기록된 정보에서 출발하는 것이 최선이며, 인적 자원은 그들의 전문적 식견을 최대한 이용하는 방법을 알게 될 때를 위하여 남겨 두는 것이 좋다. 일반 참고문헌이 초기의 주요 자원이 되는 까닭도 바로 여기에 있다.

연구의 초기 단계에서 가장 유용한 재능 중 하나는 훑어보는 능력이다. 준비할 시간이 무한정 있다 하더라도 저자의 이름이 A로 시작하는 책과 논문들을 움켜잡아 처음부터 끝까지 읽고, B 이후로 넘어가는 것은 별 의미가 없다. 도서관에서 책들을 점검하기(또는 그런 목적으로 책을 사기) 전에, 그 수량을 빨리 훑어보라. 모든 것을 읽을 시간은 없기 때문에, 가장 중요한 접근 방법과 이론에 대한 감각을 갖도록 노력하라. 이렇게 하기 위해서, 목차를 살펴보거나, 책의 첫 장과 마지막 장을 훑어보거나, 장 또는 논문의 첫 문단과 마지막 문단을 읽어 보라. 반복적으로 나오는 개념과 연구뿐만 아니라, 중요한 학자와 자주 인용되는 저명인사의 이름을 메모하라. 모든 낱낱의 문장을 읽어야 한다는 의무감을 가질 필요는 없다.

온라인으로 자료를 찾을 때에도 비슷한 기법을 개발할 필요가 있다. 특히 웹에서는, 재미있고 흥미롭지만 연구하고 있는 바와 하등에 관계가 없는 장황한 링크들에 빠져들기 쉽다. 이 문제를 피하는 한 가지 방법은 검색 엔진보다는 주제 목록으로 출발하는 것이다.(8c 참조) 그러나 검색 엔진을 사용한다면 어느 정도 시간이 지난 후에는 각 엔진에서 사용하는 순위 알고리즘에 대한 감각을 계발할 수 있어야 하며 그렇게 되면 순위는 다소 높지만 자신의 기준에 꼭 부합하지 않은 사이트를 건너뛸 수 있다.

시작할 때 여러분의 주제에 대한 최근의 생각을 종합한 요약 즉, 최신의 논문과 저서 그리고 사이트를 찾아보라. 자신의 화제에 대한 역사를 개관한 것들도 유용하다. 종종, 이러한 자료는 제목으로 쉽게 확인된다.

> "근로 여성은 무슨 일을 하는가?"
> [H. H. Stipp, American Demographics(미국 인구통계)]
> "여성 노동자가 초래한 영속적인 변화" [Business Week(주간 비즈니스)]
> 미국 경제 속의 여성 [Juanita M. Kreps, Prentice-Hall]
> "여성과 노동력" [Alice Kessler, The Reader's Companion to American History(독자를 위한 미국 역사 지침서), 웹 검색]

몇몇 자료는 건너뛰고 다소 일반적인 자료를 읽는 것은 화제를 조망하는 데 도움이 된다. 이렇게 하면 화제의 범위를 한정하여 연구의 남은 부분에 초점을 맞출 수 있다.

## 3. 화제와 관련된 용어 사전을 개발하라

새로운 화제에 대한 연구를 시작하는 것은 거의 새로운 언어를 배우는 것과 마찬가지이다. 화제를 탐색하기 시작할 때, 출현하는 핵심 용어의 목록을 작성하라. 가령, 여성 노동력에 대한 연구를 할 때, 기회 균등(equal opportunity), 차별 철폐 조치(affirmative action), 비교 가치(comparable worth) 간의 차이를 이해할 필요가 있을 것이다. 유리 천장(glass ceiling, 역주-승진의 최상한선) 여왕벌 증후군(queen bee syndrome), 핑크 컬러 노동자(pink-collar workers) 같은 어구들이 이전의 연구자들에 의해 만들어졌고 이 화제에 대한 담론에서 널리 사용되고 있다는 것을 확인할 것이다. 문헌을 검색하는 과정에서 핵심어를 확인할 필요가 있기 때문에 연구를 계속하기 위해서는 화제의 용어에 친숙해지는 것이 중요하다. 이것은 특히 전자 정보 검색에 유용하다. 인터넷 검색 엔진이 찾아내는 웹 페이지 수를 98,000개에서 좀 더 조작 가능한 수로 줄이는 한 가지 방법은 정교한 언어를 사용하는 것이다.

### 4. 연구를 안내할 분석 질문을 사용하라

배경 연구를 마치고 본 연구에 착수하기 전에 되돌아가서 화제를 분석하라. 화제의 범위를 한정할 것인지, 연설의 목표를 조정할 것인지, 주제 진술의 언어 표현을 멋지게 조율할 것인지 검토하라. 청중이 알고 싶어 할 목록에 대하여 6d. 2에 제안한 내용을 주의 깊게 따라 보라. 이 질문들은 자신의 연구 목표에 기반이 될 것이다.

자신의 주제가 다음과 같다고 가정해 보자.

산업 혁명이 시작된 이래, 미국의 여성들은 값싸고 소모적인 노동력으로 착취당해 왔다.

청중은 다음과 같은 질문에 대한 답을 듣고 싶어 할 것이다. 여성은 값싼 노동력인가? 여성은 소모적인 노동력인가? 노동 행위를 착취라고 부르는 것이 적절한가? 산업 혁명 이래 여성에 대한 대우가 일관성 있게 이루어졌는가? 그래서 분명한 것은 연구 목표 목록에 다음과 같은 것들이 포함되어야 한다는 점이다. 여성의 봉급을 같은 일을 하는 남성의 봉급과 비교할 수 있는지 밝힐 것. 여성들이 소모적인 노동력으로 취급되어 왔다는 구체적 사례를 찾을 것. 착취의 전문적 정의를 찾을 것. 산업 혁명 시대에 여성의 노동이 어떻게 변화하였는지 밝힐 것 등. 가게에 가져갈 쇼핑 목록과 같이, 이러한 질문들은 초점과 방향을 제공할 수 있다. 이러한 연구 목표 목록을 갖추었을 때, 연구 시간을 최대한 이용하고 필요한 도움을 요청할 수 있게 된다.

### 8b. 도서관을 이용하라

미국에서 최초의 도서관은 300년 전에 생겼고 최초의 무료 도서관은 200년 전에 생겼다. 이 모든 기간 동안, 도서관은 어떤 화제에 대해 더 알고 싶어 하는 사람들에게 그것을 설명하기 위해 존재해 왔다. 가장 작은 도서관조차도 대개는 열람자가 필요로 하는 것을 주문할 수 있는 더 큰 체계에 연결되어 있다. 일반적인 대출 도서관뿐만 아니라 특정 테마에 초점을 맞춘 전문 도서관이나 장서도 있다. 물론 대학들도 캠퍼스마다 적어도 하나 이상의 도서관을 두고 있다. 우리가 도서관에서 이 이야기를 시작하는 것은 당연하다. 인터넷이 출현했음에도 불구하고 도서관은 가장 광범위한 연구 도구(인터넷에 대한 접근을 포함하여)를 찾는 곳이며 연구 방향을 제시하고 도움을 주는 것을 최우선으로 하는 전문 연구자들을 찾을 수 있는 장소이다.
만약 도서관에서 시설 안내를 해 준다면, 한번 안내를 받아보는 것이 좋을 것이다.

## 1. 사서에게 말하라

사서는 서비스를 제공하는 정보 전문가이고, 대중문화에 반영된 이미지와 반대로, 속삭이는 것을 망각한 사람들을 조용히 시키기 위해서 도서관에 있는 것이 아니다. 그들은 연구자가 필요로 하는 자료를 찾는 것을 도와주기 위해 존재한다. 그들에게 주저하지 말고 질문하라. 그들은 연구자의 요구를 기꺼이 이해하고자 하며 찾고자 하는 답을 찾도록 안내할 것이다—핵심어, 특정 화제에 필요한 일반 자료, 가장 좋은 데이터베이스, 인터넷 검색 전략 등 어떤 것에 대해 질문하든지 말이다.

## 2. 화제와 관련된 책과 논문의 위치를 보여주는 도서관 자료를 활용하라

사서의 도움 외에도, 중요한 도서관 자료들에는 도서 목록, 정기 간행물 색인과 데이터베이스, 전문 사전과 백과사전 등이 있다.

### 도서 목록

대부분의 도서관에서 도서 목록은 컴퓨터 데이터베이스이다. 이 데이터베이스 체계를 통해 다양한 방법으로 표제어를 검색할 수 있다. 가령, 주제, 저자, 제목의 조합을 통해 검색 방법을 선택할 수 있다. 또 목록들이 듀이 십진분류법이나 의회 도서관 분류법에 따라 분류되어 있기 때문에 화제에 초점을 맞출 수도 있다. 아니면 핵심어나 서술자(descriptor)—관련 화제의 표제어를 확인하기 위해 데이터베이스가 사용하는 단어 또는 짧은 구—로 검색할 수도 있다. (가령, 여성 노동력을 검색하기 위해서라면, 노동 시장, 여성, 임금 또는 봉급, 그리고 성 차별 등을 핵심어로 사용할 수 있다.) 또 텍스트 검색을 할 수도 있는데, 이 때 컴퓨터는 서술자 검색에 한정하지 않고 데이터베이스에 있는 도서의 제목과 내용 요약에서 검색자가 선택한 단어와 단어의 조합을 찾아낸다. 8a. 3에서 여러분이 개발한 어휘 사전은 핵심어와 텍스트 검색 모두에서 유용할 것이다.

컴퓨터가 없는 도서관에서는 카드 목록−적어도 세 가지 방법, 즉, 저자, 제목, 다양한 주제에 따라 개별 도서를 인용하는 작은 카드들을 포함하고 있는 서랍장−을 사용한다. 주제 카드는 일반적으로 컴퓨터 데이터베이스의 핵심어와 마찬가지이다.

특별한 선집은 별도의 목록으로 관리될 수 있으므로 어떤 목록에 접근할 수 있는지 사서에게 점검받도록 하라.

정기간행물 색인 및 데이터베이스

도서관에서 이용할 수 있는 정기간행물 색인과 데이터베이스를 활용하여 자신의 화제에 대해 다룬 잡지, 학술지, 신문 기사의 위치를 확인할 수 있다. 여기에는 장정본의 숙독, 마이크로필름 판독기 검색, 컴퓨터 데이터베이스의 검색 등이 포함된다. 어떤 색인과 데이터베이스는 일반적인 범위를 다루지만, 어떤 것들은 관심 영역이나 분야의 전문적인 내용을 다룬다. 형사 재판, 종교, 공학, 상업, 음악, 세법, 또는 수많은 화제 중 어떤 것이든 관계없이, 그에 대한 전문화된 색인이나 데이터베이스가 존재할 가능성은 매우 크다. 한 번 더 말하자면 이러한 자료의 출처를 찾는 데 대한 안내를 요청하기 위해 사서에게 이야기를 꺼내는 것을 주저하지 말라.

여러 가지 주요 신문에 대한 색인도 있다. 대개 도서관의 규모나 주요 도시와의 인접도가 이러한 색인을 이용할 수 있는지를 결정하는 요인이다.

전문 사전, 백과사전 등의 자료

전문 사전과 백과사전은 특히 자신이 지식을 거의 갖고 있지 않은 분야에서 사용되는 용어와 개념을 명료화하는 데 유용한 도구이다. 그러한 많은 참고 서적들은 세계사, 재정, 법률, 의학, 과학, 철학, 음악, 문학 그리고 다른 중요한 주제들을 망라하고 있다.

도서관은 그 크기에 따라, 영사 슬라이드, 축소 인쇄본(microform), 음반, CD, 카세트, 필름, 비디오테이프 등을 포함하여 이용 가능한 많은 다른 자료를 가지고 있을 수 있다.


## 8c. 전자 정보 검색을 활용하라

정보를 전자 검색하는 방법은 수없이 많다. 원격 사이트에서 데이터베이스에 접근할 수 있는 제도적인 검색 서비스를 활용할 수 있다. 사이트에 있는 데이터베이스에 접근할 수 있도록 도서관에 있는 컴퓨터 단말기를 활용할 수 있다. 자신이 가입한 온라인 서비스에 연결할 수 있는 개인용 컴퓨터를 활용할 수 있다. 일반적인 인터넷 검색 도구에 접근할 수 있는 컴퓨터를 사용할 수 있다. 이러한 선택들은 고도로 구조화된 것(제도적 검색 서비스)에서 매우 비구조적인 것(인터넷)에 이르기까지 다양하다.

LEXIS-NEXIS, DIALOG, BRS(Bibliographic Retrieval Service, 서지 검색 서비스), Wilson OmniFile은 정보검색 서비스이다. 어떤 데이터베이스를 활용할지는 자신의 화제와 자신의 검색 서비스가 가입할 시스템이 무엇이냐에 달려 있다. 하나의 서비스는 수백 개의 데이터베이스를 갖고 있는데, 각각은 수십만 가지의 논저를 망라할 수 있다. 이 중 하나에 접근하는 방법은 무수히 많다. 많은 공공 도서관은 적어도 하나의 서비스에 가입한다. 대학 도서관은 검색 서비스를 가지고 있는데, 대개는 학생, 직원, 교수들만 이용할 수 있다. 많은 회사에서는 주요 시스템 중 적어도 하나에 접근한다.

인포트랙(InfoTrac)은 인터넷 접속을 통하여 하루 24시간 이용 가능한 전자 가상 도서관이다. 인포트랙은 규모가 작은 것을 제외하고 보자면 Time,

Philological Quarterly, Journal of Soil and Water Conservation, Executive Female, Arab Studies Quarterly와 같은 다양한 범위의 출판물을 포함하여 학술적이고 저명한 수많은 정기간행물에서 수집한 논문의 원문들을 보유하고 있다. [그림 8-1]은 인포트랙 대학용 판에서 비교 가치(comparable pay)와 동일 임금(equal pay)이라는 핵심어를 사용하여 실행한 검색을 보여준다.

**[그림 8-1] 인포트랙 대학용 판을 활용한 검색**

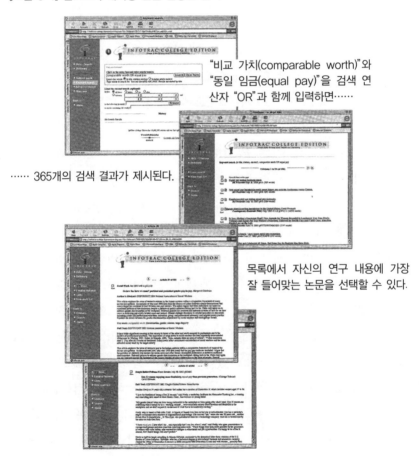

"비교 가치(comparable worth)"와 "동일 임금(equal pay)"을 검색 연산자 "OR"과 함께 입력하면……

…… 365개의 검색 결과가 제시된다.

목록에서 자신의 연구 내용에 가장 잘 들어맞는 논문을 선택할 수 있다.

개인용 컴퓨터로 접속할 수 있는 온라인 서비스는 백과사전 온라인 판이나 뉴스 잡지에서부터 증권 시장 성과(stock market performance), 정부 통계, 스포츠 및 연예 뉴스에 이르기까지 다양한 분야의 정보를 제공한다.

정보를 찾아내는 것은 인터넷에서 더 깊이 있게 할 수 있다. 인터넷에서는 Gopher 서버와 월드 와이드 웹(WWW) 같은 것을 활용하여 자신이 찾고자 하는 것을 추적할 수 있기 때문이다. 인터넷에 접근하는 방법은 수없이 많고 일단 그곳에 접속하면 그곳을 돌아다니는 방법도 수없이 많다. 사실, 인터넷은 유동성과 불가해한 전 세계적 구조로 조합되어 있기 때문에 임의의 사용자들은 인터넷이 보여주는 전망에 놀라움을 느끼게 된다. 정보를 찾는 도구에는 유즈넷 뉴스그룹에 접근할 수 있는 뉴스판독장치(newsreaders)나 이메일 토의 그룹, 웹에서 핵심어 검색을 수행할 수 있는 검색 엔진과 메타 검색 엔진(가령, Google, Northern Light), 주제에 따라 조직된 링크로 구성된 주제별 디렉터리(가령, INFOMINE, 인터넷에 대한 도서관 사서 색인), 그리고 표준 검색 엔진으로 이용할 수 없는 "심층 웹(deep Web)"의 데이터베이스에 제한적으로 접근할 수 있는 검색 엔진(가령, CompletePlanet, invisibleweb.com) 등이 있다.

## 1. 효과적·효율적으로 검색하라

초점을 극대화하고 모호함을 최소화하는 검색 기술을 활용하여 검색 엔진과 디렉터리에 접근할 수 있다면 고통을 줄일 수 있다. 수만 개의 검색 결과에 압도되고 싶지 않다면, 검색 엔진이 허용할 경우, 불(Boole) 검색 연산자("this AND that," "this OR that", "this NOT that")를 사용하라. 가령, 1996년 핀란드의 수출에 대한 정보를 찾기 위해 "Finland"를 검색한다면, Kovanen 할머니의 쿠키 요리법을 칭찬하는 웹 사이트, Bob과 Diane의 헬싱키 여행 등을 힘겹게 빠져 나간 후에야 뭔가 쓸만한 정보를 찾게 될 것이다. 많은 엔진이 사용자로 하여금 검색하는 한 단어가 인접한 다른 단어가 되고 처음에 가능한 한 정확한 다른 도구들(가령, 와일드카드와 필수 용어 등)을 사용하도록 구체적으로 안내하고 있다.

다양한 검색 엔진에서 정보를 찾기에 가장 좋은 장소와 검색 엔진을 활용하기 위한 전략은 인터넷에 대한 사서 색인(Librarians' Index to the Internet)이다(www.lii.org). 특히 "인터넷 검색" 디렉터리를 보면, 검색 엔진과 주제 디렉터리를 활용한 연구의 지침과 검색 엔진 용량 비교를 할 수 있도록 연결되어 있다. 또한 UC 버클리 도서관의 "인터넷 정보 검색: 지침 (http://www.lib.berkeley.edu/TeachingLib/Guides/Internet/FindInfo.html)"은 아주 유익하다.

이러한 모든 전자 자료를 가장 효율적으로 사용하려면, 다양한 접근 경로에 대해 심사숙고를 한 후, 화제를 좁혀 간결한 연구 전략을 세우지 않으면 안 된다.(8a를 볼 것) 그리고 나서 화제와 관련한 정보를 확인하는 데 가장 유사한 범주, 핵심어, 검색 텍스트가 무엇인지 결정할 수 있게 된다. 검색하는 방법을 미리 숙지한다면 복잡한 골목길로 빠져들어 관련성 없는 검색 결과를 얻는 일이 없이 화제를 조사하는 데 도움이 될 것이다.

**[표 8-1] 유용한 참고 사이트**

| 일반 문헌 | 과학 |
|---|---|

**일반 문헌**

Internet Public Library—annotated
subject directory
http://www.ipl.org
Librarian's Index to the Internet—
annotated subject directory
http://www.lii.org
LibrarySpot—virtual library resource
center
http://www.libraryspot.com
Martindale's the Reference Desk—
subject directory
http://www.martinedalecenter.com
RefDesk—index to reference sites
http://www.refdesk.com
Information Please—online
encyclopedia, dictionary, atlas
http://www.infoplease.com
Virtual Library—noncommercial
network of indexes
http://vlib.org
Bartleby—index to reference and
literatire sites
http://www.bartleby.com

**문학**

Project Gutenberg—access to free
electronic books in the public
domain
http://Gutenberg.net
Perseus Digital Library—Greek and
Latin classics, along with early
modern English
http://www.perseus.tufts.edu

**과학**

Eric Weisstein's World of Science—
resource for math, chemistry,
physics, astronomy
http://scienceworld.wolfram.com

**정부(미국)와 법률**

FirstGov—U.S. government official
Web portal
http://www.firstgov.gov
GPO Access—across to U.S.
government databases
http://www.gpoaccess.gov/
databases.html
Library of Congress—the National
Digital Library (NDL)
http://www.loc.gov
U.S. National Archives and
Records Administration—archives
and records
http://www.archives.gov
FedStats—links to statistics
collected by the U.S. government
http://www.fedstats.gov
World Legal Information Institute—
access to law databases
worldwide
http://www.worldlii.org

**도시 전설과 오보(misinformation)**

The AFU & Urban Legends
Archive
http://www.urbanlegends.com
Urban Legends Reference Page
("Snopes")
http://www.snopes.com

[표 8-1]은 인터넷 연구를 위한 출발점이 될 수 있는 유용한 참고 사이트 목록이다. 그러나 이것은 창해일속(滄海一粟)에 불과하고, 제시된 사이트에 있는 링크를 통하여 많은 다른 사이트들을 찾게 될 것이다.

## 2. 인터넷 자료를 주의 깊게 평가하라.

**경고:** 웹 기반 자료들은 특히 주의하여 조사하라. 연구 과정에서 수집하는 정보는 무엇이든 15d와 19장에 기술한 신용도와 신뢰성을 검증해 보아야 함에도 불구하고, 폭넓게 개방된 월드 와이드 웹은 특히 비판적 안목을 필요로 한다. 아이디어를 활자화하거나 필름으로 찍을 때에 적용되는 다양한 검토 과정과는 대조적으로, 웹 사이트에 탑재하기 위해 필요한 모든 것은 소프트웨어와 서버이다. 웹 사이트 중 많은 수는 어느 한쪽 편에서 강력하게 주장한 의견과 동등한 것이다. 즉, 권위가 양에 있지, 그 장점에 있는 것이 아니다. 이 점을 염두에 두고, 사이트를 볼 때 다음과 같은 질문을 스스로에게 던지라.

누구인가?

개인 페이지인가? 만약 그렇다면, 그 사람이 자신을 신임할 수 있음을 무엇으로 보여 주며 그것이 얼마나 강력한가? 만약 기관의 페이지라면, 여러분이 그 기관의 신용도를 판단할 수 있는 충분한 배경 정보(가령, "기관 소개(About us)" 페이지)를 제공하는가?

경향이 어떠한가?

이 사이트가 만들어진 까닭은 무엇인가? 사이트에서 정보를 제공하는가, 입장을 옹호하는가, 아니면 단지 과장해서 떠드는가? 만일 정보를 제공한다면, 그 정보가 사이트 제작자가 갖고 있는 근원적인 가정에 어떻게 영향을 받았는가?

최신의 것인가?

　사이트가 최근의 새로운 사실들을 잘 보여주기 위해 주기적으로 보수되
고 있는가?


　어떤 회사에서 관리하는가? 즉, 누가 사이트를 연결하고, 누가 그 사이트
에 연결하는가? 여러분은 그 연결된 사이트의 신뢰성과 권한을 어떻게 평가
할 것인가?

　웹 사이트 평가에 대해 더 알아보려면, UC 버클리 지침서와 앞서 언급한
도서관 사서 인터넷 색인을 보라.


## 8d. 다른 사람들에게서 직접 정보를 구하라

　연구는 책, 논문, 유인물 더미를 탐구하고 화면을 보아 넘기는 것 이상의
작업이다. 여러분 주위에는 다른 사람들―개인으로든 공식, 비공식 정보 네
트워크의 구성원으로든―을 통해 얻을 수 있는 잠재적인 자료들이 있다. 이
러한 자료들을 활용하여 도서관 및 전자정보에 바탕을 둔 연구를 보충하고
보완할 수 있다. 그러나 이 자료들이 그것을 대체하지는 않는다. 어떤 하나
의 이야기가 아무리 흡인력이 있다 하더라도, 책, 논문, 유인물 더미로부터
완전히 벗어나 빠져들고 싶지는 않을 것이다. 자신이 해야 할 연설은 여전
히 다른 사람의 생각에 대한 단순한 보고가 아니라 아이디어와 사실을 자신
이 종합한 것이다.


### 1. 인적 자원의 소재를 파악하라
　인적 자원은 집, 학교, 직장, 그리고 지역 사회 등 자신의 주위에 있다.

### 지인, 가족, 동료

화제에 대한 아이디어 계발에 착수하면서, 자신이 일상에서 만나는 사람들에게 그것에 대해 말하기 시작하라. 놀랄 만한 전문가를 우연히 만날 수 있다. 항상 자신과 같은 시간에 애완견을 데리고 산책을 나오는 이웃 사람이 장기간 운송에 대하여 아주 많이 알고 있을 수 있고 자신의 치과 의사가 지난 여름 중국에 갔을 수도 있다. 많은 화제에 대하여 사람들이 제공할 수 있는 것은 어떤 책에서도 찾을 수 없는 전문가적 견해일 수도 있고 문외한의 관점일 수도 있다. 가까운 친구들이 겪는 어처구니없는 컴퓨터 고장은 무엇인가? 지인 중 누군가가 싱글 바에서 데이트할 만한 사람을 찾은 적이 있는가? 그들은 국가가 직면한 가장 긴급한 경제적 문제는 무엇이라고 생각하는가? (이것을 비공식적 조사로 전환하거나 한 단계 더 나아가거나 또는 간단한 설문지를 개발할 수도 있을 것이다.)

그럼에도 불구하고, 이것은 단지 시작에 불과하다는 점에 주의하라. 이 지점에서 연구를 중단하지 말고, 이러한 만남을 다른 사람, 즉 좀 더 전문적인 자원으로 나아가는 발판으로 활용하라.

### 전문가

어느 공동체에나 자신의 화제에 대한 전문적 견해를 지닌 사람은 있다. 그들은 종종 출판되지 않은 데이터, 지역적 적용, 지역적 사례 등 잘 알려지지 않은 자원들로 안내해 줄 수 있다는 점에서, 연구에 중요한 기여를 할 수 있다.

### 교육자

고등학교, 상업학교, 단과 대학, 종합 대학 등 수준이 어떠하든, 대개 교육자는 만나볼 만한 전문가이다. 그들은 정보를 확산시키는 일을 업으로 삼는다. 만일 이 지점에서 자신의 연구에 맞는 특정인을 염두에 두지 않았다면, 관련 학과나 학교에 전화를 해 보라. 그들은 그 연구에 대해 알고 있는 사람을 알려줄 것이다.

### 공무원과 공공기관

선거를 통해서 관공서에 선발된 사람들은 자신의 유권자들이 이용할 수 있는 정보를 제공하는 것을 자신들의 임무 중 하나로 생각한다. 대개는 정부 문서, 계류 중인 법률 사본 등을 찾아내고 송달하는 등의 일을 업무로 하는 직원들이 있다. 그뿐만 아니라 많은 공공 기관에는 사람들을 도와주기 위해 대기하고 있는 직원들이 있다. 만일 어디에서 출발해야 할지 모르겠다면, 교환원을 통해 지방 정부에 전화를 걸어 여러분의 연구 방향에 대하여 대략 설명해 보라. 교환원은 어느 부서에서 시작해야 할지 말해 줄 것이다.

### 민간단체와 전문 동호회

미국 암 학회(The American Cancer Society), 좋은 부모 되기 모임(Planned Parenthood), 중고 자동차 협회(The National Hot Rod Association)와 같은 모임은 뛰어난 정보 자원이 될 수 있다. 그러나 그러한 모임들은 종종 제한된 관점을 대변한다는 점에 주의하라. 대변인에게 말하라. 이를테면 전국 총포 협회나 시에라 클럽(Sierra Club, 역주-미국의 자연 환경 보호 단체)의 대변인에게 말하라. 그러나 이전의 연구를 통하여 개발한(또는 일반적으로 기대하는) 객관성의 기준을 적용하여 받아들이는 정보의 중요도를 평정하라. 가능하다면, 특히 주제가 논란의 여지가 있을 때에는, 주제에 대한 상이한 관점들을 적용하여 전문가와 인터뷰하라.

이러한 모임들과 접촉하는 데 도움이 되는 유용한 자료는 협회 백과사전(Encyclopedia of Association)인데, 이것은 도서관에서나 DIALOG를 통해서 이용 가능하다. 이 사전에는 모임에 대한 설명과 연락할 수 있는 방법에 대한 정보가 포함되어 있다. 목록에 제시된 많은 모임들은 무료로 통화할 수 있는 전화번호를 가지고 있다.

### 기타

판사, 운동선수, 사업가, 경찰관, 의사, 상인, 회계사는 모두 전문가일 수 있다. 만일 특정 분야의 한 사람을 모른다면, 동료나 친구를 통하여 누군가 연결될 수 있는 사람이 있는지 찾아보라. 그렇게 하는 것이 여의치 않다면, 신문에 언급된 사람들을 자세히 살펴보라. 그들이 일단 인터뷰에 응했다면, 그들은 다른 질문에 대해서도 기꺼이 답을 해 줄 것이다. 조직의 특성상 연락을 취할 대상을 찾기 어렵다면 홍보담당자에게서 출발하라. 그러나 말하고 싶은 사람이 누구인지 알고 있다면, 그 사람의 사무실에 전화를 걸어 자신의 요청사항을 설명해도 실례는 아니다. 시장, 경찰서장, 축구 감독과는 약속을 하기 어려울지 모르지만, 수석 부관이나 보좌관을 만날 수는 있을 것이다.

공식성은 아주 낮지만 나름대로 자격을 갖추고 있는 전문가도 찾아보라. 가령, 노숙자는 어떤 의미에서 노숙 생활에 대해서는 전문가이다. 요컨대 전문가에 대한 자신의 정의를 한정해서 어쩌면 신선한 관점이 될 수 있는 유용한 정보자원을 간과하지 말라.

지역 공동체뿐만 아니라 컴퓨터로 접근할 수 있는 전자 공동체도 존재한다. 여기에서 거대한 재능의 풀을 두드려볼 수 있다. 온라인으로 이용할 수 있는 뉴스 그룹과 컨퍼런스를 통하여 전국적, 전 세계적 수준에서 정통한 인적 자원을 소개받을 수 있다. 자신이 생각할 수 있는 모든 관심 분야를 망라하면 자신이 전혀 생각해 보지 못했을 많은 것들, 이를테면 켈트 음악에서부터 결석(結石), 협력 법안에 이르기까지 그리고 자전거 여행에서부터 불매 동맹, 바비 인형에 이르기까지 그에 대한 토의의 장(forum)이 존재한다. 이 모임에서 그리고 게시판에서, 사람들은 많은 쟁점들에 대하여 폭넓은 대화를 나눈다. 질문이 제기되고 그에 대해 대답하고, 문제 제기를 하고, 반박한다. 자신의 질문을 제기함으로써 참여하고 그것이 유발할 수 있는 다층적인 토의에 참여하라.

특정 질문을 던지기 전에, 그것이 전에 수차례 제기된 것인지 점검하라. 이런 질문들은, 그 답변과 함께 대개는 자주 묻는 물음(FAQ) 파일에 게시되어 있다. 만일 관심 분야가 그러한 경우라면, 먼저 그것을 읽어 보라. 즉각 많은 답변을 찾을 것이고 자신이 생각조차 못했던 질문에 대한 답변도 찾을 수 있을 것이다. 인터넷 FAQ 보관 기록인 http://www.faqs.org/faqs/에서는 온갖 종류의 유즈넷 FAQ의 링크를 찾을 수 있다.


## 2. 인터뷰하기

모든 공적 말하기에서와 마찬가지로 인터뷰에서도 준비가 과정 그 자체만큼이나 중요하다.


### 인터뷰 준비하기

준비 없이 인터뷰에 들어가지 말라. 그 사람이 누구인지 분석하고 그 사람이 자신의 연구에 기여하는 가장 좋은 방법이 무엇인지 스스로에게 질문해 보라. 만일 그 사람이 그 주제에 대해 논문이나 책을 썼다면 그것을 읽어 보라. 여러분은 백과사전에서 찾았어도 되는 정보를 질문함으로써 이 사람의 시간을 허비하지 않도록 구체적인 질문의 목록을 구상해야 한다. 예/아니오 질문이나 단순한 사실적 질문 대신 개방적 질문을 준비하고 싶겠지만 동시에 너무 모호해서 그가 어디에서 시작해야 할지 모르게 하고 싶지도 않을 것이다. 가령, 여성 노동력의 역사와 현재 조건을 연구하고 있고, 여성의 지위에 대하여 군(郡) 위원회의 의장에게 여러분의 질문을 제시하고 있다고 하자.

> **좋지 않음** : 이 군에는 여성 노동력이 얼마나 됩니까? [여러분은 이전에 그 수를 찾아볼 수 있었다.]
>
> **좋지 않음** : 근로 여성들은 어떤 문제를 겪습니까? [이것은 너무 모호하다.]
>
> **좋음** : 이 군에서 여성 평균 임금이 남성 평균 임금보다 32% 더 낮다고 들었습니다. 이유가 뭐라고 생각하십니까?

## 인터뷰 진행하기

처음 몇 분은 분위기를 조성하고 인터뷰의 상황 맥락을 설정하는 데 쓰라. 자신이 누구이고 어떤 정보를 필요로 하며 어느 정도 알아보았는지 설명하라. 또한 이용할 수 있는 시간에 대해 정확하게 알고 있는지 확인하라. 이를 통해 여러분이 처음 전화하거나 편지한 내용을 재확인할 수 있다. 만일 여러분이 인터뷰 내용을 녹음하고자 한다면, 허락을 요청하되 그럴 수 없는 경우에는 메모 용지첩을 준비하라. 어쨌든 녹음하는 경우에조차도 기록은 해야 한다. 노트는 질문할 거리를 따라가고 진행하면서 명료화하는 데 도움이 된다. 또한 나중에 테이프를 들을 때 중요한 지점을 찾는 데 도움이 되는 문자 기록을 제공한다.

질문하기 시작할 때에는, 반드시 전문가가 대부분 말하게 하라.(2c에서 듣기에 대한 제안을 참조할 것) 방해하거나, 다투거나, 의견을 제시하지 말라. 언어적, 비언어적으로 지지하라. 즉, 고개를 끄덕이고 미소 짓고, 흥미와 관심을 표현하기 위하여 자세와 표정을 활용하라. "음흠." "네." "흥미롭군요." "그래서 어떻게 되었어요?"와 같은 짧고, 비해석적인 언급으로 그 사람을 격려하라.

또한 인터뷰를 요약하고 이끄는 다음과 같은 질문을 활용하라. "지금까지 선생님께서는 근로 여성이 직면하는 네 가지 문제, 즉, 불평등한 임금, 훈련의 부족, 성희롱, 부적절한 아동 보호에 대해 말씀하셨습니다. 다른 문제가 있습니까?"

인터뷰를 마무리하는 시점을 마련하라. 피면담자의 시간 한도를 존중하고, 만약 끝낼 시간이 되었다면 비록 질문을 절반만 했다 하더라도 멈추라. 인터뷰에 대한 자신의 관점을 요약하라. 종종, 그가 자신이 언급한 바를 간추리고자 하는지 물어보는 것이 생산적이다. 어떤 경우에는 "제가 여쭤 보았어야 하는 질문 중 여쭤 보지 못한 질문이 무엇이라고 생각하십니까?"라고 물을 수도 있다. 그리고 물론 인터뷰에 대한 고마움을 표해야 한다.


## 8e. 자료를 완벽하게 기록·유지하고 그것을 인용하는 방법을 숙지하라

활용하는 모든 조각 정보 자료를 확인하고, 각각의 자료에 대한 완벽한 서지 정보를 기록하는 습관을 들이라. 만일 증거를 요청하는 질문에 대한 대답이 "저는 이것을 제 연구에서 발견하였으나 정확하게 어디인지 기억이 안 납니다."이거나 "누군가 저에게 말해 주었으나 누구인지 기억이 안 납니다."뿐이라면 화자의 신뢰도가 어떤 타격을 받을지에 대해 생각해 보라. 전자 목록이 있다면 여러분의 일은 쉬워질 것이다. 즉, 잠재적 자료 각각에 대한 서지 정보를 인쇄할 수도 있고 이동 저장 매체에 그것을 내려받을 수도 있을 것이다. 인터넷에서 페이지를 인쇄할 때에는 프린트 명령이 페이지 제목과 페이지 주소(URL)를 표시하는 브라우저의 머리말과 꼬리말을 포함하고 있는지 확인하라. 직접 그것을 기록해야 하는 상황도 있을 것이다. 학술지의 권수, 책의 출판사 사이트, 또는 피면담자의 전화 번호—말할 때 전혀 언급하지 않을 세부 사항—를 적어두는 것은 꼭 필요하지 않은 것처럼 보일 수 있으나, 그런 모든 정보를 일상적으로 기록함으로써 그것들을 다시 점검할 필요가 있을 때 자료를 검색하는 데 도움이 될 것이다. 그리고 만약 나중에 자신의 말을 보고서나 논문 형태로 발전시킨다면 연구 노트는 매우 가치 있는 자료가 될 것이다.

## 1. 참고 문헌 목록 작성을 위하여 자료를 인용하기

어쨌든 자료에 대한 세부 사항을 모두 기록할 계획이라면 참고 문헌을 인용하는 표준적 체재의 하나를 숙달하는 것이 좋다. 이렇게 해야 참고 문헌 목록을 개요에 제시할 필요가 있거나 청중에게 줄 핸드아웃을 만들 때 연구 자료를 적절히 배열할 수 있을 것이다. 가장 보편적인 체제 세 가지는, 대개 시카고 스타일이라고 간단히 부르는 시카고 스타일 매뉴얼(CMS) 제15판(2003), 축약해서 MLA 스타일이라고 부르는, 연구 논문 저자를 위한 MLA 핸드북 제5판(2003), 그리고 APA 스타일이라고 불리는 미국 심리학회 출판 매뉴얼 제5판(2001)에서 찾을 수 있다. MLA와 APA 스타일은 화법 교실 맥락에서 가장 많이 사용될 수 있는 체재이다. 이 두 스타일과 그들의 조직에 대한 더 많은 정보는 온라인 www.mla.org와 www.apa.org에서 이용할 수 있다. 개별적 차이가 있지만 이 세 가지 스타일은 저자, 제목, 날짜, 출판 세부사항을 포함하는 연구 출처를 알파벳순으로 표시한다. 책, 논문, 장, 초록의 인용 관습뿐만 아니라 인터뷰, 개인 서신, 사진, TV 쇼, 웹 사이트, 전자우편 등 모든 알려진 자료 형태를 인용하는 정확한 방법이 있다.

[표 8-2]는 13가지 참고 문헌 인용 형태를 위한 APA와 MLA 스타일을 보여준다. 각각 요구하는 정보의 순서가 다르며, 대문자, 문장부호, 이름순서 등도 다르다는 점에 주의하라. 다시 말하자면, 이 목록은 단지 참고 문헌 목록으로 마무리될 수 있는 출판과 의사소통의 유형을 보여주는 사례에 불과

하다는 점을 기억하라. 참고 문헌 목록에 대한 APA 장은 66쪽이고 MLA 장은 96쪽이다.

## 2. 말하기 그 자체에서 자료를 인용하기

이 책의 제15장(제4부)에서, 우리는 뒷받침 자료들에 대해 논의하면서, 말할 때 자료를 인용하면서 그것들을 자연스럽게 결합시키는 데 대해 언급한다. 15e를 보라. 이 인용이 취하는 형식은 말하기에서 많은 선택과 마찬가지로 맥락 의존적이다. 엄격하고 인습적인 형태가 사용되는 경우도 있고, 화자가 이용할 수 있는 훨씬 더 유연한 형태도 있다. 대학 토론이나 말하기 대회에서는 전통에 따라 개발된 엄격한 형태가 있을 것이다. 반면에, 청중이 그 출처를 정당하다고 받아들이기 위하여(비록 그들이 동의해야 할 필요는 없지만) 얼마나 들어야 하느냐에 따라 "자세한" 수준의 인용-말할 때 자료에 대하여 어느 정도의 정보를 포함시켜야 한다고 생각하는지-을 선택할 수도 있다.

[표 8-2] APA 스타일과 MLA 스타일에서 선택된 참고 문헌 목록

| 인쇄물 | APA 출판 매뉴얼 | MLA 핸드북 |
|---|---|---|
| 책, 단독 저자 | 성, 이름 이니셜. (발행연도). 책 제목. 도시:출판사. Pagels, E. (1995). *The origin of Satan.* New York: Random House. | 성, 이름. 책 제목. 도시:출판사, 발행연도. Pagels, Elaine. The origin of Satan. New York: Random House, 1995. |
| 책, 2인 공동 저자 | 성, 이름 이니셜. (발행연도). 책 제목. 도시:출판사. Crossan, J. D., & Reed, J. L. (2001). *Excavating Jesus:Beneath the stones, behind the texts.* Sanfrancisco: HaperSanfrancisco. | 성, 이름. 책 제목. 도시:출판사, 발행연도. Crossan, John Dominic, and Jonathan L. Reed. Excating Jesus:Beneath the Stones, Behind the Texts. Sanfrancisco: Haper, 2001. |
| 책, 편찬본 | 성, 이름 이니셜. (Ed.). (발행연도). 책 제목. 도시:출판사. Smiley, J., & Kenison, K. (Eds.). (1995). *The best American short stories 1995.* Boston: Houghton. | 성, 이름. ed. 책 제목. 도시:출판사, 발행연도. Smiley, Jane, ed., and Katrina Kenison, series ed. The Best American Short Stories 1995. Boston: Houghton, 1995. |
| 책, 저자나 편집자가 없는(모르는) 경우 | 제목. (판). (발행연도). 도시:출판사. *The New york City Public Library Desk Reference.* (3rd ed.). (1998). New York: Macmillan. | 책 제목. 판. 도시:출판사, 발행연도. The New york City Public Library Desk Reference. 3rd ed. New York: Macmillan, 1998 |
| 정기간행물, 학술지 | 성, 이름 이니셜. (발행연도). 글 제목. 정기간행물, 권, 페이지. Hughes, M. (2002) Moving from information transfer to knowledge creation:A new value proposition for technical communicators. *Technical Communication, 49,* 257-285. | 성, 이름. "글 제목." 정기간행물 권(발행연도):페이지. Hughes, Michael. "Moving from information transfer to knowledge creation:A new value Proposition for technical Communicators." Technical Communication 49 (2002):257-285. |

**[표 8-2] APA 스타일과 MLA 스타일에서 선택된 참고 문헌 목록**

| 인쇄물 | APA 출판 매뉴얼 | MLA 핸드북 |
|---|---|---|
| 정기간행물, 잡지 | 성, 이름 이니셜. (발행월). 글 제목. 정기간행물, 권, 페이지<br>Schoenfeld, S. (1997, May/June) An experience in culture. *Timeline, 33,* 3-4. | 성, 이름 "글 제목." 정기간행물. 발행월:페이지<br>Schoenfeld, Samantha. "An experience in culture." <u>Timeline</u> May-June 1997:3-4. |
| 신문 | 성, 이름 이니셜. (발행일). 기사 제목. 신문, 페이지<br>Guido, M. (2003, September 11). Lawmakers seek to plug loophole:Chipmakers got refunds but paid no tax to state. *San jose Mercury News,* pp. C1-2. | 성, 이름 "기사 제목." 신문. 발행일:페이지<br>Guido, Michelle. "Lawmakers Seek to Plug Loophole: Chipmakers Got Refunds but Paid No Tax to State." <u>San jose Mercury News</u> 11 Sep. 2003, Peninsula/SF ed.:C1-2. |

| 비인쇄물 | APA 출판 매뉴얼 | MLA 핸드북 |
|---|---|---|
| 텔레비전 시리즈<br>(독립적 일화) | 지은이, 감독. (발행연도). 제목. 프로듀서, 시리즈 제목. 도시:네트워크<br>Ward, G.C.(Writer) & Burns, K.(Director). (2001). Gumbo [Television series episode]. In K.Burns & L.Novick(producers). *Jazz.* Washington, DC:WETA. | "에피소드" 시리즈. 나레이터/프로듀서. 감독. 네트워크, 도시. 방영일<br>"Gumbo." <u>Jazz.</u> Narr.Keith David. Dir. Ken Burns. PBS, WETA, Washington, DC. 8 Jan.2001. |
| 인터넷 문서<br>(부정기, 저자 없음) | 웹사이트, 발행기관. (발행연도). 제목. 검색연월일 및 주소<br>League of American Bicyclists.(n.d.) How to commute by bicycle. *Better bicycling fact sheets.* Retrieved September 10, 2003 from http°//www.bikeleague.org/educenter/factsheets/commuteemployee.htm | "제목" 사이트. 발행연도, 웹사이트, 발행기관. 검색일. 〈주소〉<br>"How to Commute by Bicycle." League of American Bicyclists. 2003. League of American Bicyclists. 10 Sep. 2003 <http://www.bikeleague.org/educenter/factsheets/commuteemployee.htm> |

[표 8-2] APA 스타일과 MLA 스타일에서 선택된 참고 문헌 목록

| 비인쇄물 | APA 출판 매뉴얼 | MLA 핸드북 |
|---|---|---|
| 인터넷 정기간행물 (뉴스레터) | 성, 이름 이니셜. (발행일). 제목. 출판사. 검색일 및 주소:For poorer or for poorer:For young couples trying to start a new life together, the dismal economy means more fighting, postponed, the dismal conomy means more fighting, postponed weddings-and less sex. *Salon.* Retrieved September 10, 2003 from http://www.salon.com/mwt/feature/2003/06/04/couples/index.html<br>Hansen, S.(2003, June 4). | 성, 이름. 제목. 출판사. 발행일. 검색일 〈주소〉<br>Hansen, Suzy.(2003, June 4). "For Poorer Or for Poorer:For Young Couples Trying To Start a New Life Together, The Dismal Economy Means More Fighting, Postponed Weddings-And Less Sex." *Salon* 4 June 2003. 10 Sep. 2003 <http://www.salon.com/mwt/feature/2003/06/04/couples/index.html> |
| 온라인 포럼에 송부한 메시지 | [포럼의 메시지 기록되어 있기만 하다면, 개인적 의사소통을 언급. 반대로 다른 요소들은 참고 문헌 목록에 포함되지 않음]<br>성, 이름 이니셜. (송부일). 제목. 주소에 송부한 메시지<br>Randya(2003, Aug. 28). Taking the lane, and not quiet about it [Msg 18]. Message posted to http://www.bikeforums.net/showthread.php?threadid=35868 | 성, 이름. "제목." 온라인 송부. 송부일. 포럼 이름. 검색일 〈주소〉<br>Randya. "Taking the Lane, and Not Quiet About It." Online posting. 28 Aug 2003. BikeForums.net. 10 Sep.2003 <http://www.bikeforums.net/showthread.php?threadid=35868> |
| 전자 우편 | [개인적 의사소통으로 참고 문헌 목록에 포함되지 않음] | 성, 이름. "제목." 이무개에게 보낸 이메일. 발송일.<br>Thor, Leifur. "Info on the Design Science Initiative Project." E-mail to Doug Stuart. 2 May 2003 |
| 화자가 한 인터뷰 | [개인적 의사소통으로 참고 문헌 목록에 포함되지 않음] | 성, 이름. 개인적 대화/전화/이메일 인터뷰. 날짜<br>Thor, Leifur. Telephone interview. 5 May 2003 |

한 가지 맥락은 화자와 화제에 대한 청자의 태도이다. 22c에 가면 우리는 청중이 우호적이냐, 중립적이냐, 비우호적이냐에 따라 화자가 어떻게 적응해야 하는지에 대해 설명한다. 주지하다시피 청자가 화자의 입장을 비우호적으로 간주하면 할수록 뒷받침 자료를 소개하면서 더 자세한 인용을 포함시키는 것(그리고 인쇄해서 나누어 줄 완벽한 참고 문헌 목록을 확보하는 것)이 더 유용할 것이다. 인용 정도를 결정하는 또 하나의 요소는 신뢰성을 보여주는 것에 대한 화자의 판단이다. 19장을 보라. 화자가 어떤 경우에 특히, 청자에게 자신이 능력 있고 신뢰할 만한 사람이라는 강한 인상을 주는 것이 목표라면, 자료를 완벽하게 인용하는 것이 장점이 된다는 점을 알게 될 것이다.

인용의 상세화 정도에 따라 세 가지 예를 제시한다. 첫 번째는 전혀 인용을 하지 않고 소개하는 경우이다. 두 번째는 자료의 저자를 제시하여 화자가 근거도 없이 수를 찍고 있는 것이 아님을 보여주는 경우이다. 세 번째 예는 청자에게 그들이 원하는 경우 자료를 점검하기 위해 기록하고 활용하도록 아주 상세하고 충분한 정보를 제공하는 경우이다.

### 인용하지 않기

모든 자전거 사고의 17퍼센트만이 자동차-자전거 충돌 사고이고, 그러한 충돌의 10%만이 자동차가 뒤에서 자전거를 덮친 경우이다.

### 가볍게 인용하기

교통 공학자인 존 포스터에 따르면, 모든 자전거 사고의 17퍼센트만이 자동차-자전거 충돌 사고이고, 그러한 충돌의 10퍼센트만이 자동차가 뒤에서 자전거를 덮친 경우이다.

1993년 MIT 출판사에서 간행된 효과적인 자전거 타기(Effective Cycling) 라는 책에서, 교통 공학자인 존 포스터는 모든 자전거 사고의 17퍼센트만이 자동차-자전거 충돌 사고이고, 그러한 충돌의 10퍼센트만이 자동차가 뒤에 서 자전거를 덮친 경우라고 지적하였다.

연설에서 뒷받침 자료를 부드럽게 결합시킨다는 생각으로 돌아가 보자. 만일 인용을 상세하게 하고자 한다면 가능한 한 대화적인 스타일로 하는 것 이 좋다. "교통 공학자 존 포스터가 지적하기를(효과적인 자전거 타기, MIT 출판사, 1993) 단지 ……."에서와 같이 문장의 흐름을 방해하는 "큰 괄호형 의 과속 방지턱"을 피하라. 부드럽게 말하는 방법을 구안하려면 더 많은 말 이 필요하겠지만 그렇게 하면 듣기가 더 자연스럽게 될 것이다.

## 8f. 검색과 조직을 손쉽게 하기 위하여 별개의 단위로 정보와 생각을 갈 무리하라

연구를 하는 과정에서 정보와 아이디어를 가능한 한 간편하게 수집하고 기록하여 나중에 그것을 찾아 창조적으로 작업할 수 있도록 하고 싶을 것이 다. 책의 모든 장을 복사하거나 웹에서 책의 각 쪽을 모두 내려 받는 능력이 정보를 검토하는 것을 결코 더 쉽게 해 주지는 않는다. 생각과 자료를 배열 하고 조직하는 일을 반복할 때에 더 작고 더 다루기 쉬운 단위가 창조적인 유연성을 증진시킬 것이다.

우리는 이 절에서 "노트 카드"에 대해 말하지만 중요한 것은 매체나 카드 함이 아니라 활동이다. 그리고 만일 컴퓨터에서 개요 작성기나 아이디어 개발 소프트웨어를 이용한다면 이러한 제안이 적절할 것이다. 전통적인 4인치 ×6인치 노트카드가 다루기도 쉽고 전원이 필요하지도 않다.

## 1. 유인물과 전자 자료의 노트카드

책이나 논문을 읽으면서, 각각의 분리된 생각이나 정보를 식별 코드와 쪽 번호를 붙여 별도의 카드에 적어 두라. 기록하게 될 데이터는 세 종류가 있다. 그것은 직접 발췌 또는 인용 [그림 8-2], 풀어쓴 생각 [그림 8-3], 나중에 사용할 참고 문헌 [그림 8-4] 등이다. 온라인으로 수집한 자료를 이와 같이 처리하는 것을 소홀히 하지 말라. 자신이 유인물을 가지고 있다 하더라도, 자료에 처음으로 주의를 기울이게 했던 핵심 내용을 분리하여 내면화할 수 있도록 풀어쓰기나 인용의 과정을 거치는 것은 매우 가치 있다.

**[그림 8-2] 직접 발췌 또는 인용**

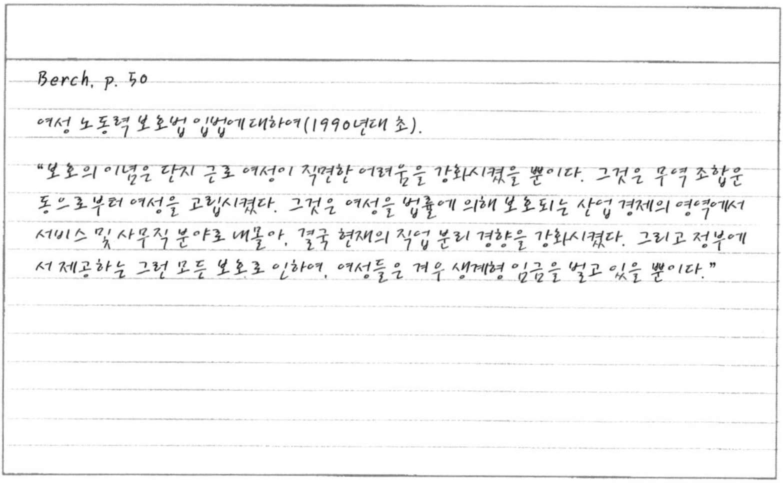

Berch, p. 50

여성 노동력 보호법 입법에 대하여(1990년대 초).

"보호의 이념은 단지 근로 여성이 직면한 어려움을 강화시켰을 뿐이다. 그것은 무역 조합운동으로부터 여성을 고립시켰다. 그것은 여성을 법률에 의해 보호되는 산업 경제의 영역에서 서비스 및 사무직 분야로 내몰아, 결국 현재의 직업 분리 경향을 강화시켰다. 그리고 정부에서 제공하는 그런 모든 보호로 인하여, 여성들은 겨우 생계형 임금을 벌고 있을 뿐이다."

[그림 8-3] 풀어쓴 생각

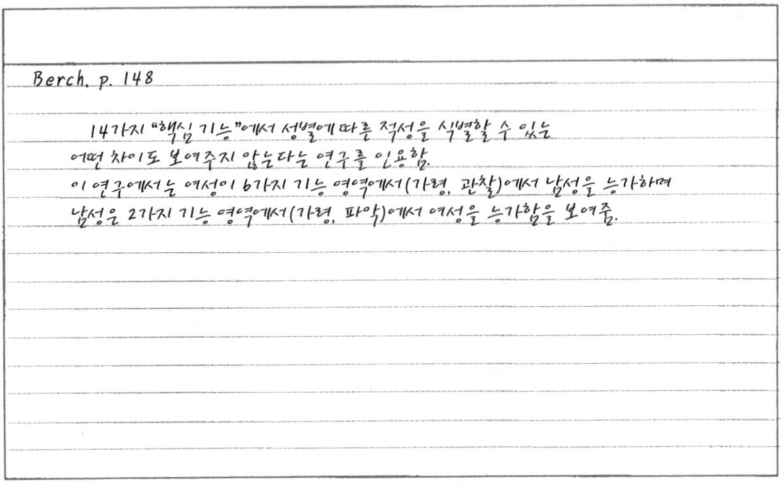

Berch. p. 148

14가지 "핵심 기능"에서 성별에 따른 적성을 식별할 수 있는
어떤 차이도 보여주지 않는다는 연구를 인용함.
이 연구에서는 여성이 6가지 기능 영역에서(가령, 관찰)에서 남성을 능가하며
남성은 2가지 기능 영역에서(가령, 파악)에서 여성을 능가함을 보여줌.

[그림 8-4] 나중에 활용할 참고문헌

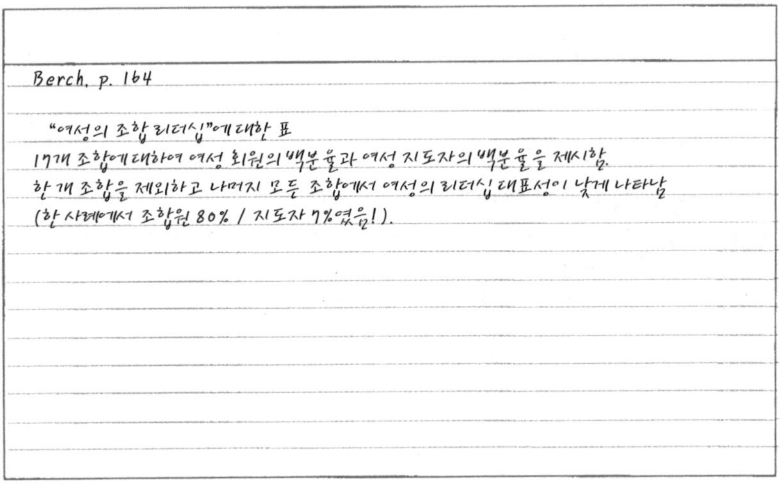

Berch. p. 164

"여성의 조합 리더십"에 대한 표
17개 조합에 대하여 여성 회원의 백분율과 여성 지도자의 백분율을 제시함.
한 개 조합을 제외하고 나머지 모든 조합에서 여성의 리더십 대표성이 낮게 나타남
(한 사례에서 조합원 80% / 지도자 7%였음!).

그림 8-4에 언급된 표가 가치 있다고 지금이나 나중에 결정을 내린다면,
그것을 장황하게 필사하기보다는 복사를 하고 싶을지도 모른다. 만일 목록,

도형, 표, 기타 전문적 자료를 복사하고자 한다면 즉각 각 장에 나름대로 제목을 붙여 노트카드처럼 만들라.

각각의 자료에서, 그 자료를 다른 것과 구별하여 지칭하는 하나 또는 두 단어의 식별 코드를 선택하라. 대개 저자의 성이면 충분하다: "Berch." 여러분의 참고 문헌 중 Berch가 쓴 또 다른 책이 있다면, 여러분은 "Berch, 1982," "Berch, 2000"을 사용할 필요가 있을 것이다. 또는, 이 저자가 같은 해에 쓴 자료가 두 가지라면, 여러분은 "Berch, Endless Day"와 "Berch, Work and Worth"로 쓸 수 있다. 물론, 서로 다른 저자의 성이 같다면, "Berch, B."와 "Berch, F."로 쓸 수 있다.

모든 논문이나 장을 복사한다면, 각각에 대해 서지 카드를 만드는 것을 잊어서는 안 된다. 책이나 정기간행물의 표지와 판권 표시 쪽을 복사해 두는 것이 도움이 된다고 생각하는 이들이 많다.

## 2. 인터뷰와 조사 결과의 노트카드

8f. 1에서 제안한 내용은 인쇄된 정보와 관련되지만, 인터뷰와 조사를 통하여 획득한 정보에 잘 적용되지는 않는다. 각각의 인터뷰에 대하여 서지 카드를 만들어, 인터뷰한 사람, 직위, 인터뷰 날짜, 전화번호나 주소를 적어 두라. 테이프를 듣거나 노트를 살펴보면서, 카드에 정보를 옮겨 적으라.

## 3. 카드의 분류

많은 노트카드를 모았다면, "역사," "원인," "해결방안"과 같은 제목을 붙여 표지 카드를 만들어 쌓아둘 수 있다. 그렇지 않으면 서가 위쪽 모퉁이에 이 핵심어들을 부착해 둘 수도 있을 것이다. 조직에 대해서 쓴 3부에서 보게 되겠지만, 아이디어를 분류하고, 범주명을 붙이는 일은 대개 말하기를 준비하는 과정의 뒷부분에서 이루어진다.

# 제3부
# 조직하기

제3부

조직하기

# 서론

창조적인 과정(5a에 기술된)에 대한 4개의 장에서 대부분의 말하기 훈련은 처음과 끝을 강조하고 있다-준비하기와 수정하기-이러한 것은 논리적이고 규칙에 연관된 과정이기 때문이다. 생각 품기(Incubation)와 명확히 하기(illumination)-중간의 두 장-는 체계화되지 않았기에 거의 언급되지 않는다. 이러한 중간의 두 단계는 감성을 다룬다. 시, 이야기, 그림, 작곡 또는 말하기를 창작하는 과정은 절망과 흥분 등 격한 감정을 생산해낼 수 있다. 화자는 청중과 화제를 분석하고 주제에 대하여 철저히 연구한 뒤에, 실제 말하기를 구성해가는 것이 항상 올바르거나 체계적이지 않다는 것을 알게 된다. 충분한 준비에도 불구하고 화자는 밑바닥에 내던져져 있거나 허공을 응시하며 실수로 인해 당황하고 있는 자신을 발견할 수 있을 것이다. 분명한 것은 이 같은 일이 당신에게만 유일하게 일어나는 것이 아니라는 점이다.

이 책을 집필하면서, 필자들은 제목 "발표와 연설의 핵심 기법(The Speaker's Handbook)"을 정해 놓고 마지막 페이지까지 계속 써나가며 결코 컴퓨터 앞에 앉아 있지 못했다. 범주의 조정과 이름 붙이기에 많은 시간이 소요되었다. 즉, 실행하기가 준비하기의 측면에서 취급되어야 할 것인가? 내용에서 문체가 분리될 수 있는 것인가? 동기적 호소에 따라 혹은 조직하기의 양식으로 순서가 맞춰지는 것인가? 심지어 일반적인 틀을 설정해 놓고도 실제 집필이 진행되면서 그 틀의 세부사항들을 계속해서 수정하고 고쳤다. 그 때마다 화제들은 서로 복잡하게 연결되어 있어 마치 고양이의 공격으로 엉클어진 실타래를 풀어야 하는 것처럼 보였다. 과연 이것을 일목 요연하게 엮어낼 수 있을 것인가?

이러한 혼란은 창조적 과정의 본질적인 한 부분이다. 한가지 주제에 대해 한 논문만을 읽었다면, 그것의 요약을 쓰기란 쉬운 일이다. 그러나 한 주제에 대해 충분히 분석하고 연구하였을 때 정보의 과부하 때문에 고생하기 시작한다. 첫째, 방대한 정보의 양에 질리게 된다; 둘째, 구분하는데 어려움을 있는 한 주제의 여러 사실들 사이에 존재하는 매우 많은 관련성들을 보게 된다. 이러한 혼란은 "책 요약"하기 단계를 뛰어넘어 그 주제에 대해 자신만의 창조적인 구조를 가지게 됨을 의미하는 증거이다. 요컨대, 화자는 자신이 그것을 경험하고 그 늪에서 벗어날 선명하고 의미있는 어떤 것을 그려낼 때까지 노력함으로써 청중들에게 정보의 과적에 따른 고통을 겪게 하지 않는다.

정보의 분석과 종합은 적절하게도 창안이라고 불려왔다. 한 주제의 일부분을 취하는 분석은, 특정한 규칙을 따르는 과정이다. 종합은 새로운 전체로 각 부분들을 다시 조합—진실로 창조나 창안은 전에는 존재하지 않았던 해석을 하는 것이다. 종합을 위한 정해진 규칙은 없다. 많은 사람들이 똑같은 정보를 수집하고 한 화제를 어떤 논리적 부분들로 나눌지라도 두 사람이 같은 말하기를 준비하지는 않는다. 한 사람이 창조한 통합적 내용은 그 사람의 인격, 가치, 삶에 대한 관점을 반영한다.

우선 이 작업을 모두 행한 다음, 정보와 연결되고 그 안에 통일성과 흐름의 연결성을 나타내도록 순서도에 그 조각들을 배열할 수 있다.

# 말하기 구조의 순서

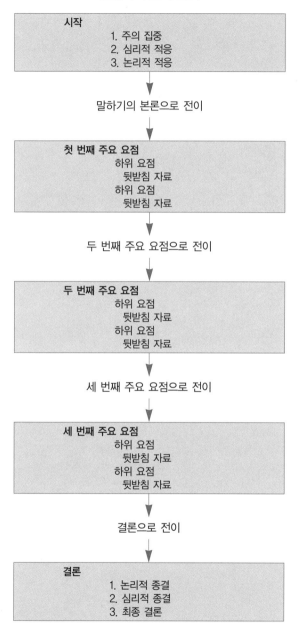

제9장

# 생각을 말하기
# 요점으로 전환하기

# | 생각을 말하기 · 요점으로 전환하기 |

말하기의 요점으로 발전될 생각들을 논리적으로 조직하는 방법을 찾아 보라.

많은 생각들을 가지고 있다면 중요한 것이 무엇이고, 어디에 그것들을 사용해야 할지 평가하는 절차가 필요하다. 모든 생각들을 총괄하는 말하기 주제로 전환하고 만족스러운 형식, 즉 응집성 있는 말의 조합으로 만들어가는 행위는 단순하지 않은 복합적 과정을 요구한다. 핵심적으로 조직하기 과정은 다음의 네 단계로 구성된다.

1. 많은 생각들을 생성하기
2. 다발 짓기
3. 각각의 다발에 명명하기
4. 재구성하기, 적용하기 그리고 선별하기 : 할당받은 시간 동안 생성해낼 수 있는 가장 중요한 생각들을 포괄할 수 있는 2개에서 5개 정도의 중심 개념으로 묶기

말하기 표현의 증진을 위한 이 장은 당신의 주제와 관련된 주된 생각을 발전시키고, 한정하며 조직하는데 도움을 줄 수 있을 것이다.

## 9a. 당신의 말하기에 반영될 수 있는 가능한 모든 생각과 정보들을 수집하라

말하기 준비를 시작할 때, 자신을 제한하지 마라. 당신의 말하기에 관련될 수 있는 것이라면 무엇이든 떠오른 생각이나 연구해서 만든 항목들을 다 적어라. 브레인스토밍의 기법에 따르라. 이 시점에서는 질적인 것보다는 양적인 면을 추구하라. 어떤 아이디어도 판단하거나 삭제하지 말고 모든 것을 써 내려가라. 아직은 쓴 것을 어떤 순서로든 정렬할 필요가 없다. 생각나는 대로 써보도록 하고 어떤 생각들은 같은 주제를 다루고, 다른 것들은 주제에서 벗어난 것을 걱정하지 마라. 조직할 기초 자료들을 확보하기 전까지는 조직하기를 시작할 수 없다.

## 9b. 핵심요점을 명료화하고 그들 관계를 연결하는 데 다양한 조직 도구들을 사용하라

생성한 브레인스토밍 목록을 다시 살펴보고 항목들을 어떻게 묶을 것인지 생각하라. 주요한 요점으로 설정할 수 있는, 두드러진 것이 있는가? 서로 연결짓기에 분명한 것들이 있는가? 자연적으로 다른 것의 하위로 내려가야 할 것들이 있는가?

생각들을 조직하는 데 한 가지 정해진 방법이 있는 것은 아니다. 어떤 생각들은 모두 제거해야 하고, 다른 것들은 다른 분류 항목으로 수정되어야 할 것도 있다. 또한 모든 항목이 똑같이 중요하게 다루어져 별도의 항목이 되는 것이 아님도 알아야 한다. 종종 브레인스토밍 목록 중에 하나 혹은 더 많은 몇 개의 생각들은 주변의 조금 덜 중요한 요점의 그룹에서 하나의 범주를 형성할 수 있다. 먼저 많은 작은 아이디어들을 묶고, 그런 다음 상위 제목을 고안하게 될 것이다.

조직하기의 시작 단계에서 시각적이거나 문자적으로 가장 적절한 하나 혹은 두개의 조합을 선택하는 등 여러 가지 다양한 기법들을 사용할 수 있다.

## 1. 기초 실행 개요서를 만들라

아마도 가장 전통적인 말하기 조직의 기법은 계층화 전략, 의도된 개요 형식으로 생각들을 정렬하는 것이다. 그러나 이 단계에서 완전한 문장 형태의 개요에 연연해서는 안 된다.(11와 11b 참조) 온전한 문장의 개요는 주제와 하위 주제를 적절하게 정교화 하는데 매우 중요한 역할을 한다. 그러나 변화 가능한 형식인 주제 개요서는 이 시점에서 좀 더 유용하다. 11b에서는 "미국 직장 여성의 역사"라는 주제로 두 가지 형태의 개요 예시를 보여준다.

생각들을 다발 짓는 데 많은 대안적인 시도를 할 것이기에 형식이나 문법에 시간을 쏟지 말라. 단지 다른 하나 밑으로 생각들을 맞춰보고 그것들을 가장 뜻이 잘 통하도록 하는 형식을 발견할 때까지 다양한 방법들로 묶어보라.

만약 그것이 편한 방법이라면, 완전한 문장으로 개요를 작성할 수 있는 출발점을 마련하게 되는 것이다. 그러나 느슨한 형식의 개요도 생각의 흐름을 막는다면 너무 이르다. 다음에 표현하고자하는 생각을 정렬하는 데 좀 더 공간적으로 선호하는 다른 방법들이 있을 수 있다.

## 2. 개념 지도를 사용하라

개념 지도는 당신의 생각이 다른 것들과 어떻게 연결되는지를 보여주는 시각적인 방안이다. 가장 기본적 형태는 재빨리 그것들을 연결하는 명명된 원과 네모 모형으로 된 간단한 그림을 선으로 연결하여 그리는 것이다.

중심 생각으로 시작하기-종이의 중앙에 상자나 원 안에 생각하고 있는 화제를 써 넣는다. 브레인스토밍 목록에서 요점에 대해 생각하면서, 더 많은 하위 생각들을 더하는 데 충분한 공간을 남겨두고 주제 주위에 어떤 중요한 것을 메모한다. 생각들은 핵심적인 생각 주변에서 묶어지기 시작할 것이다. 그것과 관련된 의미들을 연결하는 선을 그려가면서 각각에 새로운 항목을 써내려 가라. 그러나 꼭 위계적으로 만들 필요는 없다. 하위 개념들은 더 확장된 개념들이 나타나기 전에 생성될 것이다. 새로운 관련성들이 명료하게 되면서 또 다시 만들 수도 있다.

이렇게 행하는 데에는 다발 짓기, 개념 지도 그리기, 가지 그리기, 풍선 그리기 등 다양한 방식들이 있다. [그림 9-1]은 10b에 제시된 만화의 개요를 만들어 간 조직하기 과정의 한 부분이다.

### 3. 이동 가능한 요소들을 조정하라

이 조정은 공간적으로 사물들을 조정한다는 점에서 개념지도 그리기와 유사하고, 선으로 연결된 형태로 그것들을 함께 둔다는 점에서 개요 짜기와 비슷하다. 이는 이용하는 요소들에 달려있다. 예를 들어, 자신의 아이디어를 포스트잇에 기록하고 벽이나 책상에 붙여둘 수 있다. 그것들을 주제들에 따라 묶을 수 있고, 전체적인 범주화에 만족할 때까지 항목을 그룹에서 그룹으로 옮길 수도 있다. 또 만약 좀 더 선조적으로 살펴보고자 한다면, 사용할 수 있는 공간의 아무 곳에 기초적인 개요를 만들 때, 포스트잇을 한 칸 들여 나열함으로 하위 개념을 나타내는 데 사용할 수 있다.

또 다른 방법은 연구조사 기록카드로 시작하고, 스스로의 생각을 적은 카드로 그것들을 채워나가는 것이다. 8f에서 제목 표지 카드 아래 연구조사 기록카드 묶기를 소개하였다. 생각들의 변형과 조합을 추가되는 카드 위에 쓸 수 있고 적당한 장소에 그것들을 매달 수 있다. 포스트잇을 사용하여 메모하

**[그림 9-1] 단순한 개념 지도**

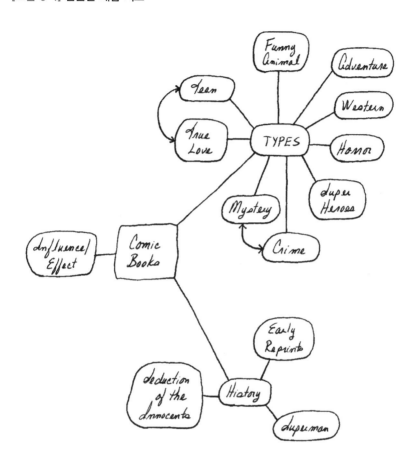

면 손쉽게 주제에 따른 다양한 접근을 시도하고 조직 구성을 바꿀 수 있다.

이러한 두 가지 종이를 이용한 방법은 문서작성 프로그램이나 특별히 개발된 소프트웨어 등의 간단한 개요작성 도구를 가진 컴퓨터를 활용할 수도 있다.

이러한 기법들의 각각의 이점을 최대한 활용하기 위해서는 너무나 빨리 어떤 하나의 유형으로 한정짓지 말아야 한다. 그것들이 확인될 때까지는 충분히 자유롭게 이동할 수 있게 해야 한다.

이러한 과정의 결과로 말하기를 위한 일련의 핵심 요소들을 얻게 될 것이다. 다음은 말하기의 목적에 가장 적절하게 부합하는 요점들을 선택하는 단계이다.


## 9c. 주제 진술에 정확하게 부합하는 중심 요점을 선택하라

말하기에 포함될 주안점을 결정하기 위해서 먼저 주제 진술(thesis statement)을 살펴보라. 6d에 논의된 단계를 따라 반드시 대답해야 할 핵심 질문을 분명하게 하라. 가치나 정책의 정당성을 펼쳐가는 설득적인 말하기를 위해 좀 더 정밀한 핵심적 질문을 명료하게 하는 방법에 대해서는 22b의 참고하라. 우선 자신의 화제가 추구하는 완전한 전개내용이 무엇인지를 파악하고, 중심 요점을 판단해보는 하나의 기준으로 다음 진술문을 사용하라.

- 내 주제의 어떤 부분이 말하기로 발전되지 못하였는가?
- 말하기의 중심 생각 중 어떤 부분이 주제에 반영되지 않았는가?

다음에 제시되는 주제와 그것을 계발하기 위해 선택될 중심 요점을 살펴보라.

**주제 진술 :** 호호바 식물은 외국산 기름에 의존하지 않는 미국을 가능케 할 효율적인 에너지 자원이다.

Ⅰ. 호호바 식물은 실효성 있는 미개발된 에너지 자원이다.

Ⅱ. 에너지는 호호바 식물로부터 효과적이고 안전하게 생산될 수 있다.

Ⅲ. 적절한 교육 프로그램이 주어진다면 일반인들은 호호바 식물 에너지를 얻게 될 것이다.

분명 놓친 것들이 있다. 명제에서 마지막 절은 삭제되어 수정되거나 또다른 중심 요점에 외국산 기름에 의존하는 미국에서 벗어나게 할 호호바 식물 에너지의 효능을 제시하여 덧붙여야 한다. 같은 주제를 위해 개발된 또다른 일련의 중심 요점들이다.

**주제 진술** : 호호바 식물은 외국산 기름에 의존하지 않는 미국을 가능케 할 효율적인 에너지 자원이다.

Ⅰ. 호호바 식물은 안전하고 효율적이며, 실용화 가능한 에너지 자원이다.

Ⅱ. 호호바 식물은 외국산 기름에 의존하지 않는 미국을 가능케 할 충분한 에너지를 생산해낼 수 있다.

Ⅲ. 호호바 식물은 단백질의 원료로 사용될 수 있다.

이 경우에 마지막 내용은 주제진술에 아무런 작용을 하지 않는다. 이 내용은 서두나 결론 부분에서 지나가면서 언급될 수 있다. 그러나 음식의 원료로써 호호바의 가치를 포함하도록 주제를 넓히지 않는다면, 중심 요점의 하나가 될 수 없다.

다음 제시되는 일련의 중심 요점들은 주제에 정확하게 부합된다. 즉 핵심을 빠뜨리지 않고, 불필요한 것이 하나도 없다.

**주제 진술** : 호호바 식물은 외국산 기름에 의존하지 않는 미국을 가능케 하는 효율적인 에너지 자원이다.

Ⅰ. 호호바 식물은 실효성 있는 미개발된 에너지 자원이다.

Ⅱ. 호호바 식물은 안전하고 효율적이며, 실용화 가능한 에너지 자원이다.

Ⅲ. 호호바 식물은 외국산 기름에 의존하지 않는 미국을 가능케 할 충분한 에너지를 생산해낼 수 있다.

적절한 때, 조직하기 과정을 통해 선별되고 정렬된 생각들을 반영하여 주제를 조정할 수도 있다.

**연습 1.**

다음 중심 요점들은 주제 진술에 부합하는가? 만약 그렇지 않다면 개요나 주제를 고쳐 연관성을 드러내라.

**주제 진술** : 개보다 고양이는 더 나은 애완동물이다.

Ⅰ. 고양이는 개보다 더 친근하다.

Ⅱ. 고양이는 개보다 더 독립적이다.

Ⅲ. 고양이는 신화나 문학에서 흥미로운 생활사를 가진다.

Ⅳ. 고양이는 품위있고 매력적이다.

**주제 진술** : 주 4일제 운영은 우리 회사에 이득이다.

Ⅰ. 근로자는 좀 더 긴 주말을 즐길 것이다.

Ⅱ. 출퇴근길 교통체증이 없어질 것이다.

Ⅲ. 근로자들은 좀 더 동등하게 육아를 분담할 수 있다.


**주제 진술** : 스케이트보더들은 어느 곳에서든 냉대를 받는다.


Ⅰ. 공공장소에는 "스케이트보드를 타지 마시오" 표시가 있다.

Ⅱ. 스케이트보더들은 이유없이 땅 주인들에게 괴롭힘을 당한다.

Ⅲ. 스케이트 타기는 민첩함과 체력을 길러주는 격렬한 스포츠이다.


## 9d. 상호 배타적인 주된 중심 요점을 골라내라

중심 요점이라는 이름이 붙여지는 것은 우연이 아니다. 9c에 설명되어 있듯이 그것들은 주제를 전개하는 데 중심적이며 필수불가결한 것으로 몇 개밖에 되지 않는다.

최대한 명료하기 위해 중심 요점들은 상호 배타적이어야 한다. 각각의 범주는 어떤 다른 범주에 포함되는 생각들을 배제해야만 한다. 더 간단하게, 이 규칙은 "모든 것을 포괄하면서, 모든 것이 적소에"라는 규율이다. 화자가 직면하는 어려움은 각각의 아이디어를 꼭 맞는 한 자리에 배치하는 인지적 체계(scheme)를 발견하는 데 있다.

종종 잠재적 중심 생각을 가지고 아이디어를 묶어나갈 때, 당신은 많은 것들이 두개 이상의 더 많은 범주들에 적합함을 발견하게 될 것이다. 이러한 중복이 발생할 때, 생각을 분류하는 데 효율적인 체계를 아직 찾지 못했다는 것을 알게 된다. 한 개의 조직 유형을 정하는 것이 핵심이다. 만약 화자가 아이디어가 들어갈 알맞은 장소를 알지 못한다면, 말을 듣는 사람도 이해하지 못할 것이다. 만약 화자가 자신의 유형을 확신하지 못한다면, 개요는 다음과 같이 될 수 있다.

**화제 : 훌륭한 영화들**

Ⅰ. 드라마

    A. One Flew Over The Cuckoo's Nest(1975)

    B. The Adventures of Robin Hood(1938)

    C. The Wild Bunch(1969)

Ⅱ. 코메디

    A. Annie Hall(1977)

    B. Singin' in the rain(1952)

    C. The Producers (1968)

Ⅲ. 흑백

    A. Raging Bull(1980)

    B. The General(1927)

    C. Stagecoach(1939)

얼른 보아도 화자가 말하기 구조를 나타내기 전으로 주제에 대한 생각을 완전하게 제시하지 못하고 있다. 분명하게 화자는 영화에 대한 토론이 극적 범주에 의해 정련된 방식을 따를 것인지 아니면 색으로 나눌 것인지에 대해 결정하지 못했다. 영화가 컬러인지 흑백인지는 (기술의 역사에 관한) 주제에 대하여 어떤 내적 연관성을 가지지 못한다. 따라서 세 가지 중심 화제가 의미하는 "드라마", " 코메디", "흑백"은 분류에 문제가 있다. 이러한 세 가지 중심 요점은 적합한 범주 분류가 아니다.

이상적으로 상호 배타적인 중심 생각의 체계로, 당신은 한 가지 기준 하에 어떤 영화 분류나 항목을 마련하는 방법을 알게 될 것이다. 만약 시험 삼아 간단한 개요를 제시해 보면, 우리는 그것이 불명확하다는 것을 곧 알게 된다. 예를 들어, 'Raging Bull'은 드라마이지만 드라마가 아닌 "흑백" 항목 아래에 놓여 있다. 만약 1938년 흑백 코메디 영화인 'Bring up Baby'와 같은 영화들을 항목에 넣지 않았다면 모호함은 계속된다. 그 영화는 "코메디"나 "흑백" 범주의 양쪽에서 배제될 아무런 기준이 없다. 그래서 각각의 중심 생각들은 어떤 영화들을 분류하는 데 그렇듯 해 보이는 하나를 택하고 있지만 함께 취해진 세 가지 중심 생각은 주제를 살펴보는 데 뚜렷한 기준을 제공하지 못한다. 다음은 같은 주제에 대한 개요의 또 다른 예시이다.

**주제 : 훌륭한 영화들**

I. 흑백

    A. 드라마

        1. Stagecoach(1939)

        2. Touch of Evil(1958)

        3. The Manchurian Candidate(1962)

        4. Raging Bull(1980)

    B. 코메디

        1. The General(1927)

        2. Bring up Baby(1938)

        3. Some Like It Hot(1959)

        4. A Hard Day's Night(1964)

Ⅱ. 컬러

    A. 드라마

        1. The General(1927)

        2. Bring up Baby(1938)

        3. Some Like It Hot(1959)

        4. A Hard Day's Night(1964)

    B. 코메디

        1. Singin' in the rain(1952)

        2. The Producers (1968)

        3. Annie Hall(1977)

        4. Tootsie(1982)

여기서, 화제는 컬러냐 아니면 그렇지 않으냐는 단일한 하나의 중심 요점들로 나뉘고 있다. 이러한 중심 요점들은 각각의 중심 요점을 반복하는 두 개의 범주로 나뉘어 제시된다.

이와 같이 화제는 많은 또 다른 방법들로 나뉠 수 있다. 예를 들어, 중심 요점은 제작 연도에 따라 형성될 수도 있다.

Ⅰ. 1920년대

    A. 드라마

        1. Greed(1924)

        2. Sunrise(1927)

    B. 코메디

        1. The Gold Rush(1925)

        2. The General(1927)

Ⅱ. 1930년대

  A. 드라마

    1. All Quiet on the Western Front(1930)

    2. The Adventure of Robin Hood(1938)

  B. 코메디

    1. It Happened One Night(1934)

    2. Bringing Up Baby(1938)

또 언어나 감독, 장르에 따라 분류하는 방식도 있을 수 있다. 중심 요점을 분류하는 체계 선택에서 가장 중요한 것은 각각의 항목 아래 혹은 하나의 중심 요점에 단일한 규칙이 적용되는 하나의 분류 기준을 선택하는 것이다.

**주의** : 분류하기 어렵거나 몇 개의 범주들이 누락된 경우들이 종종 있다. 일반적인 청중들에게는 일반적이지 않은 사례들을 배제하여 주제를 좁혀 제시하고, 필요할 때 질의-응답 형식으로 그것들에 대한 말하는 것이 가장 좋다. "서양인들은, 일반적으로, 분류될 수 있습니다…" 혹은 " 몇 가지 예외를 두고…"와 같은 말을 사용하여 범주의 제시를 확실하게 하라.

전문성 있는 청중들과 함께하는 기술적 주제는 서론과 결론, 또는 전환 단계에서 한계를 정한 사례들로, 혹은 포괄적인 범주를 생성하여 말할 수 있다.

언어 발달 이론

Ⅰ. 촘스키의 언어 능력 이론

Ⅱ. 스키너의 행동 이론

Ⅲ. 다른 이론들

## 9e. 일반 스피치에서는 두 개 이상 다섯 개 이하의 중심 요점을 설정하라

이 규칙은 자의적인 것으로 들리겠지만, 생각하는 것만큼 제한적이지 않다. 화자는 몇 개 소수의 중심 요점들로 생각들을 묶을 수 있어야 한다. 모든 생각들이 중심 요점으로 다루어진다면, 어떤 것도 발전시킬 기회를 가지지 못할 것이다. 많은 하위개념들로는 구조화되지 않은 정보 공세 이상의 의미를 만들어 낼 수 없다. 그리고 만약 하나의 중심 요점을 가지고 있다면, 기본적으로 하나의 주제를 가지며 내용을 조직할 필요가 없을 것이다.

또한 청중들은 몇 개의 요점밖에 기억할 수 없음을 이해하라.


## 9f. 동위 관계와 하위 관계를 반영한 중심 요점과 하위 요점들을 표현하라

동일하게 중요하거나 평행적 논리적 기능을 지닌 생각들은 "동위 개념(coordinate point)"이라고 부른다. 다른 생각들을 지원하고, 설명하거나 논리적 단계를 구성하는 좀 덜 두드러진 요점들은 "하위 개념(subordinate points)"이라고 부른다.

중심 요점과 다른 요점들의 관계는 당신의 마음에 매우 분명하게 정리되어 있어야 한다. 말하기에서 모든 요점은 다른 요점들과 하위 관계, 동위 관계 혹은 상위 관계를 맺어야 한다.

만약 물류 운송의 방법을 분류한다면, 이렇게 될 것이다.

물류 운송
기차
트럭

비행기

선박


위 예에서 각각의 운송수단은 다른 것들과 동위 관계를 가지며, 좀 더 크
거나 상위 관계 범주인 "물류 운송"과는 하위 관계를 맺는다. 각각의 운송
수단들은 역으로 더욱 세분화된 하위 영역을 갖게 된다.


트럭의 유형

트렉터

밴

덤프

탱크차

트레일러


여기에서 트럭의 각 유형들은 더 큰 범주 "트럭의 유형"에 하위 관계를 나
타내고 각각의 다른 형태들과는 동위 관계를 갖는다.

논리적 관계들은 다음 예시처럼 하위 관계와 동위 관계를 통해 유사해 보
인다.


트럭은 물류 운송의 효율적인 수단이다.

[그렇기 때문에]

그것들은 넓은 네트워크 지점을 가지고 있다.

[그렇기 때문에]

그것들은 매우 다양한 모양이다.

[그리고 그런 이유로]

그것들은 비교적 용역비가 싸다.

이러한 이유들은 그것들이 뒷받침하는 요점의 하위 관계임을 분명하게 보여준다.

## 1. 하위요점들은 더 큰 주제에 포괄되거나 상위 주제를 뒷받침해야 한다

때때로 어떤 내용은 그것이 뒷받침하는 내용이 너무 포괄적이어서 뒷받침이 안 된다. 제 2차 세계대전에서 항공모함의 역할에 대한 연설문에서 가져온 다음 예를 살펴보고, 다음의 하위요점들이 적절한지 생각해 보자.

Ⅰ. 항공모함들은 태평양 전쟁에서 승리하는데 도움이 되었다.
    A. 진주만과 미드웨이 전쟁에서 태평양을 가로지른 항공모함의 성공적인 사용은 일본의 기를 꺾었다.
    B. 항공모함에서 이륙하는 비행기는 육지에서 이륙하는 적군의 기지에 타격을 입히는 것을 가능케 하였다.
    C. 잠수함을 상대로 한 대서양 전투에서 항공모함을 주로 사용하였다.

위 예에서, 하위 문장 C는 중심 생각과 관련되지 않으며 중요성 면에서 하위 관계를 맺지도 않는다. 대서양에서 항공모함을 사용했다는 내용은 태평양에서 항공모함을 사용했다는 A의 내용과도 맞지 않는다. 두 개의 요점들은 동위 관계이며, 하위개념 C에 진술된 문장은 아마도 중심 요점 Ⅱ와 연관될 것이다.

## 2. 동위 관계 요점과 하위요점은 다같이 중요하다

또 다른 문제는 요점 내용이 같은 수준의 다른 것들에 비해 "지나치게 작을" 때 일어난다.

다음 개요에서 하위 요점들은 동위 관계에 있지 않다.

I. 항공모함들은 태평양 전쟁에서 승리하는 데 도움이 되었다.
   A. 진주만과 미드웨이 전쟁에서 태평양을 가로지른 항공모함의 성공적인 사용은 일본의 기를 꺾었다.
   B. 많은 신형 항공모함들은 이전에 전쟁에서 침몰한 모함들의 이름을 땄다.
   C. 항공모함에서 이륙하는 비행기는 육지에서 이륙하는 적군의 기지에 타격을 입히는 것을 가능케 하였다.

하위개념 B는 다른 두 하위개념들과 비교하였을 때 어울리지 않는다. 그와 같이 이름을 지었던 사실이 일본을 교란시키는데 효과를 발휘했을 가능성도 있지만 전투에 큰 효과를 거둔 방법은 아니다.

만약 다른 것들에 비해 덜 중요해 보이는 하나의 중심 요점이 있다면 그것을 모두 지우거나 하위 개념이 될 수 있는 다른 중심 요점을 찾아라. 그리고 서론이나 결론의 부분에서 그 내용을 따로 다루어라. 또한 때때로 "몇 가지 다른 요인들이 있다…"처럼 중심 요점을 묶어 말하는 것을 고려해 볼 수 있다.

3. 각각의 하위요점들은 그것들이 뒷받침하는 요점과 직접 관련되어야 한다
다음 예시처럼 관련 없는 하위요점들은 포함시키지 말라.

I. 항공모함들은 태평양 전쟁에서 승리하는 데 도움이 되었다.
   A. 진주만과 미드웨이 전쟁에서 태평양을 가로지른 항공모함의 성공

적인 사용은 일본의 기를 꺾었다.

B. F4F비행기는 날개가 접히도록 고안된 것이다. 날개가 접히는 디자인은 항공모함에 더 많은 비행기를 실을 수 있게 한다.

C. 항공모함에서 이륙한 비행기는 육지에서 이륙하는 적군의 기지에 타격을 입히는 것을 가능케 하였다.

하위 요점 B는 흥미롭다. 아마도 항공모함을 좀 더 효율적으로 만들기 위한 단계에서 취하여 다루어질 하위관계 요점을 지원하는 것이며, 이 연설의 다른 어느 부분의 하위요점으로 적절할 것이다. 그러나 하위 요점 B는 태평양 전쟁에 대한 요점과 직접적인 관련이 없다.

제10장
# 요점 배열하기

# | 요점 배열하기 |

> 요점을 배열하려면, 전통적인 말하기 조직 방식들을 고려하여 화제와 목적에 가장 적합한 한 가지 방식을 선택하거나 새로 만들어라.

일단 말하기의 주요 생각들이 선정되면, 그것들을 최대한 효과적으로 배열해야 한다. 어떤 경우에는 이러한 결정이 화자 자신에게 사실상 도움이 된다. 주장(argument)이 청중에게 논리적으로 들리려면 전제들이 일정한 순서에 따라 제시되어야 한다.(16g에서 설명) 예컨대, 논쟁적 말하기나 배심원에게 하는 최종 진술은 표준화된 일련의 방식에 따라야 하는 엄격한 필수 조항을 갖는다.(22a에서 설명) 공식적이거나 특별한 말하기는 대부분 어느 정도 형식화되어 그 나름의 공식을 따르기만 하면 된다.(23을 보라) 예를 들어 보통 졸업식 연사는 처음에 졸업생과 그들 부모들에게 축하 인사를 하고 미래에 대한 도전을 천명한다. 그리고 은퇴식에서 연사는 은퇴자의 업적을 요약한 다음, 은퇴자의 향후 남은 시간에 대해 유머를 곁들여 말할 것이다. 그렇지만 보통의 정보적이고 설득적인 말하기에는 고정된 배열 방식은 없다. 그저 화자의 입장에서 생각들을 배열할 최선책만 고르면 된다.

## 10a. 요점은 제재나 주제 진술의 필요조건들이 만들어 내는 고유한 방식으로 배열하라

말하기의 배열은 전통적인 몇 가지 방식이 있다. 시간적 방식, 공간적 방식, 원인−결과 방식, 문제−해결 방식, 화제별(topical) 방식이 그것이다.

### 1. 시간에 따라 생각을 배열하려면 시간적 방식을 사용하라

아마도 담화 중에서 가장 오래된 형식은 이야기가 담긴 서술일 것이다. 시간 순서로 된 틀은 오늘날의 말하기에도 여전히 기초적인 기능을 담당한다. '역사적인 전개'는 가장 일반적인 시간적 배열이다. 예컨대 1600년부터 1900년까지 유럽 음악 변천 과정을 말한다면, 다음 순서로 배열할 수 있다.

Ⅰ. 바로크 음악 시대 (1600 – 1750)
Ⅱ. 고전 음악 시대 (1720 – 1810)
Ⅲ. 낭만 음악 시대 (1800 – 1900)

다른 예시로 11b에서 여성 노동자들에 대한 개요를 보라.

또 다른 시간적 배열 방식으로, 화제를 '과거-현재-미래'로 나누는 유형이 있다. 자동차 추진에 대해 말한다고 하면, 다음 순서로 생각들을 배열할 수 있다.

Ⅰ. 기름이 쌀 때는, 자동차 엔진이 에너지 효율을 생각할 필요가 없었다.
Ⅱ. 오늘날, 새로운 디자인의 엔진은 고효율성을 보인다.
Ⅲ. 향후 새로운 기술이 화석 연료 -연소 엔진을 대체할지도 모른다.

제재를 시간적으로 파악하는 세 번째 방법은 '단계별' 과정을 분석하는 것이다. 화제 "에어로빅 체조로 체중을 관리하는 방법"은 다음 개요로 전개할 수 있다.

Ⅰ. 나이에 맞는 휴식기와 활동기의 심박수를 결정한다.

Ⅱ. 스트레칭과 낮은 단계의 혈관 준비 운동으로 각 부분을 시작한다.

Ⅲ. 30-40분간 왕성한 운동으로 활동기의 심박수를 유지한다.

Ⅳ. 최소 10분간 정리 운동과 스트레칭을 한다.

## 2. 위치에 따라 요점을 배열하려면 공간적 방식을 사용하라

공간적 방식은 상당 부분 지리에 기반을 둔다. 즉, 지구 전체 혹은 집 근처의 두 구역을 가리킬 수 있다.

주제 : 범죄

Ⅰ. 동해안에서의 범죄

Ⅱ. 중서부에서의 범죄

Ⅲ. 태평양 연안에서의 범죄

이와 다르게 주제를 둘로 나누어 지리적으로 배열할 수 있다. "유럽(아시아, 라틴아메리카)에서의 범죄"와 "맨해튼(브루클린, 브롱크스)에서의 범죄" 지리는 지도상의 위치만을 언급하는 것이 아니라, 세상을 공간상으로 나누는 다른 방식을 말할 수도 있다.

주제 : 범죄

Ⅰ. 시골 범죄

Ⅱ. 도시 범죄

Ⅲ. 도시 외곽 범죄


또한 공간적 방식은 주택의 층 설계나 도서관의 배치 같은 좀 더 작은 지역에도 적용할 수 있다. 다음 예는 이러한 작은 지역에서의 공간적 배열 방식을 보여준다.


**주제** : 항공기 계기판

Ⅰ. 비행을 조정하는 데 필요한 계기는 왼쪽에 있음.

    A. 나침판

    B. 고도계

    C. 인공 수평기

    D. 선회경사계

    E. 대기속도계

Ⅱ. 항공기의 운행 조건을 알려주는 계기는 오른쪽에 있음.

    A. 유속계

    B. 다중압력계

    C. 유도계

    D. 유압계

    E. 연료계


**3. 조건으로 인한 논의를 명백히 하려면 원인-결과 방식을 사용하라**

이 방식은 연속선상에서 발생하는 사건이 사실 인과로 연결됨을 보여주고자 할 때 사용된다. 원인-결과 구조는 전적인 행동 촉구보다 이해나 동의를 얻고자 하는 말하기에 적합하다.

Ⅰ. 지난 세대를 거쳐 집값이 가파르게 상승했다.

　　[그 결과로]

Ⅱ. 한 명이 버는 가정은 주택을 구입하는 것이 상당히 어렵다.


때때로 이 방식은 결과-원인으로 순서가 바뀌기도 한다.


Ⅰ. 한 명이 버는 가정은 주택을 구입하는 것이 상당히 어렵다.

　　[그 원인은]

Ⅱ. 지난 세대를 거쳐 집값이 가파르게 상승했기 때문이다.


물론, 원인-결과 방식을 사용할 때는 제시한 인과 관계가 타당한 것인지 살펴보아야 한다.(16d를 보라)


4. 문제의 징후와 그에 대한 대책을 검토하려면 문제-해결 방식을 사용하라

이 방식은 새로운 정책, 특정 행동을 주창하는 설득적인 말하기에 유용하다.


Ⅰ. 현재 미국의 의료 재정 시스템은 부적합하다.

　　[이에 대한 대책으로]

Ⅱ. 국가 건강 보험 체계에서 모든 시민에게 적절한 의료 보장을 해주어야 한다.


드문 경우지만, 화자는 해결-문제 방식을 선택적으로 쓰기도 한다.


Ⅰ. 국가 건강 보험 체계에서 모든 시민에게 적절한 의료 보장을 해주어야 한다.

[이는 다음을 해결할 수 있다]

Ⅱ. 현재 미국의 의료 재정 시스템은 부적합하다.


이 방식은 심리적, 양식적 측면에서 결점이 드러난다. 청중은 대부분 변화에 대한 정당성을 듣기도 전에 변화의 프로그램을 받아들이려 하지 않기 때문이다.


## 5. 주제 자체의 뚜렷한 관계가 나타나지 않는 경우에는 스피치 요소들을 주제 분류 방식으로 나누어라

이것은 가장 빈번하게 쓰이는 말하기 방식이다. 가장 어려운 말하기 방식이기도 한데, 이는 미리 결정된 구조에 의존할 수 없다는 것보다는 오히려 효과적 배열 방식을 정하기 위해 제재 자체의 범위와 경계를 고려해야 한다는 점에서 그러하다. 분명히 어떤 주제는 시간이나 공간의 연속체와 부합한다. 그러나 다수의 제재는 지금까지 논의한 배열과 그리 잘 들어맞지 않는다. 이럴 경우, 말하기를 구조화할 수 있는 고유의 틀을 구상해내야 한다. 하나의 제재에 본질적인 방식은 다른 제재와는 어울리지 않는다. 주제별 방식은 그 주제의 말하기에서만 고유하게 적용할 수 있는 것이다.

종종 말하기에 가장 좋은 구조는 전체에 대한 요소들의 목록, 주제를 뒷받침하는 근거들의 목록을 나열하는 것이다. 다음은 결론에 대한 이유들을 나열한 주제별 방식의 한 예이다.


**논제 진술** : 사형 제도는 폐기해야 한다.

Ⅰ. 사형제도로 범죄를 막지 못한다.

Ⅱ. 사형제도는 결론적으로 종신형보다 비용이 더 든다.

Ⅲ. 무고한 사람을 사형한 경우 도덕적으로 용납될 수 없다.

때때로 주제별 방식은 다른 조직 방식들과 결합하기도 한다. 예컨대 원인은 결과를 이끄는데, 이것이 곧 해결책을 요구하는 문제처럼 보인다. 다음 예가 그러하다.

I. 어린이는 TV를 오랫동안 시청한다.
   [그래서]
II. 어린이는 독서와 창의적 놀이를 통해 습득되는 기능을 발달시키지 못한다.
   [그리고 이것이 문제가 된다 ; 그래서 이에 대한 대책을 강구하려면]
III. 부모는 어린이의 시청 시간을 제한해야 한다.

다른 주제들은 쉽게 그 나름의 배열을 갖는다. 대립적 논제로 찬반 양론을 가르거나, 어떤 제재에 대해 전문가의 체크리스트처럼 질문에 답하는 것이 그러하다.

대립적 논제로 말하기를 구성하려고 하면, 대부분의 설득적 말하기가 그런 것처럼 핵심적인 중심생각을 배열하는 것은 단순히 배열 방식을 선택하는 것보다 복합적이다. 말하기는 논제에 대한 주장들로 구성될 것이고, 요점은 그러한 주장들의 하나이거나 전체 결론에 이르는 일련의 주장들 중 하나일 것이다. 이렇게 근거를 밝혀가는 방식은 청중을 설득하는 최선의 방법을 결정짓는 것이 중요하다. 비우호적인 청중에게는, 이런 과정의 매 단계를 명쾌하게 설명할 필요가 있다.(7d를 보라) 여기서 논리적 고려는 물론이고, 의도하고자 하는 심리적 영향도 생각해야 한다. 이와 관련하여 심화 발전된 조직 방식은 15장과 22장에서 논의하겠다.

**메모** : 어떤 화제는 둘 이상의 조직 방식이 비슷하게 들어맞을 수 있다. 이

경우 청중에게 가장 분명하고 설득력 있게 구성하려면 청중의 배경 지식을 이해해야 한다. 예를 들어, 청과물 처리 공장에 관한 정보적인 말하기를 한다고 가정하자. 농산물이 도착한 때부터 상자에 포장하여 선적할 때까지 시간 흐름에 따라 배열할 수 있다. 또는 사무실에서 공장까지 공간적으로 청중을 이끌며 배열할 수 있다. 만일 식품 처리 과정에 익숙한 청중이라면 이런 배열도 좋다. 그러나 이 부분을 잘 모르는 청중이라면 품질 관리부에서 시작하는 공간적 배열은 혼동스러울 수 있다. 농장에서 청과가 도착한 때를 기점으로 시간 유형을 시작하는 것이 상대적으로 더 나을 것이다.

**연습 1.**

다음의 주제에 관한 중심생각들을 선정하고, 각각의 주제를 세 가지의 다른 조직 방식으로 제시하라.

흡연과 폐암
국립공원
미국의 인종 차별주의
기독교와 이슬람의 근본주의
동양 요리

**10b. 배열 방식에 맞추어 하위 요점을 정리하라. 단, 중심생각의 배열 방식을 그대로 따르지 않아도 된다**

핵심적인 생각들이 정해지면, 각각의 하위 요점을 살펴보라. 마찬가지로 이것도 효과적 순서에 따라 배열해야 한다—화제, 시간 등등. 이 때, 요점의 배열 방식을 그대로 따를 필요는 없다. 하위 요점에 가장 잘 부합하는 틀을 선택할 수 있다. 다음 예는 세부 틀에서 다른 배열을 사용하고 있다.

**주제 진술** : 만화책은 그것의 영역, 역사, 영향력을 볼 때 미국 대중 문화의 흥미로운 분야이다.

Ⅰ. 만화는 단순히 "코믹(웃기는 것)"만이 아니라 광범위한 제재를 다룬다.

A. 동물 만화와 아동 만화는 인간 조건에 대한 우화나 패러디이다.

　1. 사냥꾼 엘머 퍼드와 벅스 버니(Elmer Fudd and Bugs) : 전통 대 개척 정신

　2. 칼 박스의 오리들(Barks's ducks) : 서사 모험담과 인간 약점들

B. 순정 만화와 십대 만화는 남녀 관계를 진부하고 지루하고 때때로 혼란스럽게 그린다.

　1. 순정 만화의 소녀는 소년과 만나고, 이별하고, 다시 만나고, 결혼한다.(그리고 그보다 그녀의 요구를 우선하는 멍청한 짓은 하지 않겠다고 결심한다.)

　2. 십대 만화의 소녀는 그녀의 아버지가 얼간이라고 생각하는 아치(Archie) 같은 멍청이 남자의 환심을 사기 위해 다른 소녀와 싸운다.

　3. 순정 만화와 십대 만화는 남녀의 관점을 "우리 대 그들"로 조장한다.

C. 서부와 모험 만화는 악에 대한 선의 승리를 강조한다.

1. 서부 목장주는 탄압 받는 군중들 속에서 권총 6개를 찬 구세주가 나타남을 자연스럽게 배운다.

2. 모험담은 거친 자연의 맹목적인 재앙에 대항하면서 의지를 불태운다.

D. 공포와 미스터리 만화는 독자에게 자극과 공포를 주며 윤리와 도덕을 점검하게 한다.

1. 공포 만화의 단골 주제는 비도덕적인 선택으로 영원히 징계를 받는 것이다.

2. 미스터리 만화에서 범죄자의 쾌락은 마지막 운명의 반전이 있기까지 생생하게 보여준다.

E. 초인 만화는 미국인들이 갖는 무언의 위협적인 판타지와 영감을 보여준다.

1. 슈퍼맨은 미국식의 '옳은 길'을 보여주는 강력한 대변인이자 경찰이다.

2. 군화 신은 영웅 블랙호크는 2차 세계대전에서 전체주의에 총으로 맞서 싸우기 위해 탄생했다.

3. 마벨(Mar-Vell)은 살아가는 데 필요한 지식과 지혜에 대한 욕망을 인격화한 것이다.

4. 스파이더맨은 사회적 약자의 지속적인 승리를 실체화한 것이다.

Ⅱ. 만화는 처음에 다른 매체와 유사했으나 독자적 행보를 보이며 곧 개별 예술 장르로 성장하였다.

— A. 초기 만화는 대부분 일요 신문의 만화란에 다시 인쇄되어 나왔다.

    1. "Foxy Grandpa"는 1세기 넘어 수많은 만화책으로 재출간되었다.

    2. 다음 10년간은 "Mutt & Jeff", "Little Orphan Annie", "Moon Mullins" 등이 소개되었다.

    3. 30년대에 재출간된 만화에는 Tip Top Comics의 "타잔"과 Popular Comics의 "Terry and the Pirates"가 있다.

— B. 1938년까지 만화의 대다수가 원 작품이 포함되어 있었고, 슈퍼맨의 출현으로 만화 황금기에 들어섰다.

    1. 탐정 만화는 처음으로 단일 주제로 엮인 원 만화이다.

    2. 초인으로 처음 분장한 슈퍼맨은 Action 1권에 나온다.

    3. 150개 이상의 제목으로 1941년 말까지 출간되었다.

— C. 전쟁 이후 10년 동안, 만화는 전반적으로 부진의 늪에 빠졌다.

    1. 연합군이 패배하고 냉전 체제가 아직 부각되기 전에, 초인의 필요성이 약화되고 책 판매율이 떨어졌다.

    2. 공포, 미스터리, 초영웅, 모험, 순정 만화, 십대 만화는 순수의 시대(Seduction of the Innocent)의 출간 검열에 밀려 추락해 버렸다.

    3. 동물 만화와 아동 만화는 강력한 시리즈물에 밀려 감소되었다.

— D. 50년대 후반부에 이르러, 만화는 퇴색한 이미지를 극복하며 다시

재등장하였다.

    1. 만화 윤리 위원회가 발족하면서, 출판업자들이 걱정 어린 부모와 입법자들을 안심시키고자 하였다.

    2. 만화의 제2 전성기는 오랫동안 전성기를 구가했던 캐릭터들의 재탄생으로 시작되었다.

  E. 60년대 초반에는 인물 성격 묘사, 동기 부여, 현안 참여를 강조하는 경향이 초영웅 만화에서 참신하고 발전적인 기운을 불러 일으켰으며, 이런 경향은 다른 장르에도 영향을 미쳤다.

    1. 판타스틱 포(Fantastic Four), 스파이더맨, 헐크는 상처받기 쉽고 스스로 의문에 빠지는 영웅이었다.

    2. 만화는 좀더 광범위하게 지적인 독자도 수용하기 시작했다.

    3. 윤리적이고 정치적인 질문에 대한 관심은 보다 분명해졌고, 심지어 아동 만화와 동물 만화에서도 그러했다.

Ⅲ. 만화는 오락 이상의 영향력을 지닌다.

  A. 만화는 독창적이고 활기찬 예술 형식이다.

    1. 만화는 동작과 드라마의 감각을 살리기 위해 패널 틀(페이지 가로 세로 구획된 그림들의 연속)의 정적인 상태를 벗어나고자 흥미롭고 혁신적인 방법들을 발전시켜 왔다.

    2. 만화 예술은 낱개의 패널 작품만이 아니라 한 페이지 안의 패널들의 배열도 고려한다.

    [그 결과]

  B. 만화는 다른 매체에도 영향을 준다고 볼 수 있다.

    1. 많은 영화제작자들이 화면 분할과 빠른 화면을 사용하는 것은

만화의 패널 틀을 스타일화하여 보여주는 것이다.

2. 캠프와 팝 아트는 만화 주제와 스타일을 뚜렷하게 차용하였다.

[그리고 그 결과]

C. 만화는 수집가들의 관심을 모으고 있다.

1. 만화 초판본 가격은 수천 달러에 달한다.

2. 매년 미국 전역에 만화를 사고 팔고 거래하는 큰 규모의 박람회
가 개최된다.

제11장
# 개요 짜기

# | 개요짜기 |

> 조직화할 때는 개요 짜기 공식을 이용하라

　개요를 짜는 것은 스피치를 조직화하는 데 꼭 필요하다. 개요를 분명하게 해 두면, 말하고자 하는 흐름을 잘 유지하는 데 도움이 된다. 또한 개요를 잘 짜서 말하면 말을 듣는 사람들도 당신이 전달하고자 하는 요점을 잘 파악할 수 있다. 개요를 짜는 것-아이디어를 종이에 적는 것-은 전달하고자 하는 주제의 요점을 잘 선택하도록 하고 그 요점들을 잘 엮어 전달되도록 할 것이다. 어떤 것을 구체적으로 명확히 한 후에야 비로소 말하고자 하는 것을 안다고 할 수 있다. 여러분은 스피치 준비를 마무리하기 전에 5장의 계획하기와 연습하기 도표에서 보여준 예와 같이 말하고자 하는 요점과 뒷받침 자료들을 논리적 체계로 구성해야 한다.

　개요 짜기를 잘 해야만 당신은 빠지기 쉬운 두 가지 함정 즉, 준비를 지나치게 과신하거나 반대로 과소평가하는 오류에 빠지지 않을 수 있다. 준비를 과대평가하는 경우, "이 주제는 내가 너무 잘 아는 것이어서 식은 죽 먹기다."라고 말할 수 있다. 그러나 실제 스피치를 하기 전에-또는 생각을 구체적으로 적어보기 전에는-그렇게 자신할 수 없다. 반대로 준비를 과소평가하는 경우 "이 주제는 도무지 모르겠어, 몇 주간이나 도서관에서 자료를 찾아보았는데도 말이야."라고 말할 수 있다. 개요 짜기를 해 보면 문제에 대해서 의식하지 못했지만 얼마나 많이 알고 있는지 놀랄 수도 있다. 간단히 말해, 개요를 써 보는 것은 머릿속에 맴도는 생각을 거리를 두고 바라볼 수 있도록 해 준다. 생각을 종이 위에 써서 구체화하면 그것을 평가해 볼 수 있다. 선생님이나 동료, 또는 관찰 그룹에 속한 사람들은 그것을 보고 당신이 만든 개요의 연결 구조들이 분명하고 설득력이 있는지를 말해 줄 수 있다.

이 장에서 다루는 개요 짜기의 개념이 무엇인지 먼저 이해하는 것이 중요하다. 개요 짜기의 몇 가지 중요한 기본 틀로는 스피치의 중요 요점으로 서론과 결론이 포함된다. 그러나 우리는 이 방법을 권하고 싶지 않다. 차라리 여기서는 스피치의 본문에 기본적인 생각들을 순서대로 써 보는 식의 개요 짜기를 추천하고 싶다. 그런데, 형식적인 개요 짜기를 비격식적인 조사 메모나(8f를 보라) 사전 조직화 도구나(9b를 보라) 말하기의 메모(25c를 보라)와 혼동해서는 안 된다. 비록 이런 것들은 개요의 형태를 취하기는 하지만, 이 책에서는 다음에 이어지는 구체적이고도 논리적인 개요 짜기를 권하고 싶다.

또한 이런 개요 짜기는 논문도 아니고, 스피치 자체도 아니다. 개요를 단순히 그대로 스피치 원고로 바꾸는 실수를 범해서는 안 된다.

스피치 계획을 세워 나가는 단계에서 적절한 시점에 형식 개요를 짜는 것이 핵심이다. 왜냐하면 완전한 문장으로 개요를 작성하는 것은 실제 글쓰기와 흡사하기 때문이다. 너무 일찍 해서도 안 되고, 너무 나중에 해서도 안 된다. 글쓰기에서 너무 일찍 완전한 문장으로 개요를 짜 버리면 글쓰기에 방해가 되어버리고, 말하기에서 너무 늦게 짜 버리면 말하는 것이 아니라 읽어버리는 스피치가 되어버린다. 구두 작문과 구두 전달은 이런 사항까지도 아우를 수 있어야 한다.

## 11a. 개요 짜기의 일반적 공식을 이용하라

다음 몇 가지 개요 짜기의 공식들을 가지고 당신은 스피치에 이용할 아이디어들을 관계지어 시각화할 수 있을 것이다.

### 1. 일관된 기호 체계를 따르라

스피치의 아이디어에 목차를 매길 때, 그리고 하위 범주로 계속 내려갈 때 숫자와 문자를 번갈아 사용하는 것이 일반적이다. 이는 다음과 같다.

Ⅰ. 중심 주제
   A. 첫째 하위 범주
    1. 둘째 하위 범주
    a. 셋째 하위 범주
     (1) 넷째 하위 범주
      (a) 다섯째 하위 범주

범주 차례를 건너뛰어서는 안 된다. 만약 당신의 스피치가 한 가지 중심 주제에 첫째 단계의 하위 범주밖에 없다면 Ⅰ, Ⅱ, Ⅲ 그리고 A, B, C를 사용하라. 만약 당신의 개요가 둘째 하위범주를 포함한다면 1, 2, 3을 사용하라. 독특하게 목차번호를 매기는 우를 범하지 마라. 예를 들면 다음과 같다.

Ⅰ— 개(Dogs)
  * 사냥꾼(Hunters)
 a: 스패니얼 개(Spaniels)
  b — 리트리버 개(Retrievers)

대시, 콜론을 사용하거나 표준 순서를 뒤바꾸어 순서 매기는 것은 당신이 볼 때 이해가 될 수 있다. 그러나 일반적으로 널리 사용되는 방법을 사용하는 것이 여러 가지 면에서 이점이 있다. 이런 일반적인 방식은 다섯째 하위 범주 이하까지도 내려갈 수 있으면서 단순할 뿐 아니라 대부분의 사람들이 친숙하고도 편하게 여기기 때문이다.

## 2. 적절한 들여쓰기를 하여 아이디어들의 논리적 관계를 명확히 하라

각 하위 아이디어들은—목차의 숫자나 문자에 맞추지 않고—중심 내용의 첫 문장의 단어보다 몇 글자를 들여쓰기를 해서 정렬을 해야 한다. 이렇게 하면 아이디어들의 관계를 명확히 할 수 있다.

**잘못된 것** :

Ⅰ. 백파이프는 스코틀랜드만의 악기가 아니다.
   A. 백파이프는 아시아의 작은 국가에서 유래했다.
   B. 아일랜드와 스페인에는 다양한 형태의 백파이프가 있다.
예를 들면,
      1. 스페인 백파이프는 부분적으로 크기가 다르지만 스코틀랜드 백파이프와 구조가 비슷하다.
      2. 아일랜드 Uilleann 백파이프는 가죽주머니에 바람을 불어넣지 않고 오히려 팔로 가죽주머니를 빵빵하게 눌러서 소리를 낸다는 점에서 다르다.

**잘못된 것** :

Ⅰ. 백파이프는 스코틀랜드만의 악기가 아니다.
A. 백파이프는 아시아의 작은 국가에서 유래했다.

B. 아일랜드와 스페인에는 다양한 형태의 백파이프가 있다. 예를 들면,

1. 스페인 백파이프는 부분적으로 크기가 다르지만 스코틀랜드 백파이프와 구조가 비슷하다.

2. 아일랜드 Uilleann 백파이프는 가죽주머니에 바람을 불어넣지 않고 오히려 팔로 가죽주머니를 빵빵하게 눌러서 소리를 낸다는 점에서 다르다.

**잘된 것** :

Ⅰ. 백파이프는 스코틀랜드만의 악기가 아니다.

A. 백파이프는 아시아의 작은 국가에서 유래했다.

B. 아일랜드와 스페인에는 다양한 형태의 백파이프가 있다. 예를 들면,

1. 스페인 백파이프는 부분적으로 크기가 다르지만 스코틀랜드 백파이프와 구조가 비슷하다.

2. 아일랜드 Uilleann 백파이프는 가죽주머니에 바람을 불어넣지 않고 오히려 팔로 가죽주머니를 빵빵하게 눌러서 소리를 낸다는 점에서 다르다.

마지막 보기에서 당신이 얼마나 일목요연하게 하위 범주들로 읽어내려 갈 수 있는지 주의해서 보라. 당신의 개요는 산문의 일부분처럼 보여서는 안 된다. 개요는 아이디어 구조를 좀 더 선명하고도 분명하게 하기 위해서 필요한 것이다.

### 3. 각 하위 범주를 둘이나 그 이상으로 전개시켜라

국어를 가르치는 선생님들은 자주 강조해서 말한다. "2가 없는 1을 사용

하지 말고, B가 없는 A를 사용하지 마라." 일반적으로 보아 이런 말은 훌륭한 충고다. 하나의 개념을 부분—하위 범주—로 나누는 경우, 하나의 중심 개념이 단 하나의 하위 개념으로 나누어지는 경우 그것은 무의미한 것이 되어버린다. 범주 짓기는 그것이 여러 관련되는 것들을 포괄할 때 유용하다. 당신의 스피치가 다음과 같이 하나의 중심생각으로 개요가 만들어지는 경우를 생각해 보라.

Ⅰ. Redwood 시는 우리가 사는 캘리포니아 도시 중에서 최고의 도시이다.

   A. 기후가 최고다.

Ⅱ. ...........................................................................................................................

만약 레드우드 시(Redwood City)의 기후가 당신이 내세우는 유일한 것이라면 당신은 문제가 있다. 기후가 좋다는 것만으로는 당신이 내세운 결론을 정당화하는 데 충분하지 않다. 그것은 성급한 일반화의 오류를 범하고 있는 것이다. 이런 오류를 피하기 위해서는, '하나의 항목은 적어도 두 개 이상의 하위 항목을 갖도록 해야 한다.'는 일반 원칙을 따라 개요를 짜도록 하라. 이렇게 하는 것은 여러 생각을 피상적으로 다루는 것보다 한두 생각을 충분히 발전시키는 데 훨씬 도움이 된다. "2가 없는 1을 사용하지 말고, B가 없는 A를 사용하지 마라."는 분석을 깊이 할 수 있는 좋은 규칙이다.

**4. 하나의 항목은 하나의 요점만 배당하고, 요점마다 반드시 항목을 부여하라**

개요의 한 항목에 둘, 또는 그 이상의 아이디어를 묶어서 나타내지 않도록 하라. 독립적인 아이디어는 별개의 논리적 제목을 갖게 하라. 마찬가지로 불확실한 단어나 어구들을 사용해서는 안 된다. 모든 아이디어들은 항목의 위계관계가 분명하게 드러나야 한다.

**잘못된 것** :

원인들

  A. 경제적, 사회적 요인들이 시골 붕괴의 중요한 원인으로 작용한다.

  B. 정치적 요인들은 사소한 요인이다.


**잘된 것** :

Ⅰ. 시골 붕괴는 여러 요인이 있다.(열린 제목–하나의 요점에 맞춘)

  A. 경제적 요인이 주요 원인이다.(구정보를 둘로 나눔)

  B. 사회적 요인도 역시 중요하다.(구정보를 둘로 나눔)

  C. 정치적 요인은 상대적으로 덜 중요하다.


**연습 1.**

  인터넷 웹사이트 서적 자료에 나오는 연설 예문에 나오는 유명 인사의 연설로 개요를 짜보라. 화자는 몇 개의 층위로 부제를 나누고 있는가? 1이 없는 2가 있는가, B가 없는 A가 있는가?


## 11b. 스피치의 응집성을 높이기 위해 완전한 문장의 개요를 작성하라

  논문의 진술(6d를 보라), 중심 주제들, 그리고 적어도 첫째 단계의 하위범주들은 완전한 진술문으로 기술되어야 한다. 진술문이라 함은 하나의 명제다. 사실이거나 거짓이거나, 수용되거나 거부되는 것이 명확한 명제다.

  다음 문장들을 보자.


Ⅰ. 간접흡연으로 비흡연자도 건강을 해친다.

만약 이 문장이 진실인지 아닌지 당신에게 묻는다면, 적절한 지식이 있다면 당신은 그것이 사실인지 아닌지 답할 수 있다. 이 진술문의 흑백논리 조건이 유용한 도구가 된다.

그러나 다음 항목들을 가지고 당신에게 진위를 가리라고 할 때 당신은 어떻게 하겠는가?

Ⅰ. 비흡연자의 권리

또는,

Ⅰ. 비흡연자의 간접흡연 효과는 무엇인가?

분명히, 이런 항목들에 대해서는 진위를 가려 답하는 것이 불가능할 것이다. 마찬가지로 낯선 사람이 당신에게 "복지 증대에 대해서 선생님은 제 의견에 동의하십니까?"라고 질문한다면 황당할 것이다. 당신은 틀림없이 되물을 것이다. "그런데, 복지 증대에 대한 생각이 뭔데요?"

너무나 많은 스피치들이 모호한 구절, 질문, 그리고 완성되지 못한 생각들로 이루어지는 것을 본다. 청중들은 발표자가 무엇에 대해 말하려는지 일반적 주제는 알지만 그가 주장하려고 하는 구체적 요점이 무엇인지 파악하기가 어렵다. 다음 사례들을 살펴보자.

**잘못된 것** :    Ⅰ. 범죄의 원인은 무엇인가?

**잘된 것** :    Ⅰ. 범죄는 심리적, 사회적 원인의 복합적 요인에 의해 일어난다.

**잘못된 것** :    Ⅰ. 미국에서 여성 운동의 역사

**잘된 것** :    Ⅰ. 미국의 여성운동사는 4단계의 시기로 구분할 수 있다.

**잘못된 것 :**  I. 집을 사면 세금 혜택이 있다. 당신은 안정을 찾을 것이다. 집을 소유하는 것은 재미있고, 양육의 자부심도 있다.

**잘된 것 :**  I. 집을 소유하면 안정을 꾀할 수 있고, 세금 혜택을 얻을 수 있고, 기쁨도 얻을 수 있다.

혹은,

I. 집을 소유하게 되면 정서적, 경제적 이득을 얻을 수 있다.

개요를 진술문으로 짜 놓으면, 전달하고자 하는 요점을 정확하게 인식할 수 있고 청중에게 좀 더 응집력있게 연설하도록 명확하게 연설의 틀을 짤 수 있다. 또 당신이 어떤 주제를 조사하기 시작하면, 흥미로운 사실들의 근거나 상관관계를 파악하게 될 것이다. 스피치에 어떤 내용을 포함시키고 제외할 것인지를 어떻게 결정하는가? 일단 주제나 중심 요점이 명제 문장 형태로 정해지면, 그것이 연설 내용들을 검토할 근거를 제공할 것이다.

다음의 "미국의 근로 여성들의 역사"라는 주제는, 여러 권의 책으로 쓰일, 이미 쓰인 분량이 될 수 있다. 다음의 완전한 문장형태의 중심 문장으로 된 첫 개요의 중심 주제와 하위 요점들의 용법이 무엇을 포함시킬 것인지 근거를 제공하는 것을 잘 확인해 보라.

완전한 문장 형태의 개요

**주제 진술 :** 산업혁명이 시작된 이래, 미국의 여성들은 값싸고 희생적인 노동인력으로 이용되어 왔다.

I. 산업혁명 이전 구조에서는 남성과 여성의 영역이 확연히 구분되었다.

A. 식민지 여성들은 자급자족하는 가내 공장에서 일했다.

1. 여성들은 인공조명의 주재료인 양초를 생산했다.

2. 옷과 침구들은 공장에서 만들었다.

3. 비누 만들기는 주요한 작업이었다.

B. 남성과 여성이 대등하게 노동을 분담해야 한다는 규정은, 급속한 산업화가 이루어진 동부해안에서보다도 미국 미개척지 경계 지역에서 더 엄격하였다.

1. 남성 노동자와 여성 노동자가 긴 농장 노동 시간을 분담했다.

2. 여성들이 농장을 운영하기 위해서 혼자 떠나는 경우가 많아졌다.

Ⅱ. 산업혁명과 남북전쟁 사이에는 산업화가 가속화되면서 여성 노동자의 착취도 늘어나게 되었다.

A. 공장들이 가내공업품보다 훨씬 싸게 물건을 공급했다.

B. 서부 이민으로 남성 노동자가 부족해졌을 때, 여성들이 값싼 대체 노동인력이 되었다.

1. 일터의 여성 인력 비율이 늘어났다.

2. 1829년에, 여성들의 남성들의 4분의 1에 해당하는 임금을 받았다.

C. 여성 노동자들의 자신들의 몫을 늘리려는 시도는 성공하지 못했다.

1. 여성 노동자들의 첫 파업은 1824년 일어났는데, 조직의 부실 등 여러 이유로 효율을 거두지 못했다.

2. 여성노동자조합은 여성들의 결집력부족과 경험부족으로 실패했다.

Ⅲ. 남북전쟁과 제2차 세계대전 사이에 노동조합이 늘어났음에도 불구하고, 노동현장에서 여성 노동자의 지위는 소수자에 불과했다.

A. 여성들은 교섭 조직 내에서 환영받지 못하는 소수자들이었다.

1. 남성 노동조합 지도자들은 같은 일을 하면 같은 임금을 받아야 한다는 것을 받아들이지 않았다.

2. 여성들은 노동조합에 들어갈 수 없었고, 남자들은 "여성 편의시

설이 갖추어져 있지 않다."는 핑계를 댔다.

B. 1900년 이전에 여성들만의 조합을 구성하려는 시도는 실패했다.

1. 여성 근로자 노동조합은 심각하게 고려되지도 않았다.

2. 여성 근로자들은 대개 너무 즉흥적으로 파업해서 성공할 수 없었다.

C. 20세기 첫 10년 동안 여성 근로자들은 몇 가지 중요한 업적을 이루었지만 공동 전선을 형성하지는 못했다.

1. 몇몇 분야에서 여성 근로자들의 상황은 개선되었다.

   a. 의류 산업 분야에서 노동조합 결성에 성공하였다.

   b. 1차 세계대전 중 새로운 직업 분야가 여성들에게 개방되었다.

2. 그럼에도 불구하고 여성 근로자들은 안전이나 평등을 보장받지 못했다.

   a. 남성 근로자들이 전후에 다시 여성들이 가졌던 일자리를 되차지했다.

   b. 여성들은 남성들의 절반 임금밖에 받지 못했다.

Ⅳ. 2차 세계대전 이후, 여성들은 없어도 좋은 대체 노동 자원으로 이용되었다.

A. 전통적으로 여성에 대한 인식은 경제적 필요에 따라 따로 정해졌다.

1. 삼백만 여성이 남자 전투병의 대체 인력으로 모집되었다.

2. "리벳공 로지(Rosie the Riveter)" [1]는 신화적 모범근로자가 되었다.

B. 전쟁 후에는 노동자 정부, 회사 모두 여성들이 그들의 새 직업을 그만두도록 만들었다.

---

1) **역자 주** : 리벳공은 두꺼운 두 장의 강철을 고정시키는 머리못 리벳을 다루는 전문가로서 여성으로서는 험한 직업이었다

1. 여성들이 그 일을 계속하기를 원했지만, 1946년까지 사 백만 여성들이 일자리에서 밀려났다.
2. 남자 근로자 재고용 계획이 추진되었을 때 여성들의 경력은 종종 무시되었다.
3. 노동조합의 묵인과 인정 하에 전쟁기간 중 여성들이 차지한 일자리도 남자 일자리로 재분류되었다.
4. 일을 그만 둔 많은 여성 근로자들이 실업보험을 받지 못했다.
5. 신문기사나 홍보물들은 여성들이 본연의 임무로 돌아갈 것을 권했다.
   a. 여성들은 귀가하는 남성들의 안식처 제공을 요구받았다.
   b. 여성들은 핵가족 부양의 임무를 요구받았다.

여기 같은 주제에 대해 또 하나의 주제 개요가 있다.

## 주제 개요

주제 : 미국에서 여성 노동자의 역사

I. 산업혁명 이전

A. 식민시기 여성

1. 비누
2. 의류

B. 서부개척 시기 여성

1. 인디언 공격
2. 농장 일

II. 남북전쟁까지 산업화 가속 시기

A. 공장의 여성들

         1. 직물짜기에 적합한 정교한 일손

         2. 숙박비가 덜 들고, 주당 일 달러의 값싼 임금

      B. 첫 노동조합 결성 시도

         1. 1824

         2. 여성제화공, Lynn, Massachusetts.

Ⅲ. 남북전쟁 후 2차 세계대전 이전

      A. 성장

         1. 225,922(1850)

         2. 323,370(1870)

      B. 마찰

         1. 남성 노동조합 지도자

         2. 파업

      C. 선거권을 위한 투쟁

         1. Elizabeth Cady Stanton

         2. Susan B. Anthony

      D. 1차 세계 대전

         1. 새로운 직업들

         2. 노동부의 여성국

Ⅳ. 2차 세계 대전 기간

      A. 리벳공 로지(Rosie)

         1. 삼백만 여성 근로자

         2. 애국적 호소

      B. 여군

         1. WASPS(미 육군 여성 항공조종사 부대)

         2. 군 간호원

C. 여성의 신비
  1. 가정이라는 안식처
  2. 변두리 사람의 부상

    얼핏 보아서는 주제 개요가 응집성이 있고, 요점들이 잘 정돈되어 있는 것처럼 보인다. 모든 주제가 중심 주제에 연결되고, 모든 하부 요점들이 중심 요점과 연관이 있어 보인다. 그러나 발표자가 미국의 여성 노동자들에 대해서 말하고자 하는 것을 명확하게 그려낼 수 있겠는가? 예를 들면, 연설의 첫째 요점은 "산업혁명 이전"인데, 산업혁명 이전의 무엇이란 말인가? 산업혁명 이전도 확실치 않다. "산업혁명 이전"이란 범위가 너무 넓어서 미국에 인류가 처음 나타난 시기를 포함할 수도 있고, 수천 년 전일 수도 있다. 사실, 여기의 요점은 여성들이 노동한 것을 다루는 것이고, 그 시기는 처음 유럽인들이 식민을 한 때부터 산업혁명이 일어난 시기를 말하는 것일 텐데, 그것은 명확한 구절로 나타나야 한다.

    그렇게 하더라도 절반만 된 것이다. 아무리 분명히 하더라도, 주제는 반드시 진술형으로 기술할 필요가 있다. 비록 말하는 사람이 충분한 한정사와 수량사를 사용하여 주제를 정확하게 한정한다 하더라도, 그것은 아직 그가 다룰 주제에 대해서 그 의미가 분명하지 않을 수 있다. 만약 말할 사람이 주제 개요의 I 요점을 가지고 특정 시기(예를 들어 "식민 시기의 여성 생활, 1620-1783")로 한정한다 하더라도 당신은 여전히 무엇을 구체화해야 할지 딱 짚어낼 수가 없다는 것이다. 노동하는 여성들이 많았는가? 그들의 삶은 각박했는가? 여성들이 전 분야에서 일했는가? 이런 의문들을 제기하고 답을 찾아가면서 화자는 느슨한 구절을 완전한 문장으로 바꾸어가게 된다. 만약 요점 I 에서처럼 완전한 개요 문장으로 드러난다면 화자는 아무리 재미있다고 하더라도 인디언들의 공격과 같은 이야기를 자신의 스피치에 포함시키지는 않을 것이다.

연습 2.

요점 Ⅰ에서 한 것처럼 두 개의 개요에 들어있는 남은 두 중심 주제를 비교하라. 그리고 어떤 하부 요점들이 수정이 필요한, 관련 없는 것들인지 구체적으로 써 보라.

정보를 전달하거나 주의를 환기시키기 위한 스피치에서도 설득적이고 논쟁적인 스피치와 마찬가지로 개요를 완전한 문장을 사용하는 것은 중요하다. 정보를 전달하거나 주의를 환기시키는 스피치에서 이론이나 중심 주제를 글자그대로 증명할 필요는 없다. 하지만 다루는 주제를 충분히 언급해 줄 의무가 있다. 구절 대신에 완전한 문장을 사용하면 당신의 스피치 초점이 분명해지고 어떤 내용을 포함시키고 어떤 것을 제외할 것인지 더 확실한 기준을 제공해 줄 것이다. 완전한 문장으로 개요를 짜는 것은 안 해도 되는 일이 아니라 오히려 스피치 내용의 논리적 관계를 드러내는 데 꼭 필요한 도구이다. 일단 이 문제를 철저히 검토하고 나면, 스피치의 하부 구조가 탄탄하다는 자신감을 가지고 좀 더 자연스럽고도 유창하게 표현할 수 있을 것이다.

## 11c. 하부요점을 잘 드러내는 방법으로 개요의 중심 주제를 서술하라

요점을 완전한 문장으로 드러내는 것만으로는 충분치 않다. 그 문장들은 반드시 스피치의 중심 생각들을 포괄해야만 한다. 어떤 스피치의 개요가 다음과 같은 요점들을 포함하고 있다고 생각해 보라.

Ⅰ. 많은 사람들은 그들이 날마다 사용하는 종이의 기원에 대해서 모른다.

이것이 만약 스피치에서 풀어가야 할 중심 생각이라면 그 하부 요점들은 다음과 같이 원가를 보여줘야 한다.

A. Ursula는 종이의 기원을 모른다.
B. Clint는 종이가 어디에서 유래했는지 단서가 없다.
C. Ned는 종이에 대해서 일분도 생각해 본 적이 없다.
D. ········ 그 외 등등 ········

일반 사람들이 신경 안 쓴다는 것에 대해서 스피치의 대부분을 할애하자 하지 않은 것은 자명한 일이다. 종이가 어디에서 유래했는지 말하려고 한다면 중심 주제는 반드시 이것을 반영해야 한다. "많은 사람이 모른다."는 구절은 전부 버릴 것은 아니다. 하지만 그것은 단순히 주제를 이어갈 도입선은 될 수 있어도 반드시 뒤이어 나올 내용의 핵심 부분이 될 수 는 없다.

스피치의 중심주제들은 하부제목들의 진술로 생각될 수 있으므로 6d에 소개된 테스트들은 그것들을 서술하는 데 적용될 수 있다. 논제 진술은 스피치에 관한 다음 간단한 두 가지 질문에 대해 대답할 수 있어야 한다는 것을 상기하라. "그것은 무엇에 관한 것인가?", 그리고 "그것에 관한 것은 무엇인가?" 두 가지 요소와의 관계에 주의하라. 각 요점은 스피치가 다루고 있는 각 부분에 대해서 이와 같은 질문을 던지는 것이어야 한다.

**잘못된 것 :**
하부논제 문장 :              나는 우선 종이의 기원에 관해 몇 분간
                            다루고 싶다.

| | |
|---|---|
| 무엇에 관한 것인가? | 몇 분간 말하고자하는 나 |
| 그것에 관한 것은 무엇인가? | 다루어지는 주제는 종이의 기원이다. |

**잘못된 것 :**

| | |
|---|---|
| 하부논제 문장 : | 또 다른 흥미 있는 주제는 종이의 기원이다. |
| 무엇에 관한 것인가? | 종이의 기원 |
| 그것에 관한 것은 무엇인가? | 재미있다. |

**잘된 것 :**

| | |
|---|---|
| 하부논제 문장 : | 종이의 기원은 고대 이집트 파피루스까지 거슬러 올라간다. |
| 무엇에 관한 것인가? | 종이의 기원 |
| 그것에 관한 것은 무엇인가? | 그것은 고대 이집트 파피루스까지 거슬러 올라간다. |

개요 안에 당신이 말할 때 바꾸어 말할 수 있는 변환구(transitional phrase)가 포함되지 않도록 하라. 그것들은 문장처럼 보일 뿐이다. 또한 뒷받침 증거들을 중심 요점 구절에 포함시키지 마라.

**잘못된 것 :**

| | |
|---|---|
| 하부논제 문장 : | 우리 지역의 3개 대기업에 근무하는 148명이 손목터널증후군 진단을 받은 것을 보여주는 Dr. Wilson의 연구 |
| 무엇에 관한 것인가? | 어떤 연구자가 한 연구를 했다. |
| 그것에 관한 것은 무엇인가? | 그 연구는 지역 3개 기업에 근무하는 |

148명이 손목터널증후군 앓고 있음을 발견했다.

**잘된 것 :**

하부논제 문장 :    손목터널증후군은 반복인대손상으로 가장 흔한 증상의 하나다.

무엇에 관한 것인가?    손목터널증후군

그것에 관한 것은 무엇인가?  그것은 반복적 인대 손상으로 인한 아주 흔한 증상이다.

이런 공부가 스피치의 가장 중요한 공부 내용은 아닐 것이다. 통계수치와 증거물들과 하위 수준의 사례들을 잘 간직하라. 당신의 중요 요점은 스피치의 전반적인 아이디어를 잘 표현해야 한다. 이런 점들은 증거나 데이터를 사용하면 더 확실해진다.

**11d. 중심 요점과 하부 요점을 분명하고 효과적이며 상호 대응하는 말로 서술하라**

일단 당신이 중심 생각을 논리적으로 문법적으로 완전하게 틀을 짜 놓았으면, 듣는 사람들에게 당신의 요점이 분명히 두드러지도록 말을 다시 다듬는 시간을 가져라. 개요를 다듬는 이 마지막 단계에서는 당신은 요점을 논리적으로 조직화하는 작문 과정에서 '듣는 사람을 위한 글쓰기' 라고 부르는 단계로 옮겨가게 된다. 이 단계에서 청사진에 해당하는 개요 완성으로부터 마지막 단계에서 이루어질 구두 발표를 상상하기 시작하는 연결 고리를 만든다. 물론 당신은 개요 문장 전체를 읽거나 암기하지도 않고 쓰인 대로 요지를 말하지도 않을 것이다. 그러나 중심 생각이 연설하는 동안 내내 잘 드러나도록 서술하기를 원할 것이다. 중심 요지를 대응하는 말—즉, 특정한 통사구조나 문법적 형태로 반복적으로 드러나게 나타내는 문장으로 표현한다면—그 말을 좀 더 쉽게 확인할 수 있게 된다. 이런 기술은 12장에 나오는 다시보기, 미리보기, 이정표 달기 기술로 보강될 것이다. 이 기술들은 당신의 말을 듣는 사람들이 당신이 조직한 것을 분명하게 이해하도록 해 줄 것이다.

간결하고, 다채로우며, 잘 대응되는 말로 기술된 아이디어는 화자나 청자 모두에게 잘 기억된다. 다음의 "대학 교육은 당신이 발전할 수 있는 여러 가지 기회를 제공한다."는 논제의 고등교육에 관한 스피치의 중심 요지인데 주의 깊게 살펴보도록 하라.


장황하고 비대칭적인 요지

I. 대학에서 배우는 기술들은 당신이 처음 직업을 얻었을 때뿐 아니라 평생 더 많은 돈을 받을 수 있는 가능성을 더 높여 준다.

II. 더 많은 교육을 받음으로써, 누구나 인생의 여러 국면을 전반적으로 살펴볼 수 있고, 더 창의적으로 여가 시간을 활용할 수 있게 된다.

III. 대학 재학 중에 대부분 대학생들은 다양한 사회적 인간관계를 맺고, 비공식적인 교류와 교육과정 외적 활동을 통해서 새로운 친구들을 사귀게 된다.


위 문장들은 당연히 서술문으로 되어있고, 대학교육이 가치 있다는 논제를 찬성하는 독립적이고도 중요한 논거들을 제시하고 있다. 그런데 이 요지는 너무 장황하고 없어도 될 말이 많아 전반적인 스피치의 흐름에서 요점이 분명히 드러나지 않는다.

다음에 그 기본 의미를 해치지 않으면서도 훨씬 간소화된 요약문이 있다.

한층 간결해 진 것

Ⅰ. 대학교육을 통해서 당신은 돈 버는 능력이 증대될 수 있다

Ⅱ. 사람은 대학에 다님으로써 풍부한 여가 시간을 늘릴 준비를 할 수 있다.

Ⅲ. 대학에서 학생들은 새로운 친구들을 사귀고, 가치 있는 사회적 경험을 쌓는다.

그럼에도 불구하고 아직도 이 요약문은 더 기억이 잘 되고 효과적이도록 만들 수 있다. 위의 문장들은 대응이 이루어지지 않았다. 한 문장은 수동문이고, 나머지 두 문장은 능동문이다. 한 문장은 이인칭 주어문이고, 두 문장은 삼인칭 주어문이다. 한 문장은 복수 주어이고 두 문장은 단수 주어이다. 듣는 사람들은 계속해서 관점과 초점이 바뀐다면 요점들 간의 관계를 빨리 파악할 수 없다. 가능한 한 언제나 구조, 인칭, 수, 태(態)에서 문법적 일관성을 유지하도록 노력하라.

간결하고 대응이 잘 된 것

Ⅰ. 대학 교육은 당신의 금전적 수입을 늘려 줄 것이다.

Ⅱ. 대학 교육은 당신의 여가 시간을 풍족하게 해 줄 것이다.

Ⅲ. 대학 교육은 당신이 새로운 만남과 사회 경험을 가능하게 해 줄 것이다.

**연습 3.**

다음 중심 요지를 간결하고도 대응이 되도록 다시 서술하라.

**논제 : 세계 평화와 화합을 위해서 U.N.은 절대적으로 필요하다.**

Ⅰ. 국제연합(U.N.)은 모든 나라들이 그들의 고충을 토로하고, 그들이 원하는 조치가 이루어지도록 제안할 장을 마련하도록 도와주는 기능을 제공한다.

Ⅱ. 모든 나라들이 미래를 위한 그들의 소원을 제안하고, 누구나 동의할 목표에 유엔의 힘을 사용하도록 한다면 바람직할 것이다.

Ⅲ. 세계가 점점 가까워짐에 따라 모든 사람들이 우리는 모두 하나의 거대한 인류라는 가족의 일원임을 인식하기 시작했으며, 유엔이 우리 모두가 다른 가족 구성원들에게 긴밀한 접촉을 하도록 도울 필요가 있다는 것을 느끼기 시작했다.


**논제 : 광고주들은 소비자들을 설득하기 위해서 다양한 기법을 사용한다.**

Ⅰ. 색조와 분위기는 색을 통해서 만들어질 수 있다.

Ⅱ. 많은 광고주들은 그들 목표를 이루기 위해서 여러 가지 상징을 효과적으로 사용한다.

Ⅲ. 시각적 충격을 위해서 당신은 모양을 조작할 수 있다.


**연습 4.**

(Web 자료를 이용한 효과적 '개요 짜기' 연습 활동)

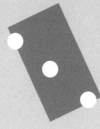

제12장

# 접속어로 연결하기

# | 접속어로 연결하기 |

접속어는 내용들을 연결하여 글을 일관성 있게 하고, 내용들 간의 관계를 분명히 드러내야 한다.

접속 문장, 구, 단어들은 내용들 사이에 다리 역할을 한다. 또 이 신호를 통해 청자들은 내용들이 어떻게 연결되는지 알게 된다. 접속사가 문장의 의미를 완전히 바꿀 수도 있다. 다음 세 문장들을 살펴보아라.

그는 피아노를 친다. 그리고(and), 나는 그를 파티에 초대했다.

그는 피아노를 친다. 그래서(so), 나는 그를 파티에 초대했다.

그는 피아노를 친다. 그렇지만(but), 나는 그를 파티에 초대했다.

말한 내용은 들으면서 사라지기 때문에 접속어는 글보다 말에서 더 중요한 역할을 한다.(17a 참조) 예를 들어, 이 책의 경우만 해도 한 자 들여 시작하거나, 대문자로 쓰거나, 구두점을 사용하거나, 활자체를 바꾸어 내용들 간의 관계를 드러내 주고 있다. 그러나 화자는 이런 장치를 사용할 수 없다. 내용이 어떻게 연결되는지 드러내려면 음성적인 장치를 사용해야 한다. 일반적으로 다음과 같은 구를 사용하면 청자가 전체적인 말의 구조를 알 수 있게 된다.

다음 내용은…

인플레이션의 세 번째 이유는…

세 가지 이야기를 통해 내 말의 의미를 분명히 하고 싶습니다.

내 주장을 요약하자면…

우리가 주목해야 할 마지막 내용은…

이 세 가지 문제에 대해 제가 정리했던 해결책이 무엇이었죠?

접속어의 수가 좀 많아도 괜찮다. 청자들은 오히려 고마워할 것이다.

다양한 접속어들 잘 사용하면 스피치의 부분들을 부드럽게 연결할 수 있을 것이다.

## 12a. 접속어를 통해 내용의 논리적 연결 관계가 잘 드러나도록 하라

사용한 접속어들은 기본적인 스피치 구조를 잘 드러내야 한다. 다음을 보면, 이어질 내용을 듣지 않더라도 어떤 내용일지 알 수 있다.

논문의 주제 : _____

세 가지 근거를 말씀드리겠습니다. 첫째 근거는

I. _____

다른 근거는 이렇습니다.

II. _____

마지막으로, 이 문제는 다음에 근거한 것입니다.

III. _____

혹은

주제 : _____
우선,
I. _____
다음으로,
II. _____
마지막으로,
III. _____

   스피치 내용이 원인과 결과가 첫 번째부터 두 번째, 세 번째로 계속 이어지고 있다는 것을 접속어들이 알려주고 있다.

   여러 가지 방식으로 내용들은 연결된다. 접속어들을 사용하여 연결 관계가 잘 드러나게 하면 내용이 명확해진다. "자, 이제 다음을 살펴봅시다…"나 "첫째는…, 둘째는…"과 같이 틀에 박힌 방식으로 내용을 연결하려 하지 말고, 다양한 접속어들을 사용해 보아라. [표12-1]에 있는 일상적인 접속어들을 사용하여 내용들 사이를, 중심 주제와 하위 주제들 사이를, 하위 주제들 사이를, 주장과 근거 사이를, 내용과 결론 사이를 연결할 수 있다. 이들을 연결하려면 접속어들이 필요하다.

**[표 12-1] 관계에 따른 접속어 목록**

| 관계 | 접속어 |
|---|---|
| 순서 | 첫째, 둘째, 셋째<br>다음에는, 그리고<br>다음으로<br>이어서 |

| 관계 | 접속어 |
| --- | --- |
| 원인 – 결과 | 그래서, 그러니까, 그러느라고<br>그러므로,<br>그 결과, 결과적으로,<br>…에 기인하는<br>왜냐 하면, |
| 부분 – 전체 | 그 가운데 한 가지는<br>또 다른 것은<br>그 중 첫 번째(두 번째, 세 번째)는<br>예시하자면, 예컨대,<br>예를 들자면<br>주요 사례는<br>예를 들어보겠습니다. |
| 대등 | 유사하게, 덧붙여<br>또 다른 것은(Another)<br>또 중요한 것으로는<br>또한, 게다가 |
| 역접 | 그러나, 그럴지라도, 그렇지만<br>그와 다른 측면으로는<br>반대로, 대조적으로<br>그런데도<br>그 대신에<br>그럼에도 불구하고,<br>그래도 역시 |

카네기재단의 이사장인 Ernest L. Boyer는 '예술 교육의 중요성(the importance of preserving the arts in education)'에 대해 발표하면서 간단한 접속 단어나 구들을 잘 사용하고 있다.[1]

---

1) Ernest L. Boyer, "Lifelong Learning in the Arts," Vital Speeches of the Day 61, no. I(15 Oct. 1994): 15-18

그는 내용의 마지막 부분에서 예술에 대한 평생 교육은 여러 가지 면에서 아주 중요하다고 주장하고 있다. 첫 번째 내용을 말한 후에, 다음과 같이 이어갔다.

> *게다가(Besides)* 정서와 직관은 언어로 표현할 수 없으므로, 아이들이 앎의 방식을 확대하고 교실에서 창의성을 자극하기 위해서는 예술이 필수적입니다.

이어 몇 문단을 말한 후, 세 번째 내용으로 넘어가기 위해 앞 내용을 요약한 다음 내용을 예고하였다.

> 예술은 확대된 언어입니다. 예술은 아이들에게 창의성을 자극하고 새로운 앎의 방식을 제공합니다. 그런데 우리에게도 역시 예술이 필요한데,*(But we also need the arts)* 예술이 배운 것을 통합하게 하고 사물들 간의 일관성을 깨닫게 하기 때문입니다.

그리고 그는 이런 접속어를 사용하여 네 번째 요점을 소개하였다.

> 덧붙여 말씀드리자면, 모든 사람에게 예술이 필수적이지만,*(Further, the arts, while essential for all, have special meaning)* 사회적으로 불안하고, 정서적으로 억압받고, 신체가 자유롭지 못한 아이들에게 예술은 특별한 의미를 갖습니다.

이탤릭체로 표현된 단어나 구들은 스피치 내용의 각 부분들을 결속시켜서 Boyer의 스피치가 서로 일관성이 있다는 느낌이 들게 한다.

## 12b. 중간 요약을 하고, 다음 내용을 예고하라

내용을 요약하고 개관하는 것이 중요하다는 것을 여러 곳에서 강조해 왔다.(13과 14 참조) 가끔은 서너 가지 앞의 내용들을 요약하거나 다음 내용을 예고해야 할 때가 있다.

### 다음 내용 예고(Internal Preview)

직장을 구하기 위해 이력서를 작성했다면, 다음 단계는 택할 수 있는 구체적인 직장 목록을 만드는 것입니다. 여기에 자료로서 제시된 것들은 신문 상의 목록들(newspaper listings), 대학의 직업 소개 서비스, 구두 추천들(word-of-mouth recommendations)입니다. 이들에 대해 그 장단점들을 살펴보겠습니다.

### 중간 요약(Internal Summary)

학과의 문제점들이 우리 사기에 영향을 미치고 있고, 그것이 의사소통이 부족하여 생긴 문제라는 것을 알았기 때문에 특별한 훈련 프로그램을 마련했습니다. 이제 그것에 대해 말씀드리겠습니다.

### 중간 요약 후 다음 내용 예고

지금까지 자동차 의존도를 낮추어야 하는 이유를 말씀드리고, 경전차 시스템(light rail system)이 우리 도시에 좋은 대안이라는 것을 말씀드렸습니다. 이제는 여러분 마음에 두 가지 의문이 들 것입니다. 비용이 얼마나 드는가? 어떻게 작동하는가? 이제 이 두 가지 질문에 대해 답변해 드리겠습니다. 첫째, 비용의 문제입니다.

**주의**(cavet):  스피치의 가장 마지막 부분이 아닌데 중간 요약을 하면서 "요약하자면"과 같은 표현을 사용하면 사려 깊지 않아 보인다.(14d 참고) 중간 요약(Iinternal summaries)을 할 경우에는 "그래서, 첫 번째 내용을 요약하자면…"이나 "지금까지 이야기를 정리해 보자면…"과 같은 표현을 사용하는 것이 좋다.

> **연습 1.**

접속어를 사용하여 10b의 내용 개요와 11b의 내용 개요의 주요 내용을 연결하라.

제13장
# 시작하기

# | 시작하기 |

> 어떻게 시작하는가는 청중과 관계를 구축하고 화제에 관한 청중의 태도를 결정하는 데 중요하다.

일단 앞 장에서 기술한 조직 기법에 따라 스피치 본문을 완성했다면, 이제 시작하는 부분을 써야 한다. 청자는 이 부분을 통해 화자와 주제를 처음 대하게 된다. 화자와 청중은 스피치의 골자에 도달하기 전에 서로를 탐색하는 것과 같은 조정 기간이 필요하다. 우리는 우리 자신이 청중 구성원이 되어 본 경험이 있기에 청중이 화자의 외모와 매너, 그리고 말하는 방식에 적응하려면 얼마나 걸리는지 잘 알고 있다. 만약 이러한 부분에 자의식을 느끼고 있는 화자라면, 그것으로도 충분하다. 우선 일반적으로 청중은 화자의 생각보다 화자에게 개인적으로 더 관심을 기울인다는 점이 화자에게는 좋은 기회가 된다. 화자는 청중의 관심을 화자에게서 주제로 돌리기만 하면 된다.

이 장은 시작하기에서 다루어야 할 중요한 특징을 확인하고 설명할 것이다. 시작하기는 화자와 청자가 서로 잠재된 불편한 순간을 거쳐 본문으로 들어가는 부분이다.

〈Speech Builder Express〉의 시작하기 부분은 성공적인 시작하기를 전개하는 데 도움을 줄 것이다.


### 13a. 청중이 자신을 주목할 때 자신감과 많이 준비했음을 드러내라

중요한 것은 자신이 첫 마디를 내뱉기도 전에 자신의 스피치가 실제 시작되고 있음을, 그리고 첫 마디가 스피치의 성공에 핵심임을 인식하는 것이다. 화자가 단상에 앉아 있든지, 방청석의 첫줄에 앉아 있든지, 이사회실 한 쪽에 서 있든지 간에 청중이 자신에게 주목하는 순간, 화자는 청중과 공감대를 형성할 필요가 있다. 왜냐하면 청중은 화자의 말을 들을 준비를 하고 있기 때문이다. 대부분 청중은 화자를 좋아하기 원하며, 화자의 말을 듣기 좋아하기에 약간의 긴장이 있기 마련이다. 화자는 시작하는 이 순간이 얼마나 중요한지 잘 알기 때문에 시작하는 몇 문장을 매우 조심스럽게 준비해야 한다. 화자는 스스로 자신의 할 일을 잘 알고 있다거나 분명히 자신을 의식적으로 통제하고 있음을 청자에게 보여줄 필요가 있다. 청자는 화자의 그러한 모습을 보고 안심할 것이기 때문이다.

아마 독자도 다음과 같은 두 종류의 화자를 보았을 것이다. 자기 자리에서 연단까지 오는 도중에 말을 시작하여 연단까지 걸어오면서 계속 말을 하다가 비로소 청중을 주목하는 화자도 있다. 그러나 이런 모습은 좋지 않다. 하지만 능숙한 화자는 자신이 주목을 받게 되었을 때 일어나서 그리고 필요하면 자신 있게 말할 위치로 움직인다. 그리고나서 청중 구성원을 둘러보기 위해 잠시 멈추고, 청중을 바라보면서 청중과 자신이 하나임을 몸동작으로 인식한다.

## 13b. 시작하는 문장에 신경을 써서 청중의 주목을 끌어라

스피치 본문을 정확하게 전달하는 것에 대해 걱정하지 않는 경험 많은 화자조차도 시작하기는 조심스럽게 계획하고 준비하는 경향이 있다. 화자들은 스피치를 시작하는 것에 온통 사로잡혀 있기에 시작하는 문장을 순간의 영감에 맡기는 모험은 하지 않으려고 한다. 강력하고 든든한 자료는 당신이 스피치를 제대로 전개하는 데 꼭 필요하다.

시작할 때 의심의 여지가 없는 문장으로 출발하라. 다음 예와 같이 엉뚱한 말로 시작하거나 사과하는 듯한 구절, 어정쩡한 구절로 시작하지 마라. "마이크가 작동되나요?", "아마, 시작 부분은 별 의미가 없습니다." "보자, 어디서부터 시작해야 하나?" 그리고 시작 부분에서 어조는 내용만큼 중요하며, 목적을 직접 밝히는 것은 청중의 주목을 끌 수 있다.(18a를 참조) 한편 시작 부분에서 긴장, 신선함, 유머, 갈등과 같은 기법은 효과가 있다. 이런 것들은 스피치 전체 과정에서도 사용할 수 있지만, 시작하기에서 필수적인 기법들이다.

시작하기에서 주목을 끌기 위해 농담을 하거나, 관련 이야기를 하거나, 인용하는 말을 흉내 내거나, 놀랄만한 진술을 하거나, 감정 환기를 일으키는 질문을 할 수 있다. 또한 상상력을 자극하거나 약간 드라마적인 것도 좋으나, 너무 심하게 깊이 들어갈 필요는 없다. 청중의 주목을 끌 요소를 자신의 화제에서 돌출하되, 적어도 그 화제와 합리적으로 연결되는 것이어야 한다. 청중의 주목을 끌기 위해 방의 불을 끄고서 "당신은 어둠 속에서 무엇에 대하여…?"와 같은 질문으로 시작하는 방식을 피하라. 주목을 끌 요소는 자신의 인격과 상황과 일치해야 한다. 대다수 사람들에게 지극히 정상적인 것도 화자 자신에게는 부자연스럽게 보일 수 있기 때문이다. 부자연스러운 방식을 채택하는 것은 틀림없이 문제가 된다. 화자 자신에게도 불편할 뿐만 아니라 청중도 그러한 점을 느끼기 때문이다.

이런 점을 염두에 두고서, 10b의 유머 스피치에서 언급한 요소, 즉 청중의 주목을 끌 다음 요소를 고려해 보라. 주제를 소개함에 있어 유머러스하고 가벼운 방법은 자신을 가장 멋지게 만들 것이다.

> "여러분은 큰 빌딩을 단 한 번에 뛰어넘기를 원하십니까? 저는 해냈습니다. 여러분은 기관차보다 힘이 더 세지고 싶습니까? 저는 기관차보다 힘이 더 셉니다. 여러분은 총알보다 더 빠르고 싶습니까? 저는 총알보다 더 빠릅니다. 여러분이 이 질문에 대답하는 동안 저는 이미 이 유머 책의 매력에 빨려 들어가 버렸습니다."

또는 주목을 끌 수 있는 드라마적인 요소를 가지고 있으면 좀더 편안해질 수 있다.

> "3월 오후 워싱턴에서, 프랭크 살라커스와 존 스나이더는 협상을 한 다음 악수를 했다. 두 사람은 협상의 결과에 만족했다. 스나이더는 17,500\$을 받았고, 살라커스의 조합은 〈Marvel Comics〉 1권 초고를 가지게 되었다. 이 책은 1939년에 제작되었는데 표지에 10센트라고 쓰여 있다."

직접적으로 대립되는 방식으로 주제를 언급하는 것도 청자의 주목을 끌 수 있다.

"10년 동안 저는 유머 책을 수집해 왔습니다. 그러면서 저는 유머 책들이 현실도피나 오락 이상임을 알게 되었습니다. 13,000권의 유머 책을 읽으면서 저는 유머 책들이 대중문화에 상당히 기여하였음을 분명하게 알게 되었습니다."

이 세 가지 예를 보면 청중의 주목을 끄는 요소는 지나치게 재미있거나 세련될 필요가 없음을 알 수 있다. 그러나 자신이 스피치를 시작할 때, 다음과 같은 아주 잘 계획된 문장 몇 마디는 필수적이다. "저는 제가 어디로 가고 있는지 알고 있으며, 저는 여러분이 저와 함께 가기를 원합니다. 그리고 그것은 여러분에게 가치가 있을 것입니다."

> ### 연습 1.
> 11b에서 여성 노동자의 주목을 끄는 요소를 써 보라.

### 13c. 심리적인 방향을 정하라

일단 주목을 끌었으면, 흥미를 일으켜야 한다. 청중이 자신의 요지에 집중하기 전에 청중의 심리적인 방향을 바꿀 필요가 있다. 이런 방향은 두 가지다. 하나는 청중과 좋은 관계를 유지하는 것이고, 다른 하나는 화제에 관한 청중의 동기를 유발시키는 것이다.

#### 1. 청중과 좋은 관계를 유지하라
화자는 역할이나 상태로 볼 때 청중과 거리가 멀고 격리된 것처럼 보인다. 따라서 시작하기를 할 때 청자와 인간적 유대를 맺는 것이 필요하다. 이는 일상 생활사나 공통 관심사를 언급하는 것으로 충분하다. 화자가 치과 의사한테 가거나, 영화를 보거나, 열쇠를 잃어버렸거나, 자녀들과 놀고 있는 장면을 청자가 시각화할 수만 있어도, 청중은 단지 정보 배포자로서 화자가 아닌, 인간적인 면을 지닌 화자로 의식하고 있을 것이다.

따뜻하고 친근한 관계를 유지하는 것과 더불어, 시작하기에서 청중의 협조를 구하는 목소리를 낼 필요가 있다. 대부분 사람들은 수동적일 때보다 능동적일 때, 그리고 무엇인가 결정하는 것을 위임받아 참여하고 있을 때 더 잘 배운다. 협조적인 목소리는 자신의 스피치 목적을 달성하는 데 도움을 준다는 것을 명심하라. 주로 한 사람의 목소리를 내는 스피치에서조차 대화하는 느낌을 주는 몇 가지 방법이 있다.

- 청중의 전문성을 인정하라 : "관리자로서 여러분은 방금 제가 말한 것의 사례 수 십 가지를 제시할 수 있습니다."
- 자신의 연약함을 수긍하라 : "제가 아직도 갈등하고 있는 문제는 …"
- 청중의 도움을 요청하라 : "제가 바라는 것은 토의가 끝나고 난 뒤 이 문제에 대해 여러분이 발견한 해결책을 저와 여러분이 공유하는 것입니다."

일반적으로, 화자가 보여주고자 하는 것은 다음과 같다. "비록 제가 지금 여러분에게 말하고 있지만, 저는 여러분을 가르치는 것과 마찬가지로 여러분한테 배우고자 여기에 있습니다. 그리고 제가 여러분의 생각에 영향을 끼치기를 바라고 있지만, 동시에 여러분도 제 생각에 영향을 주기를 간절히 바랍니다."

**주의** : 어떤 화자는 지나치게 인간적인 면을 보이려다가 청중이 불쾌할 정도로 겸손이 지나치게 된다. 그런 화자는 다음과 같은 멘트로 인해 신뢰를 잃게 된다. "이 자리에 서니 약간 떨리네요." "그런데, 제 스피치 노트가 어디 있나요?" "저는 정말로 여러분에게 이것을 말할 자격이 없는 사람입니다."

청중과 긍정적인 관계를 유지하고자 할 때, 화자는 스스로 다음 두 가지를 질문해 보아야 한다.

- 지금 내가 이 사람들과 어떤 관계를 유지해야 하나?
- 스피치 목적을 달성하기 위해 필요한 관계는 무엇인가?

사실, 7e에서 청중 분석의 국면을 파악한 바 있다. 그럼에도 불구하고 이러한 질문에 대한 대답이 필요한 까닭은 시작하기에서 청중과 공감대를 형성하기 위해 다음에 제시할 기법을 어떻게 조합할 것인지를 결정하는 데 도움을 주기 때문이다.

### 신뢰를 구축하라

청중 구성원이 한 인간으로서 화자에 대해 내리는 판단은 화제에 대해 내리는 판단에도 영향을 미친다. 존경과 신뢰를 얻기 위해서 화자는 유능하며, 문제의식을 가지고 있으며, 믿음직하며, 활동적이라고 청중으로부터 지각되어야 한다.(19 참조) 예를 들면, 사회자는 틀림없이 법 집행과 관련된 화자의 전문성을 부각시키면서 화자를 소개하겠지만, 설득 목적이 경찰관으로서 화자의 경력을 고려하는 데 있다면 청중과 관련된 관심사를 보여줄 필요가 있다. 또 청중은 핵에너지에 대하여 화자가 정말 잘 알고 있는 것을 궁금해 하고 있으면서 화자를 좋아하거나 믿는 친구 집단에게 화자가 말한 내용을 전할 수도 있다. 이 경우, 시작하기에서 그 방면과 관련된 능력을 보임으로서 자신의 신뢰를 구축할 수 있다.

### 공통된 관심사를 구축하라

유사한 배경, 경험, 흥미, 목적을 강조하면서 자신과 청중이 이러한 것들을 공유하고 있음을 보여라. William A. Dimma가 토론토 York 대학이 후원한 스피치에서 공통된 관심사를 어떻게 펼쳤는지 보자.

> "지난 23년 동안, 저는 파트타임 학생으로, 졸업생으로, 교수로, 보직 교수로, 이사로, 학 학생의 아버지로서, 특히 지난 토요일 밤은 우수한 미술학사 학위를 지닌 대학생의 아버지로 York 대학과 관계를 맺어 왔습니다."

### 배경이나 기회를 언급하라

긴급한 말하기 상황과 자신의 개인적 관계를 보여주는 방법은 직접적으로 시간과 장소를 언급하는 것이다. 〈Farewell to Manzanar〉의 공저자 Jeanne Wakatsuki Houston은 그러한 방법을 사용하며 대학 졸업식장의 스피치를 시작하였다.

> "수년 전, 정확하게 말하자면 43년 전, 제가 섰던 자리는 지금 De Anza 대학이 있는 곳인데, 저는 무성한 체리 과수원을 바라보고 있었지요. 봄에는 체리 향기가 가득하고, 여름에는 풍성한 과일로 뒤덮인 곳이었지요. 지면은 온통 푸른 잎으로 뒤덮인 넓은 땅이었습니다. 콩, 토마토, 호박, 그리고 딸기 잎 아래 붉게 반짝이는 긴 이랑이 있었지요. 그 당시, 저는

이 지역을 잘 알고 있었지요. 여름마다 여기서 그리 멀지 않은 Esperanza 라고 불리는 커다란 딸기 농장에서 딸기를 따면서 지냈지요. Esperanza 는 스페인 말로 '희망'의 뜻인데, 일본 가족들이 경작하고 있었지요. … [세계 2차 대전 미국의 포로로 살았던 그녀의 가족 경험을 간단히 재언급한 뒤, 그녀는 계속해서 말했다.] 왜 제가 이것을 여러분에게 말할까요? 제가 그 딸기를 따고 있을 때, 저는 결코 대학에서 스피치할 것이라고 꿈도 꾸지 못했기 때문이죠. 제가 먼지 구덩이에서 무릎 꿇고 일하는 곳에 언젠가 대학이 세워질 곳이라고 상상도 못했죠. 그러나 지금 여기서 저와 여러분은 제가 가꾸어 온 생각과 비전을 나누고 있습니다. 40년 이상 딸기 밭에서 일하기 시작하던 그 날 이후 가꾸어 온 생각과 비전을."

## 청중의 비위를 맞추라

지나치게 서툰 칭찬이 아닌 한, 모든 사람은 칭찬 받기를 좋아한다. 화자가 청중을 좋아하고 존중할 때 청중 역시 화자를 그렇게 대접한다.

이 책의 저자는 교사 연수에서 이와 같은 접근법으로 스피치를 하였다.

"여기에 온다고 토요일 아침을 포기한 여러분은 전형적인 교사 집단과 다르다고 생각합니다. 여러 연구를 검토해보면, 교수 능력을 신장하고자 교사 연수에 자발적으로 참여하는 교사는 아주 우수한 교사임을 보여주지요. 여러분 주위를 돌아보시오. 이 연수가 절대적으로 필요한 사람들은 오히려 오늘 이 자리에 없습니다, 그렇지요? 여러분처럼 다시 한번 되돌아보는 연습은 항상 도움이 됩니다. A급 교사는 A+급 교사가 되기 위해 좀더 많은 것을 배우기 원합니다. 그리고 오늘 오지 않은 C-급 교사에게 다가서기 위해 필요한 방법을 우리 함께 찾아봅시다."

화자를 소개한 사람을 언급하거나 현재 함께 자리한 사람을 언급하라

청중 집단과 관계를 맺는 좋은 방법은 대중적인 인물 한 사람과 성공적으로 관계를 지속적으로 유지하고 있음을 보여주는 일이다.

"고마워요, Jack, 매우 기분 좋게 제 소개를 해 주어서. 15년 동안, 우리는 서로를 잘 알고 있었고, 서로 신세도 많이 졌지요. 우리는 서로 연장이나 책도 많이 빌려다 썼지요. 우리 집은 Jack의 가족을 위한 자리가 아직도 있지요. 그리고 지금 여기 새로운 기회도 있고요. 언젠가 Jack의 멋진 소개에 대한 답례를 할 수 있는 기회가 있기를 바랍니다."

유머를 사용하라

유머 감각은 대인간 차원에서나 큰 규모의 집단에서나 간에 관계를 유지하는 데 기초가 된다. 자신과 청중이 동일한 사건으로 함께 웃을 거리를 제시하라. 그러나 이 기법은 위험하기도 하다. 18c를 참조하며 이 기법을 조심해서 사용하라.

비지니스 의사소통 강좌에서 Ellen Watrous는 다음과 같은 형태로 취득 원가 계산과 교체 원가 계산에 대해 자신의 스피치를 시작하였다.

"한 프랑스 열기구 조종사가 영국 해협을 일단 넘어서 어느 밀밭에 착륙했어요. 그 조종사가 한 영국 사람을 보고 말했죠. '미안합니다만, 선생님, 지금 여기가 어딥니까?' 그 영국 사람이 답하기를 '확실한 것은 당신은 지금 밀밭에 있는 바구니에 있다는 것이지요.' 라고 했어요. 그러자 그 조종사는 '당신은 회계사가 틀림없군요.' 라고 말했어요. 그러자 영국 사람은 '놀랍군요.' 라고 말하면서 '당신이 어떻게 그것을 알았지요?' 라

고 물었죠. 그 조종사는 '그야 쉽지요. 당신은 회계사들이 자주 쓰는 정보를 쓰니까요. 아주 정확하지만 진짜 쓸모없는 정보 말이에요.' 라고 대답했어요."

## 2. 주제에 관해 청중의 동기를 불러일으키라

이 동기 유발 단계는 스피치에서 가장 간과하기 쉬운 것 중의 하나다. 그러나 이 단계는 시작하기에서 급격한 방향 전환 단계이다. 주제에 대한 화자의 열정에도 불구하고, 청중들이 '내게 무슨 의미가 있는가' 하는 태도를 취한다면 화자의 스피치는 길을 헤맬 가능성이 높다. 청중의 이 태도는 적대적인 청중에 한정된 것은 아니다. 청중이 끝까지 자리를 지키는 이유가 뭔지, 그리고 자신의 화제가─화제가 정보 전달적이든지, 설득적이든지, 감정 환기적이든지 간에─청중의 경험과 연결 고리가 있는지, 그래서 청중의 주목을 끌 가치가 있는지 등을 재확인해야 한다. Ellen Watrous는 회계에 관한 스피치를 경영학을 듣는 학부 학생들에게 하였다.

"여기에 있는 모든 학생들은 경영과 관련된 사업을 할 것인데, 여러분은 모두 길 잃은 열기구 조종사와 같이 바구니 안에 있는 거나 다름없어요. 사실, 여러분 대부분은 열기구 조종사와 같이 될 것입니다. 투자를 하고, 외상 판매를 할 사람들입니다. 그런 과정을 거쳐 사업은 상품과 서비스의 생산과 판매에 필요한 자본을 얻고 축적할 것입니다. 그리고 여러분은 재무제표(財務諸表)의 정보에 따라 그런 투자와 외상 판매를 할 것입니다. 그 투자와 판매는 틀림없이 여러분이 하는 사업의 사활(死活)에 영향을 미칠 것입니다. 그러나 재정 회계를 한다는 것은 제가 좀 전에 얘기한 영국 사람처럼 똑 같은 고통을 겪는 것입니다. 즉 회계는 적절한 정보를 제공하는 데 실패할 것입니다. 사업의 재무제표에 따라 물가 인상과 가격

변동의 효과에 대한 적절한 정보를 주는 것은 쉽지 않은 것이지요."

때로는 두 단계를 하나씩 연결해 가는 것도 필요하다. 왜냐하면 모든 주제가 청중을 부자로 만들어 준다거나, 시간을 아껴 준다거나, 성공하는 데 도움을 준다거나, 유명하게 만들어 준다는 등으로 되어 있지 않기 때문이다. 즉 청중의 기본적인 욕구와 관련된 직접적인 연결 고리를 찾지 못할 때, 청중의 동기를 유발하는 방법은 한 단계씩 연결하여 보여주는 것이다. 그러면 주제부터 핵심적인 가치까지 연결될 것이다. 예를 들면, 스피치를 시작할 때, "맨 발로 걷는 아프리카의 종교 의식" 같은 것으로 스피치를 시작하면, 청자는 직접적으로 별로 자극을 받지 않을 것이다. 이처럼 청자가 외국 문화에 관심이 없을 때, 다음과 같은 두 단계가 연결된 것을 하나씩 보여주는 것이 필요하다. 첫째, 먼저 종교 의식을 설명하여 청중이 아프리카 문화 속에서 그 의식이 차지하는 위상을 이해하게 한다. 둘째, 세계는 변화하고 있음을 청중에게 보여주고, 아프리카 문화와 같은 다양한 문화를 이해할 필요도 보여주어, 청중 자신과는 다른 문화적 배경을 지닌 사람들을 이해하는 방법을 배우게 하는 것이다.

18장(청중의 주의 집중과 흥미)과 20장(동기 호소)의 정보를 이해하면 매우 유용할 것이다.

연습 3.

어떤 정당의 새로운 대표가 취임사한 것을 가지고 화자와 청자의 상호 작용을 살펴보고, 그가 모든 스피치에 사용할 수 있는 심리적 방향을 만들기 위해 얼마나 다양한 기법을 사용하였는지 알아보라.

자신이 다음 청중에게 지정된 화제로 말한다고 가정해 보라. 청중과 긍정적인 관계를 구축하기 위해 어떻게 할 것인가? 청중이 더 열심히 듣도록 하는 동기 유발 방법은 무엇인가?

    a. 평범한 회사원 집단에게 '매일 자가용에 의존하여 출퇴근하는 것을 줄이는 것이 필요하다' 는 주제를 말할 때

    b. 소방대원에게 '공식적인 말하기' 라는 주제를 말할 때

    c. 대학 화법 수업을 듣는 학생에게 '운동화의 종류' 라는 주제를 말할 때

## 13d. 논리적인 방향을 정하라

이제 청중이 동기화되어 듣고자 한다면, 확인해야 할 사항은 청중이 들을 준비가 되었는지를 파악하는 일이다. 논리적인 방향을 정하는 데 있어, 청중에게 자신이 화제에 어떻게 접근할지, 그리고 그 화제를 어떻게 전개할지 보여주어야 한다. 사실, 이것은 청중에게 지적인 로드 맵을 제공하는 일이다.

앞 절에서 사용한 "심리적"인 것과는 반대로 여기서는 "논리적"인 것을 광범위한 의미로 사용해야 한다. 즉 강조점이 청중 중심에서 제재 중심으로 방향이 전환되어야 함을 의미하는 것이다. 논리의 핵심은 부분과 전체의 관계이다. 시작하기에서 논리적인 부분을 다룰 때, 자신의 스피치가 안주할 전체 그림을 보여주어야 한다. 그리고 화제를 잘게 나눈 자신의 방식도 보여주어야 한다.

### 1. 자신의 스피치 맥락을 구축하라

청중에게 다음과 같은 접근법 한두 가지를 사용하며 자신의 주제를 보여주어 전망을 하게 하라.

자신의 주제를 친근한 틀 속에 넣어라
다음 진술을 한번 보자.

> "산호세는 오클랜드로부터는 남쪽 50마일에, 샌프란시스코로부터는 남동쪽 54마일에, 태평양에 있는 만으로부터는 30마일에 위치하고 있다."

여기서 신정보는 지리적 감각을 동원하면 구정보와 연결할 수 있다. 이처럼 자신의 화제를 스키마나 차트, 조직적 구조나 과정과 관련지을 수 있다. 청중들은 아마 태평양이나 샌프란시스코 등을 이미 알고 있을 것이다. 그래서 그들은 산호세에 대해 생각할 수 있다.

다음 보기 역시 화자가 논의할 내용을 청중이 이미 잘 알고 있는 조직 구조에 배치하고 있음을 알 수 있다.

> "여러분도 잘 알고 있다시피, 연방 정부는 셋으로 나뉘어져 있습니다. 입법부, 사법부, 행정부가 그것이지요. 입법부를 생각하면, 의회를 생각할 수 있지요. 그러나 입법부에는 다른 부서들도 있습니다. 오늘 저는 여러분에게 국회 도서관 파트에 해당하는, 즉 입법부 참고문헌 서비스와 같은 기능을 하는, 스피치 쓰기 부분의 작용을 설명해 드릴 예정입니다."

화자는 또한 익숙하지 않은 주제를 유추를 사용해 가며 익숙한 주제와 관계 지을 수 있다.

"교통이 복잡한 네 거리에서 교통 신호등이 고장 나면, 여러분은 교통 경찰관이 네 거리 가운데에서 서서 호루라기를 불며, 성급한 운전자들에게 가야 할 곳을 말하고 있음을 볼 것입니다. 사실, 제가 Metacom 회사에서 하는 일은 그와 같은 위기를 관리하는 역할입니다."

### 주제를 역사적으로 배치하라

자신의 주제에 대한 전망을 제공하는 다른 방법은 그 주제의 역사적인 맥락을 기술하는 것이다. 이 일은 청자가 사건을 이해하는 데 도움을 준다. 왜냐하면 그 사건은 스피치를 말할 때까지의 상황을 청중이 이해할 수 있게 하기 때문이다. 가장 유명한 스피치는 Abraham Lincoln이 한 "게티스버그 스피치"의 시작하기 부분이다.

"지금으로부터 87년 전 우리의 조상들은 자유 속에 잉태되고, 인간은 모두 평등하게 창조되었다는 신념에 기초를 둔 새 나라를 이 대륙에 탄생시켰습니다. 우리는 지금 바로 그 나라가, 아니 그렇게 잉태되고 그러한 신념을 가지고 탄생한 나라가 어떤 나라이든 간에 과연 오랫동안 존재할 수 있는지 없는지를 시험하는 큰 내전을 치르고 있습니다. 그 전쟁의 한 격전장에 오늘 우리는 모였습니다. 이 나라를 살리기 위해 목숨을 바친 사람들에게 마지막 안식처로 그 싸움터의 일부를 헌납하고자 우리가 여기 모인 것입니다. 이것은 너무도 당연하고 적절한 일입니다."

아주 드문 경우이기는 하지만, 특별한 스피치 맥락을 형성하는 배경을 간략하게 또는 되새겨 보기를 청중이 화자에게 요구할 때, 역사적인 회상은 매우 효과적이다.

"지난 7월, Ravensbrook와 Southside 근처에서 발생한 갱단과 관련된 일련의 사건을 추적하기 위해, 시장은 특별 전담팀을 구성하여, 우리 시에서 증가하는 갱단의 폭력 범위와 원인을 조사하고, 시의회에 개선책을 만들라고 지시하였습니다. 여름 동안, 그 임무를 맡은 우리 팀 11명은 전문가와 학자가 주최하는 브리핑을 몇 차례 열었습니다. 그리고 나서 9월과 1월 사이에, 공동체 전체를 아우르는 '마을 회관' 회의를 8번 했습니다. 자료 분석을 완성하기 위해 인터뷰도 백 번 이상 했습니다. 오늘은 개선책을 담은 초안을 들을 첫 번째 공청회입니다. 그럼 지금부터 그 개선책을 발표하고 설명하겠습니다. 이 공청회의 목적은 개선책에 대한 여러분의 생각과 제안을 듣고 다음달 시 의회에 제출할 최종안을 구성하기 위한 것입니다."

자신의 주제를 좀더 광범위한 역사적 맥락에 놓고 싶을 때도 있을 것이다. 예를 들면, 프랑스 혁명의 양상을 다루는 스피치 시작하기에서 그 당시 미국과 유럽, 그리고 중동에서 어떤 일이 일어났는지 언급할 수도 있다. 그러면 청자는 좀더 큰 그림을 그릴 수 있다.

**주의** : 여기서 말하고자 하는 것은 간략한 역사적 개괄이다. 그러나 많은 스피치는 비교적 꽤 확장된 과거 사건을 중요시한다. 그런 경우, 역사는 스피치의 핵심이 된다. 주제 문장이 무엇인지 그리고 그 주제 문장이 무엇을 가리키는지 보라. 그 문장은 다음과 같이 진술될 수도 있다. "우리가 저지른 과거의 불법 행위에 대한 벌은 소수자를 위한 교육적 보상 경험이다." 이 중심 문장은 문제가 되는 소수자의 역사를 다루어야 함을 보여준다.

자신의 주제를 개념적으로 배치하라

자신의 주제를 시간과 공간 속에서 배치할 수도 있지만, 그 주제를 관념의 세계에 배치할 수도 있다. 자신의 스피치가 이미 청자에게 익숙한 이론이나 개념, 정의와 어떻게 맞물리고 있는지 보여주는 것은 청자들이 듣는데 도움을 준다. 예를 들면,

> "여러분은 수요와 공급의 법칙을 잘 알고 있을 것입니다. 그 법칙은 상품과 서비스와 관련이 있지요. 여러분과 함께 기본적인 이 시장 메카니즘을 검토해 봅시다. 저는 이를 통해 똑 같은 본질적 원리가 정보 교환 체계에도 적용되는지 여러분에게 물어볼 것입니다."

### 새로운 정의와 개념을 제시하라

만약 자신의 스피치에서 익숙하지 않은 용어나 개념을 사용하거나, 익숙한 용어를 익숙하지 않은 방법(재개념화 등)으로 사용한다면, 청중에게 미리 준비시켜라. 이것과 관련하여, 만약 자신이 어떤 집단이 사용한 구호나 집회 외침의 용어나 구절을 의미를 왜곡시켜 사용한다면, 미리 자신이 그것을 어떻게 사용할 것인지 정확하게 정의할 필요가 있다.

다음은 익숙하지 않은 용어를 소개하는 방법의 예이다.

> "전화 상담 서비스 제공자를 위한 작동 지원 시스템은 실무처리용 소프트웨어이다. 이 프로그램은 네 가지 분야를 다루고 있는데, 고지서와 고객 상담, 설치, 계획과 엔지니어링, 그리고 네트워크 관리이다."

다음은 익숙하지 않은 방식으로 익숙한 용어를 정의하는 예이다.

"사람들이 범죄자 생활 복귀 시스템에 관해 말할 때, 그들은 종종 프로그램에 관해 언급한다. 그 프로그램에는 죄수들이 일종의 공동 관리 기금에 자신들의 임금을 기부하는 것이다. 하지만 제가 말하고자 하는 복귀 시스템은 개인 범죄자뿐만 아니라 그들의 희생자까지 포함하는 직접적인 배상을 의미합니다."

공동체 서비스 학습 센터 실행 책임자인 Carol W. Kinsley는 자신의 화제를 소개하면서 그 화제를 명확히 하는 데 신경을 썼다.

"'공동체 봉사 활동 학습이란 하나의 교육 과정이다'는 정의가 있습니다. … 그런데 이 과정은 학생들로 하여금 두 가지 확실한 목표를 담고 있는 봉사 활동 경험을 하게 합니다. 하나는 학생들의 봉사 활동이 교과 내용과 '직접적으로' 관련되며, 다른 하나는 학생들의 봉사 활동이 개인이나 공동체 기관에 긍정적인 기여를 하도록 하는 데 있습니다."

### 2. 자신이 주제에 대해 접근하는 방식으로 청중을 이끌라

일단 자신의 스피치가 좀더 폭넓은 맥락 속에서 어떻게 맞물리고 있는지 보여주었다면, 논리적 방향의 두 번째 단계는 자신의 스피치 구조를 미리 보게 하는 것이다. 만약 청중에게 자신의 스피치가 전개될 때 요점이 틀과 어떠한 관련이 있는지 보여주었다면, 청중은 자신의 화제와 주제를 훨씬 쉽게 이해할 수 있다.

청중에게 자신이 무엇을 할 것인지 다시 확신시켜 주면 청중의 불안과 내적인 저항감을 줄일 것이다. 화자가 이런 선언을 했다고 가정해 보자. "저는 이 문제의 배경을 토의하고 그 문제에 대한 해결책을 토의할 것입니다. 그리고나서 내 주장에 대해 제기할 수 있는 반론에 답할 것입니다." 이러한 말을 들으면, 청중은 좀더 인내할 것이다. 즉 화자가 자신의 주장을 말하기도 전에 청중이 이미 마음속에 화자의 주장을 막아버릴 그러한 반론을 제기하지 않을 것이다.

대부분 시작하기에서 화자들은 화제나 주제, 제목과 목적 등 한두 가지를 분명히 진술할 것이다. 예를 들면, "저의 설득이 이 채권 발행에 관한 여러분의 투표를 바꿀 수 있기를 바랍니다." 이 진술을 전략적으로 해서는 '안 되는' 환경은 22장 설득 전략에 토의된다. 동시에 화자는 자신이 다룰 내용이 '아닌' 것이 무엇인지 청중에게 말해야 한다. 즉 청중에게 자신이 주제를 어떻게 좁혀왔는지 설명해야 한다.

다음 예는 10b에 있는 유머 책에서 가져온 것으로, 제한된 스피치를 통해 말할 수 없는 것을 미주알고주알 말하는 화자에 관한 것이다.

> "저는 유머 책이 현재 가장 좋은 투자임을 여러분에게 말하고자 하는 것이 아닙니다. 뿐만 아니라 유머 책을 어떻게 처리하고 보관할 것인지를 설명하고자 하는 것도 아닙니다. 물론 유머 책은 잘못 보관하면 종이에 묻어 있는 산 성분이 유머 책을 노란 종이조각으로 만들어 버리지만. 제가 유머 책에 대해 말하고자 하는 것은, 유머 책이 미국 대중 문화 속에서 어떤 위상을 차지하고 있는지를 여러분이 잘 이해하기를 바라는 것뿐입니다."

화자가 결정해야 할 것은 단지 자신의 주제를 둘러싼 일반적인 관점만을 제시할 것인가, 아니면 자신이 말할 요점을 정확히 전망할 수 있도록 할 것인가이다. 후자와 같은 명시적인 전망은 대부분 스피치에 유용하며, 특히 비교적 기술적이거나 복잡한 화제를 다루는 스피치에 필수적이다. 화자는 자신의 청중에게 확실한 로드 맵을 제시하여야 한다. 이 로드 맵은 청중이 스피치를 들으면서 흐름을 놓쳤을 때, 참조할 수 있기 때문이다. 그러면 명시적 전망을 언제 사용해서는 안 되는가? 자신의 스피치가 드라마적인 흐름을 지니고 있는 경우, 미리 드라마의 절정 부분을 주면 스피치의 효과를 망치게 된다. 차라리, 끝맺기에서 자신의 생각을 요약하는 것이 좋다. 이런 역효과를 하나 더 설명한다면, 각 메시지의 요점이 앞에서 말한 요점을 토대로 구축된다면, 상세한 전망을 소개하는 것은 이득이 되기보다는 손해를 가져올 것이다. 끝으로 매우 짧고 간단한 스피치는 전망을 제시할 필요가 없다.

### 연습 5.

10b에서 만든 유머 책 개요나 11b에서 다룬 '노동력과 일하는 여성'의 개요를 위한 논리적 방향을 써 보라. 이 때 핵심 요점을 다루는 특별한 전망을 제시하라. 그리고나서 핵심 요점을 풀어쓰기나 요약하는 형태로 된 좀더 일반적인 전망으로 대치해 보라. 어떤 환경에서 각각의 형태가 가장 효과적인가 검토해 보라.

### 13e. 단계를 적절하게 결합하거나 삭제하여 가능한 간결하게 시작하라

일반적으로, 시작하기는 자신의 스피치 시간의 10~15%를 차지한다. 이 책에서 소개한 상세한 모든 단계를 시작하기에 포함하고자 한다면, 아마 스피치 전체 시간보다 더 길어질 것이다. 그리고 이런 단계를 기계적으로 진행한다면, 시작하기는 파편화되고 단절된 형태가 될 것이다. 시작하기를 자연스럽게 이야기하는 스타일로 조직하려면, 청중이 주목하는 '기능 (functions)'을 염두에 두고, 심리적인 방향과 논리적인 방향을 제공해야 한다. 그리고 가능하면, 시작하기의 여러 기능을 담당하는 자료를 선택하는 것이 좋다.

시작하기의 부분을 결합하는 것 이외에도, 몇 단계는 전체를 생략하는 것이 좋다. 대통령 스피치는 "친애하는 국민 여러분, 오늘 저는 국제 테러리즘의 심각한 문제에 대해 이야기할 것입니다."라고 시작할 수 있다. 이 때 주목 끌기, 신뢰 구축, 듣고자 하는 동기 등은 이미 가정된 형태로 생략된다.

청중의 주목이 이미 자신에게 쏠렸거든, 즉 이미 오랫동안 기다린 경기 결과를 공표하려고 하는 경우처럼, 길게 늘어진 시작하기 이야기는 적절하지 않으며, 심지어 자신의 건강에도 좋지 않을 수도 있다. 마찬가지로, 자신의 성도들에게 설교하는 목사나 자신의 캠페인을 지지하는 노동자 군중에게 스피치하는 후보자라면, 그들과의 관계를 구축하는 데 시간을 소비할 필요는 없다. 그리고 세금 인상에 항의하기 위해 모인 성난 부동산 소유자 집단을 상대할 때, 자신의 주제가 얼마나 중요한지 설명하고자 것은 어떤 목적에도 적합지 않다. 끝으로 어떤 화제에 대한 강의를 듣고자 정기적으로 모인 학문 집단에게는 논리적 방향은 거의 의미가 없을 것이다. 차라리 자신이 하고자 하는 스피치의 요지로 바로 들어가는 것이 좋다.

청중과 행사, 스피치 목적을 조사하여 시작하기의 양상을 어떻게 결합할 것인지, 어떻게 다룰지 살펴볼 필요가 있다. 이 때 문장을 빼거나 간접적인 참조를 하거나 시작하기 전체를 빼거나 하는 활동을 한다. 그러나 명심해야 할 것은 자신의 첫째 요점을 시작할 때, 다음과 같은 질문에 긍정적으로 대답할 수 있어야 한다.

- 청중들이 듣고 있는가?
- 청중들이 내 말을 계속 듣고 싶어하는가?
- 청중들이 이 화제에 대해 더 많이 알고 싶어하는가?
- 청중이 내가 어디서부터 시작하는지 아는가?
- 청중이 내가 어디로 끌고 가고자 하는지 아는가?


### 13f. 상투적으로 시작하는 것을 피하라

1. 이미 시작했음에도 불구하고, "시작하기 전에, 말하고 싶은 것은…"이라고 시작하지 마라.(13a 참조)
2. 사과하면서 시작하지 마라. "사실 제대로 준비하지는 못했습니다만", "이 부분에 대해 잘 모릅니다만".(13b 참조)
3. 시작하기를 읽으면서 시작하지 마라. 그것을 암기하고 있다면, 시작하기가 기계적으로 들리지 않도록 하라. 시작하기를 할 때는 눈 마주침을 최대화해야 하며, 억양을 자연스럽게 그리고 대화적으로 유지해야 한다.(26b 참조)
4. 너무 드라마틱하게 완전히 새로운 인물이나 사람인 것처럼 하지 마라. 그러한 것은 캬바레 배우들에게 맡기고, 스피치를 자기 자신에게 하듯이 하라.(13b, 17c 참조)
5. 화제와 무관한 유인책을 쓰지 마라. 자신이 생각하기에 유쾌하다고 생각하지만 자신의 화제와 무관한 농담으로 시작하여 핵심을 전개하려는 유혹을 피하라. "달리기 시합에서 출발을 어떻게 할 것인가"에 대

한 스피치를 시작할 때, 공중에 울려 퍼지는 총성은 청중의 주의를 끌기보다는 흐트러뜨리기 쉽기 때문이다.(13b 참조)

6. 시작 부분을 부적절하게 길게 하지 마라.(13e 참조)

7. 고리타분한 문구, 즉 "공적인 스피치에는 익숙하지 않지만" 같은 문구를 사용하지 마라. 그리고 지나치게 의심스러운 이야기를 사용하지 마라. 친구에게 자신의 표현과 일화가 적절한지 솔직한 비판을 해 달라고 부탁하라.(17d 참조)

8. 남의 이름을 함부로 불러 신뢰를 떨어뜨리지 마라. 화자가 단지 자기 만족을 하고 있다고 청중이 생각하게 만들지 마라.(19c 참조)

9. 요가 같은 최면 상태를 깬 뒤 갑자기 말문이 폭발하는 형태로 시작하여 청중을 놀라게 하지 마라. 이것은 고등학교 웅변가들이 좋아하는 형태이다. 시작하기 전에 청중을 응시하라.(13a 참조)

10. 너무 긴 인용으로 시작하지 마라. 청중은 그 인용이 어디서 끝날지 화자의 말이 언제 시작할지 당황해 할 수도 있다.

제14장
결론

# | 결론 |

많은 화자들은 스피치를 할 때 적절하게 말을 맺을 수 있도록 충분한 시간을 남겨놓지 못하는 실수를 범한다. 마지막 요점을 개진조차 못한 채 "대충 할 말은 다 한 것 같군요."라고 우물거리면서 마지막 멘트를 마치는 것으로는 충분치 않다. 서론부에서부터 차근차근 단계를 밟아서 청중들을 이야기 주제로 이끌어 왔던 것과 같이 결론부에서는 이제까지 논의되어 왔던 모든 이야기들을 집약해 주고 비로소 스피치가 완결되었음을 확인시켜 줄 수 있어야 한다. 서론부에서와 같이, 결론부 역시 면밀하게 계획을 세워서 거의 암기하다시피하는 수준이 되어 있어야 한다. 사람들은 마지막에 들은 내용을 가장 잘 기억한다는 점을 감안해 본다면, 결론부에서 어떤 말을 할 것인가에 대해 주의깊게 고려해야 할 것이다.

## 14a. 논리적으로 결론부를 구성하라

스피치의 본론부에서 핵심적인 내용과 아이디어들을 잘 전달했다 하더라도 청중을 위해서 결론부에서 다시 내용을 잘 정리해 주어야 할 필요가 있다.

## 1. 스피치의 핵심 아이디어를 요약하라

그 어떠한 스피치에서라도 결론부에서는 주요 논지와 핵심적인 아이디어를 명확하게 다시 정리해서 이야기해 주어야 한다. 때때로 서론부에서 주요 논지와 요점을 언급하지 않아도 좋을 경우가 있다. 그러나 결론부에서는 그 어떠한 경우에도 논의되었던 핵심 내용을 다시 정리해 주어야 한다. 예를 들면, 호의적이지 않은 청중들을 대상으로 스피치를 마쳐야 할 경우에도 이들을 설득하고자 하는 연사의 의도를 전달할 수 있어야 하는 것이다. 서두에서 밝히고 싶지 않았던 논거나 극적인 구성일지라도 결론부에 이르러서는 이미 다 밝혀진 다음이기 때문에 다시금 내용을 요약 정리해 주는 것이 바람직하다.

테크니컬 스피치나 논증적 스피치에서라면, 주요 논지와 핵심적인 요점을 정확히 재진술해 주는 것이 특히 유용하다. 예를 들면:

> 따라서, 이 스피치에서, 저는 교도소에서 왜 배우자의 방문이 허용되어야 하는지를 말씀드렸습니다. 우선, 저는 몇몇 교도소에서 성공적으로 채택되어 온 배우자 방문 제도에 대해 설명을 드렸습니다. 둘째, 이 배우자 방문 제도가 재소자들의 사기와 갱생에 긍정적으로 기여를 하고 있음을 말씀드렸습니다. 마지막으로, 저는 이러한 방문 제도가 사회 전체 차원에서도 매우 가치로운 것임을 말씀드렸습니다.

만약 이러한 유형의 요약이 너무 기계적인 것으로 보인다면, 내용을 정확하게 요약해서 재진술하기보다는 다른 말로 부연설명해 줄 수도 있다.

> 오늘, 저는 교도소에서의 배우자의 방문 제도가 재소자 및 사회 전체 차원에서 얼마나 가치롭고 필요한 일인지에 대해서 말씀드렸습니다.

짧으면서도 핵심적인 사안이 하나뿐인 스피치라면 요약하는 것을 빠뜨려도 별 문제가 되지 않을 수 있다. 그러나 그렇지 않은 경우라면 요약하지 않을 이유가 없다. 요약을 통해서 당신은 잃을 것이 없을 뿐만 아니라 오히려 명확성이라는 혜택을 누리게 될 것이기 때문이다.

## 2. 말하기 주제를 보다 큰 맥락과 연계하여 부각시키라

스피치의 결론부에서는 단순하게 요약하는 것을 넘어서서 각 부분들을 통합할 수 있어야 한다. 어떤 경우에, 결론은 이제까지 함축되어 왔던 몇 가지 아이디어들을 하나로 분명히 해 주어야 할 때가 있다. 결론의 이러한 기능은 귀납적 추론이나 연역적 추론 모두에 적용이 되는데, 이때 부분들간의 최종적인 관계가 분명하게 드러나게 된다.(16장을 참조하라) 또 다른 경우에 이제까지 구축해 온 핵심 사안들을 보다 넓은 관점이나 새롭게 파생된 다른 주제를 중심으로 강조해서 정리해 줄 수도 있다. 스피치를 하는 중에 이러한 주제들에 대해 충분히 논의할 만한 시간이 없었을 경우, 청중들에게 최소한 이 문제들에 대한 생각을 해 보도록 촉구할 수도 있다.

도입부에서는 보다 넓은 맥락 안에서 스피치의 주제를 이끌어 내었다. 이제 결론부에서는 그간 본론부를 통해 논의해 온 내용들이 원래의 큰 그림과 어떠한 관련성을 맺는가를 보여줄 필요가 있다. 예를 들면, 스피치를 훈련시키는 교사들은 [도표 14-1]에 제시된 것과 같은 형식을 참조하면 좋을 것이다

**[도표 14-1] 서론, 본론, 결론의 관계 도식**

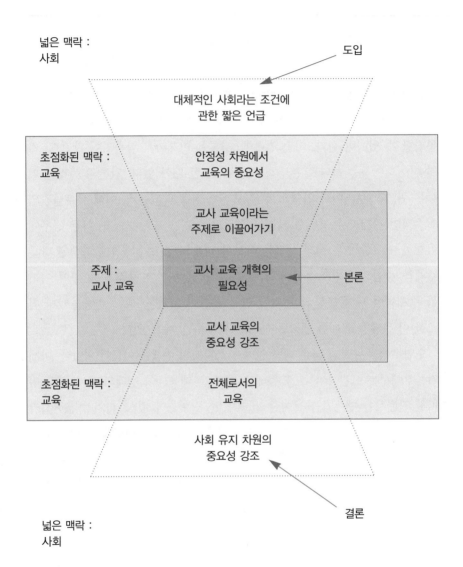

만약 스피치 도중에 새로운 개념이나 정의, 혹은 익숙한 개념이나 정의를 친숙하지 않은 방식으로 도입을 했던 경우라면, 결론부에서 다시 그것들에 대한 내용을 확실하게 정리해 주도록 하라.

연습 1.

10b에 제시된 만화책 개요나 11b에 제시된 직장 여성에 관한 개요를 참조하여 논리적으로 결론부를 작성해 보라.

## 14b. 청중의 심리를 자극하는 결론부를 제공하라

청중에게 핵심 사항을 논리적으로 정리해 주는 것만으로 결론을 맺는 것은 불충분하다. 사람들이 당신의 스피치에 대해 심리적으로 만족해할 수 있도록 하기 위해서는 그들을 감동시켜야 한다. 결론을 계획할 때는, 단지 청자에게 이해와 동의를 얻어내는 차원을 넘어서서 공감을 얻어낼 수 있는 방법을 모색해야 한다.

### 1. 청중들에게 스피치의 내용이 그들의 삶에 어떻게 영향을 미칠 수 있는가를 환기시켜 주라

당신은 도입부에서 스피치에서 다루게 될 내용이 청중들에게 어떤 의미가 있는지를 언급한 바 있다. 스피치가 진행되는 동안, 당신은 예시와 적절한 방식을 통해서 도입부에서 언급했던 내용을 잘 이끌어 왔다. 결론부에서 당신이 해야 할 일은 스피치의 주제를 청중들에게 다시 환기시키고 이것이 어떤 의미가 있는 것임을 확인시켜 주는 것이다.

13c에서 언급된 바 있는 재정적인 회계 연설에서, 화자는 도입부에서 바

로 청중의 즉각적인 관심사로부터 스피치를 시작하였다. 스피치의 본론부는 원가 회계의 관점을 통시적인 관점과 대안적인 관점에서 기술적으로 비교하였다. 그렇지만, 결론에서 화자는 논의의 핵심을 다시 청중에게 돌리고 있다.

여러분이 대규모의 조직에서 일하든지 소규모의 사업을 운영하고 있든지, 직접 회계 장부를 기입하고 있든지 전문 회계법인에게 이 작업을 위탁하든지간에, 이 두 가지 시스템은 여러분에게 영향을 미치게 될 것입니다. 여러분이 만약 올바른 결정을 내리고자 하신다면 이 각각의 기본 논리를 이해하셔야 할 겁니다.

## 2. 마음에 호소하라

특히 설득을 목적으로 하는 스피치에서 청중의 마음을 자극하는 결론부는 청중에게 직접적으로 어필할 수 있다는 점에서 중요하다. 어떤 특정 방향으로 (어떤 사안을 받아들이거나, 제지하거나, 폐지하거나 혹은 계속하라: 22a를 참조하라) 청중들의 행동을 촉구하거나 태도를 바꿀 것을 요구하라. 로버트 케네디(Robert Kennedy)는 1967년 와츠 지역의 폭동(Watts riots) 직후에 민주당 디너 파티에서 다음과 같은 결론으로 연설을 마쳤다.

민주당원으로서 우리의 책임은 분명합니다. 우리는 그들이 폭력을 일삼는 세력 소탕을 거부하는 한, 폭력을 반대하는 법을 통과시키고자 하는 법률위원회를 결단코 거부해야 합니다.
우리는 모든 의회와 학교 위원회, 시청 등에서 이 새로운 법안이 분노와 혼란을 조장하기 전에 분연히 그 진실을 감히 밝히는 리더쉽을 보여주어야 합니다. 이러한 리더쉽은 망상보다는 사실을, 암울한 위축보다는 행동

을, 방종과 편안함보다는 희생과 노력을 필요로 합니다.[1]

청중의 감정에 호소하기 위해서는 "나는 내일 아침 헌혈을 할 생각입니다. 여러분 모두 그곳에서 뵐 수 있게 되기를 희망합니다." 와 같이 화자 자신의 목적이나 의사를 명확하게 드러냄으로써 강화될 수 있다.

어떤 연설에서는 이렇게 독자의 감정에 호소하는 것을 나누어 할 때 더 효과가 커지기도 한다. 화자가 스피치 처음부터 끝까지 혹은 중간중간에 직접적인 행동을 촉구함으로써 독자의 감정에 호소할 수도 있다. 혹은 청중 개개인이 무엇을 할 수 있는지, 집단적으로 어떤 행동을 할 수 있는지를 촉구할 수도 있다. 대규모로 다양한 성향의 청중을 대상으로 스피치를 해야 하는 경우라면, Peter M. Gearhart가 법조계의 미래라는 주제로 한 다음의 스피치에서와 같이 청중들을 여러 부류로 나누어 각기 다른 내용의 호소를 바로 할 수도 있을 것이다.

마지막으로, 나는 변호사 여러분과 국민 여러분께 각기 다른 말씀을 드리고자 합니다.

변호사님들에 드리고 싶은 제 말씀은 바로 이것입니다. 우리에게 닥친 도전은 공적 관계가 아닌 인간 관계에 관한 것입니다. 우리에게 닥친 도전은 상업주의에 지나치게 함몰되어서도 안 되지만, 법률 시장 환경을 개선하는 데 너무 무관심해서도 안 된다는 것입니다. 우리에게 닥친 도전은 법조인이라는 신비스러움을 보호하는 것이 아니라 법조인으로서의 겸손함을 지켜내야 한다는 것입니다.

궁극적으로, 제 논의의 핵심은 변화에 대항하여 투쟁하기보다는 변화를

---

1) 의회 기록 문서(Congressional Record) 6호, 1967년 8월 6일

포착하고 전문성의 맥락 안에서 대중을 위해 일할 수 있어야 한다는 것입니다. 우리가 국민을 위해 일할 때, 보다 신명나게 법을 집행할 수 있게 될 것입니다.

법조인이 아닌 분들께는 다음과 같은 말씀을 덧붙이고 싶습니다: 우리 변호사들은 이 자리에 봉사를 하기 위해 있는 것입니다. 우리 안에 있는 최선의 것을 요구하십시오. 여러분은 여러분을 위해서 최선의 법률 시스템을 요구하실 수 있고, 또 그렇게 하셔야 합니다. 법은 바로 여러분을 위해서 존재하기 때문입니다. 궁극적으로, 여러분이 법률 시스템을 통제할 수 있어야 합니다. 우리가 하는 일이 미국의 경험의 중심부를 이루기 때문에, 미국 사회를 구축하는 동안 개인의 권리를 보호하는 일의 중핵을 이루기 때문에, 여러분은 마땅히 높은 수준의 기대치를 가지셔야 합니다. 우리가 이러한 기대에 부응하지 못할 때, 우리는 더욱더 발전할 수 있도록 노력할 것입니다. 그렇지만 여러분들이 우리가 더 잘할 수 있도록 지켜봐 주셔야 합니다. 우리는 아직 해야 할 많은 일들이 있습니다.


## 14c. 결론부를 확실히 매듭지으라

스피치의 마지막 문장은 스피치를 시작하는 첫문장을 고심했던 것처럼 계획을 잘 세워 마련하는 것이 중요하다. 모든 스피치는 한 치의 의심도 없이 완결되었음을 알려주는 어떤 문장을 필요로 한다. 이 마지막 매듭짓는 문장을 준비하지 못한 화자들은 출구를 마련하는 차원에서 그저 내용을 요약해 버리는 경향이 강하다. 그 결과, 대개의 스피치는 다음과 같이 맥 없는 마무리로 허둥지둥 끝을 맺고 만다.

이제 제가 하고 싶었던 말은 다 한 것 같군요.

아차! 시간이 다 되었군요. 이젠 마치는 게 좋겠습니다.

글쎄요, 좀 더 많은 이야기를 하고 싶지만, 이제는 질문을 받아야겠습니다.

어떤 화자들은 스피치를 흐지부지 끝맺지 않는다. 이들은 스피치를 잠시 중단하고, 청중들에게 그 공백이 잠시잠깐의 멈춤인지 아니면 진정한 마무리인지를 판단할 여지를 남긴다.

효율적인 스피치의 마무리 유형으로 도입부에서 청중의 주의를 집중시켰던 이야기와 연계하는 방법을 들 수 있다. 이러한 결론부는 처음에 화자가 던졌던 물음에 대해 확실하게 답하는 방식이 될 수도 있고 도입부를 시작하면서 던졌던 조크나 이야기를 다시 도입해서 한 단계 더 나아가는 방식-또는 이제까지 논의되어 왔던 내용과 연계하는 방식 등을 포함한다.

프랭크 살라큐 회사는 만화책을 보급하는 데 17,500불을 지불했지만, 여러분이 필요로 하는 것은 주머니에 넣을 수 있을 만한 사이즈의 변화와 미국의 독특한 단면을 재발견할 수 있도록 만화책을 가까운 신문 자판대나 식료품 가게로 수송하는 문제입니다.

스피치의 마지막 문장으로 격언, 경구, 인용, 시 한 구절을 고려해 볼 만하다. 마틴 루터 킹 주니어(Martin Luther King Jr.) 목사는 그의 역사적인 연설 "나에게는 꿈이 있습니다(I Have a Dream)"를 "종국에는 자유를 얻으리라, 마침내 자유하리라, 하나님 감사합니다, 우리는 마침내 자유할 것입니다"와 같은 오랜 기독교 문구로 끝을 맺으면서 청중들의 심금을 울렸다.

스피치의 마지막을 "감사합니다"라는 말로 대신하지 말라. 통상적으로 청중에게 고맙다고 하는 인사말은 교실 연설이나 비즈니스 프리젠테이션이 끝난 다음에 하는 것이 아니라 특별히 연사로 초청되었을 때 하는 말이다. 이 경우에, "감사합니다"라는 말은 결론부의 다른 부분들로부터 마지막 마무리 문장으로 전환되었음을 나타내 준다.

> 이러한 모든 이유들로, 나는 여러분이 행정부의 법규들을 점검해야 한다는 것에 뜻을 같이 해 주기를 바랍니다.
>
> 저를 이 자리에 초청해 주시고 제 말에 친절하게 귀 기울여 주신 여러분께 감사드립니다. 저는 여러분이 경영하시는 기업의 여러 복잡한 문제들에 대한 해결책을 모색해야 할 때, "자유를 누리려면 언제까지나 경계를 늦추지 말라"고 했던 토마스 제퍼슨(Thomas Jefferson)의 말을 기억해 주시기를 바랍니다.

스피치를 확실히 매듭짓는 일은 어떤 내용을 말하는 문제 만큼이나 중요하다. 절대로 마지막 문장을 흐지부지한 목소리로 중얼거리거나 마지막 순간을 노트를 주섬주섬 챙기면서 슬그머니 끝내서는 안 된다. 청중과 눈을 맞추면서 친숙한 표정으로 스피치를 확실하게 마치도록 하라. 스피치를 마치고 나면, 기꺼이 청중의 질문에 답하거나 박수갈채를 받을 태세가 되어 있음을 드러낼 수 있도록 시선을 낮추면서 다시 청중들과 눈을 맞추도록 한다. 스피치를 시작할 때처럼 스피치를 끝마칠 때에도 어쩔 수 없이 자의식이 고개를 들게 될 것이다. 자신이 전달했던 메시지가 자신에게 초점이 변화되어 돌아온다고 느끼게 될 것이다. 이쯤에서는 스스로 자신감있는 이미지를 투사함으로써 마지막 결론부를 잘 마무리지어야 할 것이다.

### 연습 2.

10b에 제시된 만화책의 개요 부분이나 11b의 직장 여성에 관한 스피치의

개요 부분을 바탕으로 마지막 결론부를 작성해 보라.


## 14d. 일반적인 결론의 함정들을 피하라

다음은 일반적으로 피해야 할 결론의 몇 가지 함정들이다.


1. 사과하는 것으로 스피치를 끝맺지 말라: "꽤 많은 시간을 횡설수설해
   왔던 것 같습니다." 혹은 "내가 이것을 제대로 명확히 말했는지 모르
   겠습니다.", "좀 흥분했었나 봅니다. 차 마실 시간이 된 것 같군요."
2. 논점에서 이탈하지 말라. 청중을 위해서 예의를 갖춰 내용을 요약해
   주고 제대로 스피치를 맺도록 하라.(14c를 참조하라)
3. 결론에서 새삼스럽게 새로운 내용을 도입하지 않도록 한다. 그런 이야
   기는 스피치의 본론 부분에 와야 할 내용이기 때문이다.(9c를 참조하라)
4. 결론을 읽지 않도록 한다. 또 만약 본문 내용을 외운 경우라면 기계적
   이고 사무적인 목소리로 말하지 말아야 한다. 자연스럽게 결론을 이끌
   어 가되, 청중들과 계속해서 눈을 맞추고 음성을 자연스럽게 대화를
   나누는 것처럼 하라.(24d를 참조하라)
5. 결론을 오래 끌지 말라. 결론이란 내용을 간단히 요약해 주고 끝맺는
   것이다.
6. 스피치의 나머지 부분과 같은 스타일로 끝맺지 말라. 단순히 내용을
   반복하는 것으로 스피치를 끝맺게 된다면 청중들에게 폐를 끼치는 것
   이 될 뿐이다.(17c를 참조하라)
7. 결론부가 아닐 경우에 "결론적으로" 내지 "요약해 보면"과 같은 표현
   은 사용하지 말라. 이러한 표현을 들은 청중은 이미 스피치가 끝나 간

다고 생각했다가 계속 스피치가 이어지면 흥미를 잃게 되기 때문이다.

(12d를 참조하라)

# 제4부

# 다듬기

제4부

다
듬
기

## 서론

단어의 힘에 대해서 이야기할 때 위대한 작가인 VerLynn Sprague는 진부한 어구에 대해 다음과 같이 반박하였다.

> 천 마디의 말보다 한 폭의 그림이 더 낫다는 말이 있다. 하지만 나는 그 말에 전적으로 동의하지 않는다. 어떤 그림은 백만 마디 말보다 값어치가 있지만 그 말이 무엇인가에 따라 달라진다. 시편 23장, 주기도문, 헌법 전문(前文), 미국 독립선언문, 링컨의 게티스버그 연설, 세익스피어의 소네트(sonnet) 18번 등은 어떤 그림보다도 가치가 높다.

이어지는 9개의 장들에서는 단어와 그림, 그리고 단어로 그려지는 그림에 대해서 다룰 것이다. 화자로서 여러분이 선택하는 것 중에서 가장 중요한 것은 여러분이 보내고자 하는 메시지의 선택이다.

사람들은 스피치를 해야 하는 것을 큰 짐으로 여긴다. 하지만 그것을 좀 더 긍정적으로 바라보라. 이것은 여러분이 중요하게 생각하는 것을 다른 사람들과 나눌 수 있는 좋은 기회이다. 대중 연설가의 잠재적인 능력에 대해 생각해 본 적이 있는가? 그 능력의 한 가지 측면—연설가로서 내가 통제할 수 있는 시간의 양에 대해서—만 생각해 보자. 여러분이 어떤 학급에서 8분간 스피치를 한다고 했을 때 8분이 짧다고 생각할지 모른다. 하지만 이것을 30명의 학생들로부터 모두 장장 4시간에 이르는 시간과 주의력을 얻어낸다고 바꾸어 생각하면 결코 적지 않은 시간이다. 12명의 동료들에게 2시간 동안의 훈련 워크숍을 마련한다고 할 때 이것은 모두 합하면 24명의 시간 즉 하루 전체에 해당하는 시간이다. 또, 회의에서 150명의 청중들에게 1시간 동안의 기조연설을 했을 때 150명의 시간을 소비한 셈이며 이것은 1주일에 해당한다. 이러한 점에서 스피치를 하는 상황은 여러분에게 막대한 기회와 책임을 주는 것이다.

이처럼 소중한 시간이 주어지는 것을 생각하면 좀더 철저히 스피치를 준비해야 한다. 청중들의 지적 수준을 과소평가하거나 쉽고 명백한 것들을 언급함으로써 청중들을 지루하게 만들거나 논점을 언급하기 위해 두 배의 시간을 사용하여 청중들의 소중한 시간을 허비하는 일이 있어서는 안된다. 명심하라. 여러분은 8분짜리의 결과를 위해 이 모든 것들을 하는 것이 아니라 잠재적으로 4시간의 영향력을 지닌 일을 준비하는 것이다.

VerLynn Sprague도 자신의 논점을 가장 잘 나타내줄 천 개의 어휘를 선정하는 데 적어도 한 시간은 소비했을 것이다. 그도 준비에 필요한 시간이 발표 시간의 최소한 60배는 된다는 사실을 알고 있었지만, 독창적이고 효과적이며 기억에 잊혀지지 않을 만한 스피치를 하기 위해서는 충분히 그만한 시간을 소비할 만한 가치가 있다고 생각했다.

능숙한 화자들은 설득적인 자료를 수집하는 것뿐만 아니라 전체적인 스피치의 전략을 구상하는 것에도 기꺼이 상당한 시간을 할애한다. '전략'이란 말은 군대의 이동이나 축구 감독의 비밀스러운 게임 운영 등을 떠올리게 한다. 하지만 스피치에서는 이처럼 전투적이거나 조작적이고 상대를 속이는 듯한 함축적 의미는 없다. 스피치 전략이란 어떤 목적을 달성하기 위해 스피치의 내용과 스피치의 다른 요소들을 결합하기 위한 기본 설계이다.

특히 스피치의 목적이 정보를 전달하거나 설득하기 위한 것이라면 청중들에게 신뢰를 보이기 위해서 화자가 자신의 관심 영역뿐만 아니라 청중들의 관심 영역까지 존중해 주어야 한다고 믿는다. 물론 화자는 스피치의 목적이 있다. 하지만 연단의 힘을 너무 남용해서는 안 된다. 만일 능숙한 화자라면 청중들에게 거의 최면에 가까운 효과를 발휘하기 위해 개인적인 카리스마와 감정적 호소, 함축적인 언어를 이용할 수도 있다. 이러한 기법들은 효과가 있지만 비윤리적이다.

좋은 스피치는 감정적일 수는 있지만 감성이 합리성을 대신해서는 안 된다. 여러분의 메시지는 논리적이고 사실적이며 이치에 닿아야 한다. 스피치는 논리적으로 튼튼한 기초를 다진 후에 개인적이고 바람직한 메시지를 구성해야 한다.

제15장
# 근거 자료 마련하기

# | 근거 자료 마련하기 |

> 요점을 명쾌하게 나타내고 정당화하기 위해 다양한 근거 자료를 준비하라. 이 때 준비하는 자료들은 충분히 검증된 것이어야 하며, 이 자료들이 스피치에 자연스럽게 배어들어야 한다.

스피치의 기본 구조를 완성하고 나면 자료를 준비하는 단계로 접어든다. 연구 결과로부터 수집된 것이든 혹은 사고 과정을 통해 얻어진 것이든 간에 이 자료들은 스피치라는 집을 짓는 벽돌이 된다. 이것은 마치 사람을 그릴 때 골격을 그린 다음에 살을 붙이는 과정이나 건물의 골조에다 벽돌을 대는 것과 유사하다. 근거 자료를 준비하는 일은 스피치의 성공을 위해서는 필수적이다. 근거 자료에 따라 청중들은 스피치가 타당하거나 혹은 타당하지 않다고 생각할 수도 있으며, 흥미를 혹은 지루함을 느낄 수도 있다.

근거 자료의 형태를 선택하는 데는 기본적인 구조를 반드시 염두에 두어야 한다. 근거 자료의 내용이 명확해야 그 자료의 적절성에 대해 판단할 수 있다. 발표자들이 가끔 다음과 같은 스피치를 하는 경우가 있다. 즉, "제가 주장하는 첫 번째는 시카고의 예입니다. 두 번째는 하버드 사회학자들의 연구입니다."라고 말하고서 더 이상 자료 제시를 하지 않는 것이다. 시카고의 예라는 것은 무엇인가? 사회학자의 어떤 연구를 말하는 것인가? 6장(주제 선정과 분석에 관한)과 9장(사고 변환에 관한)에서 강조하였듯이 스피치의 모든 구성요소들은 논리적인 개요서에 따라 판단해야 한다. '범죄가 늘고 있다'고 주장한다면 아무리 설득력 있는 자료라도 단일 범죄의 예를 드는 것만으로는 부적절하다. 그러한 주장을 하기 위해서는 서로 다른 두 시점에서 수집한 자료를 비교하여 경향을 보여줄 수 있도록 제시하여야 한다.

근거 자료는 설명 또는 증명의 형식을 취한다. 정보 전달이나 친교·정서의 스피치에서 근거 자료는 생각을 확장하고, 명확하게 하거나 자세하게 한다. 또 다른 경우 근거 자료는 대립되는 주장에 대해(화자가 원하는 대로) 청중의 지지를 얻어내기도 한다. 어느 논점이든 그것을 100퍼센트 확실히 입증할 수 있는가 하는 점은 철학적 관점에서 보면 의문을 요하는 논제이기는 하지만, 일반적으로 근거 자료가 있으면 생각을 정당화하고 그것이 채택될 가능성이 더 높다. 통계자료와 같은 단 하나의 근거 지료만으로도 좋은 입증 자료가 된다. 가정적 예시나 정의와 같은 자료들은 내용을 확장(amplification)하는 용도로만 활용할 수 있으며 어떤 사실을 증명하는 자료로는 활용할 수 없다. 사고의 명료화 방법에 관한 좀더 자세한 설명을 원하면 21장(정보전달 전략)을 참고하라. 논란의 여지가 있는 주장을 입증하고자 하면 22장(설득 전략)을 참고하라.

생각을 뒷받침해주는 자료를 선택할 때 일차적으로 관련성을 먼저 고려하고, 다음으로 자료의 타당성과 흥미성의 측면을 고려하라. 어떤 화자들은 예시, 증명, 설명 가운데 한 가지만 집중적으로 매달리는 경향이 있다. 하지만 이러한 방법들을 골고루 활용하는 습관을 가져야 훌륭한 스피치를 개발할 수 있다.

## 15a. 친숙하지 않은 용어들과 개념을 정의하라

많은 화자들이 마치 외국어로 이야기하듯 평소에 익숙하지 않은 용어들을 사용하는 것을 들은 적이 있을 것이다. 혹은 "역진세(逆進稅)"라든가 "좌뇌의 기능" "데글레즈(deglaze the pan)[1]" 등과 같이 난해한 개념을 들었을 때 좀더 확실한 의미 해석을 바랐을 것이다.

이 경우에 청중들에게 보다 명쾌한 정의를 내려주기 위한 방법들이 여러 가지 있다. 이 단원에 기술된 여러 방법 가운데 상황에 가장 잘 부합되는 것을 선택하도록 하라.

Speech Builder Express 내에서 각각의 화면 가장 윗부분에 온라인 사전으로 링크되는 검색창이 있다. 따라서 스피치를 준비하면서 사전적 정의를 알기 위해 다른 창이나 프로그램을 열 필요가 없다.


### 1. 논리적 정의

논리적 정의는 사전적 정의라고도 하며, 두 가지 단계가 있다. 첫 번째 단계는 정의할 개념이 속한 범주를 규정하며, 두 번째로는 그 범주에 속하는 다른 구성원과 구별되는 그 개념만의 특징을 설명한다. 예를 들면 다음과 같다.

| 인류학이란 | | |
| --- | --- | --- |
| 1단계 | 인류를 연구하는 학문적 영역 | 종교나 정치 제도도 아니고 건강 식품도 아님 |
| 2단계 | 전체적으로 말하자면 인간 본성과 역사를 포괄적으로 이해하기 위한 것 | 물리학, 사회학, 생물학, 심리학 등과 구별되게 해 주는 것 |

---

1) **역자 주** : 요리 전문 용어로 고기를 굽거나 튀긴 후 팬의 바닥과 측면에 남아 있는 국물을 육수나 포도주로 헹구어 내는 일을 말한다.

어떤 화자들은 1단계를 생략하는 우를 범하기도 한다. 누군가가 "Spitfire 호가 Boulton Paul Defiant보다 더 빠르고 이전의 어떤 것들보다 더 기민하다"고 발표할 때 청자들에게 Spitfire 호가 2차대전 때 개발된 영국의 전투기 범주에 속한다는 점을 미리 알려주지 않으면 청자는 화자의 말을 이해하기 어려울 것이다. 범주는 매우 구체적이어야 한다. 그렇지 않고 "Spitfire호가 비행기 범주에 속한다"고 말하면 청자들은 라이트형제의 비행기로부터 보잉 767에 이르기까지 모든 비행기 종류를 상상하게 되므로 이해하기 어려워진다.

## 2. 어원적 및 역사적 정의

어떤 단어의 의미를 정의하는 방법 중 하나가 그 단어의 어원적 유래나 역사적인 유래를 알려주는 것이다.

### 어원적 유래

Anthropology(인류학)의 어원은 인간을 뜻하는 그리스어인 anthropos 와 학문을 뜻하는 ology이다.

### 역사적 유래

1880년 아일랜드의 부동산업자인 찰스 보이콧은 월세를 줄여달라는 세입자의 요청을 거절했다. 이에 대한 반항의 표시로 세입자는 월세를 지불하지 않았다. 이로부터 보이콧(boycott)이라는 말이 생겨났으며, 그 의미는 반대를 표시하거나 압력을 넣기 위해 사회적 혹은 경제적인 상호관계를 거절하는 행위를 말한다.

## 3. 조작적 정의

용어를 설명하는 방법 중의 하나는 사물이나 개념이 어떻게 작용하는지를 기술하는 것이다. 이러한 조작적 정의는 어떤 과정을 이루는 각각의 단계들을 그대로 보여주기만 하면 된다.

'평균'이란 모든 점수를 합한 후에 점수의 개수로 나누어 나온 수이다.

컴퓨터의 '로그온'이란 시스템을 규정하고 사용자 아이디를 제시하며 데이터가 취할 형태를 표시하는 과정이다.

사회과학자들은 조작적 정의를 개념적 용어가 어떻게 판단되는지를 설명하기 위해 사용한다.

신체적으로 왕성한 사람이란 일주일에 최소 6시간 이상 활발한 운동을 하는 사람을 의미한다.

훌륭한 관리자란 관리자 평가 지수에서 최소 25점 이상을 받는 사람으로 규정한다.

인류학의 예로 돌아가서 인류학자가 하는 일을 규정함으로써 인류학 분야를 정의할 수 있다.

인류학자는 과거와 현재의 인간 행동을 체계적으로 관찰하고 이를 바탕으로 인간 본성과 역사에 대해 일반화를 이끌어 낸다.

## 4. 부정(否定) 또는 반대를 통한 정의(定義)

"정의(正義)가 무엇인지 아는 사람은 아무도 없다. 하지만 불의(不義)가 무엇인지는 누구든 안다."라고 소크라테스는 말했다. 용어를 설명하는 많은 경우에 가장 좋은 방법은 그 반대의 경우를 설명하는 것이다. '공정', '명료', '권력' 등 추상적인 의미를 설명할 때 오히려 그 반대의 용어인 '불공정', '불명확한 관계', '힘없는 사람들' 등에 대해 설명하는 것이 더 명쾌하게 의미를 전달할 수 있다.

반대의 의미를 가지고 설명하는 것은 추상적 용어뿐만 아니라 구체적인 용어를 설명할 때도 도움이 된다.

> 저혈당이란 당뇨병의 반대 개념이다.
> 인류학자들은 운동이 필요해서 시체를 파헤치거나 토종 물고기가 맛있다
> 고 원주민들과 함께 살지 않는 것처럼 일시적 기분으로 특수화된 자료를
> 수집하지 않는다.

이러한 종류의 정의 방법은 강력하고 매력적이다. 하지만 경우에 따라서는 부정(否定)에 의한 정의 방법은 다른 정의(定義) 방식으로 함께 보완해야 할 수도 있다.

### 5. 권위에 의한 정의

이러한 방식은 논란이 되거나 막연한 용어여서, 가능한 몇 가지 가운데서 하나를 선택할 수밖에 없는 경우에 유용한 방법이다. 이 경우 의미를 중재할 수 있는 사람은 가장 신뢰할 만한 사람이거나 최고의 권위를 가진 사람이다.(15d참조)

> 네가 "약간 늦었다"라고 한 말이 무엇을 뜻하는지 모르겠지만, 사장님은
> 15분 이상 늦는 경우에는 지각으로 기록하라고 하셨어.

언론의 자유는 "명백히 현존하는 위험" 상황이 아닌 한 억압되어서는 안된다. 대법원은 다음과 같이 규정했다. "충분한 토론의 기회가 주어지기전에 위기가 닥칠 만큼 절박한 위기만이 명백히 현존하는 위험이라 할 수있다. 토론을 통해 허위나 오류를 찾아내고 교육을 통해 나쁜 것을 피해갈 수 있다면 강요된 침묵이 아닌 언론을 통한 처방이 필수적이다. 응급상황에서만이 억압을 정당화할 수 있다."

인류학 분야에서는 마가렛 미드의 스피치에서도 이러한 방법을 찾을 수있다.

그녀는 인류학을 뒤따라오는 학문이며 한 분야에 특정되지 않고 여러 분야를 망라하는 학문으로 정의하였다. "인류학은 과학, 인문학, 사회과학중 어느 하나의 범주에 들지 않고, 이러한 독특한 특성 때문에 나는 인류학이 교양교육에서 고유한 공헌을 할 수 있다고 믿는다."

## 6. 예시(例示)에 의한 정의

예시에 의한 정의 방법은 의미를 구체적으로 전달할 수 있는 아주 흔하고효과적인 방법이다. 화자는 대상을 직접적으로 말이나 문자로 지목하며 설명한다.

카리스마가 있는 지도자에 대해 이야기할 때, 나는 존 케네디나 마르틴루터 킹 목사, 아돌프 히틀러 등에 대해 말한다.

검도에서 사용하는 무기는 쉬나이라는 죽도(竹刀)다. 여기 죽도를 가지고왔다.

기타 줄을 진동시키는 방식은 두 가지가 있다. 하나는 탄주(彈奏) 방식이고, (직접 소리를 들려주며) 이렇게 소리가 난다. 또 다른 하나는 기타 줄을 뜯는 방식으로 (직접 소리를 들려주며) 이런 소리가 난다.

인류학은 리키의 올두바이 협곡(Olduvai Gorge)에서의 고고학 연구라든가, 마가렛 미드의 참불리(Tchambuli) 사회에서의 성(性)역할을 다룬 연구라든가, 노암 촘스키의 변형 생성 언어학 보고서, 그리고 인간의 공격적 본성에 관한 로렌즈의 논쟁 등과 같은 연구들이 있다.

인류학의 정의하기 위해 위에서 제시한 예시들은 이미 우리에게 친숙하고 다양하며 인류학 연구의 네 가지 분야를 대표하는 예들이다.

**연습 1.**

두 가지 다른 방법을 이용하여 다음 용어들을 각각 정의하라.
1) 교차 연습
2) 사랑
3) 단체 교섭
4) 속도계
5) 씨족내 경쟁

## 15b. 예시(例示)를 자주 활용하라

"예를 들어 말씀드리겠습니다."라는 말 만큼 청중에게 기운을 불어 넣는 말은 없다. 예를 들어 설명함으로써 청중들은 본인들이 화자(話者)의 말을 얼마나 제대로 이해했는가를 점검할 수 있게 된다. 청중들이 가지고 있는 개념을 실제 예와 비교함으로써 청중들은 그들이 지닌 이미지가 화자의 이미지와 일치하는지 알 수 있다. 화자는 실제의 예를 들 것인가 아니면 가상의 예를 들 것인가를 결정하여야 하며, 또 간략한 예를 들 것인가 아니면 좀 더 확대된 예를 들 것인가를 결정하여야 한다.

## 1. 요점을 설명하고 입증하기 위해서는 사실적 예를 들라

'사실(事實)'은 보편적으로 받아들여지는 주장이다. 때로는 "산드라 데이 오 코너(Sandra Day O'Connor[2])가 법관이다."라는 표현처럼 이것은 입증이 가능하다. 굳이 맹세를 하지 않더라도 많은 자료들에서 사실적인 진술로 되어 있는 확증적인 증거들을 충분히 찾을 수 있다. "지구는 태양에서 9천 3백만 마일 떨어져 있다"는 것은 비록 우리의 오감(五感)으로 직접 입증은 불가능하지만 사실로 받아들여지는 주장이다. 우리는 관찰 결과에 기초하여 이론적 토대를 마련하고, 거의 절대적인 확실성을 갖고 거리를 예측할 수 있으므로 이를 사실로 받아들인다. 상대성 원리의 거리/시간을 이용하여 빛의 속도를 알고 있기 때문에 우리의 오감을 확대할 수 있는 기구들을 가지고 태양으로부터 지구까지의 거리를 측정할 수 있다.

이러한 예들을 가지고 설명할 때에는 이 예들이 명료하고 관련성이 있는 예들이어야 하며, 다양한 예를 보여줄 수 있어야 한다. 어떤 요점을 입증하기 위해 예를 제시할 때에는 특정의 논리적 테스트를 만족시켜야 한다. 이것이 16b에서 보여줄 귀납적 추론(inductive reasoning)의 핵심이다.

---

2) **역자 주** : 미국 최초의 여성 연방 대법관으로, 1981년 공화당 Reagan 대통령에 의하여 지명되어 상원의 동의를 받아 취임한 이래 2006년 1월까지 약 25년간 대법관으로 재직하였다.

### 충분한 예를 제시하였는가

어느 도시의 고등학교들이 기본적인 문식성 교육을 제대로 하고 있지 못하다는 것을 주장하기 위해서 글을 못 읽는 주변의 몇몇 고등학교 졸업생들의 예를 드는 것은 적절치 못하다. 더 많은 예를 들면 들수록 청중들은 글을 못 읽는 고등학교 졸업생의 예가 우연이 아닌 실제적인 상황으로 받아들이게 될 것이다.

### 제시된 예가 대표성이 있는가

글을 못 읽는 그 지역 고등학교 졸업생의 예를 수십 명을 제시하였다 하더라도, 그 학생들의 예가 한 학교의 지진아반에서 인용한 것이라면 고등학교 교육의 취약성이라는 결론을 청중들이 받아들이기 어려울 것이다. 결론을 청중들이 믿게 만들려면 예를 인용할 때에 도시 전체의 학생들의 단면을 대표할 수 있어야 한다.

### 반대의 예들에 대해서도 설명가능한가

학교 교육의 실패에 관한 위의 주장을 피력할 때 청중 가운데 어떤 사람은 전국 경시대회에서 입상한 자신의 조카의 예를 들거나 조카가 다니는 학교가 영어과 모의고사에서 전국 평균을 웃돈다는 말로 주장에 반론을 제기할 수도 있다. 이 같은 예를 들어서 논리를 피력할 때는 이러한 정반대의 예에 대해서도 설명할 수 있어야 한다. '아마 그 조카는 IQ가 170을 넘을 것이다.' 라든가 '그 학교의 영어 선생님은 아주 엄격하고 실력이 뛰어나 학생들의 성적을 철저히 관리한다.' 와 같이 말이다. 즉, 반론으로 나온 예들이 얼마나 비전형적이며, 고등학생들의 일반적인 상황을 반영하는 데 왜 그러한 예들을 제외시켜야 하는지를 보여줄 수 있어야 한다.

## 2. 현재의 상황에 적합한 가상의 예를 들라

때로 말하려고 하는 취지에 사실적 예가 별로 적합하지 않을 수도 있다. 또한 미래를 상정한 주장을 할 수도 있다. 이럴 때는 간략하거나 확대된 가상의 예를 들 수도 있다. 다음은 확대된 가상의 예이다.

> 투자 포트폴리오를 어떻게 개발합니까? 예를 들어 여러분의 가계소득이 매달 4000달러이고 지출이 월 2800달러라고 가정해 봅시다. 그러면 이 때 지출하고 남는 나머지 금액을 가지고 얼마만한 부분을 저위험투자인 머니마켓이나 단기 예금에 투자하고 얼마만큼을 고위험수익에 투자할 것인지를 보여드리겠습니다.

> 야간근무를 마치고 지친 걸음으로 자기 차를 향해 걸어가고 있는 한 젊은 여자가 있다고 가정해 봅시다. 그녀의 이름은 Katie라고 하지요. 그녀는 너무 피곤해서 건물을 나서 한참 걸어갈 때까지 뒤따라오는 발자국이 있다는 것을 알아차리지 못합니다. Katie는 갑자기 걸음이 빨라집니다.

명백히 가상의 예는 어떤 것을 입증하지는 못한다. 하지만 이러한 가상의 예는 주제에 정확히 맞추어 주제를 명료하게 보여주는 데는 유용하다.

가상의 예는 확대된 예일 필요는 없다. 다음은 세 개의 짧은 가상의 예를 이용한 연설이다.

> 만일 이 세법(稅法)이 통과되면 어떻게 될까? 저기 있는 미구엘은 사업상 먹은 점심식사비를 세금에서 공제받을 수 없게 될 것이다. 오드리는 자기 건물을 평가절하할 수 없을 것이고, 톰 당신도 자녀가 곧 대학에 들어갈

텐데….

이전의 예에서 나타났듯이 가상의 예는 청중들을 연설 속으로 끌어들일 수 있다. 예를 들 때는 18a를 참고하라.

여러분이 선택하는 예들은 세상에 관한 일단(一團)의 가정을 내포하고 있다. 인종적인 비유나 남녀의 성적 역할과 관련된 비유를 할 때는 주의해야 한다. 사장은 모두 남자인가? 비서는 모두 여자인가? 노동자들은 모두 폴란드식 이름을 가지고 있는가? 술 취한 사람들은 모두 아일랜드 사람들인가? 만일 제시한 예들 때문에 여러분이 부정확한 전형적 인간형에 근거해 세상을 바라본다는 인상을 주게 되면, 청중들 가운데 어떤 이는 상심(傷心)하게 될 것이다. 우리는 급변하는 다원적 사회에 살고 있다. 따라서 이같은 다양성을 반영하기 위해 이름과 성별, 인종, 민족 등을 섞어서 예시하여야 한다.

### 3. 예시에 사용할 내용의 분량을 결정하라

만일 청중이 이미 인정하고 있는 내용이라면 예는 간단히 들라. 이 경우에 이미 친숙한 예를 쉽게 지적할 수 있다. 어떤 개념을 명료하게 보여줄 때는 다음과 같이 말할 수 있다. "사원들의 복지 담당자는 임금을 제외한 모든 보상 형태를 취급한다. 예를 들면 의료보험, 치과보험, 상여금, 이윤분배 계획, 회사 장학금 같은 것들이다." 어떤 전제를 입증할 때도 친숙하고 일반적으로 인정되는 예들을 드는 것이 좋다. "버지니아에서의 초기 군사작전 때는 남부 연방의 장군들이 계속해서 더 우수한 전술을 펼쳤다. 잭슨 계곡의 군사작전이나 Lee 장군의 7일 전투라든가, Second Bull Run 등이 그 예다." 이러한 간략한 사실적 예들이 '이윤 분배'에 대해 한번도 들어본 적이 없는 청중이나, 남북전쟁에 대해 잘 모르는 청중들에게는 별로 도움이 되지 않을 것이다. 이 경우 좀더 더 자세한 예시가 필요하다.

간략한 몇 개의 예시만으로는 청중들을 잘 이해시키기 어려울 때 다음과 같이 확대된 예시를 이용하라.

> Second Bull Run에서의 리 장군의 작전의 예를 들어 남부군 장군들의 전술적 우월성의 예를 들어 보겠습니다. 과감성과 기술에 있어서 리 장군은 그의 적인 Pope 장군을 능가했습니다. 리 장군은 잭슨을 북부군의 보급부대를 포위하도록 하여 Pope의 부대 후미 20 마일까지 접근했습니다. Pope이 잭슨을 따라 추격하였을 때 잭슨은 그를 유인했습니다. Pope이 최종적으로 잭슨을 발견하고 공격했을 때 리 장군은 결정적인 측면 공격을 전개할 수 있었습니다.

이러한 시나리오는 개발하는 데 시간이 소요되지만, 간략한 예시에 비해서 훨씬 더 생생한 이미지를 제공하고 더 강하게 강조할 수 있다.

예를 들 때는 얼마나 길게 혹은 짧게 시간을 할애할 것인가를 결정해야 한다. 어떤 경우에는 너무 간결한 예를 드는 바람에 "뉴저지에서 무슨 일이 일어났는지?" 또는 "Browne 사건"에 대한 함축적인 예시 때문에 의미를 몰라 의아해 하기도 한다. 반대로 어떤 사람들은 예를 들면 소프트웨어 프로그램의 작동 방법이나 CR-ROM 패키지의 색깔이 뭔지, 플라스틱 포장의 두께가 얼마인지, 모니터 화면이 얼마나 선명한지, 계산대에서 얼마나 기다렸는지, 판매원의 이름이 뭔지 등등 각각의 예를 너무나도 소상히 제시하기도 한다.

위의 두 경우 가운데 어떤 것을 선택할지는 의식하고 있어야 한다. 각각의 예에 투자할 시간을 결정하기 위해서는 문제의 예시에 대한 청중들의 친숙도, 예시를 통해 기대되는 효과, 주어진 시간 범위 내의 효율적인 시간 배분 등을 고려하여야 한다. 이상적으로는 몇 개의 짧은 예시와 2-3개의 긴 예시를 선택하는 것이 좋다. 적절히 선택한 예시는 주제와 관련하여 연설자가 지닌 지식의 넓이와 깊이를 보여 준다.

### 연습 2.

아래의 주제 가운데 하나를 선택하시오.
  십대의 자살
  선거에 대한 언론매체의 영향
  장기 이식

다음의 카테고리 각각에 대해 예를 들고 어떤 연설 상황에서 가장 적절할 것인지를 설명해 보시오.
  a. 간략한 사실적 예시
  b. 확대된 사실적 예시
  c. 간략한 가상의 예시
  d. 확대된 가상의 예시

### 연습 3.

연습 4에 나타난 세 가지 주제 가운데 하나를 선택하고, 15b.1에 나타난 테스트를 만족하는 귀납적 주장(inductive argument)을 만들어 보라.

### 15c. 요점을 정량화하고 명료하게 표현하며 입증하기 위해 통계적 증거들을 활용하라

다수의 예들을 체계적으로 수집하고 분류하면 그것이 바로 통계적 자료가 된다. www.fedstats.gov 에 가면 주제별, 주(州)별로 정부의 통계자료를 구할 수 있다. 15b.1에서 나타난 것처럼 고등학교 문식성 교육에 관한 연설에서 글을 읽고 쓸 줄 모르는 개개의 학생들 이름을 일일이 열거하는 것으로는 요점을 전달하지 못할 것이다. 이렇게 해서는 너무나 많은 시간이 소요되므로 이때가 바로 통계적 증거들의 힘을 빌려야 할 때다. 시험 성적을 분석하거나 졸업생을 추적 연구하거나 교사를 인터뷰하여, 다음과 같은 자료들을 제시함으로써 스피치를 명확히 하고 스피치에 필요한 근거 자료로서 제시할 수 있다.

우리 도시의 고등학교 고학년 학생 가운데 58%가 주에서 실시한 읽기 시험에서 기초 학력에도 이르지 못하였다.

우리 도시에서 고등학교를 졸업하고 대학에 진학한 학생 가운데 1/3이 신입생 영어 강좌에서 낙제했다.

교사들의 보고서에 따르면 학생 4명 가운데 1명은 7학년 수준의 글을 이해하는 데 어려움을 겪는다.

## 1. 누가, 왜, 언제, 어떻게를 확인함으로써 통계적 자료의 정확성을 검증하라

### 누가 데이터를 수집했나

연구자의 자격 요건과 능력을 알아보라. 전문적인 설문조사기관이 실시한 연구 자료인가 아니면 라디오 쇼의 주체측이 조사한 자료인가? 대학원생이 조사했나 아니면 저명한 대학교수가 조사했나? 광고회사의 자료인가 아니면 정부의 태스크포스 팀이 조사했나?

### 왜 그 자료가 수집되었나

어떤 정보를 수집한 배후의 동기가 무엇인가? 정치 후보자의 진영에서 실시한 통계조사라면 그 후보자에 대해 대대적인 지지를 보여주기 위한 것이므로 진정한 진실을 대중에게 알려주기 보다는 상대 후보자를 평가절하하기 위한 요구를 반영할 것이다. 편견이 없는 완벽한 것은 아니지만 그래도 독립적인 여론 조사 기관이나 순수 연구를 위한 언론인, 과학자 및 학자들은 상품을 판매하거나 특정의 목적을 도모하기 위한 사람들보다는 객관적인 경향이 있다.

### 언제 수집된 데이터인가

증거 자료들은 최신의 자료들이어야 한다. 대중의 태도는 물가만큼이나 쉽게 변하며 어떤 데이터는 책으로 편집되어 출판될 무렵에는 이미 무용지물이 되어 있기도 한다. 경제와 같은 지속적으로 변화하는 주제들을 다룰 때는 그 방면의 전문가로부터 최신의 데이터를 구하는 것이 좋다.

### 어떻게 수집된 데이터인가

연구의 설계 방법과 연구 수행에서 일어난 세부사항들에 대해서 가능하면 많은 사실들을 알 필요가 있다. 연설에서 핵심 쟁점을 지지해 주는 통계적인 자료가 있다면, Psychology Today 잡지에서 한 단원을 인용하는 것으로 끝나지 말고 Journal of Social and Experimental Psychology를 비롯한 원저(原著)들을 더 섭렵해야 한다.

먼저 정의를 비교하라. 연구의 제목만 보아서는 매우 도움이 될 것 같지만 좀더 자세히 읽어보면 "임시직 노동자"나 "효율적 리더십"같은 용어의 정의를 다르게 내려서 내가 원하는 바 대로 연설에 바로 인용하기는 부적절할 수가 있다.

둘째, 어떻게 수집된 데이터인가 확인하라. 대상과 예를 선택할 때 무작위 방식을 비롯한 논리적이고 편견이 작용하지 않는 방식으로 선택하여야 한다.

마지막으로 관찰적 방법인지 실험적 방법인지 또는 전화, 우편, 또는 일대일 면접을 통해 수집된 데이터인지 등 데이터 수집의 방법을 평가해 보라. 가능하다면 실제 사용된 도구들도 살펴보라. 면접이나 설문지에 유도성 질문이나 비현실적이거나 특정 선택을 강요하는 내용은 없는가? 비록 전문가는 아니더라도 연구 방법에 스며든 편견은 찾아 낼 수 있다.

## 2. 오해를 일으킬 만한 통계자료는 피하라

언어는 모호한 측면이 있지만 숫자는 명확한 진실을 전달한다고 믿는 경향이 있다. 2+2=4라는 진리에는 아무런 의문점이 없다. 하지만 숫자 자체도 모호한 의미를 지닐 때가 있으며 주의하지 않는 경우 통계적인 함정에 빠질 수 있다.

### 평균의 오류

통계에 대한 한 비판론자는 통계적으로라면 인간은 한 발은 얼음 속에 나머지 한 발은 불 속에 넣어도 살 수 있다고 말했다. 즉, 양쪽 발의 온도의 평균은 체온과 비슷해지기 때문이다. 평균이란 통계 분석에서 유용한 수단이지만, 종종 평균이란 숫자는 현실과는 동떨어진 엉뚱한 모습을 제공하기도 한다.

평균이란 숫자가 주는 엉뚱한 상황을 생각해 보자. Smurge 회사는 각 부서마다 6대의 컴퓨터 스캐너가 있다고 가정하자. 그런데 사실은 영업부서에만 스캐너가 40대 있지만 나머지 부서들은 1대가 있거나, 아예 없는 경우도 많다. 이 경우 한두 가지의 극단적 예에 의해 전체의 분포가 한쪽으로 치우치게 된 경우에는 산술적인 평균을 구하는 것이 적절하지 못하다. 이 경우 중앙값(median, 전체 숫자를 작은 수부터 큰 수까지 일렬로 세웠을 때 가운데 숫자에 해당하는 값) 혹은 모드(가장 많이 등장하는 숫자)가 이 경우 더 적절한 -물론 이것도 모순될 경우가 있긴 하지만-대표값이 될 수 있다. [그림 15-1]을 보면 Smurge 회사의 스캐너의 분포가 나타나 있다. 이 경우 평균 대수는 6대이지만 중앙값은 2이고, 모드는 1이다.

**[그림 15-1] Smurge 회사의 스캐너 분포도**

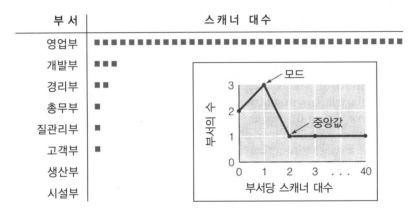

모수(母數)를 모르는 오류

백분율이나 비율 등에 대해 이야기할 때 대개는 많은 사람들을 대상으로 조사했다는 것을 암시하게 된다. 사실은 비과학적이거나 빈약한 증거에 대해서 신뢰를 얻기 위해 "기술자 세 사람 가운데 두 사람은 이 오일을 추천했다."와 같은 식으로 데이터를 보여주는 경우가 있다. 이것을 듣는 청중들은 대개 "전국적으로 300명의 기술자를 설문조사해서 200명이 이 오일을 추천했다."는 뜻으로 알아듣게 된다. 하지만 만일 이 경우 실제로는 세 명에 대해서만 설문조사를 실시했다는 사실을 알게 된다면 이 주장이 얼마나 설득력을 갖게 될까?

마찬가지로 "우리나라의 범죄 가운데 80%가 십대 청소년들에 의해 저질

러진다"라고 했을 때는 매우 심각한 문제로 받아 들여 진다. 이 말은 "올해 강도사건이 5건이 있었으며 그중 4건은 10대에 의한 것이다."라는 말보다는 훨씬 더 설득력이 큰 주장이다.

비전형적이거나 임의적인 시간의 틀을 적용하는 오류

컴퓨터 부품 회사의 간부가 2월 매출은 전월에 비해 2배 증가했다라고 할 때, 이 말은 자칫하면 청중을 오도하기 쉽다. 왜냐하면 컴퓨터 업계에서는 연중 1월은 항상 매출이 가장 저조한 달이기 때문이다. 만일 2월 실적을 11월과 비교했다면 상당히 다른 결과를 보일 것이다. 왜냐하면 11월은 크리스마스를 앞두고 가정용 컴퓨터와 비디오게임을 가장 많이 구입하는 성수기이기 때문이다. 회사의 실적 성장을 보여주려면 더 바람직하게는 금년 2월 실적을 전년도 2월의 실적과 비교해야 할 것이다.

장기간 혹은 단기간의 시간 틀을 선택함으로써 그 회사 간부는 회사의 실적의 건전성에 대해서 다양한 모습을 보여줄 수 있다. 만일 11월부터 1월까지의 실적변화를 보여준다면 아주 급격하게 감소하는 실적이므로 노조의 임금인상 주장을 반박할 수 있는 자료로 사용할 수 있을 것이다. 또 지난 5년간의 11월 실적을 비교하여 조금씩 성장하고 있다는 것을 보여줌으로써 주주들을 안심시켜줄 수도 있다.

### 3. 청중들에게 숫자나 통계의 의미를 명확히 설명하라

반복적이고 무미건조한 연설이 바로 통계자료를 잔뜩 보여주는 것이다. 이런 연설은 이내 곧 청중들을 지치게 만든다. 청중들은 자신들에게 쏟아지는 숫자들에 대해 심리적인 방어벽을 쌓게 된다. 통계 숫자를 인용할 때는 반올림한 숫자를 제시하라. "1489.6"이란 숫자 대신 "약 1500"으로 표현하라. 숫자를 잘 이해할 수 있도록 적절히 비교를 사용하는 것도 좋다.

이 무기 시스템을 구입하는 데 필요한 돈이라면 11개의 서부주에 사는 가난한 학생들 모두에게 장학금을 지급할 수 있고, 암 연구에 지출하는 정부 연구비를 지금의 3배로 증액할 수 있으며, 우리 주와 인근 3개 주에 포함된 고속도로를 재정비할 수 있다.

시간의 장대함이 우리의 감지능력에 한계를 느끼게 한다. 우주가 탄생한 것은 150억 년 전이며, 우리의 먼 포유류 조상이 공룡의 멸종을 지켜 본 것이 6천 5백만 년 전이며, 인류의 가까운 조상이 나무에서 내려와 땅위 생활을 시작한 것이 2천만 년 전이다. 역사 시대가 시작한 것은 7천 년 전이다. 이것을 우주 달력으로 비유해 보면 빅뱅이 1월 1일 있었고, 포유류가 공룡을 밀어내고 땅위의 주도권을 쥔 것은 12월 30일 저녁이 되서야 이루어 진 일이며, 12월 31일 저녁 7시에야 원인(原人)들이 나무 위보다 땅 위 생활이 더 편안하게 느끼기 시작하였다. 역사 시대가 시작한 것은 12월 31일 자정을 3초 앞두었을 때이다.

비교를 지나치게 많이 사용하지는 마라. 과도한 숫자의 나열은 청중들을 식상하게 만든다.

연습 4.

아래의 통계적 증거들을 받아들이기 위해서 추가적으로 필요한 정보는 무엇인가?

1. 연구결과에 따르면 사람이 의사소통하는 데 사용하는 표현 가운데 3분의 2는 비언어적인 표현이다.

2. 껌을 씹는 사람들을 설문조사한 결과 5명 가운데 4명은 무설탕 껌을 선호한다.

3. 연구자들에 따르면 사교적 수준으로만 술을 마시는 사람들은 1년에 평균 8번 정도는 숙취를 한 경험이 있다.
4. 내가 파악하고 있기로는 나의 정적이 취임한 기간 동안에 수십 건의 형사 사건들이 발생했다.


## 15d. 권위 있는 사람들의 증언을 이용하라

논점을 관철시키기 위해 종종 다른 사람들의 말을 인용할 때가 있다. 증언이란 화자(話者)의 사실 입증을 위해 외적인 힘을 끌어 들이는 것과 같다. 자신의 지식만으로 어떤 것을 입증할 수 없을 때 타인의 관찰 결과에 의존하게 된다. 예를 들면 경찰에 체포되거나 범죄인을 다루는 직업을 가진 적이 한 번도 없지만 여러 증언들을 활용하면 현행 형벌 체제에 대해 믿을 만한 스피치를 할 수 있다.

감옥에서의 전형적인 일과에 대한 언급이나 재소자들이 자기 주변 환경에 대해 언급한 것을 재인용하는 것이 효과적일 것이다. 전문가의 말을 인용하거나 직접 경험한 사람의 말을 인용할 수 있다.

5년간의 투옥생활을 떠올리며 Mike Carson은 다음과 같이 말했다. "하루하루가 똑같이 흘러갔다. 우리는 하루 종일 좁은 감옥방에 앉아서 운동 시간이 되기만을 기다리거나 어제와 똑같은 불결한 음식이 나오기만 기다리며 보냈다."

저명한 범죄학자인 Sarah Jackson은 감옥 환경에 대한 그녀의 연구 저서에서 다음과 같이 말했다. "극소수의 재소자들만이 자신들에게 유익한 도움이 될 기능을 익힐 수 있는 수업을 듣거나 일을 배울 수 있었다."

증언을 인용할 때는 직접 혹은 간접적으로 인용할 수 있다. 직접 인용은 다음과 같이 한다.

제2회 순회 항고 법정의 보고서에 따르면 다음과 같다. "9월 13일 아침 Attica 폭동 지역을 주정부군이 재장악한 이후부터 적어도 9월 16일까지 수비대와 주방위군, 그리고 간수들이 잔인하고도 비인도적으로 재소자들을 학대하였다. 상해를 입은 재소자들은 두들겨 맞고, 꼬챙이로 찔리고, 매를 맞았다. 다른 이들은 강제로 발가벗겨 져서 몽둥이를 든 수비대 사이를 달리도록 강요당했고, … 성냥불로 그을리고, 성기와 팔을 난자당했다."

또는 위의 내용을 다음과 같이 간접적으로 인용할 수도 있다.

제2회 순회 항고 법정의 보고서는 Attica 폭동 후에 발생한 잔인하고도 비인도적인 행위들을 분류하였다. 주정부군이 폭동을 진압하였을 때 수비대와 감옥 간수들은 죄수들에게 잔인한 신체적 형벌을 가하였다.

## 1. 증언을 증거로 채택할 때에는 그 권위의 신뢰성을 잘 평가하라

어떤 쟁점에 대해 주장을 펼칠 때 그것을 지지해줄 만한 권위 있는 문구와 어록은 쉽게 찾을 수 있다. 어떤 것이든 그에 대한 인용구를 찾을 수는 있다. 문제는 당신의 요점을 지지해줄 만큼 충분한 권위를 가진 사람을 찾는 것이 힘들다는 것이다. 이러한 질문을 던짐으로써 권위의 신뢰성을 먼저 테스트하라.

### 그 권위자가 필요한 정보에 접근할 수 있는 사람인가

권위자가 되기 위해 반드시 전문가가 될 필요는 없다. 교통사고를 목격한 삶이라면 교차로에서 어떤 일이 일어났는지 권위를 가지고 이야기 할 수 있다. 중국여행 중에 일어난 일에 대해 말하기 위해서 이웃집에 사는 사람이 반드시 중국 소식통이 되어야 할 필요는 없다. 정보원(情報源)에서 멀어지면 멀어질수록 그 사람의 정보는 신뢰성이 떨어지게 된다. 교통사고의 목격자로부터 직접 인용한 말이 그 목격자가 한 말을 다시 옮겨 말하는 목격자의 친구보다 훨씬 더 낫다.

모호한 표현은 청중을 오도(誤導)할 수 있다. "우리 형은 정부 공무원인데 국방성에서 과도한 재정지출을 은폐하기 위한 음모가 있다고 하더라." 또는 "저명한 심리학자의 의견에 따르면 그 살인사건은 절대적으로 미친 사람의 짓이야."라는 증언도 그 형이 우체국 말단 직원이고 그 심리학자가 그 재판에 대해서 신문에서 읽어서 알고 있는 정도라는 것을 알게 되면 증언의 효력이 현저히 감소하게 된다. 만일 어떤 권위를 활용하고자 한다면 그 권위자가 그것에 대해 직접적인 경험을 지니고 있고 직접 관찰을 했거나 관련 사실과 파일에 대해 개인적으로 접근할 수 있는 위치에 있어야 한다.

### 그 권위자가 데이터를 해석할 수 있는 자격이 있는가

전술한 바와 같이 누구든 자기가 본 것에 대해 믿을 수 있게 기술할 수 있다. 하지만 그것을 해석하거나 그로부터 의견을 도출하고 결론을 맺거나 어떤 제안을 하려고 할 때는 신뢰성의 기준이 더욱 엄격해진다. 법률가, 박사(博士), 공인중개사 자격 등의 자격증을 지니거나 성공과 경험 등을 축적함으로써 사람들은 전문가로서 인정받게 된다.

### 그 사람이 해당 분야에서 전문가로 인정받는가

워싱턴 레드스킨스라는 미식 축구팀이 닉슨 대통령의 제안으로 경기를 하게 되었을 때, 영양학 또는 자동차공학의 권위자로서 상업광고에 스포츠계 인물을 제시하는 독특한 변형을 보았다. 닉슨 대통령은 외교 정책 분야의 전문가이지 미식 축구에 대한 신뢰할만한 전문가는 아니다. 전문가의 의견이 자기 전문 분야를 넘어서서 인접 분야에 까지 의견을 내는 경우가 있다. 세법(稅法) 전문 변호사가 헌법 전문가로서의 의견을 표출할 수도 있고, 사회심리학자가 정신분열병의 원인에 대해 자기의 의견을 제시할 수도 있으며, 저명한 화학자가 비타민C 의 효과에 대한 개인의 견해로 인해 범국민적인 관심을 끌 수도 있다. 그들의 의견은 옳을 수도 있고 틀릴 수도 있다. 그러나 그들의 전문분야가 아닌 인접 분야에 대한 의견은 적절한 정보를 지닌 비전문가에 비해 기껏해야 조금 더 신뢰할 만한 수준에 불과하다.

### 권위자가 편견이 없고 이해관계로부터 자유로운가

민주당의 국가위원회 의장이 민주당 강령을 정의와 번영을 위한 청사진이라고 평가하고, 방송국의 대변인이 자사의 새로운 텔레비전 쇼를 인간본성에 대해 날카롭게 파헤쳤다고 평가한다 하더라도 별로 놀라운 일이 아니다. 또한, 그러한 평가가 그다지 설득력도 없다. 이데올로기적으로나 금전적으로 개인적인 이해관계가 없는 정치평론가나 TV 비평가의 의견을 더 신뢰하게 된다. 이에 나아가 더욱 신뢰할 만한 것은 개인의 이해관계에 맞서서 증언할 경우이다. 개인의 정직성이나 숭고한 의무감으로 개인의 이해와는 상충되는 증언을 할 때, 그러한 발표에 대해 큰 신뢰감을 주게 될 것이다. "민주당의 국가위원회 의장조차도 당 강령이 외교 분야에 취약하다고 인정하였다."

### 2. 인용할 때에는 의미를 왜곡시키지 말고 요점을 유지하도록 주의하라

메시지의 기본적인 요점을 강조하기 위해 인용 부분을 요약하는 것은 얼마든지 가능하다. 하지만 원래의 내용에서 취한 입장이 인용과정에서 바뀌거나 심지어 반대의 입장으로 변하는 정도로 과도하게 편집해서는 안 된다.

인용할 내용을 과도하게 편집함으로써 내용을 모두 잃게 되는 우를 범해서는 안 된다. 실제로 빈약한 내용을 인용함으로써 청중을 혼란스럽게 만들거나 마치 입증할 증거자료가 많은 것처럼 보이게 해서 청중을 압도하려는 의도로 이용하기도 한다. 흔히 어떤 권위자가 내린 결론을 인용하는데 있어서 왜 그런 결론에 이르게 되었는지를 밝히지 않고 결론 자체만을 인용하는 경우가 많다. 예를 들면, "직업 재교육 프로그램에 관해서 시장님은 아주 실망스럽다라고 말했다. 상공회의소 회장은 그것이 우리의 기대를 만족시키지 못했다라고 했다. 노조 평의회 의장은 그것을 실패작으로 규정지었다."의 경우에서 인용된 사람들은 그 분야의 권위자들이다. 하지만 그들이 그러한 결론을 내리게 된 관점은 화자의 관점과는 반드시 일치하지 않는다. 예를 들면, 그들은 프로그램 자체를 문제 삼기보다는 그 프로그램에 필요한 기금 조성이 충분치 않다는 의미로 한 말일 수도 있다. 이러한 함축적인 인용 문구만으로는 무엇이 진정한 의미인지는 알기 어렵다. 아울러 위에서 인용한 전문가들이 모두 틀릴 수도 있다. 따라서 청중들은 화자가 인용한 사람들이 왜 그러한 결론을 내렸는지에 대해 더 알아야 할 필요가 있다. 특정의 증언들에 관해서는 내가 말하려는 주제와 관련한 저명인사들이 어록 가운데서 시간을 초월하여 적용할 수 있는 내용을 인용하는 것이 좋다. 이러한 어록을 찾을 수 있는 곳은 www.quoteland.com, www.quotationspage.com 그리고 www.Bartleby.com 등이 있으며, 이곳에 가면 유명한 어록들이 주제별로 잘 정리되어 있다.

온라인 마케팅 등에서 사용하는 설득적인 스피치에서 인용한 권위자들의
신뢰성을 평가하라. 그 스피치가 15d에 나타난 평가 항목을 어느 정도 만족
시키는가?

## 15e. 근거 자료들을 잘 엮어서 한 편의 스피치로 완성하라. 그리고 인용할 때에는 원전(原典)을 밝혀라

지금까지 말한 것처럼 적절한 정의를 내리고, 사실과 예시, 통계자료, 증
언 등을 선택하고 나면 다음으로 이러한 근거 자료들을 잘 정렬해서 효과적
으로 보여줄 수 있어야 한다. 지니고 있는 자료들의 질이 우수함을 강조하
고 자료를 명료하고 쉽게 이해할만 하도록 하며 그 자료들이 지지하는 요점
과 관련해서 적절한 구성을 갖추도록 해야 한다.

Speech Builder Express에는 독자들이 효과적으로 근거 자료들을 잘 통
합하여 연설을 구성하도록 틀을 제공한다.

### 1. 근거 자료들을 인용한 출처를 밝히라

출처를 밝히는 것은 제시하는 자료에 대해 신뢰성을 확보함으로써 스피
치에 신뢰성을 부여한다. 또 출처는 청중들이 대부분의 경우 알고자 하는
정보이기도 하다. "연구 결과에 따르면…"이라든가 "한 연구자가 말하기
를..." 또는 "친구가 내게 알려주었는데…"등의 막연한 표현에 만족하는 청
중은 없다. 이러한 인용의 내용을 평가하기 위해서 청중들은 그 정보의 출
처에 대해 더 많은 것을 알고자 한다.

그렇다고 해서 연설문에다가 "몇 권 몇 호 몇 페이지"라는 식으로 각주를

달 필요는 없다. 마찬가지로 인용된 권위자의 이력서를 제시하거나 연구 디자인의 세부 사항까지 언급할 필요도 없다. 인용하는 데이터 하나하나에 관해서 "누가, 왜, 언제 그리고 어떻게" 등의 내용을 알아야 하지만 실제로 청중들에게 소개하는 과정에는 이 가운데 한두 가지만 언급을 하면 된다.

이 중 무엇을 언급할 것인지는 어떻게 정할까? 이 경우 두 가지 기본적인 접근 방법을 따라야 한다. 첫 번째 접근 방식은 청중들이 궁금해 할만한 것을 언급하는 것이다. 청중의 입장에서 회의적인 눈을 가지고 바라 볼 때 데이터에 대해 무엇을 궁금해 할 것인가? 적대적인 청중이라면 인용한 권위자가 과연 객관적인 입장이었는지 알고 싶어 할 것이다. 사회과학자들이 청중이라면 당신이 인용한 여론조사가 과연 과학적으로 시행이 되었는가 궁금해 할 것이다. 두 번째의 방법은 가장 중요하고 설득력이 있는 것을 강조하는 것이다. 만일 30년 전에 대법원 판례를 인용하려 하고, 그 판례는 시간을 떠나서 가치가 있는 것이라 생각한다면 '누가'를 강조하되 '언제'는 강조하지 말라. 내가 제시한 증거 자료에서 가장 강조하고자 하는 것이 무엇인가-최신의 자료임을 강조하려는가? 아니면 대규모 표본임을 강조하려는가? 또는 자료를 실은 저널의 권위를 강조하려는가? 스피치에서 자료의 출처를 밝히는 부분에 대해 8e를 참조하라.

## 2. 문체로서의 효과를 위해 도입부를 다양하게 활용하라

예시나 통계자료 등을 소개할 때 "이와 관련된 자료는…이고, 저것과 관련된 자료는…"하는 식으로 천편일률적으로 동일한 유형으로 시작하지 마라. 다양한 방식으로 도입을 할 수 있도록 준비가 되어 있어야 한다. 다음과 같이 여러 가지 방식이 있다.

이 의견을 뒷받침하는 자료로는…

이 점은 …에서 잘 입증이 되어 있습니다.

○○의 말에 따르면

이 상황이 왜 발생했냐고요? 그 해답의 하나로 ○○가 작년에 집필한 저서에는 다음과 같이 나와 있습니다.

심리학자에 의해 1980년대 초에 행해진 설문 조사 하나를 소개해 드리면,…

이점에 대해서는 몇 가지 예가 있습니다. 그 중 두 가지만 말씀드리면…

인용을 하기로 마음을 먹더라도 "인용"이란 직접적인 표현은 하지 말라. 또한, 양손의 손가락 2개를 공중에서 흔들어 인용부호를 나타내지도 말라. 음성이나 자세의 약간의 변화만으로도 인용되는 내용이 어디서부터인지 쉽게 알 수 있다.

제16장
추론

# | 추론 |

> 스피치를 전개하기 위하여 올바른 추론을 이용하고, 논리적 오류를 피하라.

추론이란 우리가 이미 알고 있던 것들을 분석하고 통합하여 전에는 미처 깨닫지 못했던 것을 이해하는 과정이다. 대중연설의 목표는 결론에 도달하게 된 사고 과정을 겉으로 드러내어 화자와 청중이 사태에 관한 통찰을 공유하는 것이다. 결론이 충분히 논리화되지 않았거나 결론에 도달하는 과정에 심대한 논리적 오류가 있다면 청중을 설득할 가능성은 매우 낮아진다. 우리가 생각한 것을 들려주는 것만으로는 어떤 청중도 움직일 수 없다. 청중은 우리가 왜 그렇게 생각하게 되었는지를 알고 싶어 한다. 결국, 스피치의 기초가 되어야 하는 추론은 '좋은 이유를 주는 것'으로 보아야 한다.

사람들은 항상 생각을 연결하며 추론을 한다. 말의 형식적인 부분이나 문법에 관해 몰라도 대부분의 경우에 문법적인 문장을 말하고 있듯이, 화자와 청자는 수많은 시간을 경쟁적으로 추론하며 보낸다. 그렇지 않았다면 성인 사회에서 살아남지 못했을 것이다. 서로 간에 이견(異見)이 생기는 것은 형식 논리나 사리를 몰라서가 아니라, 사실과 근거(evidence)에 이견이 있거나 그것의 해석에 이견이 있기 때문이다. 논거의 타당성에 대해서는 이미 15장에서 다룬 바 있다. 이 장에서는 근거에 관한 해석이 타당한지를 검증하는 법과 해석을 타당하게 보이는 법에 관해 복잡한 형식 논리를 동원하지 않고 설명하고자 한다.

사고의 논리적 흐름을 발전시키고 그것의 타당성을 검증하기 위해서 추론이 말의 요점들을 어떻게 서로 연결시키는지에 관해 조금은 이해하고 있어야 한다. 또한 기본적인 추론 양식과 흔히 범하는 논리적 오류들에 친숙해져야 한다. 그런 후에야 말할 내용을 전개하기 위해 어떻게 추론하는 것이 가장 좋은 것인지를 알 수 있을 것이다.

이 장에서는 추론 양식의 네 유형인 귀납 추론, 연역 추론, 인과 추론, 그리고 유추 추론에 관해 다룰 것이다. 대부분의 복잡한 추론에 여러 가지 추론방법이 섞여있기 때문에, 그것을 하나하나 떼어서 그것의 형식 논리를 논하는 일은 하지 않으려고 한다. 이를테면 인과적 연결이 귀납적인 방법으로 이루어지기도 하고, 연역적인 방법으로 이루어지기도 한다. 또한, 축자적 유추가 차례로 연역적 논증(argument)의 대전제가 되는 진술을 정당화하는 방법으로 사용되기도 한다. 이 장(章)의 나머지 부분을 다 읽는다고 해서 복잡한 형식 논리에 통달하게 되지는 않을 것이다. 하지만 널리 사용되는 네 가지 추론 양식을 익힘으로써 말할 내용을 보다 논리적으로 전개하는 방법은 배울 수 있을 것이다.

**16a. 예비 개요에서 요소들 간에 필연적인 연결을 맺기 위해 추론이 필요한 곳을 확인하라**

모든 스피치에는 자료를 종합하고, 생각을 설명하고, 요점을 묶는 것이 필요하다. 몇몇 화제의 경우 요점을 발전시키는 것이 단지 묶여있던 요점들을 풀어놓기만 하면 되는 경우도 있다. 스페인 종교재판의 세 가지 원인에 관해 설명하는 것이 요점이었다면, 이들 요점을 나열하고 각각 설명하기만 하면 된다. 그러나 많은 경우(모든 설득을 위한 스피치와 몇몇 정서와 친교, 정보전달을 위한 스피치)에 화자는 훨씬 더 도전적인 과제에 직면하게 된다. 추론을 통해 일련의 논거들을 전개시켜야 한다. 이를테면, "태아 조직에 관한 연구를 허용해야 하는 이유"에 대해 많은 생각들을 가지고 있다고 해도 단순히 이유를 나열하고 설명하는 것만으로는 충분하지 않다. 청중에게 어떤 이유가 있는지, 전문가들은 어떤 말을 하는지 등을 알려줄 수도 있다. 하지만 왜 우리가 (그리고 인용한 전문가들이) 그런 결론에 도달하게 되었는지 설명하지 않는다면 청중에게 확신을 주지는 못할 것이다. 이러한 결론을 주장(claims)이라고 부를 수도 있다. 주장은 청중으로부터 당연히 그러하다고 받아들여지지 않았기 때문에 입증되어야 하는 진술이다. 주제 진술(thesis sentence)은 하나의 주장이고, 주요 요점(main point)은 그 주장을 뒷받침하는 주장들이다. 그리고 종속적인 하위 요점조차도 수용되기 전에 논증되어야 한다.

개요를 구성하는 진술 중 몇몇은 이론의 여지가 없거나("가난은 나쁘다") 자명할 것이다("대부분의 사람들은 높은 세금을 좋아하지 않는다"). 하지만 그 밖의 많은 요점들은 뒷받침해 주어야만 한다. 15장에서 논의되었던 뒷받침 자료(supporting materials), 근거, 자료 등이 요점을 강화시켜 줄 것이다. 그렇게 생각하지 않았다면 자료와 주장을 함께 배치하지 않았을 것이다. 그러나 자료와 주장이 어떻게 연결되는지를 보여주는 것이 추론이라는 도전 과제이다.

### 1. 근거가 특정 주장으로 반드시 귀결되는 것은 아니라는 점을 인식하라

청중이 받아들이기를 원하는 결론이나 주장을 우리가 가지고 있고, 그 주장을 뒷받침해준다고 여겨지는 몇몇 근거나 자료가 있다고 하자. 하지만 같은 사실과 개념에 직면한 모든 사람들이 자동적으로 우리와 동일한 결론에 도달하는 것은 아니다. 자료와 주장을 연결하는 것, 주장의 수용을 보장하는 것이 바로 추론의 과정이다. 개인보험 체계를 갖춘 나라보다 국민건강보험 체계를 갖춘 나라에서 사람들이 더 많이 병원을 찾는다는 사실을 어떤 두 사람이 알았다고 하자. 갑은 이 사실을 국민건강보험 체계가 필요하다는 논거(argument)로 삼을 것이고, 을은 반대 주장의 논거로 삼을 것이다.

[그림 16-1]에서 보여주는 것과 같이, 추론을 통하지 않는다면 근거와 주장 사이에는 아무런 연결고리도 존재하지 않는다.

**[그림 16-1] 추론은 근거와 주장을 연결한다**

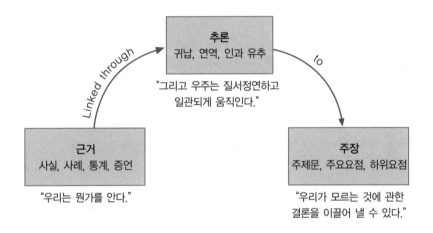

2. **주장과 근거를 연결시킬 때, 사람들은 일상 생활에서 보아온 것에 부합하는 규칙적인 방식을 찾는다는 점을 인식하라**

건강보험 체계에 관한 예로 다시 돌아가면, 갑의 주장은 경제적 여유가 없는 사람들은 여유가 생길 때 필요한 서비스를 찾는다는 갑의 과거 경험에 기초하고 있다. 이것은 매우 이성적이고 논리적인 주장이며, 수많은 상식적인 예를 들 수 있다.

국민건강보험 체계가 바람직하지 않다는 주장과 불필요한 병원 방문이 증가한다는 근거를 연결시킨 을의 주장도 역시 논리적이고 합당하다. 을의 주장 또한 무료로 무제한 제공되는 자원을 사람들은 부적절하게 낭비한다는 또 다른 인간 행동 관찰에 기초하고 있다. 이 관점을 지지하는 예도 수 없이 들 수 있다.

여기서 핵심은 사실 그 자체가 아니라, 사실이 의미하는 바가 무엇이냐는 것이다. 앞서 제시한 예는 똑같은 근거를 여러 가지로 해석하는 이성적인 방법이 많이 있다는 것을 보여주는 것이다. 근거가 스스로 말하기를 바라서는 안 된다. 근거의 관련성을 설명하고, 근거와 주장 간의 연결을 정당화해야만 한다.

이 책에서 취하고 있는 의사소통 모형은 화자에서 청자로 정보가 그냥 흘러가는 것이 아니라, 화자와 청자가 함께 의미를 창조한다는 것이다. 그러므로 복잡하고 논쟁의 여지가 있는 주제를 이야기하는 경우에 청중에게 제시한 근거가 왜 의미가 있는지를 보여주고, 청중이 우리와 같은 논거를 형성하도록 도와주는 것이 필요하다. 이것은 자료에 대한 우리의 해석을 명시하고, 이러한 해석이 청중이 생각하는 사리(事理)에 부합한다는 것을 보여줄 때 달성된다.

연습 1.

다음의 주장을 뒷받침할 만한 적어도 3개의 근거를 제시하라.

1. 흡연은 모든 실내의 공적인 장소에서 금지되어야 한다. (주요 어휘 : 흡연 금지)

2. 자전거는 도시의 교통 문제를 극복할 좋은 선택이다. (주요 어휘 : 자전거, 교통 체증)

3. 70세가 넘은 운전자는 매년 주행 검사를 해서 운전 면허를 갱신해야 한 다.(주요 어휘 : 노년 운전자, 안전)

증거를 목록으로 제시한 뒤, 근거가 요점을 어떻게 뒷받침하는지 설명하라.

**연습 2.**

다음에 제시된 근거가 어떻게 서로 다른 두 주장에 연결될 수 있는지를 보여라. 각각의 경우는 어떤 논리적 양식에 근거하고 있는가?

[예 A]

근거 : 미국에서 정부의 형태는 2백 년 넘게 존속되어 왔다.

　　　따라서

주장 1 : 우리는 지금 정부의 형태를 유지해야 한다.

　　　왜냐하면

연결 혹은 추론 :


　　　따라서

주장 2 : 우리는 지금 정부 형태를 바꾸어야 한다.

　　　왜냐하면

연결 혹은 추론 :


[예 B]

근거 : 총기사고로 인한 사망사고는 지난 몇 년간 증가해왔다.

　　　따라서

주장 1 : 우리는 보다 강력한 총기 규제 법안이 필요하다.

　　　왜냐하면

연결 혹은 추론 :

　　　　따라서

주장 2 : 우리는 총기 규제 법안을 폐지해야 한다.

　　　　왜냐하면

연결 혹은 추론 :

## 16b. 논거가 개연적인 결론으로 귀결되는 관찰 결과라면 귀납 추론을 사용하라

　가장 쉽고 흔한 종류의 추론이 귀납이다. 하루에도 수십 번 우리는 직접 본 것을 넘어 추론을 한다. 귀납은 정돈된 세계를 가정한다. 사태 속의 규칙성을 신뢰하지 않거나 과거에 일어난 사건이 앞으로도 일어날 것이라고 믿지 않는다면 우리는 아무것도 할 수 없다. 우리는 한 걸음씩 차도에 접근하는데 앞선 경험을 통해 차가 교통 신호를 따른다는 것을 믿기 때문이다. 불면의 밤을 며칠 보내고 나서는 잠잘 시간에 커피마시는 것을 중단한다. [그림 16-2]는 귀납 추론의 과정을 보여준다.

**[그림 16-2] 귀납 추론은 관찰로부터 추론을 끌어온다**

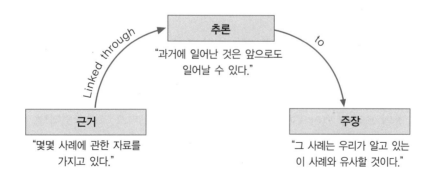

## 1. "뛰기 전에 살펴라": 추론의 근거가 되는 사례들이 충분하고 대표성을 갖는지 확인하라

귀납 추론은 충분한 사례를 수집하는 것으로 구성된다. 15b.1에서의 논리 검사를 상기하라. 전형적인 귀납 사고는 다음과 같이 묘사된다.

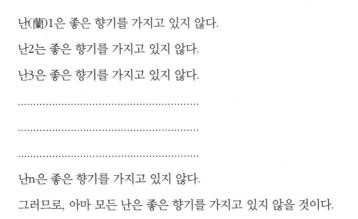

> 난(蘭)1은 좋은 향기를 가지고 있지 않다.
> 난2는 좋은 향기를 가지고 있지 않다.
> 난3은 좋은 향기를 가지고 있지 않다.
> ....................................................
> ....................................................
> ....................................................
> 난n은 좋은 향기를 가지고 있지 않다.
> 그러므로, 아마 모든 난은 좋은 향기를 가지고 있지 않을 것이다.

일반화의 정도는 사례 수집의 정도와 직결되어 있다. 만약 온실 한 곳에서 구석에 있는 난의 향기를 맡았다면, 도시의 다른 온실 구석구석의 난에서 향기를 맡았을 때보다 일반화의 정도가 떨어질 것이다.

귀납 추론의 가장 큰 문제는 n의 가치를 결정하는 문제이다. 결론을 도출하기 전에 몇몇 사례를 검사해 보길 원하겠지만, 도대체 얼마나 해야 충분할까? 이것은 "충분함"의 문제이다. 만약 우리가 어떤 자동차 다섯 대를 운전했는데, 다섯 대에 모두 기계적 결함이 있었다고 하자. 이것은 이 메이커의 차가 모두 안 좋다고 말하기에 충분한 수인가? 만약 조사한 150명 중에 132명의 드라마 팬이 TV를 틀어 놓고 집안 일을 한다고 조사되었다면, 이 숫자는 드라마 팬에 대한 결론을 이끌어 내기에 적당한 수인가? 기껏해야 "어떤 메이커의 자동차에는 불량품이 많다."거나 "드라마 팬들은 TV를 켜

놓고 집안일을 하는 것 같다." 정도를 말할 수 있을 뿐이다. 귀납으로 도출해 내 결론은 언제나 절대적이라기보다는 개연적이다. "어떤 메이커의 자동차는 모두 불량품이다."라고 말할 수 있는 유일한 방법은 그 메이커의 자동차를 모두 검사해보는 것이다. 이것은 추론이 아니라 셈일 뿐이다. 앞서 보았듯이 추론은 알려지지 않은 것에 관한 결론을 이끌어내는 것으로 정의된다.

제한된 자료에서 추론을 할 때에는 조심해야 한다. 얼마나 많은 사례를 검사해 보았는가? 사례들이 공정하게 선택되었는가? 반례는 설명되는가? (15b와 16f 참조)

## 2. 주장의 개연성 정도를 확인하라

귀납적인 결론은 다음의 연속선 상에 위치한다.

| 가능한 | 개연적인 | 거의 확실한 |
|---|---|---|

←——————————————————————————————→

확실성의 정도는 관찰 방법과 사례수에 의존한다. "저번에 내가 두 번 가보았던 레스토랑의 서비스는 끔찍했다. 나는 그들이 경영 방식을 바꿔야 한다고 주장한다."라는 결론은 왼쪽 끝으로 떨어질 것이다. 두 번의 관찰은 매우 적은 횟수이다. 그리고 좋지 않은 서비스에 관한 많은 다른 설명이 있을 것이다. 연속체의 다른 끝은 "피임약이 다산을 막는다."라는 주장이 위치한다. 이 결론은 체계적으로 수집된 엄청난 수의 관찰에 기초하고 있다. 우리는 이것이 사실이라는 것을 99% 확신할 수 있다. 그럼에도 100% 확실하지는 않다.

귀납적인 주장을 타당하다고 간주하기 위해서 얼마 만큼의 개연성이 있어야 하는가? 51%, 75% 아니면 99%인가? 연역 추론과는 달리 귀납 추론은 경우마다 다를 수밖에 없다. 이 질문에 대한 어떠한 수학적인, 논리적인 정답은 없다. 충분함의 문제는 다음에 설명되는 개인의 지각에 관한 심리적인 질문이다.

백만 원을 받기 위해 5미터 높이의 벽에서 뛰어내릴 수 있는가? 많은 사람들은 그렇다고 대답할 것이다. 떨어져 죽을 가능성도 있지만, 발목을 삐거나 다리가 부러지는 정도일 개연성이 크다. 그렇다면 백만 원을 받기 위해 3층 빌딩의 지붕에서 뛰어내릴 수 있는가? 대부분의 사람들이 아니라고 대답할 것이다. 떨어져 죽지 않을 가능성도 있지만, 장담할 수는 없다. 두 가지 사례에서, 우리는 잠재적인 이익에 반하는 잠재적인 위험을 저울질하면서 받아들일 수 있는 개연성의 단계를 설정할 것이다. 동전 던지기를 하면 앞이나 뒤가 나올 확률은 50%이다. 우연에 인생을 걸겠는가? 자동차를 타고 가기로 결정했을 때, 안전하게 도착할 확률은 수천 분의 일에서 수천 분의 수백이다. 속도가 빨라지면 질수록 위험은 증가한다.

### 3. 개연적인 주장을 받아들이거나 거절하게 하는 비용과 보상을 분석하여 명시하라

귀납법을 사용할 때, 연설자는 도달한 결론이 청중이 수용할 만큼 충분히 개연성을 가지고 있다는 것을 청중에게 납득시켜야 한다. 소위 말하는 귀납적인 도약은 그럴 것이라는 이미지에 기초하고 있다. 청중에게 자료를 제시하며 우리가 바라는 결론에 도달하도록 가상의 틈을 뛰어넘으라고 요청한다. 앞서 예에서 보았듯이 충분함의 정도는 청중이 지각하는 위험과 이익에 의존한다.

예비 조사에서 세 집단에 매우 효과적이라고 판명된 약물재활 프로그램에 대해 안다고 가정해 보자. 우리 도시에 이 방법이 채택되어야 한다고 주장하면서, 다음과 같이 추론할 것이다.

이 프로그램은 공동체 A에 효과가 있었다.

이 프로그램은 공동체 B에 효과가 있었다.

이 프로그램은 공동체 C에 효과가 있었다.

따라서 이 프로그램은 효과적일 것이고 우리 도시에도 효력을 발휘할 것이다.

그러나 다른 사례들이 체계적으로 연구되지 않았을 뿐만 아니라(통제 집단, 무작위 표본추출, 후속 연구 등), 단 세 사례에 불과하기 때문에 우리의 결론을 높은 개연성을 가지고 주장할 수는 없다. 이 프로그램이 우리 도시에는 효과가 없을 수도 있다는 것을 인식해야 한다. 명확한 성공 확률을 정할 수 있고, 찬성자와 반대자 모두 성공확률이 75%라는 것을 알고 있다고 가정해 보자. 청중 중 한 사람이 "왜 우리가 마약 중독자들을 돕기 위해 단지 75%의 확률을 가지고 7억을 써야 하는지" 물을 수도 있다. 우리는 75%라는 수치를 바꿀 수는 없다. 그러나 비용과 보상에 관한 청중의 평가에 영향을 줄 수는 있다. '만약 이 프로그램이 효력을 발휘한다면, 공동체 모두에게 이익이 될 것이다. 범죄는 줄 것이고 마약 중독자들을 근로 현장으로 되돌아 갈 것이다. 청소년의 약물 사용에 대한 유혹을 낮출 것이다.' 비용을 줄이는 방법을 쓸 수도 있다. "나는 7억이 큰돈이라는 사실을 잘 안다. 그러나 시민 한 사람당 만 원밖에 부담이 되지 않는다." 청중이 비용과 보상을 재평가 하고 그것을 우리가 보듯이 볼 때, 75%라는 수치는 더욱 더 매력적으로 보일 것이다.

결과의 개연성이 매우 높은 다른 사례를 살펴보자.

원자력 발전소 A는 안전하다.

원자력 발전소 B는 안전하다.

원자력 발전소 C는 안전하다.

.................................................

원자력 발전소 n은 안전하다.

따라서 원자력 발전소가 안전하다는 것은 틀림없는 사실이다.


결론이 95%의 개연성을 부여한다고 가정해 보자. 비록 그렇다 하더라도, 당신이나 누군가는 근거가 귀납적인 도약을 창조해 내기엔 충분하지 않다고 느낄지도 모른다. 이것을 청중에게 설명할 때 보상은 최소화하고(에너지는 다른 자원을 통해서 획득할 수 있다), 비용은 최대화해야 할 수도 있다(원자력 사고가 얼마나 끔찍한가). "전자제품을 풍족하게 사용하는 대가로 내 가족을 파멸적인 5%의 위험에 노출시키고 싶지는 않다"고 주장하는 것이다.

약물재활 프로그램의 경우에서는 낮은 개연성도 가능했으나, 원자력 발전소의 경우에는 95%였지만 충분하지 않았다. 그 차이는 비용과 보상의 인식에 있다. 충분함의 단계가 없다는 것은 너무 높거나 너무 낮은 것이다. 어떤 귀납도 본질적으로 논리적이거나 비논리적이지는 않다. 타당성은 화자와 청중 사이에 조정된다.


### 연습 3.

다음의 결론을 청중이 받아들이게 하기 위해서 어떤 비용을 최소화시키고, 어떤 보상을 최대화시키겠는가?

1. 포진(疱疹)을 위한 새로운 치료법은 반드시 시행되어야 한다.
2. 모든 통학 버스는 반드시 안전벨트를 장착하고 있어야 한다.
3. 우리의 매장을 위해서 반드시 대학 졸업자를 고용해야 한다.
4. 다이어트를 위해서 동물성 지방을 금해야 한다.

**16c. 확립된 전제들 사이의 관계가 필연적인 결론을 어떻게 도출해 내는지를 논증하고자 할 때는 연역 추론을 사용하라**

눈에 보이는 자료를 모으는 데 초점이 있는 귀납 추론과는 달리, 연역 추론은 형식 논리에 따라 주장과 전제를 조절하는 것으로 구성된다. 따라서 연역 추론은 새로운 자료를 더 가져오지는 않는다. 다만 이미 알고 있는 것들을 재배열할 뿐이다. 이것이 사실이라면, 연역 과정을 통해 어떻게 새로운 것을 배울 수 있을까? 짜 맞춰 새로운 의미를 부여하기까지는 자료의 조각은 아무런 쓸모도 없다. 연역적인 방법을 통해 과학적인 발견이나 어려운 문제 풀이, 뒷공론, 살인 미스터리 소설 등이 만들어진다. 탐정 소설의 끝 부분에서 탐정은 독자가 이미 알고는 있지만 미처 짜 맞추지 못한 수많은 의혹을 인내심 있게 설명한다.

살해 동기를 가지고 있는 모든 사람이 사건 당시에 알리바이를 가지고 있었다. 사람은 한 번에 두 장소에 동시에 있을 수 없으므로 나는 살인이 우리가 생각하는 것보다 더 일찍 일어났음을 추론할 수 있다. 침실에서 싸늘한 시체로 발견된 하녀를 기억해 내라. 그러나 침실은 벽난로 안의 불로 인해 꽤나 따뜻했다. 시체는 매우 추운 장소에서 몇 시간 동안 놓여있지 않는 한 얼음처럼 차가워 질 수 없다. 그리고 시체의 머리카락에 미세한 거미줄이 붙어있었다. 이 영지의 어떤 곳에 춥고 거미줄이 있는 장소가 있단 말인가? 바로 와인 저장실이다. 집사만이 와인 저장실의 열쇠를 가지고 있다!

단서만으로는 충분하지 않다. 완벽한 양식을 발견하기 위해서는 엄청난 추적이 필요하다. [그림 16-3]이 연역 추론의 과정을 보여준다.

**[그림 16-3] 연역 추론은 우리가 이미 알고 있는 것에서 양식을 발견한다**

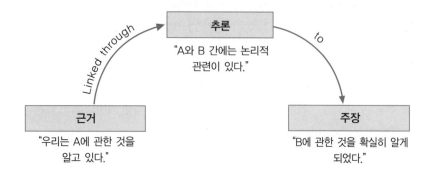

별개의 사실 속에 있는 양식을 발견했을 때, 우리는 '아하!' 무릎을 친다. 잠에 빠져 있다가 갑작스레 앉아서 다음과 같이 소리를 치는 것과 같다. "가만 있어봐! 애인은 저녁 내내 도서관에 있었다고 말했어. 지난밤 통화에서 High Street에 있는 끊어진 송전선 주위를 지났다고 했단 말이야. 그런데 최신 뉴스에 따르면 그 송전선은 오늘 밤에 끊어졌어. 그리고 High Street 부근에는 도서관이 없어. 그것은 Danz Tilyadrop 클럽 너머에 있어."

이러한 종류의 추론은 정보를 모으는 것과 관련된 귀납 추론과는 상당히 다르다. 연역 추론에서 이미 알려진 사실은 새로운 함축을 드러내는 방식으로 배열된다. 앞의 예에서 함축은 다음과 같다.

만약 당신이 도서관에 있었다면, 송전선에 대해서 알 수 없었을 것이다.

당신은 송전선에 대해서 알고 있었다.

당신은 도서관에 없었다.

1. 형식적인 연역 삼단 논법에는 단지 두 개의 논항만 있다. 그리고 대전제는 절대적인 관계를 형성한다

연역 추론의 정확함은 특정 규칙의 준수여부에 기초하기 때문에 연역 추론 전문가들은 복잡한 상징 공식들을 배운다. 그러나 이 책에서는 기본적인 연역 개념만 맛볼 것이다. 두 논항(개념이나 사태, 특성)이 어떻게 관련되어 있는지를 안다면, 논리적인 함의나 함축을 통해 논항 간의 다른 관계도 발견할 수 있다.

논항 A는 알려진 방법으로 논항 B와 관련되어 있다.
B에 관한 어떤 것들을 알고 있다.
따라서 우리는 논항 A에 관한 어떤 결론은 이끌어낼 수 있다.

연역 추론을 스피치에 사용하기 위해서 이것을 연속적인 단계로 바꿀 필요가 있다.

단계1 : 두 논항 사이에 어떤 관계가 있다는 것을 입증해라.
단계2 : 두 논항 중 한 개의 조건이나 상태를 입증해라.
단계3 : 나머지 논항에 관해 필연적으로 귀결되는 결론을 보여주라.

연역 추론에서 단계1(대전제의 입증)은 다양한 형태를 가지지만, 언제나 두 논항 간의 절대적인 관계를 포함하고 있다. 흔히 보이는 네 가지 관계를 예시하면 다음과 같다. 하나의 논항이 다른 논항의 내재적인 특성일 수 있다.

모든 오리는 물갈퀴가 달린 발을 가지고 있다.
갈등은 집단적인 거래 모형에서 내재적이다.

하나의 논항이 다른 논항을 포함하는 범주일 수 있다.

모든 폭스바겐은 자동차이다.
Food Stamp Program은 사회복지 시스템의 일부분이다.

하나의 논항이 다른 논항과 필연적으로 연결되어 있을 수도 있다.

만약 해수면에서 물을 212도까지 데운다면, 물은 끓을 것이다.
만약 공공 세금을 줄이면 투자가 증가할 것이다.

두 논항이 서로 반대관계이거나 서로 배척관계일 수도 있다.

이 섬유는 천연 섬유이거나 합성 섬유이다.
음주 운전자를 엄하게 단속하지 않는다면, 재난이 일어날 것이다.

이러한 기본적인 대전제들 중 하나를 입증했다면 추론의 고리에서 연결 장치 역할을 하는 공식을 확립한 셈이다. 단계2로 들어가면, 두 논항 중 하나에 대해 무언가를 입증한 것이다. 이것을 논리학자들은 소전제라 부른다. "Daffy는 오리이다."라는 근거는 논증의 과정에서 많은 것을 의미할 수도 있고, 아무 것도 의미하지 않을 수 있다. 그러나 앞서 예시한 대전제의 맥락 속에서 이것은 소전제가 되고, Daffy가 물갈퀴를 가지고 있다는 결론을 함축한다.

가지고 있는 정보를 제공하고, 연역논리의 법칙을 따르라. 그러면 어떤 결론이 필연적으로 도출된다.

이 블라우스는 합성 섬유로 만들어졌다. 그래서 이것은 천연 섬유로 만들 어지지 않았다.

우리는 음주 운전자를 엄하게 단속하지 않았다. 그래서 교통 사고가 증가 했음이 분명하다.

연역 추론의 아름다움은 그것의 확실함에 있다. 만약 청중이 전제를 받아 들인다면, 그들은 반드시 결론을 받아들일 것이다.

이것은 너무나 매력적이어서 화자가 왜 다른 방법을 사용하는지 의문이 들 것이다. 95%의 확실성을 가진 결론도 변덕스럽게(그러나 합법적으로) 거부하는 청중으로 인해 충분함의 정도에 골머리를 앓으면서도 왜 귀납 추 론의 개연적인 결론을 도출하는 데 힘을 낭비하는가? 법칙이 명료하고 결론 이 당연히 받아들여지는 연역 추론을 왜 고수하지 않는가? 연역 추론이 가 진 문제는 결론이 절대적이어야 하는 만큼 전제도 절대적이어야만 한다는 것이다. 하지만 불행하게도 대부분의 절대적인 관계 진술은 사실이 아니거 나 하찮은 것이다. 누가 오리가 물갈퀴를 가지고 있는지에 관해 진지하게 고민하겠는가? 누가 그 사실에 관해 진지하게 추론할 필요가 있을까? 우리 가 추론할 필요가 있는 것은, 그리고 우리가 말할 필요가 있는 것은 공공 정 책이나 인간 행위, 사회적 가치와 같은 복잡한 이슈이다. 이러한 영역에서 "모든 X는 Y다.", "X라면 항상 Y가 뒤 따른다.", "X아니면 Y다. 다른 대안은 없다."와 같은 조건에 맞는 진술을 좀체 발견하기 어렵다. 무실률로 시작되 는 전제에 대한 요구는 너무나 엄격해서 참인 형식적인 연역 추론은 희소하 다. 말을 할 때에는(논리 수업이 아니라면), 덜 엄격한 연역 형태를 사용하는 것이 적당하다.

**2. 수정된 연역 형태를 사용할 때 개연적인 전제는 오직 개연적인 결론만을 이끌어 낼 수 있다는 점을 분명히 하라**

감세에 관한 조건문에서 공공 세금을 줄이면 반드시 투자가 증가하는 결과가 나올까? 보다 정직한 삼단 논법은 다음과 같다.

> 감세가 투자를 증가시킨다는 것은 높은 개연성을 가진다.
> 의회가 감세를 결정할 것이 거의 확실하다.
> 따라서 투자가 늘어날 가능성이 아주 높다.

그러나 이제 연역의 필연성은 그 힘을 잃어버렸다. 더 이상 논리 규칙이 결론을 받아들이도록 청중을 강요하지 않는다. 귀납 추론이 직면했던 문제(가능성의 정도를 따지도록 청중을 설득하는 일)에 똑같이 마주하고 있다. 우리가 청중에게 호소하는 것은 다음과 같은 정도다.

> 이 전제를 개연성 있다고 여긴다면,
> 다른 전제를 개연성 있다고 여긴다면,
> 이 결론을 개연성 있다고 여기는 것이 논리적이다.

연역 추론을 이러한 방식으로 보았을 때, 화자로서 우리는 논리학자들이 가질 수 없었던 약간의 자유를 누릴 수 있다. 절대적이지 않은 전제를 가지고도 연역적으로 논거를 구성할 수 있는 것이다. 물론 도출해낸 결론도 절대적이지는 않다. 각각의 요점은 "나는 그 관점을 인정한다, 그것은 합리적이다, 그것은 개연적이다."라고 청중이 말할 만큼 정당화되면 족하다. 따라서 결론의 개연성 정도는 각각의 전제가 청중에게 인정받는 정도의 결과물이라 할 수 있다. (개연성의 양이 계산될 수 있다면, 다음과 같을 것이다.

80%의 개연성을 가지는 대전제 × 75%의 개연성을 가지는 소전제 = 60%의 가능성을 가지는 결론)

삼단 논법의 명징한 힘을 잃어버릴 만큼 수정되었을지라도 연역적인 논증(argument)은 여전히 결론을 정당화하는 우아한 방식으로 남아 있다. 약화되었지만 보다 실재적인 형태로 연역법은 스피치의 일부나 전체에 효과적인 구조를 제공해 주고 있다. 다양한 논리적 통로를 거쳐 청중을 원하는 결론으로 이끌 수 있을지라도 연역법을 구사하는 것을 진지하게 고려해 보라.

### 3. 연역적인 논증의 모든 전제를 명확하게 배열하라

연역적으로 사고를 구조화하는 것의 진정한 이점(利點)은 화자가 다루고 있는 개념 사이의 관계를 진술해야만 한다는 데 있다. 화자가 주장이 기초하고 있는 대전제를 명확히 진술하면 청중의 마음속에 특정 가치나 가정, 논리적으로 자명한 이치 등을 불러일으킨다. 그러면 화자가 특정한 사례를 들었을 때, 청중은 마음속에 환기된 이들 개념을 소전제를 발전시키는 데 적용하게 된다. 다음 논증에서 대전제가 청중의 의식을 화자가 암시했을 진술로 어떻게 이끌어 가는지에 주목하라.

> 고위직에 선출된 사람은 누구라도 많은 정치적 타협을 해야 한다.
> 후보자 J는 주지사와 상원의원으로 봉직하였다.
> 따라서 후보자 J는 수많은 정치적 타협을 하였다.

> 사회 자원에 접근하는 것이 거부된 사람은 한층 더 비참해지거나 범죄를 저지를 것이다.
> 사회 자원에 접근하는 것이 거부된 많은 소수 민족들이 범죄를 저지르지

는 않았다.

따라서 많은 소수 민족들이 비참해질 것이다.

수급자가 자급 자족할 수 있게 해 주는 것이 우리 사회 복지 시스템의 목표였다.

어떤 프로그램은 의존성을 심화시키고 용기를 저해한다.

따라서 이들 프로그램은 바뀌어야 한다.

잠재력을 끌어내도록 도와주는 사람이 좋은 친구다.

이 조직의 몇몇 사람은 나의 잠재력을 끌어내도록 도와주었다.

따라서 나는 작별 인사를 하면서 많은 좋은 친구를 떠나는 것처럼 느꼈다.

때때로 화자는 특정 관점을 지나치게 내면화한 나머지, 자명하다고 여겨서 논증의 일부를 빠뜨리기도 한다. 이런 일이 설득 효과를 높이기 위해 의도적으로 이루어지기도 한다. 화자와 청자가 특정 가치를 공유하고 있다면, 이와 같은 경제적인 논증은 대단히 강력한 효과를 발휘한다.(22c 참고) 그러나 이것은 드문 경우이다. 다양한 청중을 대상으로 하는 논쟁적인 화제에서 논증의 모든 부분을 방치하는 것은 위험하다. 훌륭한 스피치에서 화자는 전제를 진술하고, 전제를 정당화하는 시간을 가진다. 앞의 예들을 다시 보자. 각 논증의 첫 번째 요점이 생략되었을지도 모르고, 한쪽에 치워져 있을지도 모른다. "톰슨이 고용되어야만 한다. 그가 가장 경험이 많다."고 말하거나 "우리는 이 법안을 통과시키지 말아야 한다. 이 법안은 자유 경제 시스템을 위협한다."고 말하는 것은 "가장 경험이 많은 사람이 고용되어야 한다."나 "자유 경제 시스템을 위협하는 것은 바람직하지 않다."는 화자의 가정을 청중이 받아들이고 있다고 가정하는 셈이다. 청중이 이들 가정을 받아들이지 않는다면, 화자의 모든 노력은 헛수고에 불과하다. 청중이 이들 가정에 동의한다면, 이들 요점을 되풀이하느라 시간을 낭비해서는 안 된다. 청중이 그것에 대한 논리적인 구조를 가지고 있다면, 그들은 화자가 말하는 내용의 세세한 부분까지도 더 잘 기억할 것이다.

탐정 소설의 경우에서처럼, 화자는 사실을 나열하기보다는 사실을 짜 맞추어 그것들이 궁극적으로 의미하는 것이 무엇인지를 청중에게 보여주어야 한다. 때때로 스피치의 결론이 연역적인 논증의 실타래를 서로 엮은 것인 경우도 있다.

> 그래서 저는 완전 고용에 도달하는 것이 우리의 목표이며, 공공 부문의 직접 공용이나 민간 부문의 간접적인 활성화가 여기에 도달하는 유일한 방법이라는 것으로 보여드렸습니다. 지금까지 저는 공공 부문의 직접 고용을 거부해야만 하는 많은 이유들을 제시하였습니다. 그러므로 이제 단 하나의 결론만이 남아 있는 셈입니다. 완전 고용을 이룩하기 위해 사적 부문이 활성화되어야만 합니다.

### 연습 4.

다음의 논증에 어떤 진술되지 않은 가정이나 절대적인 관계 진술이 깔려 있는가?

1. 그녀는 일을 잘하는 것이 분명하다. 그녀는 해고된 적이 없다.
2. 당신은 공동 주택을 사야한다. 그것은 일반 집보다 싸다.
3. 그것은 노동자를 위한 승리가 아니다. 그러므로 나는 경영자가 승리했다고 본다.
4. 나는 그가 약간의 자존심이 있다고 생각했다. 그러나 나는 그가 생활 보호를 받고 있다는 것을 알게 되었다.

**연습 5.**

다음은 연역 추론이나 귀납 추론으로 도출된 결론들이다. 각각의 논증 과정을 간단히 설명하라.

1. 자연 분만이 부모와 유아를 위해 최선이다.
2. 더 많이 주에서 컴퓨터 사용자를 수근 터널 증후군과 그 밖의 반복적인 긴장 증세를 초래할 수 있는 작업장 상태로부터 보호하는 법안을 제정해야만 한다.
3. 아카데미상은 최고의 영화에 주어진 적이 없다.


**16d. 한 사건이 다른 사건의 결과로 생겼다는 것을 논증하고자 할 때에는 인과 추론을 사용하라**

인과 추론은 정책이나 문제 해결을 다루는 모든 스피치에서 중추적인 역할을 한다. 사람들이 "나는 당신의 정책(프로그램, 혹은 해결책)을 좋아하지 않아요."라고 말했을 때, 이 말이 "나는 X가 원인이 되어 Y가 나온다는 당신의 주장에 동의하지 않아요."를 의미하는 경우가 대부분이다. 이것은 두 사건 간의 관계에 관해 화자 스스로가 인과 관계임을 확신할 만큼 유심히 살펴봐야 한다는 것을 의미한다. 그러자면, 청중에게 이 관계를 얼마나 철저하게 검토했는지를 알려주어야만 한다. [그림 16-4]는 인과 추론의 과정을 보여주는 것이다.

[그림 16-4] 인과 추론은 원인과 결과를 연결한다

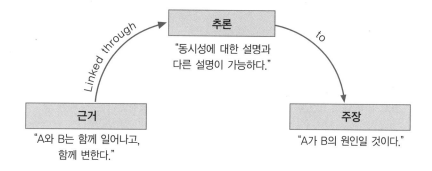

물론 문제 해결이나 정책 관련 스피치에 하나의 원인만 있는 경우는 드물다. '그것이 있다.'라고 주장하는 것은 지나친 단순화이며, 결론의 설득력을 떨어뜨리는 일이다. 진정한 인과 관계를 주장하고 싶다면, "하나의 원인은 필연적으로 하나의 결과는 놓는다."라는 엄격한 검사를 진술에 적용하는 것이 필요하다.

## 1. 주장하려는 인과 관계의 타당성을 검사하라

인과 관계는 단순한 상호 관계나 공존, 우연의 일치보다 강력하다. 두 사건이 우연히 같이 발생하거나 인과 관계 없이 연이어 발생할 수도 있다. 아침에 구역질하는 것과 몸무게가 느는 것이 종종 같이 발생하지만, 서로 간에 어떤 인과 관계도 없다. 제3의 다른 요인인 임신의 결과일 뿐이다. 어떤 관계가 인과 관계라고 확인하려면 다음의 검사를 적용해 보라.

### 단언한 원인과 결과가 함께 발생하는가

인과 관계를 증명하기 위해서는 적어도 두 개의 비교 집단(통제 집단과 실험 집단)이 있어야 한다. 그렇지 않다면, 단순한 우연이거나 상관 관계일 가능성을 배제할 수 없다. 단언한 원인과 단언한 결과가 함께 나타났다는 것만으로는 충분하지 않다. 단언한 원인을 없애면 단언한 결과도 사라진다는 것을 보여주어야만 한다.

만일 발진이 토마토를 먹는 때마다 나타나고 토마토를 안 먹었을 때에는 결코 나타나지 않았다면, 이것은 토마토가 발진을 초래한다는 강력한 증거이다.

관절염으로 고생하고 있는 사람들로 구성된 세 집단이 있다. 모든 중요한 특성(나이, 성, 음식물과 일반 건강)은 통제되었다. A집단은 Painaway란 약을 투여 받고, B집단은 가짜 약을 투여 받았으며 C집단은 어떤 치료도 받지 않는다. A집단의 사람들은 극적인 치료 효과를 경험했으나 B와 C집단의 사람들은 아무런 변화도 경험하지 못했다. 이것은 Painaway가 관절염을 줄인 원인이라는 주장을 뒷받침한다.

인과 관계를 증명하기 위해 공기(共起)와 공부재(共不在)를 보여주어야 한다. 기술적으로 말해서, 단언된 인과 관계를 부정하려면 원인과 결과가 공기하지 않는다는 것을 보여주기만 하면 된다. 토마토를 먹지 않았을 때에도 발진이 간혹 나타났다면, 또는 토마토를 먹었는데도 발진이 일어나지 않은 적이 있다면 이들 간에 진정한 인과 관계는 존재하지 않는 것이다.

고전적인 경제학 이론은 관세의 상승은 수입의 감소를 가져온다고 제안한다. 그러나 아르헨티나 산(産) 고기의 관세를 올렸을 때에도 고기의 수입은 여전히 계속되었다.

수년 동안 나는 매주 쪽지 시험을 매주 보아야지만 학생들이 책을 읽는다
는 어떤 선생님의 말을 믿었다. 하지만 어느 학기에 쪽지 시험을 보지 않
았지만, 학생들은 여전히 책을 읽고 있었다.

단언한 원인과 결과가 함께 변하는가

인과관계를 검사하는 또 다른 방법은 원인의 변화가 그에 필적하는 결과
의 변화를 가져오는지를 확인하는 것이다.

토마토를 한 입 먹었을 때 작은 발진이 생기고 토마토를 많이 먹었을 때
큰 발진이 생겼다면, 이것은 토마토가 발진의 원인이라는 것을 입증하는
또 다른 증거이다.

평균적으로 고등학교 졸업자는 고등학교 중퇴자보다 많은 수입을 올린
다. 약간의 대학교육을 받은 사람은 고등학교 졸업자보다 더 많은 수입을
올리지만 대학 졸업자보다는 적게 번다. 교육 수준이 높은 사람들이 더
많은 수입을 올린다. 몇몇 예외가 있겠지만, 인간 집단에 관한 연구 결과
는 정규 교육 기간의 증가가 수입의 증가와 동반한다는 것을 보여준다.

## 2. 인과 관계를 지나치게 단순화하지 마라

물리학이나 화학의 세계에서는 명백하고 단순한 인과 관계가 존재한다.

하나의 행동은 크기는 같고 방향은 반대인 반작용을 수반한다.
은질산염($AgNO_3$)을 염화나트륨($NaCl$)에 섞으면 은염화물($AgCl$)이 생
성된다.

이러한 형태의 인과관계는 다음과 같이 공식화할 수 있다.

**원인 → 결과**

그러나 정치학, 심리학, 의학, 경제학과 같은 영역에서는 보다 복잡한 형태의 인과 관계가 일반적이다.


어떤 결과는 다수의 원인을 동시에 가진다

담배를 피우는 것이 폐암에 걸리는 유일한 이유라면 모든 흡연자는 폐암에 걸렸을 것이며 모든 폐암 희생자는 흡연자일 것이다. 명백히 이것은 사실이 아니다. 그러나 연구 결과에 따르면 흡연이 폐암에 걸리게 하는 한 요인임은 분명하다. 16d.1에서 제시한 검사 방법을 이런 경우에는 적용하기 어렵다. 가난, 범죄, 이혼 그리고 경제적 후퇴와 같은 이슈에 관해 말하면서 단일 원인을 논한다면, 청중으로부터 신용을 잃게 될 것이다.


긴 인과 관계의 연쇄고리에서는 원인이 어떤 것의 결과이고, 결과가 어떤 것의 원인이기도 하다

어떤 사건의 원인을 논할 때, 직접적인 원인과 좀 더 거리가 먼 원인들을 찾을 수 있다. 의사는 사망의 원인이 뇌출혈이었다고 말한다. 뇌출혈의 원인은 무엇이었나? 실직으로 살아갈 일을 걱정하느라 술을 마셨고, 음주 운전의 결과로 차가 나무와 충돌했고, 충돌의 여파로 자동차 유리를 뚫고 나갔고, 그 결과 두개골이 함몰되었고……

**원인 → (결과/원인) → (결과/원인) → (결과/원인) → 결과**

스피치를 할 때에는 청중이 실재 그림을 떠올릴 만큼 충분히 인과 관계의 연쇄 고리를 논하고, 화자가 그 과정의 복잡함을 이해하고 있다는 것을 청중에게 입증할 필요가 있다. 물론 터무니없어 보일 만큼 너무 멀리 환원해 가서는 안 된다.

때때로 인과 관계의 순환적인 속성을 지적하는 것이 중요한 경우도 있다. 예를 들어 특정 집단에 대한 무지가 그 집단에 대한 편견을 낳고, 편견이 그 집단과의 접촉이 부족해지는 결과를 초래하고, 접촉의 부족이 그 집단에 대한 무지를 영속시킨다는 식이다. 이런 식의 분석은 민족 간의 불화를 단일 원인으로 설명하는 것보다 훨씬 흥미롭다.


어떤 것은 일회성 원인의 결과이고, 어떤 것은 진행되는 원인의 결과이다

바람직하지 않다고 이름 붙여진 결과는 두 가지 방식으로 다룰 수 있다. 결과 그 자체에 대처하거나 결과를 초래한 원인을 차단하는 것이다. 상황에 맞는 적합한 대처 방안을 선택하기 위해서는 그 원인이 일회적인 것인지, 아니면 진행되는 것인지를 결정해야 한다.

헐벗고 더러운 모습에 창문은 깨져 있고, 마당에 부서진 가구가 있으며 도움의 손길이 필요한 이웃을 상상해 보라. 우리는 이러한 증후에 대해 걱정하며 어떤 조치를 취하기를 바랄 것이다. 만약 우리가 이 지역을 태풍이 휩쓸고 지나갔다는 것을 알았다면, 응급 구제와 잔해를 치우기 위한 군대 기술자의 파견 그리고 재건축을 위한 융자 등을 후원할 것이다. 하지만 만약 이 지역이 낙후되어 있고 가난이 만성적이라는 것을 알았다면, 우리는 직업재활 프로그램과 투자유치 프로그램, 진료소 설치 프로그램 등을 선택할 것이다. 일회성 원인과 진행되는 원인을 오판하면, 바람직하지 않은 결과가 반복되는 재앙을 초래할 수 있다.

근본적인 태도와 가치에 원인이 있는 문제를 법률과 제도를 조금 손봐서

해결하고자 하는 시도가 가장 나쁜 형태의 과잉 단순화이다. 이것은 모든 사회적 병리의 답으로 '교육'을 주장하는 경향만큼이나 나쁜 것이다. 해결책을 두 단계로 나누어 단기적으로 증후를 치료하고, 장기적으로 근본 원인을 공략하는 것이 더 나은 방책이다.

### 3. 인과적 주장을 충분히 그리고 명백히 설명하라

16d.2에서 언급한 과학적 사실과 같은 순수하고 단순한 인과적 논증은 완벽한 관계를 다룬다. 이런 점에서 16c에서 논한 연역 추론과 흡사하다. 하지만 연역 추론의 대전제에서와 마찬가지로 타당하면서도 사소하지 않은 완벽한 관계의 예는 드물다. 다음과 같이 개연적인 인과적 주장으로 이끄는 추론이 일반적이다.

> 이들 사건에서 X가 있었고, Y가 일어났다.
> 이들 사건에서 X가 없었고, Y가 일어나지 않았다.
> X의 변화량이 종종 이에 대응하는 Y의 변화량을 초래했다.
> 그러므로 X가 Y를 야기할 것이다.

어느 정도의 개연성이 요구될까? 예들이 충분하고 대표성을 띠면서, 모순되는 예들이 최소화되거나 모순되는 이유가 설명되는 정도까지이다. 이러한 종류의 인과적 논증에서는 16b에서 제시된 충고를 따르는 것이 좋다. 주장을 과장해서는 안 된다. "이것이 원인이다."라고 말하지 말고 "이것이 주된 원인이다."라고 말하라. "이들 사이의 인과적 연결에 관한 강한 증거가 있다." 등으로 말하라.

개연적인 인과적 주장을 입증하려면 귀납 추론에서와 마찬가지로 위험과 이익에 대한 분석이 필요하다. 만약 붉은 고기를 먹는 것이 심혈 관계 질환을 일으키는 것과 높은 상관이 있다면 그 상관 관계를 모르는 데에 따르는 위험은 무엇인가? 그것을 수용하는 데에 따르는 이익은 무엇인가?

또한 가능한 한 인과 관계가 작용하는 기제를 설명하라. 그렇지 않으면 설사 두 요인의 완벽한 상호 관계를 논증할지라도, 오직 다른 하나의 징후, 징조 혹은 증후를 논증하는 것에 그칠 것이다. 인과적 논증은 무엇이 연결되어 있는가보다 많은 것을 말한다. 인과적 논증은 그것들이 왜 연결되었는가를 말한다. 가능한 한 스피치 속에 어떻게 그 원인이 그러한 결과에 이르게 했는지를 포함시켜라. 가능하다면 전문가의 증언을 포함시켜라. 인과 관계에 대한 분석이 명쾌하면 할수록 청중이 우리의 인과적 주장을 단순한 우연으로 치부할 가능성이 줄어든다.

연습 6.

16d.1에서 제시한 원칙을 사용하여 다음의 인과적 주장을 공격하는 두 가지 방법을 설명하라.

1. 체포 절차에 대한 대법원의 판결은 범죄자들이 자유롭게 달아날 수 있도록 허용해왔다.
2. 여성에 대한 차별은 불공평한 법에서 야기되었다.
3. 뇌졸중은 스트레스에 의해 유발된다.
4. 교육재정 지출의 부족은 대학교육의 질 저하를 유발했다.

연습 7.

연습 9의 인과적 주장이 16d.2에서 언급된 과잉 단순화의 어떤 유형에 해당하는지를 설명하라.

**16e. 이미 알고 있는 유사한 사건에 기초하여 알지 못하는 사건에 관한 결론을 이끌어내고자 할 때는 유추 추론을 사용하라**

유추를 통해 추론할 때, 우리는 같은 범주에 속하는 두 가지 것을 비교한다. 그 과정에서 A와 B가 공통된 특성을 가지고 있다는 것을 알고 있기 때문에, 우리가 아는 A의 비슷한 부분을 통해 B의 모르는 것을 추론할 수 있다. [그림 16-5]는 유추를 통한 추론을 나타내고 있다.

[그림 16-5] 유추 추론은 두 사태를 같은 범주에서 비교한다

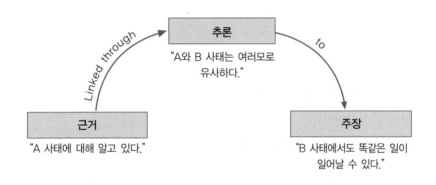

유추 추론은 연결 고리를 만드는 자연스러우면서도 강력한 방법이다. 무언가를 이해하려고 할 때 사람은 본능적으로 비슷한 사례를 찾는다. 외교안보 보좌관이 타국의 내분에 끼어들어야 할지를 고민하는 상황이나 판사가 매 맞는 아내에 관한 전문가의 증언을 수용해야 할지 고민하는 상황, 출근길에 고속도로로 갈지 뒷길로 돌아갈지를 고민하는 상황을 상상해 보자. 이 모든 경우에 사람들은 "내가 이미 알고 있는 것과 무엇이 같지?"라고 자문한다.

우리는 의사결정을 할 때 유추를 사용하는 경향이 있기 때문에, 화자와

청중이 어떤 해석을 입증해야 하는 상황에서 자연스럽게 유추를 사용하는 것은 당연하다. 유추의 매력은 자연스러움에 있다. 청중은 유추로 논리적 연관을 맺는 사고 과정에 매우 익숙하다.

앞서 설명한 다른 추론 양식과 마찬가지로, 유추는 서로 모순되는 주장을 옹호하는 데에도 사용될 수 있다. 어떤 보좌관은 그 나라가 소말리아와 같아서 내전에 개입해 보아야 아무런 소득도 없을 것이라고 주장할 것이다. 다른 보좌관은 그 나라가 파나마와 같아서 중대한 원칙이 위협받는 것과 같다고 주장할 것이다. 변호사는 유사한 다른 재판에서 그런 증거가 인정되었다고 주장할 것이고, 검사는 유사한 다른 재판에서 그런 증거가 기각되었다고 주장할 것이다. 카풀 회원 중 한 사람은 고속도로 소통이 원활한 여느 월요일처럼 오늘도 소통 상황이 좋은 것이라고 주장할 것이고, 다른 회원은 오늘처럼 비가 내리는 날에는 고속도로 소통 상황이 나쁠 것이라고 주장할 것이다.

유추 추론이 아무리 본능적인 것일지라도(바로 그렇기 때문에) 유추를 사용할 때에는 조심스럽게 접근하는 것이 필요하다.

## 1. 유추 추론을 할 때에는 두 사례가 모든 관련된 측면과 중요한 측면에서 유사한지를 확인하라

여기에 우리가 매일 사용하지만 지각하지 못하는 종류의 유추가 있다. 검사를 충족시킬 수 있을까?

> 뚱했다가 화냈다가 하는 것은 아버지를 조종하는 데 효과적이다. 그렇다면 같은 전술이 사장님에게도 효과가 있을 것이다.

아버지와 사장님 간에는 비슷한 점이 분명히 있다. 둘 다 권위적인 인물이고, 나이가 많고, 감정을 다루는 데 어려움을 겪고 있다. 하지만 둘 간의 차이점도 쉽게 찾을 수 있다. 아버지는 키가 크지만 사장님은 작고, 아버지는 외제차를 몰지만 사장님은 소형 트럭을 몬다. 똑같은 사례는 있을 수 없기 때문에 몇 가지 차이점을 지적한다고 해서 유추를 자동적으로 폐기하는 것은 아니다. 관련성과 중요성의 측면에서 이 두 사례는 심대하게 다른가? 아마도 그럴 것이다. 아버지와의 관계는 사적이고, 사장님과의 관계는 공적이다. 전자에서는 아이와 부모의 관계이지만, 후자에서는 성인들 간의 관계이다. 더군다나 아버지와 사장님의 성격은 판이하게 다르다. 이런 차이점으로 인해 아버지에게 통했던 방법이 사장님에게도 통할 것이라는 결론을 폐기하게 된다.

지정학적으로 다른 곳의 사례를 비교할 때에는 특히 문화적 차이에 주의해야 한다. 동일한 제도의 변화가 스칸디나비아나 시리아, 스리랑카에 전혀 다른 결과를 가져올 수 있다. 심지어 같은 문화권 내에서도 하위 문화가 다를 수 있다. 대학 교직원들은 회사원들과는 전혀 다른 방식으로 경영 실무에 반응할 것이다. '사람이 다 같지.'란 믿음은 수정되어야만 한다. 심지어 외적으로 비슷한 환경에 살고 있는 사람들도 성, 계층, 인종, 성적 경향, 그 밖의 많은 요인들로 인해 다르다.

유추 추론은 충격적인 역사의 인식으로 인해 완화되기도 한다. 베트남전과 걸프전의 비교가 자주 행해지지만, 베트남전의 경험으로 인해 미국의 외교 정책, 군사 전략, 보도의 규모 등은 극적으로 바뀌었다. 베트남전 이후의 전쟁은 바로 그 베트남 때문에 달라질 것이다.

### 2. 추론의 형태인 축자적 유추와 묘사적인 기능만을 하는 비유(figurative analogy)를 혼동하지 말라

유추 추론은 같은 범주에 속하는 두 사례를 비교하는 것이다. 이에 비해서 비유는 다른 범주에 속하는 것들을 비교하는 것이다.

> 새로운 절차를 도입하도록 사장님을 설득하는 것은 추운 1월 아침에 나
> 의 1972년 산 피아트 자동차에 시동을 거는 것처럼 인내심과 운, 타이밍
> 을 필요로 한다.

> 베트남 전쟁에 가는 것은 유사(流砂) 위에서 탭 댄스를 추는 것과 같다.

이러한 비유는 수사적인 효과는 있지만, 어떤 결론을 정당화하지는 못한
다. 16e.1의 예들은 아무리 논리적인 결함이 있을지라도 같은 범주에 속하
는 것을 비교하고 있다. 하지만 16e.2의 예는 인간 관계를 인간과 기계의 관
계와 비교하고, 전쟁을 불가능한 동작과 비교하고 있다.

**연습 8.**

다음의 예에서 적어도 세 가지 이상의 유사점과 차이점을 찾아보라. 그리
고 이것을 가지고 어떻게 유추 추론을 할 것인지 생각해 보라. 각 화제에 대
해서 자기 나름의 주장을 세우되, 결론을 정당화할 만큼 충분히 관련이 있
고, 중요한 유사점을 가지고 있는 유추 추론을 사용하라. 반대로 차이점 때
문에 폐기될 지도 모르는 추론 과정을 제시하라.

  1. 축구 게임과 전쟁
  2. 가족과 종업원 집단
  3. 발칸 제국의 인종 청소와 미국의 인종 차별
  4. 국채와 개인의 당좌 예금

## 16f. 흔히 범하는 추론 오류를 피하라

어떤 사람은 알면서도 고의로 추론 오류를 범하고, 어떤 사람은 몰라서 범한다. 능숙한 화자는 양자의 경우를 모두 피하려 한다. 건전하고 논리적인 주장을 중심으로 스피치를 전개하였다면, 오류가 있는지 점검해 보라. 눈에 띄는 오류 하나가 전체 스피치를 의심하게 만들 수도 있다. 백 개가 넘는 모든 오류를 배울 필요는 없지만 사람들이 흔히 범하는 오류들은 잘 알고 있어야 한다.

오류에 관해 배움으로써 얻을 수 있는 보너스는 비판적인 듣기 능력이 향상된다는 것이다. 논리적이고 건전한 스피치를 구성할 수 있게 될 뿐만 아니라, 알맹이 없고 오류를 범한 추론을 찾아낼 수도 있게 된다.

### 1. 인신 공격의 오류(ad hominem)
이 오류는 논박이나 설득 대신에 인신 공격을 하는 것이다.

낙태를 찬성하는 사람은 누구나 살인자다. 나는 그들이 정부 보조금을 횡령한다고 해도 전혀 놀라지 않을 것이다.

### 2. 허수아비 공격의 오류
이 오류는 상대가 하지도 않은 취약한 주장을 만들어서 이를 집요하게 공격하는 것으로 행해진다. 상대의 모든 주장이 이 '허수아비'처럼 취약하며, 시간만 허락되면 상대의 모든 주장을 이처럼 폐기시킬 수 있다는 잘못된 함축을 전달한다. 균형예산법안에 관한 모든 토의에서 "그것이 사회 보장을 좀먹을 거야."라고 소리치는 것이 비근한 예다.

차별 철폐 정책의 반대자는 때때로 다음과 같이 반대한다.

자격을 고려하지 않고 소외 계층의 사람들을 무조건 고용해서는 안 된다. 여성이라는 이유만으로 영어를 가르치는 데 수학 전공자를 뽑을 수는 없지 않은가.

차별 철폐 정책의 찬성자가 자격을 고려하지 말자는 주장을 편 적이 없으므로 이것은 명백한 호도이다. 반대자는 이 이슈의 복잡한 부문과 대면하는 것을 피하기 위해 문제를 극단적인 사례로 왜곡하였다.

### 3. 주장을 터무니없이 확장하는 오류(reductio ad absurdum)

이 오류는 잠재적으로 건전한 주장을 우스꽝스럽게 보일 정도로 확장해서 근거 없는 주장처럼 보이게 만드는 것이다. 이러한 확장은 종종 원래 주장이 가지고 있던 이성적인 해석의 정도를 넘어가기도 한다. 현행 형량선고 방법을 공격하면서, 어떤 화자가 다음과 같이 말하였다고 하자.

> 일반 범인이 차가운 독방 선고를 받고 있는 동안 전직 고위 공직자인 범죄자는 "컨트리 클럽"같이 신참 범죄자를 따뜻하게 대해 주는 시설에서 어슬렁거리고 있다. 후자는 체면이나, 명성, 직업 등을 잃어서 이미 벌을 받을 만큼 받았다는 것이다. 이것은 마치 잃을 것이 없는 사람들에게 더 무거운 벌을 내려야 한다는 것처럼 들린다. 이런 논리에 따르면, 살인을 저지른 국회의원은 무죄 방면되고, 좀도둑질을 한 도시 빈민은 정기적으로 고문당하며 콩밥을 먹어야 할지도 모른다.

터무니없이 불평등한 사례를 들어서 피고에게 미치는 충격의 정도가 형량을 선고하는 타당한 기준이 될 수 있다는 기본 개념을 공격하는 것은 온당하지 않다. 이런 종류의 오류는 그것이 만들어 내는 비뚤어진 이미지에 의존한다. 우스꽝스러운 예에 의해 긴장의 끈을 놓치게 되면서 청취자는 진짜 이슈를 놓친다.

## 4. 미끄러운 경사의 오류

사람들이 흔히 범하는 이 오류는 한 걸음을 내딛으면 필연적으로 그 방향으로 쭉 미끄러질 것이라는 잘못된 가정에 기초하고 있다. 멈추지 못하고 경사면에서 미끄러지는 사람을 떠올리게 한다.

> 도미노 효과 : 만일 한 나라가 민족 간 분쟁에 빠지면, 주변의 모든 나라도 그렇게 될 것이다.
> 단 한 잔이라도 마셨다면, 알코올 중독자가 될 것이다.
> 총기의 판매와 보유를 금지하는 정부의 조치를 그냥 두면, 다음에는 정부가 모든 화기(火器)를 금지시킬 것이다.

## 5. 순환론의 오류

순환론에서는 증명하고자 했던 결론을 전제 중 하나로 가정한다. 대부분의 사람들은 "신용 점수가 높지 않으면 신용을 받을 수 없고, 신용을 받지 못하면 높은 신용 점수를 받을 수 없다"와 같은 막다른 주장에 논리적으로 대처하려고 애쓰는 것이 얼마나 허망한지를 잘 알고 있다. 종종 순환론은 어떤 원천을 절대적으로 맹신하여서 다른 사람들은 그렇게 생각하지 않을 수 있다는 사실을 간과할 때 발생한다.

> 나는 하느님이 존재한다는 것을 안다.
> 성경에 그런 말씀이 반복적으로 나온다.
> 그리고 성경에 있는 모든 것은 진실인데, 왜냐하면 그것은 하느님의 말씀

이기 때문이다.

단어 정의 놀이(definitional word game)에서 순환론의 또 다른 예를 찾을 수 있다.

> 자살을 생각하는 것은 정상이 아니므로 제정신인 사람은 자살을 생각하
> 지 않을 것이다.
> 단체 교섭이 공정하지 않은 화해로 끝나기 때문에, 노사 쟁의를 풀기위해
> 공정한 법정이 필요하다. 공정한 화해란 무엇인가? 공정한 법원에서 도
> 출한 화해가 공정한 화해이다.

## 6. 의미론적 오류

단어의 풍부하고 내포적인 본질 때문에 사고의 경계가 흐려질 수 있다. 정의(定義)의 의미 변화가 분명할 때에는 "빨간 딸기(품종 이름)는 덜 익어도 빨갛다"나 "단독범이 지난 달에 한 명도 잡히지 않았다. 모두 결혼했음이 분명하다."와 같이 우스꽝스러울 수도 있다.

논증의 중요한 대목에서 정의가 미묘하면서도 위험하게 의미 변화하기도 한다.

> 우리 모두가 소중히 여기는 자유 경제 시스템은 경쟁 없이 존재할 수 없
> 다. 중소기업을 보호하는 이 법안은 우리의 전체 경제 구조를 위협하는
> 것이다. 특정 집단에게 보호 장벽이 주어지면 참된 경쟁은 있을 수 없다.

기저에 깔려있는 가치 전제에서는 '경쟁'이 시장 경제 체제를 의미하는 일반적인 의미로 사용되었다. 그러나 그 법안이 경쟁을 위협한다는 주장에

서는 '경쟁'이 "개인 간의 특수한 대결"이라는 좁은 의미로 사용되었다. 의미론적 오류는 주장의 삼단 논법이 타당해 보이기 때문에 알아차리기 어렵고, 대처하기도 어렵다. 다른 전제에서는 다른 의미로 사용되는 단어의 정의를 살짝 바꿀 때 이런 문제가 발생한다.

### 7. 잘못된 이분법

두 개의 안(案)이 상호 배제적이지 않거나 또 다른 대안이 존재하는 상황에서 '이것 아니면 저것'이라고 주장하는 것은 오류다. 많은 스피치가 인위적인 선택을 강요한다.

> 우리 학교에 축구 프로그램을 운영하겠습니까, 아니면 밴드나 오케스트라를 운영하겠습니까?

이것은 잘못된 이분법일 수 있다. 신중한 경영과 자원 재분배를 통해 두 가지 모두를 운영할 수 있다.

> 노골적인 위협을 참거나 동맹 관계를 파기하거나 둘 중에 하나를 선택하라.

이러한 기본 전제는 복잡한 이슈를 지나치게 단순화하기 때문에 어떠한 결론도 이끌어낼 수 없다. 잘못된 이분법을 대전제로 연역 논증을 해서는 안 된다.

### 8. 조건 진술을 잘못 전도시키는 오류(후건 긍정이나 전건 부정)

또 다른 종류의 연역 추론은 "만약 X라면 Y이다"라는 관계에 기초한다. 사람들이 흔히 범하는 이 오류는 Y가 필연적으로 X에서 도출되기 때문에,

그 반대(X도 필연적으로 Y에서 도출될 것이다)도 참일 것이라고 가정하는 것이다.

> 벽 너머에서 사람소리가 들린다면, 옆방에는 누군가가 있다.
> 벽 너머에서 사람소리가 들린다.
> 따라서 옆방에는 누군가가 있다.

이것은 타당한 진술이다. 이 형태가 타당하다고 해서 그 반대도 참일 것이라는 보증은 없다. 애초의 조건 진술에서 다음 주장을 이끌어 낼 수는 없다.

> 나는 어떠한 사람소리도 듣지 못했다. 따라서 옆방에 아무도 없는 것이 분명하다.

이런 문제는 두 가지 요소가 연관되어 있다는 것은 알지만, 무엇에서 무엇이 도출되는지를 주의 깊게 살피지 않을 때 일어난다. 게으른 사고의 소산이다.

연좌제는 이 오류의 가장 흔한 형태이다.

> 후보자가 조직의 모든 원칙에 동의하면, 조직은 그를 인정할 것이다.
> PCB(the People's Counterinsurgency Brigade)는 엘리자베스를 인정하였다.
> 따라서 그녀는 조직의 모든 원칙에 동의해야만 한다.

첫 번째 진술에서 조직이 조직의 원칙에 100% 동의하는 후보자만을 인정하도록 요구하는 것이 아무것도 없기 때문에 이것은 잘못된 결론이다. 엘리자베스의 정적(政敵)들은 PCB와 가치를 전혀 공유하지 않았으며 오직 엘리자베스만이 가치를 공유하고 있었을 가능성도 충분하다. 그나마 이쪽이 낫다는 심정으로 조직이 엘리자베스를 인정했을 수도 있다. 엘리자베스 PCB의 모든 원칙에 동의해야 한다는 주장은 원래의 조건 진술을 뒤집었을 때에만 타당하다.

정치 후보자들은 유권자가 범할 수 있는 이러한 오류를 매우 두려워해서 극단적인 단체나 극단적인 지지자의 인정을 공개적으로 부인하기도 한다. 특정 집단이 인정하는 후보자와 후보자가 인정하는 특정 집단 간의 차이를 스스로 인식하도록 유권자에게 맡겨둘 수는 없기 때문이다.

## 9. 성급한 일반화의 오류

귀납적인 도약이 성급할 때 이 오류가 발생한다.(16b 참고) 성촉절에 마멋이 땅에서 나오면 겨울이 끝나고 봄이 왔다고 축하하는 것이 비근한 예이다.

다음 진술은 잘못된 도약이다.

> 금융 스캔들은 모든 선출직 공무원을 돈으로 움직일 수 있다는 것을 증명했다.

시간의 제약으로 결론이 근거한 모든 자료를 스피치에 포함시키지 못할 수도 있다. 성급한 일반화가 아니냐는 공격에 대처할 수 있도록 스피치에 포함시키지 않은 자료도 준비해 가는 것이 반드시 필요하다.

## 10. 원인 오판의 오류

이 오류의 라틴어 명명은 "사건 다음에, 따라서 그 사건 때문에"로 번역된다. 우리를 둘러싼 세상을 인과 관계로 이해하려는 것은 자연스러운 일이다.

이렇게 하려는 힘은 매우 강해서, 자신의 울음소리가 태양을 매일 아침 떠오르게 한다고 굳게 믿었던 수탉처럼 행동하곤 한다.

이 오류의 가장 유명한 예는 "투탄카멘 왕의 저주"이다. 1923년 카나본 경(卿)은 투탄카멘 왕의 비밀 묘지를 발굴한 직후에 곤충에게 물린 합병증으로 카이로에서 사망하였다. 카나본 경이 죽는 순간 정전이 있었고, 많은 사람들은 이것을 고대 저주의 발현으로 해석하였다. 그 후로 이집트 연구와 약간이라도 관련된 사람이 죽으면, 동맥경화나 교통사고로 사망한 경우에도 고대 저주의 탓으로 돌려졌다.

이 같은 오류를 피하려면 시간적인 연속 관계만 가지고 인과 관계를 가정해서는 안 된다. 모든 인과 관계를 16d에서 제시한 기준에 따라 검사하라.

### 연습 9.

다음의 진술에서 오류를 찾아보라.

1. 나는 당신이 셀로판 봉지 안에 든 음식을 먹었다고 해서 놀랐다. 당신은 합성 화학물이 내용물을 오염시킨다고 두려워하지 않았던가?
2. 외제차를 운전하는 사람은 우리나라를 전혀 생각하지 않는다.
3. 당신은 그 요점을 순수 논리로 입증할 수 있다고 말했다. 나는 그 말에 동의한다. 그 논리는 정말로 순수했다.
4. 부활절에는 항상 비가 온다. 지난 3년 동안 그랬던 것으로 기억한다.
5. 정부를 지지하거나 정부를 비판해야 한다. 당신은 어느 쪽인가?
6. 배심원 제도는 폐지되어야 한다. 작년에 한 배심원이 자기 코의 미용 성형을 마음에 들어 하지 않았던 여성에게 30억 원을 지급하라고 결정하였다. 그 다음 달에 수술을 집도한 의사가 자살했다.

## 16g. 주장과 근거를 어떠한 추론으로 연결시켰는지를 내용 조직이나 단어 선택을 통해 청중에게 명확히 보여주어라

오류가 없고 건전한 추론에 기초해 있다고 해서 충분한 것은 아니다. 추론 과정이 청중에게 명확히 전달되어야만 한다. 화자가 단지 주장의 근거나 이유 뭉치만 제시하는 것은 의사소통이 마치 일방적인 메시지의 전달인 양 행동하는 것이다. 이 책에서는 의사소통은 화자와 청자가 함께 구성해 가는 것이란 관점을 취하고 있다. 따라서 화자는 청중에게 근거의 의미를 설명해 주어야 한다.

### 1. 논리적인 관계가 드러나도록 요점을 조직하라

16a에서 설명했던 것처럼 논쟁적인 주장은 스피치의 모든 수준에서 발견될 수 있다. 개요를 어떻게 작성하는지에 따라 전체적인 추론의 과정이 어떻게 드러나는지가 결정된다.

때때로 주제진술이 연속적인 추론에 의해 정당화되고, 각각의 주요 요점이 주장의 일부인 경우도 있다.

**주제진술** : 학교에서 기도하는 것이 허용되어서는 안 된다. 왜냐하면 그것은 정치와 종교를 분리해서 보는 미국의 핵심 가치에 위배되기 때문이다.

Ⅰ. 정치와 종교를 분리하는 것은 반드시 지켜야만 하는 미국 사회의 핵심가치이다.
  A. 왜 우리는 이 가치를 가지고 있는가.
  B. 왜 우리는 이 가치를 지켜야 하는가.
Ⅱ. 학교에서 기도하는 것은 정치와 종교를 분리해서 보는 가치에 위배된다.

(증언과 사례를 들어 전개)

따라서 : 결론적으로 (주제진술을 다시 말한다)

주제진술이 우산살이 우산대를 중심으로 모이듯이, 서로 구분되는 독립적인 주장들에 의해 지지되는 경우도 있다.

**주제진술** : 헤드 스타트(Head Start)와 같은 취학 전 프로그램은 경제적으로, 사회적으로 그리고 도덕적으로 정당화된다.

경제적, 사회적, 도덕적 주장들이 각각의 주요요점이 되고, 주요 요점에서 대부분의 추론이 발견된다.

중요한 주장을 정당화하기 위해서, 매우 특정한 하위 요점 수준에서 추론이 필요한 경우도 있다.

다양한 방식으로 추론 과정을 개요에 반영할 수 있다. 연결 관계가 분명히 드러나도록 요점을 진술하는 것이 중요하다. "이유"를 단순히 묶어두는 데 그치지 말고, 추론 과정을 보여주어라.

**좋지 않음**

Ⅰ. 미국은 중산층에 대한 세금 인하를 감당할 여력이 없다.

  A. 세금 인하는 적자를 불러올 것이다.

   (증언과 통계로 정당화)

  B. 세입 감소는 정말로 중요한 프로그램을 운영하는 데 치명타가 될 것이다.

   (증언과 통계로 정당화)

**좋음**

Ⅰ. 미국은 중산층에 대한 세금 인하를 감당할 여력이 없다.

  A. 세금 인하를 감당하려면, 세출을 줄이거나 국채를 발행해야 한다.

  (이것들이 유일한 대안임을 간단히 설명)

  B. 세출을 줄이는 것은 바람직하지 않다.

  (증언과 통계로 정당화)

  C. 국채를 발행하는 것은 바람직하지 않다.

  (증언과 통계로 지지)

**좋지 않음**

Ⅰ. 수업을 오래 듣는다고 해서 학업이 증진되는 것은 아니다.

  A. 갑 고등학교에서 시범 실시를 해 보았는데, 점수에 변화가 없었다.

  B. 을 고등학교에서 시범 실시를 해 보았는데, 점수가 오히려 떨어졌다.

  C. 병 고등학교에서는 수업 시간을 늘이지 않았는데도 점수가 올라갔다.

  D. 정 고등학교에서는 수업 시간을 줄였지만 검사 점수에 변화가 없었다.

**좋음**

Ⅰ. 수업을 오래 듣는다고 해서 학업이 증진되는 것은 아니다.

  A. 수업 시간이 긴 경우, 시험 성적은 증진되지 않았다.

    1. 갑 고등학교는 변화 없음

    2. 을 고등학교는 오히려 하락

  B. 수업 시간이 길지 않은 경우, 시험 성적은 낮아지지 않는다.

    1. 병 고등학교는 증진

    2. 정 고등학교는 수업시간 단축에도 불구하고 변화 없음

**요약** : 수업 시간과 학업 간에 인과 관계가 있다면, 수업 시간이 긴 학교에서 점수가 높게 나오고 수업 시간이 짧은 학교에서 점수가 낮게 나올 것으로 예상되었다. 나는 이것이 사실이 아님을 증명하고자 했다. 오히려 그 반대가 참인 경우도 있었다. 수업을 오래 듣는 것이 학업을 증진시키는 것은 아니라는 결론을 내가 어떻게 도출했는지 알 수 있을 것이다.

요점과 요점을 정당화하는 것 간의 차이를 기억하라.(11c와 15의 도입부 참고) 추론을 원 자료로 대신해서는 안 된다. 다음의 예에서 화자는 전문가의 말을 인용하여 자신의 인과적 주장을 정당화하려 하였다. 그러나 청중은 전문가가 왜 그런 결론에 도달하였는지 알 수 없다. 수정된 예에서는 전문가의 말을 특정 요점을 지지하는 근거로 사용하여 인과적 주장에 깔려있는 추론 과정을 설명하고 있다.

**좋지 않음**

Ⅰ. 성차별적 언어의 사용은 여성차별을 영속화한다.

   A. 갑 박사는 성차별적 언어가 문제를 야기한다고 말했다.

   B. 을 교수는 성차별적 언어가 여러 사회 문제의 근원이라고 말했다.

   C. 언어학자 병은 언어가 행동에 미치는 영향을 밝혔다.

**좋음**

Ⅰ. 성차별적 언어의 사용은 여성차별을 영속화한다.

   A. 언어가 사회적 인식을 형성한다.

     (전문가의 말과 연구 결과를 인용)

   B. 여성을 소외시키는 말은 사람들이 여성을 경시하게 만들 수도 있다.

     (전문가의 말과 연구 결과를 인용)

C. 특정 역할에서 여성을 무의식적으로 배제시킨다면, 여성을 차별하는 것이다.

(전문가의 말과 연구 결과를 인용)

## 2. 근거의 의미와 주장의 연결관계가 잘 드러나도록 단어, 구, 절을 사용하라

추론 과정이 잘 드러나게 내용을 조직해야 할 뿐만 아니라, 사고 간의 논리적 연결이 잘 드러나도록 언어 선택에도 신중을 기해야 한다. 한 지점에서 다른 지점으로 도약해서는 안 된다. 구사한 추론의 종류가 무엇인지 알려주는 부가 구를 사용하라.

귀납 추론

사용한 예가 얼마나 강력한 것인지를 보여주라.

나의 주장을 뒷받침하는 예는 ~

이러한 양상에 첨부할 또 다른 예는 ~

이러한 통계치는 널리 알려진 ~

이것은 단지 ~의 사례일 뿐이다.

소득 수준과 지역에 상관없이 이러한 양상이 발견된다. 이를테면 ~

자료가 가진 개연성을 인정할 때에는 양화사를 사용하라.

많은 ~

대부분의 ~

문학 영역의 모든 연구는 사실상 ~

이 증거가 ~을 강력하게 시사한다.

~라고 거의 확신한다.

이러한 사례로부터 ~라는 결론을 이끌어 내고 싶다.

비용과 보상을 보여주라.

　　이 프로그램이 제대로 수행된다면, 나는 기꺼이 세금을 낼 용의가 있다.

　　~때문에 이것이 좋다/나쁘다고 생각한다.

　　~을 감당할 수 있을지는 알 수가 없다.

　　위험이 존재하지만, ~한 이익에 비하면 별 것 아니다.

　　~할 만한 가치가 있는가?


연역 추론

전제를 진술하라.

　　이것은 다음과 같은 핵심 가치에 기초하고 있다.

　　내 주장은 정체(政體)에 관한 근본 철학에 기초하고 있다.

　　내 주장은 여러분도 동의하고 있을 기본적인 가정에 기초하고 있다. 그것은 ~

　　A 아니면 B

　　만약 A라면, B이다.

　　A일 경우에만 B할 수 있다.

　　~한 사람은 ~

　　A한 정도까지만, B한 정도로 할 수 있다.


추론의 과정을 보여주라.

　　X와 Y를 보여주었기 때문에~

　　따라서 ~

　　이것은 ~를 함의한다.

　　이것으로부터 다음과 같은 결론이 도출된다.

이것이 의미하는 바는 ~

다음과 같이 결론을 내리지 않을 수 없다.

이것에 기초하여, 나는 ~라고 추론한다.

~로 결론내리는 것이 논리적으로 보인다.


## 인과 추론

원인과 결론이 어떻게 관련되는지를 예측 가능한 방식으로 보여주어라.

교육 지출을 늘린 지역에서는 범죄율이 낮아졌다.

그 회사가 망한 다음부터 오염이 줄어들었다는 점에 주목하라.

이것은 우연이 아니다. X가 발생한 다음에 Y가 발생한다.

X가 증가하면, 그에 비례하여 ~


필요하다면 인과적 주장을 제한하라.

많은 원인이 있겠지만, 내가 확인인 바로는 그것이 주요 요인이다.

흡연이 건강 문제를 일으켰을 가능성이 매우 높다.

대부분의 경우에 X가 Y를 유발한다.

지금까지 행해진 대부분의 연구 결과에 따르면, 적어도 중산층 가정에서는 TV를 통해 폭력물을 시청하는 것과 시청자의 반사회적 행동 간에는 강한 인과 관계가 있는 것으로 보인다.

작은 가족 회사를 논외로 한다면, 일반적으로 종업원의 사기는 보너스에 가장 영향을 받는 것 같다.


인과관계의 기제를 설명하라.

모든 전문가가 X가 Y의 원인이라고 결론을 내린 이유는 ~

이 모든 사례에서 아동 학대가 그 아이가 성인이 되었을 때 또 다른 아동학대로 이어진다는 것을 보여주었다. 어떻게 이런 일이 일어나는지를 설명하면 다음과 같다.


유추 추론

유사점을 부각시켜라.

인근의 콜롬비아나 페루와 마찬가지로, 에콰도르에서도 ~

크기와 구성이 유사한 세 도시에서 같은 양상이 발생했다.

우리 지역에 있는 10개 중 8개의 대학에서 체육 프로그램에 여성 스포츠를 추가하였다. 그 결과 더 많은 동창회의 지지를 이끌어 낼 수 있었다.

~와 마찬가지로

~와 유사하게

이와 유사한 경우에 ~


청중이 관심 있어 하는 차이점을 설명하라.

그 재판이 다른 법정에서 심리되고 있지만, 그 원칙은 여전히 유효하다. 왜냐하면 ~

규모가 다름에도 불구하고, 우리 회사는 여기서 교훈을 얻을 수 있다. 왜냐하면 ~

나는 이 일이 아주 먼 옛날에 일어난 일이라는 것을 잘 알고 있다. 그럼에도 이런 점에서 인간의 본성이 바뀌었다고 생각하지는 않는다.


연결관계를 설명하라.

그것이 뉴저지와 아이다호와 조지아에서 일어났다면, 다른 도시에서도 일어날 것이다.

그 유추는 참이다. 이 해결책을 다른 문제에도 적용할 수 있다.

그것을 시도한 다른 단체는 성공하지 못했다. 그들의 실수로부터 배워야 한다.

지진에 대한 안전 조치를 강구하는 데 너무 지체해서는 안 된다. 우리는 이전에 홍수에 대처하는 데 지체하였고, 그 결과는 참혹했다.

12장에서 설명했듯이, 되돌아가 확인할 수 없는 말의 속성 때문에 작문보다는 화법에서 연결어가 더 중요하다. 이들 단서를 제공하는 표현은 주장을 전개하는 데 있어서 핵심적인 역할을 한다. 개요에서는 주장이 근거보다 앞에 제시될 수도 있다. 물론 이것은 내용 조직의 수사적 측면이지, 주장이 추론의 과정을 거쳐 도출되었다는 사실을 부정하는 것은 아니다. 그러나 논의의 전개 과정을 알려주기 위해, 혼란의 여지가 있겠지만 주장을 먼저 제시하고 이어서 그 이유를 설명하는 것은 좋은 방식이다. 추론 과정의 끝부분을 설명할 즈음에 청중은 주장이 무엇이었는지 깜빡 잊어버릴 수도 있다. 따라서 논증을 다한 다음에 주장을 다시 한 번 들려주는 것이 좋다.

다음 예에서 화자는 마리화나가 합법화되어서는 안 된다고 주장하고 있다. 각각의 주요 요점은 각기 다른 추론 양식으로 정당화되었다. 각 주요 요점의 말미에서 화자가 자신의 추론 과정을 보여주기 위해 어떻게 요약 정리하고 있는지에 주목하라. 이 짧은 요약 정리가 화자만 이해하는 스피치와 청중에게 이해되는 스피치를 가르는 분수령이 될 수 있다.

Ⅰ. 마리화나를 복용한 사람들은 위험하다.

(마리화나를 복용한 사람들이 일으킨 사고의 사례)

주요 요점 1의 요약 : 마리화나를 복용한 사람들이 일으킨 이들 다섯 살인

사건은 마리화나가 합법화되어서는 안 된다는 것을 보여준다. 마리화나를 복용한 사람들은 위험하다.

Ⅱ. 마리화나는 담배나 알코올처럼 중독성이 매우 높다.
(의사와 다른 전문가의 증언)
주요 요점 2의 요약 : 우리는 니코틴과 알코올에 중독되는 것이 얼마나 쉬운지를 잘 알고 있다. 마리화나도 마찬가지이다. 마리화나에 중독될 수 있다.

Ⅲ. 마리화나를 복용하는 사람들은 "더 센" 약을 찾게 된다.
(약 사용자와 의사의 증언과 통계)
주요 요점 3의 요약 : 모든 중독자가 더 센 약을 찾는 것은 아니지만, 많은 중독자들이 그렇게 한다. 전문가는 범죄나 마리화나와 접촉한 경험과 더 센 약을 복용하는 것 간에 중요한 인과 관계가 있다고 주장한다.

Ⅳ. 마리화나의 복용은 지능을 떨어뜨린다.
   A. 뇌세포의 감소가 지능을 떨어뜨린다.
   B. 마리화나는 뇌세포를 죽인다.
주요 요점 4의 요약 : 뇌세포를 죽이는 것은 무엇이든지 지능을 떨어뜨리고 마리화나가 뇌세포를 죽이는 것으로 드러났기 때문에, 마리화나가 지능을 떨어뜨린다는 것은 당연한 논리적 귀결이다.

결론 : (논제를 재진술하고, 요점들이 어떻게 논제와 연결되는지를 설명

한다) 나는 마리화나가 무고한 사람들을 위험에 빠뜨리고, 중독성이 있다는 것을 보여주고자 하였다. 또한 마리화나가 더 센 마약을 찾도록 중독자를 이끌고, 흡연자의 지능을 떨어뜨린다는 것을 보여주고자 하였다. 이러한 심각한 결과를 가져오는 것은 어떤 것이라도 합법화하지 않는 것이 논리적인 것으로 여겨진다.

**연습 7.**

앞의 예에서 어떤 추론 양식이 사용되었는가? 각 추론 과정에 잠재적인 오류 가능성은 없는가?

제17장

# 언어와 문체

# | 언어와 문체 |

자신의 생각을 명확하고 뚜렷하게 만들어 주는 어휘와 구조를 선택하라. 언어의 힘을 무시하지 말라.

흔히 고전적 수사학자들이 언어란 마치 멋있게 보이도록 하기 위해, 포장지를 씌운 선물처럼 생각을 꾸미고 장식하는 것으로 취급하려는 경향이 있다고 해석하기도 한다. 현대의 의사소통 학자들은, 상대방에게 자신의 생각을 전달하려고 생각을 기호화하기 전에 그 생각을 충분히 숙고하여야 한다고 제안한다. 요즈음 언어가 의사소통에서 중심 역할을 함을 인정하고 있다. 언어는 사고의 본질이지, 사고를 위한 단순한 도구가 아니라는 말이다. 우리는 더 이상 우리가 생각하는 방식이 보편적인 어떤 것으로 프로그램화 되어 있다고 생각하지 않는다. 오히려 언어로 다른 사람들과 상호작용하면서, 우리의 생각하는 방식을 발전시킨다고 믿는다. 이것은 중국어 대신 영어를 배운다는 것 그 이상을 의미한다. 태어난 장소와 시간에 따라 다른 언어를 사용할 뿐만 아니라 다르게 생각한다는 것을 의미하는 것이다. 그리하여 언어는 문화를 반영하고 우리 사회를 반영하는 것이다.

파급 효과가 큰 언어의 힘과 무의식적인 언어의 힘 때문에, 의사소통 과정에서 마치 한 조각씩 프로그램 명령을 내리듯 언어를 다루는 데 조심하는 경향이 있다. 이 책에서는, 스피치를 준비하는 전(全) 과정을 통해 "말에서

삶으로(talking ideas into being)"의 중요성을 강조하고자 한다. 유능한 화자는, 효과적인 말하기 방식을 달성하기 위해, 언어로 자신의 생각을 발전시키는 방식을 안다.

문체(style)는 다양한 뉘앙스를 지닌 어휘이다. 'stylish' 한 사람이란 표현은 가장 최근의 유행과 패션을 따를 줄 아는 사람을 의미할 때 사용된다. 'stylized' 한 그림이란 표현은 예술가들이 이해하기에 가장 최소한의 세부적인 것을 포함시킨 그림을 의미할 때 사용된다. 'style' 은 그것이 무엇을 의미하든지 간에 장식자의 색깔이다. 그리고 그것은 유행에 따라 달라붙는 청바지가 되기도 하고 헐렁한 청바지가 되기도 한다.

말하기 문맥에서 본다면, 문체(style)란 어휘의 선택을 의미하며 그 어휘들의 배열 방식이다. "좋은" 문체(style)란 청자들이 쉽게 이해하고 받아들일 수 있도록, 어휘들을 선택하고 조합, 배열하는 것이다. 좋은 문체란 적절하고 생생하며, 다채로운 언어인 것이다.


## 17a. 구어체와 문어체의 차이를 이해하라

스피치는 4차원의 시공간 세계에 매여 있다. 단어들이 입 밖으로 나오자마자, 공명(resonances)과 배음(overtones)은 사라지기 시작한다. 청자는 각각의 단어에 하나의 의미연결(contact)을 맺으며, 기억을 통해 이들을 연결시킨다. 그러나 문자로 기록된 것들은 타임머신처럼 존재한다. 독자는 글을 읽다가 이전에 보았던 곳으로 되돌아 갈 수 있다. 기록물의 이러한 특성은 이해를 쉽게 해 준다. 비록 구어체와 문어체가 같은 구성요소를 사용한다고 하더라도 그 문체는 상호 교환될 수 없다.

자연스러움(naturalness)은 이 책을 통해 설명하려는 테마이다. 자연스러운 화자는 구어체가 어떻게 다른지를 이해하고, 10쪽에 달하는 인용을 전달하기보다는 청중에게 말을 한다. 청자는 가다듬어질 수 있다면 대화의 표준 (norms)을 반영한 패턴을 기대한다. 스피치에서, 구어체와 문어체 사이의 이상적인 균형은 청중과 상황에 달려있다.(1c. 4 참조) 때로는 필자가 쓴 의사소통적 자료를 더 많이 인용할 수도 있고, 대화의 억양과 언어를 사용할 수도 있다.

이 책 CD-ROM에 제시된 스피치에서 여러 화자들이 선택한 리듬과 어휘가 얼마나 다양한지 주목해보라. 매우 짧은 시간 동안 구어 발표를 준비했던 Amy Wood나 Anna Luebbering과 같은 학생들보다, 주요 스피치 대회를 위해 원고를 준비했던 Erian과 Harikul은 문어체를 더 많이 사용하는 것을 볼 수 있다. 게스트 화자로서 주로 모습을 보였던 Rodriguez나 Fiorina보다, 스피치의 많은 부분에서 솜씨 있는 언어를 구사했던 교통통신부장관 Mineta는 그가 이끄는 부서의 멤버들에게 여전히 구어적인 언어를 더 많이 사용했다.

구어체는 몇 가지 중요한 점에서 문어체와는 다르다. 구어체에서는 잉여성이 많이 나타난다고 할지라도, 청자의 이해를 도모하기 위해 화자는 반복을 사용한다. 구어체에는, 방향 보여주기(signposting), 중간 요약하기 (internal summaries), 다음 예고하기(internal previews) 등과 같이 그 말의 구조를 명확하게 하기 위한 유창성 기제들이 존재한다.

[표 17-1] 문어체와 구어체의 차이

| 문어체 | 구어체 |
| --- | --- |
| 위에 언급한 것처럼 | 좀 전에 말했듯이 |
| 다음과 같은 특성을 지닌 개인을 피할 수 없다. | 그와 같은 사람을 피할 수 없어요. |

| 문어체 | 구어체 |
|---|---|
| 적절한 사례는 정부가 …한 상황이 될 것이다. | 이렇게 생각해보세요. 샘이라는 사람이… |
| 그러한 결과를 낳을 것이라고는 예측되지 않는다. | 흠…글쎄…… |
| 피실험자는 임의로 통제 집단에 혹은 세 개의 실험 집단 중 한 집단에 할당하였다. 주제에 대한 처음 태도를 사전에 조사했다. 실험 집단이 세 가지 수준의 위협 소구[1](fear appeals) 중 한 가지를 포함한 설득적 메시지를 받은 후에 사후 테스트가 진행되었다. | 우리가 어떻게 연구를 했는지 말씀드리겠어요. 처음에 우리는 아무렇게나, 피실험자를 네 그룹으로 나누었어요. 그리고, 우리는 네 그룹이 이 주제에 대해 어떤 태도를 지니는지 알아보기 위해 예비 조사를 했어요. 그 다음에, 그 중 세 집단은 설득적 메시지를 듣게 했어요. 한 집단은 높은 수준의 위협 소구를, 다른 한 집단은 중간 수준의 위협 소구를, 나머지 한 집단은 낮은 수준의 위협 소구를 포함한 설득적 메시지였어요. 그리고 네 집단의 태도를 사후 조사했어요. 물론 메시지를 받지 못한 통제 집단도 함께 사후 조사를 했지요. |

상대적으로 더 짧은 문장과 음절 역시 구어체의 특성이다. 구어체에서는 또한 완성되지 못한 문장과 줄임말 역시 받아들여진다. 공식적인 말하기에 서조차, 스피치는 같은 주제의 수필보다 더 일상 회화체를 사용하기도 한다. [표 17-1]은 구어체와 문어체 사이의 몇 가지 주요한 차이점을 보여준다.

구어체의 특성이 제한적이라는 생각은 잘못된 것이다. 구술성(orality)이 문식성(literacy)보다 부족하다고 설명하는 것은 마치 말(horse)을 바퀴가 없는 자동차라고 말하는 것이나 다름없다고 월터 옹(Walter Ong)은 지적한다. 구어로 표현된 어휘를 인식하고 그것의 독특한 점을 받아들여라. 리듬

---

1) **역자 주** : 언론학 분야에서는 appeals를 '소구'라고 번역하여 사용하고 있다. 그러나 소구라는 말은 일본식 한자라서 사용하지 않는 것이 좋고 '호소'라고 번역하는 것이 낫다는 견해도 있다.

과 스피치의 운율은 기억을 돕는다. 물리적인 직접성은 화자와 청자 사이에 연대를 만든다. 구어적 어휘의 음악적 요소에 귀를 기울이고, 자신의 생각을 표현할 때 자신의 이점을 잘 이용하라. 어느 정도 효과적인 스피치의 일부로서 수행의 자료를 삼을 때 구어적 어휘의 힘을 느끼는 것이 중요하다.

**연습 1.**

다음의 진술을 구어적인 의사소통에 더 적합하게 다시 써보라.

1. 공기여과기가 제거된 이후에, 문제의 근원을 조사할 수 있다.
2. 모든 사무원과 경영직 인사는, 그들의 능력을 평가하고 다음 회기 평가의 업무 목표를 분명하게 하기 위해 고안된, 상반기 업무 평가를 받을 것이다.

## 17b. 자신의 언어를 명확하게 하기 위해 노력하라

주지하다시피 언어는 대상, 개념, 행동(action)을 분류하는 것 이상의 역할을 한다. 말(words)은 행위(acts)이다. 말은 약속을 하거나 협박을 하는 것처럼 무엇인가를 한다. 말은 결혼을 하게 하거나 심지어 사람들을 축출하는 역할을 맡기도 한다. 이러한 힘 때문에 체면을 지키거나 결속을 다지기 위해 때때로 일부러 메시지를 애매하게 만들기도 한다. 그러나 대부분의 경우에, 정보를 명확히 발언하는 것이 다른 목적들보다 높이 평가받는다. "곰이다, 뛰어!(Bear come. We go. Now!)"라는 표현은 난해하지도 않고 시적이지도 않다. 그러나 그것은 분명히 선사시대의 인류로부터 지금까지 중요한 이미지를 전달한다. 장황하고 다변적인 표현(verbiage)을 좋아하는 현대의 화자들은 이미지 전달을 잘 해야 한다. 만약 의사소통의 우선순위를 이해한다면, 자신에게 묻게 될 첫 번째 질문은 "청자가 내가 한 말에 대해 그림을 그릴 수 있을까?"일 것이다. 화자와 청자가 완전히 다른 그림을 얻는 것으로 끝난다면, 무언가 잘못된 것이다. 이 경우에 화자는 비표준적인 방식이나 특이한 방식으로 어휘를 사용했을지 모른다. 혹은 매우 다른 반응을 일으키는 어휘를 사용했거나, 무관한 문구들을 계속 사용함으로써 중요한 어휘를 묻히게 했을지도 모른다.

메시지를 명확하게 구조화하기 위해서는 반드시 두 가지를 해야 한다. 첫째, 자신의 생각을 명확하게 하기 위한 노력을 경주하는 것이다. 말하고자 하는 바를 대략이 아니라 정확하게 알아야 한다. 둘째, 메시지를 듣는 사람이 누구인지 고려하라. 어휘가 청자에게 무엇을 의미할 것인지 고려하라.

## 1. 정확한 어휘를 사용하라

애매한 대화를 피하기 위해, 전달하려는 바를 정확히 의미할 어휘를 찾아야 한다. 그리고 의미를 분명하게 밝혀줄 구조 속에서 그 어휘를 사용해야 한다.

### 적절한 어휘를 사용하라

여러 어휘들은 같은 대상이나 생각을 나타낼 수 있다. 그러나 각 어휘들은 약간씩 다른 초점(focus)을 가질 수 있다. 만약 도둑이 실제로 '체포된 (arrested-심각한 상태는 아님)' 상태라거나 혹은 유죄를 '선고 받은 (convicted-좀 심각한 상태임)' 상태임을 나타내는 의미를 표현하고 싶다면, 도둑이 '기소된(indicted)' 상태라고 표현하지 말아라. 중요한 뉘앙스의 차이를 배우고, 그 차이점들을 중시하라.

비슷하게 소리 나지만 뜻에 있어서는 아무런 유사성이 없는 어휘에 주의하라. allusion은 암시를 뜻하고, illusion은 착각을 뜻한다. 몇몇 다루기 힘든 유사음 이의어로는 affect(감동)/effect(효과)[2], imminent(절박한)/eminent(저명한), casual(우연한)/causal(원인이 되는), 그리고 aesthetic(심미적인)/ascetic(금욕주의자의) 등이 있다. 구어는 문어보다 간단하다는 점을 기억하라. 정확한 어휘를 사용하는 것이 뽐내는 것처럼 보일 때는 그러한 어휘 사용을 피하라. [표 17-2]는 몇 가지 예를 제시해 준다.

**[표 17-2] 더 간단한 구어체**

| 뽐내는 문어체 | 더 나은 구어체 |
| --- | --- |
| 소위 현존하는 가장 위대한 미국 소설가의 타자기로부터 나온 오물(feculence)에 나는 소름이 끼쳤다. | 소위 현존하는 가장 위대한 미국 소설가의 타자기로부터 나온 찌꺼기(filth)에 나는 소름이 끼쳤다. |
| 그 후 나는 커미션을 계획하는 보수주의에 정면으로 맞섰다. | 그 후 나는 커미션을 계획하는 일에 정면으로 맞섰다. 변화에 대한 병적인 증오가 있는 것처럼 보였기 때문이다. |
| 나의 탄원에 귀를 기울이시오. | 나의 애원에 귀를 기울이세요. |

익숙하지 않은 어휘를 쓰기 전에 그 어휘가 뜻하는 바를 정확히 아는지를 확인하라. 말라프롭(Malaprops)[3]은 청중들에게는 재미있을지 모르지만, 화자에게는 답답한 노릇이다. "내가 찾은 대답은 불가피하다(inescapable)"라고 말하고자 한 화자의 말이, 실제로는 청자에게 "내가 찾은 대답은 납득이 안 간다(inexplicable)"라고 들리는 상황[4]을 상상해 보아라.

---

2) **역자 주** : 우리나라에 "점 하나의 차이로 '남' 이 되고 '님' 이 된다"는 말이 있는데 이 사례가 여기에 해당한다. '(인생을) 즐기다/ (인생이) 질기다', '돈/돌' 도 여기에 해당하는 사례이다.
3) **역자 주** : R.B. Sheridan의 희곡 The Rivals에 나오는 인물임. 말의 혼용으로 유명한 부인임.
4) **역자 주** : 우리말에서 이 사례와 비슷한 것을 소개하면 다음과 같다. 아이스크림 가게에 간 조직폭력배가 "(더 퍼주세요"라고 말했다. 주인은 무서워 아이스크림을 더 퍼주었다. 그러자 또 한번 조직폭력배가 "(더 퍼주세요"라고 말했다. 주인은 또 무서워 아이스크림을 더 퍼주었다. 그러자 이번엔 조직폭력배가 말하기를 "아니 뚜껑 덮어주란(더퍼주란) 말이야"라고 했다.

비유적인 언어가 혼란스럽지 않도록 하라

자신의 그림을 생생하게 전달하려는 생각에, 각기 다른 이미지들과 함께 뭉뚱그려 제시함으로써 그 이슈를 혼란스럽게 만들지 마라.(17d.2. 참고)

> 뇌물수수로 고소당한 장교의 아내는 함정 수사한 정부를 다음의 방식으로 고발하였다.
> FBI는 범죄의 환영을 만들어 왔다. 그것은 마치 원더랜드에서 앨리스를 체포하는 것과 같다.

물론 화자는 자신이 무엇을 의미하는지 알고 있다. 그러나 청자가 이를 파악하는 것은 쉽지 않다. 원더랜드는 비정상적이고(crazy), 비논리적인 세상이다. 원더랜드는 함정수사에 대한 비난을 비유하기에 좋은 이미지이다. 그러나 원더랜드는 모호한 표현이다. 청자는 화자가 의미하는 정확한 이미지를 알아차리기 위해 노력하는 동안 화자의 다른 말에 신경을 쓸 수 없게 된다. 마치 잠시 동안 청자를 귀머거리로 만들어 버린 꼴이 되는 것이다.

## 2. 명확하고 구체적인 언어를 사용하라

더 명확하고 구체적인 어휘를 쓸수록, 청자의 상상은 줄어든다. "대학 선수들을 위한 NCAA의 학문적 기준은 비효율적이다."라고 말했을 때, 어떤 청자는 "맞아, 그들은 인종차별주의자들이야"라고 생각할지 모른다. 또 다른 청자는 "맞아, 기준이 너무 낮아."라고 생각할 수도 있다. 또 어떤 청자는 "맞아, 그것들은 각 단과대학의 교수진에 의해 정해져야 해."라고 생각할 수도 있다. 그러나 이 모든 반응들은, 아마도 그 기준이 너무 높다는 것을 의도한 화자에게는 이상하게 여겨질 것이다. 필요 이상으로 넓은 범위를 지닌 어휘를 선택하지 않도록 하라. [표 17-3]은 명확하고 구체적인 언어의 예를 제시하고 있다.

### [표 17-3] 특정하고 명확한 언어

| 잘못된 사례 | 적절한 예 | 더 구체적인 사례 |
|---|---|---|
| 개인을 끌어들일 필요가 있다. | 소비자를 끌어들일 필요가 있다. | 식료품 소비자들을 끌어들일 필요가 있다. |
| 이것은 문제가 될 것이다. | 이것은 비쌀 것이다. | 이것은 지불할 능력이 없는 2,500달러이다. |
| 위원회는 그것에 대해 연구해왔다. | 위원회는 그것을 조사하고 토의했다. | 위원회는 그 문서를 읽었고, 증거를 들었으며, 여러 시간 동안 심사숙고했다. |

실체나 물리적인 대상이 없는 추상적인 어휘 즉 사랑, 자유, 정의, 아름다움과 같은 어휘 사용을 최소화하라. 추상적인 어휘를 쓸 수밖에 없다면, 명확한 예시들로 추상적인 어휘를 보충해 주어라. 그래야 추상적인 사색을 덜하게 한다.

무엇이 나에게 평화보다 더 중요한가? 자유는 나에게 평화보다 더 중요하다. 만약 내가, 내가 바라는 곳으로 여행을 떠날 수 있는 능력이 없다면, 만약 내가, 내가 원할 때 예배할 수 있는 능력이 없다면, 불만에 대해 토론하고, 내가 원하는 바를 읽고 쓸 것이다. 그 후 나는 이 모든 것들을 다시 얻기 위해 투쟁할 것이다.

## 3. 경제적으로 언어를 구사하라

민간이나 군에서 사용하는 관료적이고 장황한 언어를 학교와 미디어에서는 조롱거리로 삼기도 한다. 그러나 불행하게도 이러한 조롱도 장황하고 완곡한 언어를 자제하도록 하는 데 별 소용이 없다. 명확성 측면에서 살펴보자면, 자신의 의미를 효과적으로 전달하면서도 적은 어휘와 직접적인 어휘를 사용하여 자신을 표현할 수 있어야 한다.

때때로 화자는 [표 17-4] 목록화되어 있는 것처럼, 지지할 수 없는 이유를 들며, 긴 어휘, 불필요한 어휘 그리고 꼬인 문장 구조를 사용한다.

**[표 17-4] 장황한 언어를 사용하는 동기**

|  | 비경제적 | 경제적 |
|---|---|---|
| **이중적인 말로 의미 숨기기** | 우리는 아군에 대한 오발로 인해 손해를 입었다. | 우리는 우리 군을 공격했다. |
| **수동태로 책임 회피하기** | 당신의 근무가 더 이상 필요하지 않다고 결정되었다. | 당신을 해고하기로 나는 결정했다. |
| **완곡어법으로 불쾌한 메시지 부드럽게 하기** | 제시는 천국에 갔다. | 제시는 죽었다. |

그러나 대부분의 경우에, 장황하게 말을 한다는 것은 훈련의 부족에서 연유한다. 적절한 양만을 말하는 것은 간단한 과정이 아니다. 그리고 많은 사람들이 그렇게 하는 것에 겁을 먹는다. 적절한 양을 말하지 못하는 화자들은 기관총 같은 어휘 선택의 스타일을 선호한다. 이것은 마치 대략의 유의어로 목표점을 사격하는 동안 잉여의 어휘를 마구 쏟아내는 것과 같은 것이다. 좋은 화자(clear speaker)란 주의 깊게 목표물을 취하고 매 어휘마다 카운트를 날리는 저격수에 더 가까운 것이다.

장황한 표현

노동조합의 여성 회원 보호법을 없애는 것이 적절치 못하다고 일부 사람들은 의견을 표현한다. 만약 이러한 법의 폐지로 여성 노동자들이 더 이상 보호받을 수 없게 되어 착취당하게 된다면, 어느 누구도 노동자들을 위한 보호법을 폐지하는 것에 호의적이지 않을 것이다. 그러나 내가 제기하고자 하는 의문은, 착취로부터 보호받아야 할 노동자의 성별이 무슨 상관이 있느냐 하는 점이다. 왜냐하면 임금과 노동 환경은 모든 피고용자들에게 공평해야 하기 때문이다.

경제적 표현

여성 노동자 보호법을 없애는 것에 반대가 있다. 어느 누구도 착취를 용인하지 않는다. 그러나 그것과 성별이 무슨 관련이 있는가? 여성에게 불리한 근무 조건과 시간은 남성에게도 불리한 것이다. 여성에게 불공정한 임금은 남성에게도 마찬가지이다.

- Shirley Chisholm

## 17c. 적절한 언어를 사용하라

말하기에서 꼭 사용해야 할 표준화된 문체는 없다. 청중과 화제에 따라 문체에 대한 다른 접근이 필요할 뿐이다. 청중 분석에 따라 얼마나 공식적으로 말할지, 언어적으로 어느 정도 개인적 성격을 드러낼지, 얼마나 깊게 표현하고 전문적인 언어로 표현할지를 결정해야만 한다. 또한 연령, 지위, 성격에 따라 언어를 달리 결정하기도 한다. 예를 들면, 고위 경영자들이 청자라면, 십대 청소년이나 시인들이 청자인 경우와는 달리 고위경영자들에게 적절한 수준의 어휘와 문체를 기대할 것이다.

언어는 정해져 있지 않다. 새로운 어휘와 문구들이 항상 우리의 언어로 흘러들어오고 있으며 또한 많은 어휘와 문구들이 사라지기도 한다. 적절성에 대한 기준이 변하듯이, 의미 또한 변한다. 우리가 이 책의 세 번째 판에서 예로 들었던 대통령 연설은, 가상적인 예시들과 무척이나 비슷하다. 대통령 연설이라 하기에는 터무니없는 비공식성을 보여주기 위해, 이 책의 첫 번째 판에서 발췌하였다.

## 1. 상황에 맞춰 언어의 공식성 정도를 정하라

마치 공식적인 행사나 비공식적인 행사를 위해 옷을 달리 입듯이, 상황에 맞게 어휘와 표현법을 사용해야 한다. 만약 PTA 제과점 사장이 다음과 같은 방식으로 공고를 마무리 지었다면 그것은 놀라움 이상일 것이다.

> 자, 이것이 여러분에게 하는 저의 간청입니다. 우리의 아이들을 위해, 우리의 학교를 위해, 우리의 PTA를 위해 부엌일에 헌신을 해주십시오.

CEO가 주주들에게 연례 발표를 이렇게 한다면 이것 역시 부적절할 것이다.

> 음, 여러분, 상황이 안 좋은 편인 거 같습니다. 그러나 조르지 마십쇼. 우리가 곤란에서 벗어난다면 괜찮아질 것입니다.

일반적으로 상황이 공식적일수록,
어조는 더 진지하게
유머는 더 무난하게
문장은 더 정치하게
수사적 표현은 더 많이
일상어는 더 적게 사용한다.

토론, 정책 발표, 식사(式辭) 등은 상대적으로 더 공식적인 경우에 포함된다. 사업상 회의, 불고기 파티, 집회 그리고 식후 연설 등은 덜 공식적인 경우이다. 간단히 말해서, 공식성이 강한 말하기일수록, 대화적인 요소를 줄이고 문어적이거나 의식적인 요소를 더 늘린다.

## 2. 은어나 속어 사용은 유의하라

특정한 청중과 연대감을 만드는 데 은어와 속어가 사용될 수 있다. 때때로, 은어는 더 빨리 요점을 파악하도록 도와주기도 한다. 또 속어가 시의적절하게 사용만 된다면, 언어 구성을 풍부하게 해줄 수도 있다. 그러나 그것들이 불러오는 위험 또한 상당하다. 특수한 용어로 청중을 혼란시킬 수도 있고 혹은 공격적이거나 구시대적인 속어 표현을 사용하여 신뢰감을 잃을 수도 있다.

"정기점검"에 대한 담화로부터 발췌한 '속어와 은어 버전'인 다음 인용이, 두 번째 판에서 '평범하게 쓰인 영어 버전'으로 대체됨으로써, 더 많은 청중들이 정기점검을 이해하게 되었다는 사실에 주목하라.

속어와 은어로 말했을 때

잭이 정점(정기점검에 대한 축약어-역주)으로부터 얼마나 많은 이득을 얻을 수 있었을지를 보자. 그가 자동차 수리 선반에 투덜거리며 달려가기 전에, 그가 필요로 했던 것보다 두 배 이상의 연료를 태웠다. 정검 일정대로 수리를 받았더라면, 엔진이 연기를 내기 오래 전에 문제점들을 발견할 수 있었을 것이다. SQ drop-in의 경우도 마찬가지였을 것이다. 만약 그가 정기적으로 검사를 받고 오일을 교환해주었다면, 그는 그것을 못 쓰게 만들진 않았을 것이다.

평범하게 말했을 때

책이 얼마나 정기점검으로부터 이득을 얻을 수 있었을지를 보자. 그의 덤프 트럭이 필요로 했던 것보다 훨씬 많은 디젤 연료를 써버리는 일이 벌어지기 전에 덤프트럭에 있는 연료 주입 시스템을 살필 수 있었을 것이다. 일 정대로 점검을 받았더라면, 엔진이 연기를 내기 오래 전에 문제점들을 발견할 수 있었을 것이다. 차축의 톱니바퀴 장치들의 경우도 마찬가지였을 것이다. 만약 그가 정기적으로 검사를 받고 오일을 교환해주었다면 그것들은 과열되거나 망가지지 않았을 수도 있었다.

### 3. 비표준어 사용을 피하라

청중이 인식하는 화자의 능력은 화자의 말에 대한 믿음과 깊은 연관이 있다. 구어가 허용성이 다소 넓은 편이기는 하지만, 일반적으로 표준어로서의 어휘와 문법 구조가 존재한다. 'isn't'라 하지 않고 'ain't'라 하거나 명사와 동사의 호응관계가 조잡한 문장을 구사하면 대다수의 청중들이 그 말에 집중하지 않을 것이다. 물론, 간혹 극적 효과를 위해 규칙에서 벗어난 말을 쓰는 것은 가능하다. 의견을 개진하기 위해 "Ain't no way!"라 하는 것이 그 예이다.

그렇다면 표준어에 대한 지침은 어디에서 찾을 수 있는가? 학문적이고 교양 있는 언어 사용 모델을 참고할 수 있다. 예를 들어, 상당한 양의 잡지와 좋은 문학 작품을 읽는 것, 저명한 대중 연설가나 방송 해설가의 말을 듣는 것도 좋은 방법이다. 이러한 방식을 통해 올바른 언어 사용에 대해 직관적으로 인식할 수 있을 것이다. 만일, 경험한 상황 모델 중 어느 곳에서도 "This here's the nexus of the problem"이라는 말을 듣지 않았다면, 역시 스스로도 "This here"라는 잘못된 말을 쓰지는 않을 것이다. [표 17-5]는 비표준어와 표준어를 구분한 몇 가지 예시들이다.

**[표 17-5] 영어의 표준어와 비표준어**

| 비표준어 | 표준어 |
|---|---|
| Ten items or <u>less</u>. | Ten items or <u>fewer</u>.(10가지 항목이나 그 이하) |
| ...said to my friend and <u>I</u>... | ...said to my friend and <u>me</u>...(...가 친구와 나에게 말했다.) |
| I <u>could</u> care less! | I <u>couldn't</u> care less!(난 신경 안 써, 상관 없어!) |
| A large <u>amount</u> of people attended the rally. | A large <u>number of</u> people attended the rally.(집회에 많은 사람들이 참석했다.) |
| Where'd you <u>put it at</u>? | Where'd you <u>put it</u>?(어디에 두었어요?) |
| He hits the ball <u>good</u>. | He hits the ball <u>well</u>.(그 사람 공을 잘 쳤어요) |
| They <u>couldn't hardly</u> see what happened. | They <u>could hardly</u> see what happened. (무슨 일이 일어났는지 알 수 없었다.) |
| I would <u>have went</u> there myself. | I would <u>have gone</u> there myself.(거기에 갔으면 좋았을 텐데) |

**주의** : 표준에 못 미치는(nonstandard) 언어라고 모두가 비표준적 (substandard)인 언어는 아니다. 다른 사람들이 사용한 말에 대해 표준화하 고자 할 때, 실제로 말의 내용을 바꾸거나, 화자의 정체성을 고정화하려고 한다. 여성이 남성처럼 말해서는 안 될 이유는 없다. 유색인들이 북유럽 혈 통인 자신의 동포들처럼 말해야 할 의무는 없다. 자신만의 개성적 언어를 쓰지 못한다면, 진정한 편안함을 느끼기 어려울 것이다. 자신만의 문화적, 민족적, 개인적 정체성을 고수할 수 있는 말하기 방식을 찾기 위한 노력이 중요하다. 단, 이러한 개성적 말하기 방식은 사회적으로 용인될 수 있는 것 이어야 한다.

## 4. 정중하고도 포괄적인 언어를 사용하라

어떤 단체나 개인에게 선호하는 이름을 붙인다는 것은 일종의 존중을 의미한다. 변화가 발생한다는 것은 종종 새로운 상태나 이미지에 대한 변화를 뜻한다. 예를 들어, 1960년대에 검둥이(Negro)라는 어휘 대신 흑인(black)이라는 어휘를 쓰는 것이 문제시되었지만, 지금은 흑인(black)이라는 표현이 더 자연스러워 보인다. 사실, 이는 아프리카계 미국인(African-American)이라는 용어로의 변화를 막기 위한 최종 기준선이었다. 오늘날 많은 성인 여성들이 소녀나 숙녀가 아닌 '여성'으로 불리기를 원한다. 하지만 모든 집단을 만족하게 하거나, 모든 변화의 선두에 서는 것은 불가능하다.

멕시코계 미국인, 시카노(Chicano), 히스패닉으로 부를 것인가? 소수자, 제 3세계인, 혹은 유색인종이라 부를 것인가? 불구자, 장애자, 혹은 장애우라고 부를 것인가? 어휘는 쓰임에 따라 의미와 선호도에서 명백한 차이가 나타난다. 우리가 할 수 있는 일은 언중들이 선호하는 표현을 배우기 위해 노력하는 것이다. 어느 정도의 융통성을 발휘할 수는 있다. 언어 변화의 방향이 그 변화에 속한 사람들에게 아주 중요하고 상징적인 것이라면, 언어 습관의 변화에서 오는 일시적 불편함 정도는 참아야 한다.

좀더 복잡한 문제적인 쟁점으로 그/사람/인류(he/man/mankind)의 일반적 사용을 들 수 있다. 이제 주의의 초점은 화자나 필자가 어떠한 의도로 이러한 어휘를 사용했는가에 있지 않고, 이 어휘들이 만들어 내는 이미지 그 자체에 있다. 물론, 여성을 배제시키고자 이런 어휘를 쓴 것이 아니라 하더라도 청자들은 이러한 일반적 용어가 귀에 거슬린다는 점을 인식할 수 있어야 한다. 논란을 피하고 좀더 적극적으로 청자들에게 다가서려 한다면, 일반주어로 '그 사람이나 그녀'(he or she)를, 남자(man) 대신 사람(humanity, people, humankind) 같은 어휘를 써야 할 것이다. 간혹 단편적인 예시들을 쓸 때, 여성 명사와 남성 명사의 대명사에 변화를 주는 방법도 같은 효과를 낼 수 있다. 현재 일반적으로 쓰이는 어휘를 사용함으로 해서 청자들과의 단편적인 분란이 걱정된다면, 대명사 대신 복수 명사나 복수 표현을 씀으로서 논란이 되는 표현을 피하는 것도 좋은 방법이다. 또한, chairperson 대신 presiding officer를, mail person 대신 letter carrier를 쓰는 등, 가치중립적인 어휘를 선택하는 것도 좋은 방법이다.

포괄적인 언어 사용에 대한 지침들은 다음의 웹 사이트 같이, 다양한 대학과 출판사들을 통해 확인할 수 있다.

www.hcc.hawaii.edu/intranet/committes/FacDevCom/guidebk/teacht ip/inclusiv.html

www.vic.uh.edu/ac/style/inclusiv.html

### 연습 2.

분명하게 다음 문장을 다시 써 보시오. 더 구체적이고, 경제적이고, 올바르고, 포괄적인 표현으로 나타내시오.

1. 카렌은 모든 사람을 기분좋게 하는 특성이 있다. 그녀는 존경받는 소녀로 우리 판매원 스텝들 사이에서 명성이 있다.
2. 이번엔 고려해 봐야할 한 가지 문제를 얘기하겠다. 우리에게 상당한 분노와 고민, 짜증을 불러일으키는 흡연자들 사이에 우리는 둘러싸여 있다는 사실이다.

## 17d. 생생하고 다채로운 언어를 사용하라

지루하고, 상투적이고, 예측 가능한 표현을 피함으로써 청자들의 관심과 흥미를 끌어야 한다. 청자들에게 활력과 새로움에 대한 감각으로 호소하지 못한다면, 전하고자 하는 메시지는 그들의 단기 기억에나 머무를 수 있게 할 것이다. 누가 진부하고 흔해 빠진 말을 참으며 들어주겠는가? 효과적인 다양한 언어 장치를 이용하여 생생하고 힘 있는 언어를 구사할 수 있어야 한다.

## 1. 비유적 표현을 사용하라

어떤 대상을 기술하고자 할 때는, 감각적 능력을 발휘하여 이미지를 적절히 활용하는 것이 좋다.

**좋지 않음** : 장거리 트럭 운전수의 삶은 험하다. 운전만 하다보니 거칠어지는 성격은 차치하고라도, 권태로운 생활로 인해 삶의 의욕을 상실할 수 있다.

**좋음** : 장거리 트럭 운전수는 갓길로 향했다. 하루 종일, 반동을 느끼고, 핸들을 잡고 있느라 도로와 싸워 왔다. 트럭이 멈추었을 때조차도, 400마일이나 되는 고속도로의 이음새 부분에서 오던 진동 때문에 팔에서 팔꿈치까지가 떨렸다. 엔진의 거친 소음 소리와 내부 기관들의 마찰음 때문에 그는 귀가 멍멍했다. 지루하게 저녁을 먹고 운전수는 잠을 청하기 위해 갑갑한 침낭으로 미끌어져 들어갔다. 아침이 되자, 소음과 땀과 스트레스의 또 다른 순환이 시작되었다.

## 2. 수사적 기법을 활용하라

스피치에 계획적으로 비유적 표현을 쓰거나, 어휘와 구를 특정하게 배열함으로서 말에 생동감을 줄 수 있다.

### 직유와 은유

대상이나 개념을 선명한 이미지와 연관시켜 언어화함으로서 활기를 띨 수 있다. 직유는 통상적으로 유사하지 않은 둘을 비교한다. "그녀가 삽으로 길을 낸 후 들어왔을 때, 그녀의 손은 얼음 같았다." 이 문장에서 누구도 손을 얼음과 동일시하는 실수를 범하지는 않지만, 극단적으로 낮은 온도에 대한 특성을 공유하게 된다. 은유는 결코 같지 않은 두 사물을 같게 하는 함축을 통해 전의적(轉意的) 동일화를 창출한다. "그녀의 손은 얼음 조각이었다.", "우리는 지방 정부의 탐욕스러운 목구멍으로 돈이 사라져 버리는 공포에 놓여 있었다." 이 문장은 "우리는 지방 정부의 회계 부정으로 공포에 놓여 있었다."라는 문장에 비해, 정부의 착취 행태를 좀더 강하게 이미지화한 것이다.

### 의인법

대상이나 사상을 생기 있게 표현하는 방법 중 하나는 그것에 인간의 자질을 부여하는 것이다. 우리는 방이 '기분 좋을' 수 없고, 바람이 실제로는 '속삭일' 수 없으며, 경제가 '절름발이'가 되는 것이 불가능함을 알고 있다. 그럼에도 불구하고, 이런 이미지들은 효과적으로 쓰일 수 있다. 우리의 행동을 반영함으로써 좀더 쉽게 의미를 파악할 수 있기 때문이다. 다음 예문을 보자.

> 이스라엘은 지금 남부 해변에서 질식해 죽느냐, 북부 시나이 반도에서의 죽음의 바람을 기다리느냐의 선택에 직면해 있다.
>
> - Abba Eban

### 과장법

특정 지점을 강조하기 위해, 오해를 피한 명확하고 기발한 방법으로 의도적 과장을 할 수 있다.

이 업무는 내게 죽음이다.
삼일 후에 대해서는 정말 아무 것도 생각할 수 없다.
정부 관료는 같은 약속을 수백만 번이나 반복하고 있다.

### 반복법

주요 어휘나 구를 반복함으로써 자신의 말이 청자들로 하여금 확실한 결론을 향해 유연하게 진행되고 있다는 인상을 줄 수 있다. 관련성을 강조하기 위해 대구가 되는 구조를 쓰는 것이 좋다.

구문의 구조를 반복시키는 경우도 있다.

근로 의욕의 저하가 얼마나 심각한가? 우리는 중요한 고용자들을 잃었다. 무엇이 문제를 야기하였는가? 상하 간의 소통의 부재가 문제이다. 어떻게 바꿀 수 있는가? 일련의 워크숍을 위한 중간자적이고 조직적인 의사소통 트레이너를 고용함으로서 해결할 수 있다.

구의 반복은 없으나, 질문-대답의 형식이 이 단락의 유연한 흐름을 좌우하는 것을 확인할 수 있다.

또한, 중요한 단락을 소개하기 위해 반복을 사용할 수도 있다. 예를 들어, 화자는 문제에 직면할 때마다 "우리는 이제 행동해야만 합니다."라는 표현을 반복함으로서 사태의 긴박함과 참여의 촉구를 알릴 수 있다.

단락 내에서 같은 어휘나 비슷한 의미의 상투어를 반복하여 시작함으로서 유사한 효과를 거둘 수 있다.

여러분도 알다시피, 나는 10대 엄마에게서 태어났소. 우리 엄마는 또 10대 어머니에게서 태어났소. 나는 이해하오. 난 포기를 알고 있소. 사람이 된다는 것은 여러분도 알다시피 의미있는 일이오. 여러분은 대단한 사람이 아니라는 것, 별거 아니라는 것을 이야기하오. 중요한 존재가 아닐 수 있소. 나는 이해하오. 제시 젝슨이 나의 세 번째 이름이오. 12살이 되기 전에 나의 이름은 제시 번이었소. 그래서 나는 빈 공간을 가질 수 없었소. 그녀가 나에게 이름을 지어 주었소. 어느 누구도 내 이름을 알지 못한다는 사실을 나는 이해하오. 나는 이름이 없다는 것을 이해하오. 나는 이해하오.

-Jesse Jackson

혹은 같은 어휘의 반복으로 문장 끝맺을 수도 있다.

무엇이 남았는가? 협상이 사라졌다. 국가의 권위가 사라졌다. 자유가 사라졌다.

-David Lloyd George

끝으로, 문장 안의 주요 어휘나 구를 반복함으로서 강조를 할 수도 있다.

하지만 좀더 넓은 관점에서, 우리는 헌납할 수 없다. 우리는 바칠 수 없다. 우리는 이 땅을 숭배할 수 없다.

-Abraham Lincoln

압운법(押韻法)

이 수사적 기법은 같은 음의 연쇄를 유지하는 것을 의미한다.(저급한 문장을 의미하는 것은 아니다.) 자음이든(두운), 모음이든(유음), 이러한 반복은 생각을 더욱 기억하기 쉽게 하거나, 적어도 시적으로 보이게 한다.

Robert Green Ingersoll은 형의 비석에 다음과 같이 적고 있다.

그가 여기에 <u>자고</u> 있다. <u>잠잘</u> 때...마지막 호흡으로 <u>자장</u>거렸다. : "나는 지금이 더 좋아." 의심과 도그마에도 불구하고 믿음이 필요해. 눈물과 공포 이러한 어휘가 셀 수 없는 죽음의 진실이야.

### 대조법

두 내용을 대조하고자 할 때, 특정의 문장 구조는 차이를 극명하게 드러내게 한다. 대조법은 다음과 같은 형식으로 쓰인다.

Not..., but...

Not only..., but...

Never..., unless...

다음 예문을 보라.

교육비보다 국방비를 더 강조하는 사회 속에서 살고 있다. 사람을 어떻게 죽이고 어떻게 죽을 것인가를 가르치는 데 수백만 불을 쓰고 있다. 그러나 사람을 어떻게 살리고 어떻게 사는가를 가르치는 데 돈을 쓰려하지 않는다.

-Harry Edwards

2001년 노벨 평화상 수상자인 Kofi Annan의 수상 강연은 대조법과 두운법, 유음법 그리고 문장 구조의 반복으로 구성되어 있다.

오늘날의 진정한 경계는 나라와 나라 사이가 아닙니다. 힘이 있음과 힘이 없음입니다. 자유가 있음과 자유가 없음입니다. 특권이 있음과 굴욕이 있음 사이에 경계가 있는 것입니다.

### 3. 창의적인 언어를 구사하라

비유적 언어는 이미지로 청자를 감화시키는 효과가 있다. 하지만 너무 잦은 반복은 원래의 심리적 영향력을 잃게 한다. "데이지처럼 생기발랄한"이라는 표현은 깨끗하고, 밝고, 신선한 꽃의 이미지를 환기시킨다. "어떤 사람의 귀에는 들어오고, 다른 사람의 귀에는 나가는"이라는 표현에서 두 번째 구절은 신선한 느낌과 즐거운 놀라움을 우리에게 선사한다. 하지만 요즘에는 이 두 표현들이 잉여적이고 공허한 말로 여겨지기도 한다.

일시적으로 많이 쓰인 특정한 표현들은 유행을 선도했다. 총결산(Bottom line), 영순위(prioritize), 네크웍(networking)과 같은 표현들은 순식간에 반향을 일으켰고, 비슷한 의미의 다른 신선하기도 한 말들을 배제시켰다. 공허한 의미를 지닌 구를 사용하지 않아야 하며, 전하고자 하는 이미지나 분위기, 혹은 생각을 포착할 수 있는 어휘나 구를 구성하는 데 더 많은 노력을 기울여야 한다.

### 4. 문장의 리듬을 다양화하라

구어 문체가 몇 개의 어휘들로 간단하고 짧은 구를 통해 구성되는 특징이 있지만, 문장을 지루하게 균질화해서는 안 된다. "단조로운 리듬(singsonginess)"은 문장과 구의 구성에 주의를 기울이지 않을 경우, 졸렬한 말이 될 수 있다는 사실을 기억해야 한다. 대구와 반복을 활용하여 활력이 넘치는 언어를 구사하라. 다음의 단조로운 문단을 참고하라.

협회의 연말 주주 총회는 주주로부터 지지를 받아야 한다. 주주 총회에는 정회원이 참석한다. 평회원은 협회로부터 이득을 얻지 못한다. 평회원에게는 주주 그 이상으로 책임을 지워서는 안 된다.

이 단조로운 인용문의 일관성 결여는 문장 길이와 구조의 동일성에 기인한다. 아래와 같이, 보다 유연하고 적절하게 재구성할 수 있을 것이다.

협회의 연말 주주 총회는 주주들로부터 지지를 받아야 한다. 누가 주주 총회에 참석하는가? 정회원이다. 협회로부터 별 이득을 얻지 못하는 평회원에게는 주주 그 이상으로 책임을 지워서는 안 된다.

**연습 3.**

아래의 구들을 역동적으로 표현하기 위해 최소한 두 개 이상의 수사법을 활용하여 구사해 보라.

    1. 춥고 비오는 날
    2. 실행할 수 없는 정책
    3. 세세하고 복잡한 절차
    4. 매우 엄격한 지도자
    5. 수많은 대중

**연습 4.**

관용구의 남용을 대체할 수 있는 창의적인 표현을 고민해 보라.

1. like comparing apples and oranges(사과와 오렌지를 비교하는 것처럼. 오십보 백보)
2. caught between a rock and a hard place(바위와 험준한 장소에 둘

러싸여 붙잡히다. 진퇴양난)

3. tow steps forward one step back(이보 전진을 위한 일보 후퇴)

4. always darkest before the dawn(새벽이 오기 직전이 가장 어둡다. 비온 뒤에 땅이 굳는다. 전화위복)

**연습 5.**

대통령 후보자들의 스피치를 듣고, 각 후보자 스피치 문체의 특징을 세 가지 씩 지적해 보라.

## 17e. 청자를 고려한 언어를 구사하라

언어는 화자의 일방적 소유물이 아니다. 언어는 청자와 공유하는 것이며, 서로 이해 가능한 언어들을 선택하여 사용해야 한다. 말의 강조에 따라, 발화는 내용으로만 구성되는 것이 아니라, 맥락과 담화 공동체와의 결합에 의해 구성된다. 주제에 대해 말할 수 있는 가장 효과적인 방법은 청자와 공감하고, 부분적으로라도 일치하는 말을 하는 것이다. 청중들이 편안하게 들을 수 있는 구절이나 은유를 쓸 때, "나는 당신들과 완벽하게 같지는 않지만, 담화 공동체의 일원이다."라는 의미를 전달해야 한다. 이를 통해, 축자적 정의에 완전하게 동의하지 않는 청자들과도 결속력을 확보할 수 있다. 또한, 더 나은 의사소통의 기반을 다질 수도 있다. 유대는 특히 비호의적인 청중들과의 관계에서 중요한 역할을 한다.

결속 과정을 이해하지 못하고 말을 앵무새처럼 따라 하거나, 누군가의 말을 무시하거나, 청자에게 어조를 낮추어 훈계하듯 말하지 않도록 주의해야 한다. 화자는 화자로서만 존재하는 것이 아니다. 청중과 조화를 이루면서 말하기 위해서는 언어에 부자연스러운 조작이 없어야 한다.

서로에게 호감이 있고, 서로에게 동의하는 사람들은 서로 말하는 것을 좋아하는 경향이 있다. 또한, 서로 말하는 것을 좋아하는 사람들은 서로를 더 좋아하고 서로에게 더 잘 동의하는 경향이 있다. 이러한 순환적인 방식은 공통의 구나 문장 구조를 선택하기 위해 시간을 쓰게 하며 구성원들의 결속력을 강화한다. 언어는 여지없이 내부자와 외부자를 걸러낸다. 예를 들어, 몇 마디만 나눠 보아도 새로 온 사람이 집단에서 정의하는 진정한 스포츠팬에 속하는지 혹은 경영 전문 지식 영역의 권위자인지, 유명 선수를 쫓아다니는 극성팬인지를 알 수 있을 것이다. 언어는 자신이 원하는 방식으로 정체성을 형성할 수 있는 힘을 가질 수 있다.

자신의 언어를 청자의 언어와 동일화하는 과정은 청자에 대한 분석과 밀접한 연관이 있다. 청자의 이야기를 듣고, 그들을 성실한 대화의 장으로 끌어들이는 것은 청자의 실재를 구성하는 요소와 범주를 드러나게 한다. 격식성의 층위, 은어나 약어의 사용, 비유적, 은유적 표현의 선택 등 말하기 기법의 모든 국면은 미묘하게 조정이 가능하다. 어휘와 구절들을 조합하는 문제는 아주 중요한 문제이다. 그것은 조합 자체의 목적을 추구하기 위함이 아니다. 그보다는 청중이 어휘에 주의를 기울이는 과정을 앎으로써 청중이 세상을 지각하는 방식에 대한 단서를 얻을 수 있기 때문이다. 청자를 진정으로 존중한다면, 그 존중을 드러내는 요소들을 거의 잠재적으로 지각할 수 있을 것이다. 만일, 청자를 이해하지 못한다면, 그들과의 관계는 순조로울 수 없으며, 청자에 대해 공격적일 수도 있다. 예를 들어, 관현악단의 단원들이 유명한 음악가(지휘자)에게 베토벤의 9번 교향곡이 좋은 예술 작품이라며 설명하려 든다면, 음악가(지휘자)는 관현악단 단원과 결코 좋은 관계를 맺을 수 없을 것이다. 이해에 대한 결여가 극적으로 작용하지도 못한다. 아마도 그것은 간단히 말해, 화자든 청자든 정확한 이유를 설명할 수는 없지만, 진정으로 관계를 맺고 있지 못한다는 감정의 문제로 귀결될 것이다.

**연습 5.**

만일, '결정하기 전에 이틀 정도 기다린 후에 심사숙고하여 결정하라. 충동구매하지 마라(a two-day strategic planning retreat).' 가 왜 조직을 위해 좋은 투자 방법인가라는 주제로 이야기를 한다고 가정해 보자. 조직의 세 부서를 방문하여 강연을 해야 한다. 아래의 관찰 결과를 기초로 하여, 각각의 청중 집단은 어떤 특성을 가지고 있는지, 그들과 좋은 관계를 유지하는 가운데, 어떻게 효과적으로 주제 강연을 전달할 수 있는지에 대해 생각해 보자.

A 집단은 다음 용어로 설명 가능하다: 정말 열심히 일하는 집단, 고속 승진을 하는 집단, 매일이 다람쥐 쳇바퀴 같은 집단, 스트레스를 많이 받는 집단

B 집단은 다음 용어로 설명 가능하다: 무언가를 상세히 설명하는 집단, 강연자를 맞을 만반의 준비를 갖춘 집단, 미리 충분히 검토한 집단

C 집단은 다음 용어로 설명 가능하다: 가족이 속해 있는 집단, 팀으로 구성된 집단, 계속해서 연락을 해 왔던 집단, 서로를 지원해 주는 집단

제18장
# 주의와 흥미

# | 주의와 흥미 |

청자의 주의를 사로잡고 흥미를 유지할 수 있도록 스피치 자료를 적절하게 준비하라.

가장 최근에 백화점 안을 걸어 본 경험을 떠올려 보라. 10피트 간격으로 진열된 물품들이 저마다 주의를 끌기 위해 경쟁하고 있는 것을 보았는가? 또는 흥미를 끌기 위한 점멸등에 이끌려 멈춰 서서 이미지들의 색깔, 움직임, 대비, 특이한 병치를 통하여 그것을 보지 않았는가?

주의를 끄는 요소는 어떤 것은 보편적이고 어떤 것은 특이하다. 갑작스러운 움직임이나 밝은 색채와 같은 것은 거의 모든 사람의 눈길을 사로잡는다. 그러나 친구가 컴퓨터 게임을 보는 동안 자신은 스노 타이어 앞에 멈춰설 수도 있다. 또는 배가 고픈 날에는 음식 코너 근처를 서성거릴 수도 있겠지만 가고 싶은 여행에 가져갈 여행용 가방이 없다는 데 생각이 미치는 날에는 그걸 사려고 달려들 수도 있다.

항상 우리의 주의를 사로잡는 것이 있는 반면 어떤 사람들에 의해서나 특정 상황에서만 주목되는 것이 있는 까닭은 무엇인가? 그리고 잠시 주의를 끄는 수많은 대상들 중에서 적은 수만이 선택되는 이유는 무엇인가? 화자의 관점에서 이와 같은 질문에 대해 생각해 보는 것이 유익할 것이다. 결국 대중연설이나 발표를 할 때, 화자의 말은 그 공간의 다른 장면이나 소리 그리고 각 청자의 마음속 관심사나 공상과 주의를 끌기 위한 경쟁을 하고 있는 셈이다. 주의의 심리적 요소에 대한 이해가 깊으면 깊을수록 화자는 자신이 추구하고 값지게 생각하는 찬사 즉, 있는 그대로 간단하게 말하자면 "연설이 정말 흥미로웠어."와 같은 말을 들을 수 있을 것이다.

### 18a. 말에 생동감을 불어넣는 기법을 폭넓게 사용하여 청중의 주의를 끌라

일단 시작을 멋지게 해서 청중의 주의를 끈다면, 말하기를 끝낼 때까지 그것이 유지될 것이라는 잘못된 생각을 하는 경우가 많이 있다. 불행하게도, 청중의 주의를 유지하는 데에는 산뜻하게 말을 시작하는 것 이상의 것이 필요하다. 사람들은 쉽게 마음이 흐트러지며 다시 주의를 끌 때까지 그들의 생각은 거의 매 30초마다 산만해진다. 말하기를 계획할 때에, 주의를 끄는 데 꼭 필요하다고 여겨 온 다음과 같은 요인들을 반영하여 자료를 조직하고 표현을 구상해 보라.

- 동작이나 이동 – 화자의 적절한 신체적 움직임과 무언가를 느끼게 해 주는 내용을 생동감 있게 다루는 일
- 실제성 – 실제 사람, 사건, 장소에 대한 언급. 추상적이기보다는 특정하고 구체적일 것
- 근접성 – 가까이에 있는 대상에 대한 언급. 방 안에 있는 사람들, 시사적 사건, 지역의 관심사 등
- 친숙성 – 들으면 알 만한 사례, 잘 알려진 어구, 이미 알고 있는 사건의 활용

- 참신성 – 친숙성의 반대. 놀랄 만한 사실, 특이하고 변형된 어구, 경이로운 이미지, 평범하지 않은 조합
- 긴장감 – 퀴즈나 호기심을 유발하는 질문을 통하여 다음에 일어날 일에 대한 호기심을 자극하는 일
- 갈등 – 찬반양론, 반대되는 관점, 경쟁 관계에 있는 학설
- 유머 – 농담, 우스꽝스럽거나 과장된 이미지, 언어유희, 운명의 장난, 즐거움을 주는 이야기 등
- 중요성(the vital)[1] – 생존의 문제에서부터 시간을 절약해 주거나, 돈을 벌게 해 주거나, 삶을 좀 더 즐겁게 해 주는 무언가에 이르기까지 청자에게 중요한 것에 대한 언급

사람들은 평범하지 않은 즉, 호기심을 자극하는 것들에 대해 흥미를 갖는다. 역설적이게도, 그들은 잘 알려진 일상의 대상들에 대해서도 반응한다. 무엇보다도, "중요성"과 같이, 사람들은 자기 자신의 이익과 관련된다고 생각되는 자료에 주의를 집중한다. 이러한 기술을 많이 사용하는 것을 걱정하지 말라. 지금까지 따분하다거나 지루하다고 분류해 온 모든 말들을 생각해 보라. 강의가 너무 매혹적이었다는 불평을 들어본 적이 있는가? 이러한 기술의 사용은 많은 노력이나 시간을 들이지 않고도 제2의 천성이 될 수 있다. 여기 몇 가지 사례가 있다.

**좋지 않음** : 대학 육상 선수는 자신의 수업 중 하나에서 어려움을 겪을 수 있다.

**좋음** : Larry Linebacker가 음악 감상 수업에서 Bizet와 "The Bizarroes"의

---

1) Bruce E. Gronbeck, Kathleen German, Douglas Ehninger, and Alan H. Monroe, *Principles of Speech Communication*, 12th brif ed. (New York: HarperCollins, 1995), 145-49.

차이를 말할 수 없다고 생각해 보라. [유머, 실제성, 친숙성]

**좋지 않음** : 수 많은 기술들이 비즈니스 커뮤니케이션을 더 빠르고 효율적으로 만들었다.

**좋음** : 2년 전에 내 사무실로 걸어 들어갈 때에는 빨간 불빛이 전화기에서 깜박이고 있었다. 수화기로 음성 메시지 네 개를 듣고 하나는 동료에게 전달했다. 그 다음 온라인으로 이메일이 왔는지 살펴본 후 우리가 입찰한 계약의 세부 내역을 애틀랜타에 있는 고객이 변경했음을 알게 되었다. 나는 새로운 데이터를 반영하여 컴퓨터 인쇄를 하여, 여러분도 알다시피, 지금 막 프레젠테이션을 준비하고 있는 Chris에게 보냈다. [동작, 근접성, 중요성]


**좋지 않음** : 시간이 짧을 때, 훌륭한 경영자는 먼저 행동을 하고 원인, 절차, 정책에 대해서는 나중에 생각한다.

**좋음** : 만일 제가 네 번째, 다섯 번째 열에 계신 여러분들에게 저 샹들리에가 10초 이내에 떨어질 것이라고 말한다면, 어떻게 하시겠습니까? 물론! 그 자리를 피하시겠죠! 나중에, 우리는 그 일이 일어난 까닭이 뭔지, 그것이 누구의 잘못인지, 그것을 어떻게 고칠지 말할 것입니다. [근접성, 참신성, 긴장감, 실제성]


다음의 원리들은 주의를 끄는 요소를 말하기에 통합하는 데 도움이 될 것이다.


## 1. 구체적이고 현실적인 자료를 활용하라

사례는 구체적이고 실제적일 때 더 흥미롭기 마련이다. 케네디(E. Kennedy) 상원의원의 연설에서 발췌한 다음의 지문이 마음속에 이미지를 어떻게 만들어 내는지 주의하라-"우리 경제 위기의 희생자"에 대한 모호한 언급보다 더 명백하고 신뢰할 만하다.

> 나는 듣고 배웠습니다.
> 나는 웨스트 버지니아 주의 찰스턴에서 유리 부는 직공 Kennedy Dubois 에게서 들었습니다. 그는 10명의 자녀를 부양하고 있으나 연금을 받기에 꼭 3년이 모자라는 35세 이후 실직하였습니다.
> 나는 아이오와에서 농장을 경영하는 Trachta 가족에게서 들었습니다. 그 들은 멋진 인생과 아름다운 대지를 자녀들에게 물려줄 수 있을지 걱정하 고 있습니다.
> 나는 이스트 오클랜드에 사는 한 할머니에게서 들었습니다. 할머니는 자 신의 작은 아파트 임대료를 지불하기 위해 전화기를 팔아버려서 더 이상 손자들에게 전화를 걸 수 없습니다.
> 나는 들었습니다.……

이름을 댈 수 있다면 "어떤 사람(a person)"이나 "누군가(one)"라고 말하지 말라. 잘 알려진 인물, 청중의 일원, 또는 가상의 인물을 활용하라. 그리고 장소명, 상품명, 날짜, 세부 사항을 제시하라.

## 2. 청중을 집중하게 하라

만일 청중 분석을 철저하게 했다면, 청중에 대한 언급을 연설에 많이 끼워넣고 근접성과 친숙성 같은 주의 요소를 활용할 수 있다. 그러나 일단 연설을 시작하면 청중에 적응할 기회는 항상 있다. 만일 "현실성 있는" 무언가와 바꿀 수 있다면 여러분이 가지고 있는 것을 기꺼이 던져버리라. 다음은 시도해 볼 만한 몇 가지 적응의 예이다.

### 청중 가운데서 사람들의 이름을 활용하라

뒷받침 자료를 청중의 직접 경험에서 끌어낸 항목과 대체하라. 연설을 하기 전에, 청중의 일원과 만날 기회를 가져도 좋다. "어떤 회사원이 대출을 받고자 한다고 가정해 봅시다."보다 "실버 씨[청자를 향하여 고개를 끄덕여 인사하며]의 하드웨어 업무가 너무 빨리 확장되어 가게를 늘리기 위해 대출을 받기로 했다고 가정해 봅시다."라고 말하는 것이 낫다.

### 자신을 소개한 이와 프로그램의 다른 화자를 언급하라

자신을 소개하는 사람이 한 말과 자신보다 앞서 말한 사람의 말을 들으라. 찬사를 되돌려 주거나 놀려주는 말을 할 수도 있으나 무엇보다도 그들이 한 말의 내용과 자신이 할 말의 내용을 지적으로 연결할 수 있을 것이다. 가령, 말하기 수업에 참여하는 한 민첩한 학생은 다음과 같이 무언가를 포함시킬지 모른다.

> 그래서 이제 우리가 스트레스의 원인을 조사했으니, 그것을 줄이는 네
> 가지 방법을 살펴봅시다. 첫 번째는 신체적 운동입니다. 사람들은 대개
> 자신이 좋아하는 활동을 찾을 수 있습니다. Hong은 테니스의 즐거움에
> 대해 우리에게 말하고 있었습니다. 마찬가지로 에어로빅 댄스는 ……

### 현장에 있는 또는 공유된 경험을 통하여 나눌 수 있는 세부 사항을 언급하라

집단과 관련된 무언가로부터 좀 더 구체적인 사례를 이끌어낼 수 있다면 요점이나 과정의 사례를 가정하여 말하지 말라.

> 그리고 그 비싼 원자 분쇄기(atom-smashing machinery)를 전부 이 방
> 의 절반도 안 되는 크기의 공간에 보관하였다.

이 반에 있는 사람은 누구나 상황적 스트레스에 대해 알고 있다. 오늘 연설을 하는 우리 중 다섯은 그것을 특별히 잘 알고 있다.

청중에 대하여 수동적인 역할보다는 능동적인 역할을 수행하라. 비록 말할 때에는 자신의 쇼라고 하더라도 여전히 청자와의 상호작용은 중요하다. 청중 참여 기법을 활용하라. 적절하다면 손을 들라고 요구하고, 청자로 하여금 사례를 제시하게 하고, 질문을 하라.

여기 계신 분 중 오늘 아침 식사를 하신 분은 얼마나 되십니까? 아, 약 절반 정도가 손을 드셨군요. 무얼 드셨습니까, 선생님? 베이컨과 계란이요? 저기 계신 분은요? 커피와 도넛. 주스와 토스트, 이스트 셰이크, 씨리얼, 요구르트라고 들었습니다. 누가 이 질문에 한번 답해 보시겠습니까? 초등학교 학생의 몇 퍼센트가 아침 식사를 거르고 등교할까요?

통제력을 잃고 싶지 않을 때 또는 어떤 이유로 청중이 공공연히 참여하는 것이 실용적이지 않을 때에도, 청중을 정신적으로 몰두하게 하고 능동적인 태도를 갖도록 할 수 있다. 수사적 질문을 하고, 청자에게 시각적 예를 보여주며, 비언어적 피드백을 요청하고 그에 대해 반응하라.

몬티 파이돈(Monty Python)에 열광하는 분 여기 계십니까? 좋습니다. 저기 계시는군요. 음, 치즈 가게에 대한 이야기를 기억하십니까?

집 수리와 관련한 또 하나의 문제가 아직 남아있습니다. 저는 이 문제가 여기 계신 모든 분에게 일어난 문제라고 확신합니다.

항상 적절하지 않은 시간과 장소에서 저에게 피드백을 해 주는 동료가 한 사람 있습니다. 그런 사람들을 알고 계십니까? 고개를 끄덕이는 분이 몇 분 계시군요. 여러분을 실망시키는 일은 아닙니까?

우리는 실수를 통해서 배울 수 있습니다. 여러분이 마지막으로 저지른 실수에 대해 생각해 보십시오. 큰 실수를 잠시 떠올려 보십시오. 마음 속에 떠올렸습니까? 좋습니다. 이제 여러분이 어떻게 느끼셨는지 생각해 보기 바랍니다.

주의를 계속 집중하게 하는 기법 중 훨씬 덜 복잡한 것은 '여러분(you)'이라는 단어의 자유로운 사용이다.

여러분은 아마 ……을 보셨을 겁니다.
여러분은 종종 ……에 의구심을 갖습니다.
여러분의 조간 신문에서 ……
이제, 여러분 자신에게 ……라고 말할 것이라고 장담합니다.
여러분은 분명히 저에게 수많은 사례를 제시할 수 있을 것입니다.
여기 여러분의 도시에서 ……

그러나 이러한 기법을 과용하지 않도록 주의하라. 우리 경험으로는 발표자가 조직의 오랜 옹호자들과 함께 역사적(그리고 분명히 재미있는) 사건을 언급하는 데 너무 몰입하여 오래된 구성원들까지 화나게 하는 경우들(대개는 연회나 수상식)이 많았다.

### 3. 다양성과 움직임을 통하여 말하기의 활력 수준을 높게 유지하라

변화는 주의를 끈다. 같은 것은 지루하다. 시각 보조자료 하나가 말하기에 흥미를 더할 수 있으나, 연속적인 시각 보조자료는 분별 있게 사용하지 않으면 말하기를 지지부진하게 만들 수 있다. 만일 내용이나 전달이 완전히 예측 가능하다면, 청중의 관심은 사그라지기 시작할 것이다.

뒷받침 자료의 형태를 다양화하라 – 통계 자료나 증거에만 의존하지 말라. 많은 분야에서 사례를 끌어 오라. 하나의 관점에 대한 세 가지 정치적 설명은 스포츠의 예와 관련되어 있고 유명한 영화에서 이끌어낸 정치적 설명보다 더 흥미롭지 않을 것이다. 마찬가지로, 같은 문장 구성의 반복과 하나의 단어 또는 구의 남용은 피해야 한다.(17d를 볼 것)

가능하다면 어느 때든지, 말하기에 율동감을 부여하라. 활동적인 이미지를 만들라. 생동감 있는 함축적 동사를 사용하고, 가능하면 활력 있는 목소리를 유지하라. 가령, "시내에 가면 다섯 개의 새로운 점포를 볼 수 있습니다."라고 말하는 대신, "차를 타고 첫번째 거리로 내려가면 다섯 개의 새로운 점포를 볼 수 있을 겁니다."라고 말하라. 만일 어떤 기기의 특징을 지적할 필요가 있다면, "손가락이 키보드 위로 날아다니는", "기어를 조율하는" 또는 "셔터를 찰카닥하는", "전자가 충돌하는"과 같은 표현을 사용하여 묘사하라.

전달할 때에도 목소리의 다양성과 신체적 움직임이 중요하다는 점을 기억하라. 연단의 딱 한 곳에 붙어 서서 단조롭게 발표하는 무표정한 화자의 말을 누가 듣고 싶겠는가?(26d와 27을 볼 것)

### 4. 적절한 상황에서 유머를 사용하라

말하기에 유머를 결합하라. 그러나 그것이 자신의 개성과 상황에 적합한지 확인하라.

주의를 끄는 많은 요소들 중에서, 유머는 매우 강력하고 동시에 아주 다루기 힘들어서 주의 깊게 살펴볼 필요가 있다. 유머를 말하기에 접목시키면 긴장감을 이완시키고 반대자를 완화하며 화자의 이미지를 제고하고 요점을 기억할 수 있게 된다. 자신이 유머가 있는 화자라거나 자신의 연설이 유머가 있는 말이라고 생각할 필요가 없으며, 단지 이러한 주의 집중 기술을 활용하여 득을 보면 된다.

유머 사용법을 개발하는 것은 응용 범위가 제한적인 농담과 우스갯소리를 수집하는 문제가 아니다. 중요한 것은 자신의 말하기에 잠재해 있는 유머의 요소를 발견해서 진정으로 웃음을 유발하는 순간에 정교화하는 능력이다.

### 유머의 소재를 다양한 자료에서 끌어오라

일상의 경험에서 유머를 발굴하라. 사람들은 대개 힘든 일이 연달아 일어나는 날들이 있으며 그 상황의 유머 또는 농담을 받아들여야 하는 순간이 온다. "이것은 언젠가…… 하는데 좋은 이야깃거리가 되겠군."이라는 표현은 비극과 유머 간의 경계선을 증언하는 말이다. 인생의 지루하고, 실망스럽고, 평범한 측면들은 모두 유머의 요소를 지니고 있다.

직장, 대인관계, 텔레비전, 신문에서 여러분을 웃게 하는 모든 것들을 기록하라. 이 유머의 항목 중에서 어떤 것이 말하기 화제로서 잠재력을 가지고 있는지 결정하라. 어떤 것은 단순히 우습기만 하지만 어떤 것은 우습기도 하고 교훈적이기도 할 것이다. 그것들을 메모해 두고, 오려 두고, 파일 형태로 철해 두어 여섯 달 후에 "자, 그 판사가 사용한 우스운 말이 뭐였더라?" 하고 말하는 일이 없도록 하라.

### 수집한 유머를 선별하여 이용하라.

유머를 직접 다룬 책을 읽으면 확실히 도움이 되겠지만, 유머에 대하여 쓴

책을 활용할 때에는 주의하라. 유머는 시의성과 최초의 예기치 않은 전개가 중요하기 때문에 출판하는 데 따르는 시간 지연은 결국 책 내용의 많은 부분을 식상하게 만든다. 그럼에도 불구하고, 유머에 대하여 화제순으로 조직된 책이나 www.humorlinks.com이나 www.jokes.com 같은 웹 사이트는 자신에게 필요한 주옥같은 것을 제공해 줄 수 있다. 그러나 농담 관련 책이나 잡지의 농담 관련 지면보다 더 좋은 것은 진정한 희극작가의 작품이다. Mark Twain, Will Rogers, Robert Benchley의 작품이나, Dave Barry, Molly Ivins, David Sedaris, Sandra Tsing Loh, Sarah Vowell 같은 이 시대의 칼럼니스트, 수필가, 해설자의 글을 읽어 보라. 그들은 농담보다 더 유용한 해학적 관점을 제공해 줄 것이다.

### 연습 1.

지난 며칠간 형식에 얽매이지 않은 대인 상호작용에서 자연스럽게 웃었던 경험을 생각해 보라. 친구나 지인이 자신을 즐겁게 했던 것에 대해 설명할 수 있는가? 이 사람들이 삶에 대하여 특히 재미있는 접근 방식이나 사건에 대해 반응하는 방식을 가지고 있었는가? 방향을 바꾸어 보자. 자신이 친구와 지인들을 즐겁게 해 준 것에 대해 설명해 보자.

### 18b. 주의를 흥미로 바꾸라

선사 시대 사람들은 지속적으로 타오르는 캠프파이어를 유지하는 것이 두 개의 막대를 수고스럽게 비벼서 각자 새로운 불을 지피는 것보다 더 쉽다는 것을 곧 발견하였다. 주의를 끌어들이는 재료를 계속 제공하면서 청중에게 새로운 불을 지속적으로 지펴야 한다면 화자로서 너무나 수고스러운 일이 될 것이다. 그러나 만일 화제에서 흥미를 지속할 수 있도록 불을 지핀다면 일이 한결 수월해진다. 청중이 주의를 기울일 뿐이지만 실제로는 흥미를 보이는 단계로 넘어설 때, 그들은 좀 더 능동적인 역할을 하기 시작한다. 움츠러드는 대신에 그들은 복잡한 생각의 배열이나 기술적 자료에까지 화자와 함께하는 노력을 보이게 된다.

주의를 끌었다면, 18a에서 추천한 방법으로, 그러한 순간들을 활용하여 자신의 화제가 청자들에게 얼마나 관심을 가질 만한 가치가 있는지 보여줄 필요가 있다.

### 1. 화제와 청자의 이익이 관련되어 있음을 강조하라

대개 사람들이 "그래서요?"라고 말할 때에는 실제로는 "그게 나와 무슨 상관입니까?"라고 말하는 것이다. 자신의 특정한 접근 방식이 분명히 유익하다고 가정하지 말라. 얻게 될 이익을 분명하게 설명함으로써 청중에게 듣고자 하는 동기를 부여하라. 청중을 신중하게 분석하여 청자의 요구와 가치에 가능한 한 많이 접근하라.(20을 볼 것) 여기 몇 가지 사례를 제시한다.

만일 차량 정비의 기초를 배울 시간이 있다면, 더 이상 정비사에게 좌우될 필요가 없습니다. 가장 경제적이고 믿을 만한 차량 정비를 어디에서 하는지 찾을 수 있고 닥칠 수 있는 위험한 조건을 탐지해 낼 수 있을 것이라는 마음의 평안까지 얻을 수 있을 것입니다.

저는 여러분이 대부분 남을 도와주는 직업에서 일하고 계신 것으로 알고 있습니다. 교사, 사회 사업가, 상담가, 간호사로서 말입니다. 몸짓 언어의 미세한 신호를 읽어내는 법을 배움으로써 여러분은 여러분의 고객이 말로 전달할 수 없는 메시지를 해석하는 데 도움을 받을 수 있습니다.

여러분이 채식주의자나 미식가가 되어야만 이 메뉴가 도움이 되는 건 아닙니다. 매주 고기가 들어가지 않은 몇 번의 식사를 제공하는 것만으로도 여러분은 매달 식료품비로 지출되는 30 내지 100달러를 절약할 수 있고 가족에게 더 건강한 음식물을 제공할 수 있게 될 것입니다.

## 2. 효과적인 이야기 기법을 결합시키라

어떤 독자는 잠자리에서 불을 끄기 전에 단 몇 페이지를 읽기 위하여 책을 펴 들 것이다. 날이 밝아 눈이 가물가물해진 독자는 비록 책의 주제가 자신의 삶의 한 부분과 관련되거나 흥미를 주거나 하는 것이 아님에도 불구하고 여전히 몰두해 있다. 잘 구성된 이야기는 그것이 난쟁이와 꼬마 요정을 다루든 국제적 음모를 꾸미는 세계의 첩보원을 다루든 거의 모든 사람의 관심을 끈다. 혼돈스러운 일상의 경험을 가지고 강한 흥미를 유발하는 서사를 구성해 내는 이야기꾼은 청중의 흥미를 끄는 데 어려움이 없을 것이다.

사람들은 자신들에게 직접적으로 관련되는 문제를 다룬 딱딱한 뉴스뿐만 아니라 인간적 흥미에 관한 이야기에 끌린다. 뛰어난 특집 기사와 기록 영화가 어떻게 좋은 영화나 드라마의 특징을 많이 공유하고 있는지 주목해 보라. 말하기는 그것이 비록 연례 보고라 할지라도 긴장감, 갈등, 호기심을 자아내는 인물 설정과 함께 서사적인 방식으로 전개된다면 청중을 사로잡을 수 있다. 말하기는 만일 그것이 청중에게 경험 바깥의 세계를 매력적인 방식으로 제시하는 것이라면 그들을 부자가 되게 하거나 유명해지게 해 준다는 약속을 할 필요가 없다.

연습 2.

각각의 사례에서 주의를 끄는 요인을 밝혀 보자.

1. 훌륭한 회계사는 여러분이 세금을 추가로 납부하지 않도록 도와줄 수

있다.

2. 여러분은 모두 "the bottom line"이라는 표현을 들어보셨을 겁니다.

3. 우리 회계 부서에서는 몇 가지 새로운 기법을 개발했습니다.

4. 회계 감사관 사무실에 들어갈 때 나는 떨고 있었습니다. Melvin의 부기 원장(ledgers)이 나를 구해 줄 수 있을지 아니면 내가……?

**연습 3.**

다음 각각의 화제에 대한 말하기에서 18a의 주의를 끄는 요소를 적어도 다섯가지 사용할 수 있는 방법이 무엇인지 설명해 보자.

- 전자 자동차와 하이브리드 자동차
- 예술적 모방과 위조
- 연방관리국

### 18c. 일반적 주의의 함정을 피하라

#### 1. 부적절한 이야기, 유머, 그 밖의 주의환기용 "재밋거리"를 피하라

의심스러운 자료를 사용함으로써 청중의 호의를 잃어버리는 모험을 감행하지 말라. 인종적 농담, 질병 유머, 비속한 말은 분명히 청중 가운데 누군가의 기분을 상하게 할 수 있다. 섬세한 청중 분석을 한다면 여성, 동성애, 의붓어머니, 노인 등을 판박이로 다루는 일이 없을 것이다. 청자에 대한 지식은 약간 외설스러운 말이나 정치적 부담이 있는 이야기를 포함시킬 것인지에 대한 판단을 내리는 데 도움이 될 것이다. 모욕이나 조롱은-"익혀서" 격식을 갖추지 않는 한-자신이 혹평하는 이가 웃음거리가 되는 것을 진정으로 즐기지 않는 한 피해야 한다.

## 2. 말하기 전체를 이야기나 농담으로 허비하지 말라

주의를 끄는 데 너무 많은 시간을 보내서 실질적인 메시지를 전달할 시간이 없는 경우가 많다. 말하기에서 모든 뒷받침 자료는 주제에 직접적으로 기여해야 한다. 연결되지 않은 일련의 농담과 이야기 또는 무목적적인 익살은 화제에서 초점을 멀어지게 한다. 관련 없는 농담과 함께 "떠들어대면서" 말을 이어가는 것은 시간 낭비이다.

## 3. 농담을 전하는 기법을 터득하지 않았다면 농담을 하지 말라

누구나 웃길 수 있으나 모두가 농담을 할 수 있고 해야 하는 것은 아니다. 농담을 하는 데는 기능이 필요하며, 길고 복잡한 농담을 목소리, 정교한 시간 맞춤, 신체적 동작과 함께 말하는 것은 숙련된 기능이 있어야 한다.

만일 농담을 활용하기로 한다면 말하기에서 대화적 요소가 강한 부분에서 필요한 것보다 더 정교한 계획을 세워야 한다. 성공하기 위해서는 저자가 단어 선택에 대하여 어떤 주의를 기울이는지 그리고 행위자가 태도와 목소리에 대하여 어떤 감각을 가지고 있는지 살필 필요가 있다. 뛰어난 대중 연설가는 우리가 흔히 접할 수 있는 다음과 같은 방식으로 농담을 실패함으로써 자신의 유능함을 드러내는 이미지를 소멸시키지 않는다.

- 도입부나 시작이 정확하지 않음.
- 점층적인 농담을 하다가 중간에서 용두사미로 끝나버림("그래서 어쨌든 이같은 일이 몇 차례 더 발생합니다.")
- 농담을 하는 데 너무 전념하지 말라. 농담을 하는 것은 농담의 특성을 말하고, 급소를 찌르는 부분을 전달하는 데 필요하지만 결코 이야기하기 양상에는 관련짓지 말라.
- 유머 자료를 과도하게 도입하여 가령, "자, 제 사촌이 들려준 아주 재미있는 이야기가 하나 있습니다. 내가 말하고 있는 것을 정말 잘 지적해

주고 있어요. 그리고 여러분도 이 이야기를 좋아하게 될 거예요."와 같이 말함으로써 도입부가 장황하고 내용 없게 되는 것

### 4. 청중의 참여로 인하여 자신의 통제력이 상실되지 않도록 주의하라

마지못해 청중을 참여시키려는 시도는 어색한 침묵을 유발할 수 있다. 다른 극단에는, 과도하게 청중이 반응하면 말하기를 집단 토의로 바꾸어 버릴 수 있다.

제19장

# 신뢰도

# | 신뢰도 |

> 능력, 관심, 신뢰감, 그리고 활력을 이용하여 말하기 과정에서 신뢰를 구축하라.

화자가 말한 것을 청자가 믿는지 믿지 않는지에 따라 말의 내용과 전달은 매우 큰 차이를 보이게 된다. 그러나 그 과정에서 극도로 공들여 준비한 말조차 잘못 되게 만드는 독립된 변인들이 있다. 무엇을 말하고 어떻게 말하는가를 떠나서 청중들은 화자가 누구인가, 더 정확하게는 그들이 화자를 어떤 사람이라고 생각하는가에 영향을 받는다. 신뢰감이란 청자가 화자를 믿을 수 있다고 판단하는 자질들의 조합이다. 학자들은 여러 세기 동안－과거의 전통적 공동체 가치(ethos) 토론부터 현대의 이미지, 개성, 카리스마 연구에 이르기까지－ '신뢰' 문제에 깊은 관심을 보여 왔다.

동일한 메시지를 전달하는 데 어떤 사람이 말하는 것은 받아들여지고 반대로 다른 사람의 말은 거절하게 되는 것은 무엇 때문인가? 아리스토텔레스(Aristotle)는 대부분의 청중들은 자신이 보기에 훌륭한 감각, 의지, 인격을 가졌다고 생각되는 사람을 믿는 경향이 있음을 발견하였다. 현대 사회학자들은 가장 신뢰감을 주는 화자의 특성을 구별해내고 그 특성을 도출하려 노력해오고 있다. 그 목록에는 능력(competence), 활력(dynamism), 결단력(intension), 인격(personality), 지성(intelligence), 권위(authoritativeness),

적극성(extroversion), 신뢰감(trustworthiness), 침착성(composure), 사회성 (sociability) 등이 포함되어 있다.

　이러한 자질들을 드러냄으로써 말하기의 목적을 달성할 기회와 신뢰를 증진시킬 수 있다. 말하기를 통해 이미지나 평판을 더 나은 쪽으로 만들어 갈 수 있으며, 말하는 동안 신뢰감을 향상시킬 수도 있다. 그 첫 단계는 자신의 현 상태를 평가하는 것이다.

## 19a. 자신의 말하기 이미지를 솔직하게 평가하라

　완벽한 화자는 어떤 화제로 어떤 청중들과 토론을 하든 유능하고, 관계적이며, 신용과 활력이 넘치는 것처럼 보인다. 그러나 우리 대부분은 이러한 이상적인 단계에 다다르지 못한다. 어떤 화자는 온화하고, 매력적이며 좋아 보이지만 무게 있는 주제들이 심도 있게 다루어지는 상황에서는 문제를 갖게 된다. 또 다른 사람들은 곧장 자신감을 갖는 행동을 보이지만 둔감하거나 쌀쌀맞아 보이거나 또는 인간성이 부족해 보여 어려움을 겪을 수도 있다.

　신뢰감을 향상시키기 전에 할 일은 지금 현재 자신의 위치를 살펴보는 것이다. 전체적인 당신의 신뢰도는 높은가 낮은가? 사람들은 당신의 인격 때문에 혹은 당신의 인격에도 불구하고 동의하는가? 당신에게 가장 강력한 신뢰의 요소는 무엇인가? 더 개발될 필요가 있는 것은 무엇인가? 가능하다면, 이 평가에 친구들이나 아는 사람에게 도움을 청하라. 타인이 우리 자신을 어떻게 보는지에 관하여 말하는 것은 매우 어려운 일이다.

　다음에 제시되는 진단적인 질문들은 말하기 이전의 이미지, 내용, 전달의 세 영역으로 나뉜다. 각각의 영역에 대해 신뢰감을 향상시키기 위한 방안은 19b, c, d에 제시할 것이다.

## 1. 유능해 보이는가

이미지 : 이 화제에 관해 전문가로서 교육, 경험, 경력 등을 가지고 있는
　　　　가? 그리고 청중들은 이 사실을 알고 있는가?

내　용 : 깊고 넓게 연구하였는가? 이것을 잘 정리된 인쇄물로, 실제적인
　　　　정보로 말하기에 반영하였는가?

전　달 : 유능함이 전달되도록 하는가? 잘 정리하고 침착하여 "정보의 첨
　　　　단"에 서있는 것처럼 보이는가?


## 2. 청중들의 복지에 관심을 가지고 있는 것으로 보이는가

이미지 : 만약 당면한 문제에 관련하여 헌신적인 경력을 가지고 있다면 이
　　　　것이 알려졌는가? (예를 들어, 장학금을 지원하고 있거나 자원
　　　　봉사하고 있거나 어떤 종류의 헌신을 해오고 있는가?)

내　용 : 시종일관 말하기에서 청중들의 요구와 목적들을 강조하는가?

전　달 : 청중에게 온화하고 비공격적이며, 친근하게 그리고 반응을 보이
　　　　며 전달하는가?


## 3. 믿음직해 보이는가

이미지 : 과거 기록은 정직하고 성실한가?

내　용 : 사용된 자료에 제시된 근거, 한계 그리고 타당성을 가진 이견 등을
　　　　공정하게 보려는 특별한 노력을 기울이는가?

전　달 : 프레젠테이션 방식은 진실되고 정직하며 통속적이거나 교묘하지
　　　　는 않는가?


## 4. 활력 있어 보이는가

이미지 : 적극적이며, 공명정대한 긍정적인 이미지인가 - 추종자보다는

리더, 방관자보다는 행동하는 자인가?

내  용 : 말하기가 역동적인 감각을 지녔는가? 생각들은 정적인 퇴적물로
전락하기보다 절정을 형성하는가? 사용하는 말은 생생하고 다채
로운가?

전  달 : 생생하고, 활력이 있으며 열정적으로 전달하는가?

연습 1.

이미지 목록을 완성하라. 몇 개의 문장들로 일상적으로 관여하는 사회적
혹은 전문적 집단에서 행하는 말하기에서 화자로서의 사전 이미지를 묘사
하라. 어느 것이 강점인가? 능력, 관심, 신용 혹은 활력? 또 어느 것이 약점
인가?

연습 2.

화제에서 화제에 이르기까지 신뢰도는 어떻게 변화되는지 생각해보라. 이
미 높은 신뢰도를 가지고 있는 세 개의 화제와 신뢰감을 형성하기에 매우
어려운 작업을 거쳐야만 하는 세 개의 화제를 들어보라.

연습 3.

능력, 관계, 신용, 활력 면에서 전직 대통령들의 신뢰도를 상, 중, 하로 등
급을 매겨보라. 그 선택과 이유에 대하여 토론하라.

연습 4.

능력, 관계, 신용이 있다고 믿지만 활력의 부족으로 인해 어려움을 겪었던
이미지를 지닌 공적 인물을 들어보라. 그 공인을 사실과 반대의 인물로 생
각할 수도 있는가?

## 19b. 말하기 전 신뢰감을 형성하라

### 1. 자신의 경력에 대한 적절한 정보를 제시하고 사람들을 대하라

더 나은 명성을 위해 정보를 요청받았을 때 지나치게 겸손하지 말라. 자신의 배경과 실적을 항목화한 이력서를 보내라. 책과 신문 기사 그리고 만약 어울린다면 사진 목록으로 된 연설에 대한 요약과 추천서를 포함시켜라.

### 2. 호의적인 분위기를 형성하여 자신을 소개하는 사람을 도우라

문서로 작성된 정보 제공 외에 당신을 소개할 사람이 전화나 개인적으로 문의하는 것이 가능하도록 하라. 만약 특정한 말하기에서 강조하고 싶은 배경이 있다면 그것을 확실하게 말하게 하라.

### 3. 말하기 전 청중들에게 드러날 모든 측면에서 자신의 이미지를 파악하라

말하기 수업을 통해 화자는 자신이 어떤 특정한 이미지를 가지고 있다는 것을 안다. 일상적인 교실 상호작용에 기초하여, 신중한, 명랑한, 민첩한, 게으른, 의욕적인, 분쟁적인, 지적인, 정보가 풍부한 사람 등으로 생각된다고 말할 수 있다. 이러한 가정들은 가장 먼저 말하기의 방식에 영향을 미칠 것이다. 전문적인 협의회나 당신 자신이 소속된 집단 앞에서 말하게 된다면 비슷한 상황이 나타날 것이다.

이질 집단으로 구성된 청중에게 행해지는 말하기는 좀 다르다. 왜냐하면 이러한 사람들은 화자에게 어떤 감정도 거의 가지고 있지 않으며 사실상 화자가 행하는 그들과의 모든 상호작용이 신뢰감에 영향을 미치기 때문이다. 토론 협상을 하면서 나타나는 친절함, 전문성 그리고 자신감 그리고 심지어 말하기 전에 나누는 대화가 매우 큰 영향력을 만들어 낼 것이다.

## 19c. 말하기 내용을 통하여 신뢰감을 강화하라

말하기 개요를 준비하고 제시할 근거와 예시 자료들을 선정할 때, 자신의 능력, 관심, 신용, 그리고 활력을 드러낼 방식에 관하여 생각하라. 다음의 제안들은 특히 처음 인상을 형성하는 말하기 서두에서 흔히 나타나는 것들이다.(13a를 보라) 그러나 신뢰감을 촉진하는 요인들은 말하기 전체를 통해서 형성된다.

말하면서 형성되는 표현 과정 내내 전체적인 틀과 길잡이를 제공하는 것은 대중적 화자로서 신뢰감을 보장하는 데 도움이 될 수 있다. 다음의 영역들은 특히 도움이 될 만하다. 목표/목적, 조직, 지원적 근거, 소개, 인용 등

### 1. 경력을 제시하라

대부분의 미숙한 화자들은 자신이 해도 될 만큼의 신뢰감을 형성하는 "스스로 자긍심을 불어넣기"에 어려움을 느낀다. 말하기에 대한 자신의 경력에 대한 정보를 제공하는 것을 꺼리지 말라.

제가 유치원 교사로서 지내온 15년 세월 동안…

제가 매주 처리해오는 20개에서 30개의 대출 계약서에서 볼 수 있는 가장 흔한 실수는…

걸프전에서 동생 데이브가 돌아왔을 때인 1991년부터 저는 신체적 장애자들이 직면하는 장벽들에 대해 특별한 인식을 갖게 되었습니다.

어떤 이력을 언급할 것인지 그리고 그것을 말하기 속에서 어떻게 사용할

것인지를 결정하는데 판단과 감각은 중요하다. 우리의 문화에서 잘난척하거나 폄하하는 것에 눈살을 찌푸린다. 지나치게 겸손한 화자는 청자가 그런 것을 조금이라도 알았더라면 그 사람에게 절대로 청하지 않았을 것임을 의미함으로써 무례를 행할 수 있다. 그러나 만약 청중들에게 직접적이고 현실적인 문제로 제시한다면, 거만해 보이지 않으면서 자신의 이력에 대해 많은 언급을 할 수 있다. 오직 관련성 있는 경력만을 포함시켜라. 그것이 주제와 관련이 있는지가 확실하지 않다면 얼마나 많은 명성을 쌓아왔는지 말하지 말라. 그리고 말하기의 화제가 특별하게 돈 버는 것과 관련되지 않는다면 자신이 얼마나 재정적으로 성공했는지를 밝히지 말라.

## 2. 화제에 대해 잘 알고 있음을 나타내라

전문적인 감각으로 의사소통하기 위해서는 반드시 당신이 사전에 행한 일을 청자에게 알려야 한다. 적당한 때에 연구의 특성을 언급하라.

제가 면담한 일곱 명의 판사들 모두 우리의 법제 시스템에 한 가지 중요한 약점이 있다는 데 동의하였습니다.

이 법안에 대한 모든 협의회의 의사록을 읽었으나 특별히 언급된 것은 하나도 없었습니다.

제가 읽은 책과 논문들은 이점에서 심각한 불일치를 나타내고 있었습니다. 대부분의 학자들이 말하기를 …

정확한 예시, 통계 자료, 증거 등을 사용하라. 가지고 있는 세부 자료들을 철저함을 확실히 나타내라. 말하기에서 초반에 발견된 명백한 실수는 당신의 신뢰감을 망가트린다.

명분 없는 전쟁에서 혹한에 맞서 지퍼를 끌어 올리고 리치먼드 주변 참호
에서 웅크리고 있는 군인들을 상상해 보라.

이것을 듣는 사람들은 아마도 "이 사람이 시민전쟁 이후에 지퍼가 만들어
졌다는 것을 모른다면 아마 다른 정보들도 틀릴 수 있을 것이 아닌가?"라고
생각할 수 있다.

### 3. 자료들을 분명하게 조직하라

유능함은 자료들을 조절할 수 있느냐와 목표로 하고 있는 것이 무엇인지
를 알고 있는 것처럼 보이는 데 달렸다. 만약 이 화제에서 저 화제로 헤매거
나, "오 이런, 제가 한 가지 말하는 것을 잊었습니다.…"하고 미안해하며 추
가한다면 청자들은 내용 조직이 덜 되었다기보다는 화자가 지식이 없다고
생각하게 될 것이다.

### 4. 균형적이고 객관적인 분석을 제시하기 위해 노력하라

공정하고 믿을만하고 좋은 사람이라는 것을 드러내기 위해서 증거와 논
쟁의 제한점을 인식하는 기존의 방식에서 벗어나라.

지금, 저는 조사연구에 의존하는 것은 약간의 문제가 있다는 것을 알고
있습니다. 하지만 이것은 신중하게 시행되었습니다. 대부분은 아닐지라
도 적어도 많은 수의 일하는 어머니들은 그들이 이용 가능한 육아 시설의
질에 불만족하고 있다는 결론은 안정적으로 보입니다.

또한 반대의 증거와 의견들이 존재한다는 것을 확실하게 알려 주어라.

몇몇 연구에서는 알콜 중독자가 사회적 관계로 환원될 수 있다고 지적하지만…

사회 복지 프로그램들을 만들어온 경영진들의 노력은 알고 있습니다만, 제가 여전히 바꾸어야 함을 주장하고 있는 많은 다른 영역에서는 실패하였습니다.

개인적 관심사가 있을 때 그 것에 대해 미리 알리는 것은 청중들로 하여금 당신이 무언가를 그들에게 숨기려 한다는 생각을 갖지 않도록 한다.

제가 부동산업자라는 것과 대중에게 부동산에 투자하게 하여 이익을 내는 것은 사실입니다. 하지만 그 것이 당신에게 투자를 권하는 주된 이유는 아닙니다.

만약 청중들이 나중에 당신이 정당화한 것보다 더 지독한 사람이라는 것을 발견하게 된다면, 신뢰감은 상하게 될 것이다.

## 5. 청중을 향한 관심과 의지를 분명하게 표현하라
화자의 말이 청자의 관심사 때문에 행하여지고 있다는 것을 알게 하라.

저는 예고 없이 죽음을 가져오는 두통과 심장병으로부터 여러분의 가족을 구하기 위한 어떤 것이든 할 것입니다.

'싸이클링' 을 택한 것은 내 삶에 많은 것을 더해 주었습니다. 그 재미를 여러분들과 함께 하고 싶습니다.

## 19d. 신뢰를 강화하는 말하기 전달법을 사용하라

너무나 많은 전문가와 잘 준비된 화자들이 청중에게 전달을 제대로 하지 못하여 효과를 떨어뜨리고 있다. 메모 카드를 떨어뜨리기, 떠는 목소리로 읽기, 손에 든 것이 무엇이든 간에 주물럭거리기-이런 모든 것은 화자의 능력 부족을 나타낸다. 표현력이 부족한 얼굴과 목소리는 오만한 인상을 줄 수 있으며 이전에 얻은 호감을 손상시킨다. 이유 없이 망설이거나 모호하게 하는 것은 때때로 둘러대거나 부정직하게 보이게 한다. 냉담한, 지루한, 기력 없는 말하기는 역동적 활력과는 거리가 멀다. 정보와 의견을 제시하는 데 사용한 근거들이 믿음직스럽게 보이게 하는 전달의 제 측면에 관하여는 26장과 27장에서 계속하여 다루기로 한다.

**연습 5.**

온라인 상에 있는 각 지방자치단체장의 인사말 스피치를 분석하여 어떤 점이 효과적이고, 어떤 점이 청중을 배려하고 있고, 어떤 점이 말하는 사람을 공정하고, 정직하게 보이게 하는지 분석해 보라.

제20장
# 호소력 있는 동기유발

# | 호소력 있는 동기유발 |

> 청자의 정서, 욕구, 가치에 호소하여 청자를 말하기의 목적으로 끌어 들
> 여라. 이러한 호소는 말하기에 기반이 되는 정상적인 논리와 근거를 보충
> 할 뿐이지 대체하는 것이 아님을 명심하라.

이 책은 생각을 뒷받침하는 데 명확한 분석이 지니는 역할을 강조하지만,
또한 그러한 생각을 청중에게 의미 있게 만드는 것도 강조한다. 좋은 화자
는 계속해서 청중의 사람됨을 의식한다. 사람은 합리성만으로 설명되지 않
는다. 사랑은 때때로 논리를 뛰어넘기도 하고, 존경은 종종 이성을 이기기도
하고, 감정은 종종 근거를 무시하기도 한다. 청중의 사람됨을 이해하는 것은
그들의 다층적인 면모에 접근한다는 것이고, 이는 논리적 경우로 포장하여
청자의 정서, 욕구, 가치에 다가선다는 뜻이다.

## 20a. 말하려는 내용이 끼칠 정서적 영향을 의식하라

어떤 말이든 청중에게 정서적 반응을 불러일으키기 마련임을 명심하라.
일반적으로 청자의 느낌에 관여하는 중심 요점, 뒷받침 자료, 언어를 선정함
으로써 말하기를 강화할 수 있다. 희망, 기쁨, 자부심, 사랑 등과 같은 긍정

적 정서는 확실한 동기 유발 인자가 된다. 또 공포, 질시, 혐오감, 멸시 같은 부정적 정서도 동기를 유발한다. 이는 공포 영화나 롤러코스터 영화의 대중적 인기를 보면 알 수 있다. 부정적 정서의 동기 유발에 대한 영향은 예상하기 더 어렵지만, 때로는 부메랑이 되어 다시 돌아온다. 적정한 수준의 공포에 대한 소구는 설득력을 높이지만, 강도가 높아지면 상반된 결과를 낳을 수 있다. 몇몇 프레젠테이션은 유혈이 낭자한 교통사고 장면, 폐암에 걸린 폐 조직 광고, 궁핍한 가족의 참상을 보여주기도 한다. 그런데 이러한 것들이 오히려 청중들로 하여금 불쾌한 자극에 대해 무디게 하고, 청자가 걱정하기에는 확률적으로 너무나 극단적인 경우처럼 보인다. 말하기에 정서를 덧붙이려면 다음의 오랜 경구를 기억하라. "어떤 것이 좋다고 해서, 더 많은 것이 더 좋은 것은 아니다. (과유불급)"

### 정서가 결핍된 표현

600렘[1]의 1회 분량은 심각한 방사능 관련 질환을 일으킨다. 일본의 원폭 피해자는 다양한 신체적 증상을 경험했고, 보통 노출된 이후 2주 안에 사망했다.

### 중간 정도의 정서 표현

600렘이나 그 이상의 1회 분량은 심각한 방사능 관련 질환을 일으킨다. 수천의 일본 원폭 피해자는 원폭에 노출된 후 2주 안에 질병을 얻어 사망했다. 이러한 방사능 노출은 살아있는 분할 세포를 모두 파괴한다. 머리카락이 빠지고, 피부가 벗겨지고, 구토와 설사를 동반한다. 그리고 백혈구 세포와 혈소판이 죽어버려 결국 희생자는 감염이나 출혈로 사망한다.

---

1) **역자 주** : 방사선의 작용을 나타내는 단위

과도한 정서 표현

폭탄이 떨어졌을 때, 당신이 금방 죽지 않은 것은 오히려 불행한 일이다. 곳곳에 있는 방사능이 여생을 갉아먹는 동안, 자신의 구토물과 배설물 속에서 멍하게 앉아 있을 뿐 할 일이 없다. 세포가 성장을 멈추고, 당신의 피부는 괴사하여 덩어리째 떨어져 나가지만, 백혈구 세포가 죽고 검은 종기가 이미 전신을 뒤덮고 있어 그것을 눈치 채지 못한다. 그러면서 약해진 동맥이 뇌에서 검은 피를 내뿜으며 터질 때까지 당신의 고통은 가라앉지 않을 것이다.

다른 화제도 이렇게 세 가지 수준으로 나눌 수 있다. 우선적으로 해야 할 일은 청자를 어떤 수준으로 볼 것인가를 정하는 것이다. 이때 정서적 소구에 대한 최적의 양을 가늠하는 것도 포함된다. 부족하면 그들에게 다가설 수 없고, 과하면 그들이 도외시할 수 있기 때문이다.

## 20b. 말하기를 청중의 욕구와 관련지으라

인간의 욕구를 분류하는 가장 널리 알려진 방법은 Abraham Maslow의 위계설이다. [그림 20-1]은 이 위계를 보여준다.

[그림 20-1] Abraham Maslow의 욕구위계도

이 위계도에서 하위 단계의 욕구는 다음 상위 단계의 욕구로 관심을 갖기 전에 충족되어야 한다. 예를 들어, '체력 단련'이란 주제는 다음의 어떤 욕구단계를 이용하여 청중에게 설득력 있게 말할 수 있다.

■ 심장병의 위험을 줄이는 운동의 효과는 생존 욕구에 호소력이 있다.
■ 공격자를 피하거나 그에게 대항할 수 있는 신체적 능력을 언급하는 것은 안전 욕구로 귀결된다.
■ 신체적 행위를 통해 친구를 만들고, 단정하고 매력적으로 보이려는 사회적 욕구와 관계가 있다.
■ 자존의 욕구는 체력 단련이 현재 지닌 대중적 인기와 사회적으로 바람직한 것으로 받아들여지는 활동적 이미지와 관계가 있다.

■ 체력 단련 기록 경신, 잠재력을 깨우는 정신적·신체적 도전 정신은 자아실현 욕구와 관계가 있다.

화자에게 Maslow의 위계도는 분명한 의의가 있다. 화자는 청중의 욕구 중에서 무엇이 가장 먼저 충족되어야 하는지 분석해야 한다. 위험한 직업을 가지고 가족을 근근이 먹여 살리는 청자는, 케인즈 이론에 따라 지역 경제 프로그램에 반대하는 화자의 말은 들으려 하지 않는다. 그들은 누가 일자리를 창출할 것인가가 더 궁금하다. 안전에 대한 욕구가 필요한 그들은 자아실현 단계에는 반응하려 하지 않는다.

지나치게 높은 단계에서 정서적 호소를 하면 부작용이 생기고, 낮은 단계에서 호소하면 비도덕적으로 된다. 예를 들어, 현재 사용하는 것 대신 다른 소프트웨어 시스템을 적용하자고 동료들을 설득한다고 하자. 그런데 회사는 잘 운영되고 동료들도 만족스런 고용인들이라면, 새로운 시스템을 도입하지 않았을 때 조직이 망해가고 사람들이 거리로 나앉게 될 것이라고 위협적 소구를 쓰는 것은 적절하지 않다. 보다 도덕적으로 접근하여(자존 욕구나 자아실현 단계에서) 동료들의 자기 효능감, 창조력, 성취감, 명예 등과 관련짓는 것이 낫다.

공정하게 존재하는 욕구에 반응해야지, 청자에게 불안전을 인위적으로 조장해서는 안 된다. 이런 식으로 청중을 잘못 이끌려고 하는 화자는 자칫 원초적 욕구가 가장 강하다고 생각한다. 이는 잘못된 생각이다. 이타주의도 매우 효과적인 동기 유발 요인이다. 사실 Maslow의 파라미드에 다른 것도 대체 가능하다. 모든 사람은 다른 사람의 생명을 보호하고, 안전을 주고, 애정을 나누고, 존경을 세우고, 자아실현을 돕는 기초적 욕구가 있다는 믿음을 설명할 수 있다. 인간 본성이 이상적이고 배려하는 측면이 있음에 호소하는 것은 자기 중심적 욕구만큼 강력하다.

## 20c. 말하기를 청자의 가치와 관련지어라

프레젠테이션에서 "이들 과정은 조립 공정을 가속화할 것이다."라고 주장했다면, 다음 삼단논법의 일부만을 밝히고 있는 것이다.

> 조립 공정을 가속화하는 것은 좋다.
> 이 과정은 조립 공정을 가속화할 것이다.
> 그러므로 이 과정은 좋다.

이것은 청자가 생산 속도 증가를 하나의 가치로 공유하고 있음을 가정한 것이고, 그 결과로 삼단논법의 다른 측면을 살펴야 할 필요를 느끼지 않는 것이다. 그러나 어떤 청자는 생산 속도는 현재 만족하고 있으나 오히려 조립의 정밀성에 더 관심이 있을 수 있다. 일부 청중 분석을 통해 사실에 좀 더 근접하여 다음의 삼단논법을 활용할 수도 있다.

> 정밀성을 향상시키는 것은 좋다.
> 이 과정은 정밀성을 향상시킨다.
> 그러므로 이 과정은 좋다.

두 주장은 논리적으로 합당하지만(둘 다 사실이길 바람), 두 번째가 심리적 측면에서 볼 때 좀 더 효과적이다. 그것은 두 번째 전제가 청자에게 우선하는 가치를 반영하기 때문이다.

넓은 의미에서 무언가가 좋거나 나쁘다고 믿는다면, 그것은 어떤 가치를 갖는 것이다. 특히 우리는 언제나 개념, 사람, 대상, 사건, 생각들에 대해 공정하거나 불공정함, 현명하거나 어리석음, 아름답거나 추함 등으로 평가한다. 정서의 욕구가 선천적 측면이 강하다면(그래서 문화, 사회, 개인과 상관없이 공통적으로 존재), 가치는 개인에 따라 다른 판단과 선택의 문제이다. 고립된 두 사람이 있다고 할 때, 단순히 사람이라는 점에서 두 사람 모두 어떤 것에 공포감을 느끼고, 지위를 필요로 한다고 예측할 수 있다. 그러나 한 사람은 동성애자를 싫어하고 다른 한 사람은 자유 기업 제도에 열광적인 지지자임을 쉽게 예측할 수는 없다.

### 1. 문화의 일반적 가치와 관련지어 호소하라

가치는 개별적으로 선택한 것이나, 그 선택이 완전히 의식적이고 합리적인 것만은 아니다. 문화는 가족, 학교, 매체, 동료 등을 통해 가치를 형성하면서 막강한 영향력을 끼친다. 더욱이 가치는 독립적으로 존재한다기보다는 관련 요소들이 얽혀서 조합된 것이다. 청자의 문화, 그들에 대한 영향력, 그들이 지닐 또 다른 가치들을 살핌으로써, 말하기 화제에 대한 청자의 태도에 어떤 가치들이 영향을 미칠 수 있는지 좀 더 전문가적 예측을 할 수 있다.

다음은 현대 미국인의 가치를 대표적으로 분류한 것이다.

- 안락한 삶 (부유한 삶)
- 짜릿한 삶 (자극적이고 활동적인 삶)
- 성취감 (지속적인 공헌)
- 세계 평화 (전쟁과 갈등에서 벗어남)
- 아름다운 세상 (자연과 예술의 아름다움)
- 평등 (인류애, 모든 이에게 동등한 기회)
- 가족의 안전 (사랑하는 이를 돌봄)
- 자유 (독립, 자율 선택)
- 행복 (충만함)

- 내적 조화 (내적 갈등으로부터의 자유)
- 성숙한 사랑 (성적이고 정신적인 친밀함)
- 국가 안전 (공격으로부터 방어)
- 기쁨 (즐겁고 여유로운 삶)
- 구세주 (구원받은, 영원한 삶)
- 자기 존중 (자기 존경)
- 사회적 명망 (존경, 부러움)
- 진실한 우정 (친밀한 교제)
- 지혜 (삶에 대한 성숙한 이해)

물론 가치는 문화마다 차이가 크게 날 수 있다. 변화의 지속적 흐름에 따라 현재의 우세적 가치와 경향이 후대에도 지속되리라는 보장은 없으며, 현재 화자에게 유용한 것이 후대에는 너무 낡은 것일 수 있다. 그러나 늘 변화에도 핵심을 놓치지 않는 저자나 논평자들이 최소한 있기 마련이다. 청중을 분석하려면 경제나 기술 추세, 반문화 운동, 해방 운동에 따른 주류의 가치 변화를 인식하고 있어야 한다. 편집 작가나 뉴스 논평자들의 말에 관심을 기울여, "국가적 분위기"에 대한 분명한 청사진을 가져라. 가치 문제를 담고 있는 낙태, 이민, 사형제도, 에너지 정책 등과 같은 쟁점에 대해서는 대중 여론을 주시하라.

### 2. 청중의 핵심 가치를 확인하고 연관시키라

한 문화의 구성원들이 공동의 가치를 공유한다면, 매 쟁점마다 전적으로 동의하는 모습을 볼 수 없는 까닭은 무엇인가? 확실히 한 문화의 구성원이라도 공동의 가치에 대한 중요도와 순위가 같은 것은 아니다. 가치는 매우 포괄적인데, 어떤 쟁점은 다수의 가치에 걸쳐 있어 찬반 양 측면을 동시에 지니기도 한다. 이런 가치 갈등의 예는 선거철에 드러난다. 순수 예술관을 건립하기 위해 세금을 부가한다고 하자. 어떤 이는 아름다운 세상과 성취감을 이유로 그 세금을 인정할 것이다. 그러나 또 어떤 이는 안락하고 부유한 삶과 가족의 안전을 명분으로 하여 세금 부담을 유보하고자 한다. 이러한 갈등에 대한 해답은 이들이 어떻게 가치를 서열화하고 있는가에서 찾을 수 있다.

거의 모든 화제는 이같은 가치 갈등을 포함하고 있기 때문에, 상대적 평가를 통해 청중의 가치를 이해해야 한다. 그림 20-2에서는 서열을 동심원으로 표시하고 있는데, 가장 핵심적인 가치가 중앙에 놓이고 그 가치와의 거리에 따라 중요도가 결정되는 것이다. 제일 중심부는 '핵심 가치'인데, 이것은 한 개인의 중심을 차지하고 있어서 그것이 변하면 곧 그 사람의 자아 개념이 기본적으로 바뀐 것이라 할 만하다. 그 다음 원은 '권위 가치'인데, 그 사람에게 의미 있는 집단이나 개인들과 공유하거나 혹은 그들로부터 영향을 받는 가치를 말한다. 바깥쪽 원에 있는 '주변 가치'는 쉽게 형성되고 또 바뀌기도 하는 다소 부차적인 평가치를 갖는다.

[그림 20-2] 가치의 서열화

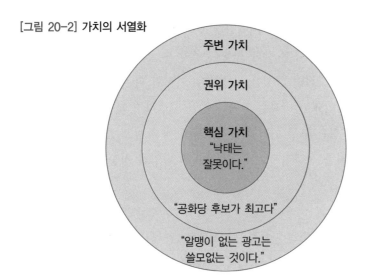

예를 들어, 여러 단계를 거치는 정치 캠페인 과정을 보자. Rodney는 알맹이가 없는 광고에 대해 혐오감을 느껴왔다. 다른 것들이 동등하고 특별한 견해가 없다면, 이러한 가치는 주변적이지만 투표 행위에 강한 영향을 미칠 수 있다. 그러나 다른 것들이 언제나 동등한 것은 아니다. Rodney의 가치는 광고를 이용한 공화당 후보와 광고를 이용하지 않은 비공화당 후보 사이에서 갈등을 겪을 것이다. 공화당 후보에 대한 선호는 권위 가치에 속하고 실속 없는 광고를 싫어하는 주변적 가치보다는 좀 더 핵심에 있기 때문에, 그는 보통 공화당 후보에 대한 여전한 지지로 이 갈등을 해소할 것이다. 그런데 비공화당 후보가 낙태 금지법을 지지할 때, 공화당 후보가 개인 권리에 대한 정부의 직권 남용으로 이 개정안을 본다고 하자. Rodney의 낙태 반대에 대한 생각은 그가 신조로 하는 도덕적 원리 중 하나이다. 다시 그는 갈등을 겪겠지만 이번에는 권위 가치를 넘어서 핵심 가치를 기준으로 문제를 해결할 것이다. 이러한 과정에서 그는 자신의 윤리적 틀을 다시 재고하고 재평가해야 한다.

이러한 것들을 이해하기 위해서, 청자의 핵심 가치에 대해 합리적으로 추론하고, 이를 말하기나 프레젠테이션에 강조하도록 해야 한다. 예컨대, 지역 학교 체제에 교육 혁신 제도를 채택한다고 하자. 학교 당국자들에게는 실용성, 효율성, 지역 교육 통제 강화 등을 강조할 수 있다. 교사들에게는 교육 과정상의 좀 더 이상적인 가치를 강조한다. 이러한 다른 접근 방식은 교사는 비실용적이고 학교 당국자는 교육 과정을 고려하지 않음을 뜻하는 것은 아니다. 아마 두 집단 모두 이러한 가치들을 함께 가지고 있을 것이다. 그러나 화자로서 가치를 선택적으로 강조함으로써 다양한 청중에게 좀 더 가깝게 접근할 수 있다.

### 3. 말하기 쟁점과 청중의 가치를 논리적으로 단단히 연결하라

말하기 쟁점은 말하기 목적을 제시하기 전에 청자의 머릿속에 해결해야 할 질문들로 남아있는 것을 말한다.(6d를 보라) 알아야 할 가치가 있는 것, 해야만 하는 것, 정신에 영향을 주는 것 등에 관한 결정은 어떤 가치들이 이전에 수용되어 있었는가에 따른다. 여기서 사람들이 어떠한 가치들을 지니고 그것들의 우선 순위가 어떠한가만이 아니라, 특정 가치와 특정 쟁점을 어떻게 연결하여 인식하느냐에 따라서도 달라진다. 청자들이 거의 유사하게 가치와 우선 순위를 공유하고 있다 하더라도, 다르게 연결지어 인식할 수 있다. 창조적 자유와 효율성이란 가치를 지니면서 효율성을 핵심에 두는 청자 두 사람을 상정하자. 말하려는 쟁점이 임기 보장 폐지라면, 한 청자는 창조적 자유와 연결지어 말하기 목적에 반대할 것이고, 다른 청자는 효율성과 연결지어 그 제안을 우호적으로 바라볼 것이다.

청자에게 어떤 가치가 있는지 아는 것만으로는 충분하지 않다. 청자가 어떤 가치를 화제와 연결지어 생각하는지 알아야 한다. 종종 새로운 쟁점을 끄집어내면, 논리적이긴 하나 분명하지 않은 가치와 연결해야 할 때가 있다. 이때 말하기를 준비하면서 가능한 한 많은 가치들과 적절하게 관련성을 맺어라. 불분명해 보이는 가치도 핵심 가치를 통해 연결이 가능할지 모른다. 다음 [표 20-1]이 이러한 예를 보여준다.

**[표 20-1] 쟁점과 가치 연결**

| 쟁점 | 분명한 가치 연결 | 분명하지 않으나 유효한 가치 연결 |
|---|---|---|
| 여성과 소외 계층의 평등권 확보 | 정의, 공정, 연민 | 생산성 증가, 인적자원 낭비 방지, 애국주의(세계 이미지) |
| 컴퓨터 구매 | 효율성, 속도, 과학 발전 | 창조력, 표현성, 경제성(장기적으로) |
| 중소기업 규제 완화 | 정부 간섭 부족, 중소기업가의 도전 정신 | 정직, 일반시민의 신뢰, 관료적 형식과 문건의 혐오 |
| 외국인 사업자 우대 | 국제적 조화, 미국의 우호성, 정보 공유 | 효율성, 진보성, 실용주의 |

### 4. 청자에게 역사와 공동체 의식을 자극하라

당연히 사람들은 처음 쟁점을 접하면, 시간과 공간상 자신과 가까운 시각으로 그것을 분석하려 한다. 그들은 "이것이 현재와 가까운 미래에 나와 지금의 생활 주기에 어떤 영향을 미치는가?"를 궁금해 한다. 이러한 충동과 달리, '모든 결정은 다음 7대에 미칠 영향을 기준으로 평가하라'는 미국 속담이 있다. John Donne[2]이 '누구도 섬이 아니다'라고 한 말을, 현대 철학자들은 '오늘날 누구도 반도(半島)조차 아니다.'라는 말로 바꾸어 사용한다. 동기 유발을 위한 강력한 방법 중 하나는 사람들을 밖으로 끌어내어 좀 더 큰 틀에서 그들의 인식을 재조명하도록 하는 것이다.

이렇게 확대된 인식은 한 단계 접근하는 데 유용하게 쓰인다. 미국 대중은 루마니아 고아들의 고통을 실제로 보고 절감하면서 재정 지원과 입양을 강화하였다. 버려진 캔 따개 고리 때문에 모양이 변한 물고기의 사진이 나오자, 음료 회사는 음료와 맥주 캔의 따는 방식을 바꾸었다. 화자는 청자에게 강력하게 다른 사람이나 생명체와의 공존을 상기시킬 수 있다. 사람들에게 위험에 처한 대상과 장소의 역사적 문화적 가치를 일깨울 수 있다. 청자를 미래로 이끌어 우리의 환경 정책의 결과와 태어나지도 않은 후손에게 진 우리의 국가적 부채를 보여줄 수 있다. 확장된 공동체 의식과 결부하고 현재를 과거나 미래와 관련지으면서 청자의 가치를 화제와 연결지어라.

## 20d. 과도하거나 부적절하게 동기 유발을 하지 말라

이 장에서는 청자의 정서, 욕구, 가치에 효과적으로 소구하는 방법을 논의

---

1) **역자 주** : 영국의 시인(1572~1631). 연애시, 풍자시를 쓰다가 성직자가 된 뒤에는 종교시를 써 형이상시파의 대표적 시인이 되었다. 작품에 〈영혼의 편력〉, 〈노래와 소네트〉 따위가 있다.

해왔다. 이제 이러한 소구들의 오용과 남용에 대해 주의를 당부해야 할 차례이다. 감정을 지나치게 강조하면 청자는 당황하고 불편해 한다. 화자가 상식과 논리를 벗어나 청자의 감정만을 갖고 논다면 청자는 격분하게 된다. 청중의 수준을 낮게 평가하는 실수를 범한 것이다. 효과의 문제(광고주와 정치인이 여러 차례 이러한 방법에 호소하는 것이 효과적임을 보여줌)를 차치하고 윤리적인 문제가 남는다.(3장을 보라)

### 연습 1.

다음 예는 어떠한 욕구에 호소하고 있는가?

1. 성공을 위한 옷차림 전략은 승진하는 데 도움이 된다.
2. 모든 가정이 전자 경보 시스템을 구비해야 한다.
3. 명상을 통해 우주를 이해할 수 있다.
4. 거리에서 구할 수 있는 마리화나 중에는 치명적인 화학물이 들어 있는 것이 있다.
5. 이 샴푸는 머릿결을 매끄럽게 한다.

### 연습 2.

미국인의 18개 가치 중에서 자신의 핵심 가치로 3~4개를 선정해 보라.

a. 오늘날 미국의 가치 체계를 가장 분명히 보여주는 것은 무엇이라고 생각하는가?
b. 지난 몇 년 동안 가장 큰 가치 변화를 보인 것은 무엇이라고 생각하는가? .

### 연습 3.

연습 1로 돌아가서, 각 항목을 20c.1에서 제시된 가치 목록 중에서 최소한

2개 정도와 연결하여 보라.

　정신병 문제에 관한 스피치에 보일 수 있는 반응을 중심으로, 청중(스피치 교실, 전문 단체, 스터디 그룹)을 나누어 분석하라.

　a. 어떤 욕구에 호소할 수 있는가?

　b. 어떤 핵심 가치에 호소할 수 있는가?

　c. 어떤 권위 가치에 호소할 수 있는가?

　d. 어떤 가치-쟁점 연결고리를 새롭게 모색할 수 있는가?

제21장
# 정보전달 전략

# | 정보전달 전략 |

> 정보를 잘 전달하기 위해서 정보의 흐름에 바탕을 둔 전략을 짜라. 청중들이 잘 알아들을 수 있도록 분명하게 설명하라.

어떻게 보면 말하기의 대부분은 설명이다. 하나의 아이디어로부터 출발해서 그것을 다시 발전시키거나 기본 개념으로부터 확장시키는 방법으로 되풀이 설명하는 것이다. 안타깝게도 어떤 설명은 내용을 분명하게 하기보다는 오히려 더 혼란스럽게 한다. 보통 이런 일은 화자가 많은 세부 사항의 복잡한 진행 과정에서 자신의 관점을 잃어버렸거나 자신의 생각이 여러 핵심적인 것들 가운데 하나라는 것을 잊어버렸을 때 일어난다. 말할 내용 가운데 가장 중요한 세부 사항을 골라서 분명한 순서를 가지고 전달하는 것은 정말로 어려운 일이다. 어떻게 하면 당신은 청중이 잘 이해할 수 있도록 가장 경제적으로 마음속의 그림을 그려낼 수 있을까?

옛말에 "할 수 있는 능력이 있는 사람은 직접 하고, 할 수 없는 사람은 가르친다."는 말이 있다. 이 말은 다른 사람을 가르치는 것이 직접 하는 것보다 훨씬 쉽다는 것을 의미하는 것처럼 보인다. 하지만 사실은 그 반대다. 즉, 사람들은 어떤 일을 할 수 있는 능력은 있지만 정확하게 진술하지는 못한다.(솔직히 말해, 스피치를 잘 하는 것이 스피치 과정을 설명하는 이 책을 쓰는 것보다 훨씬 쉽다.) 그러나 사람들이 어떻게 배우는지를 알면 좀 더 쉽고 효과적으로 가르칠 수 있다.


## 21a. 사람들이 어떻게 정보를 받아들이고 저장하는지를 이해하는 데 바탕을 두고 말하라

### 1. 너무 많은 정보를 담지 마라

잘 아는 내용의 주제를 가지고 말을 할 때, 화자는 청중도 당장 자신의 수준까지 올라오기를 바라는 경향이 있다. 지나치게 짧은 시간에 너무나 많은 정보를 풀어놓으면 정보가 지나치게 많아지는 결과를 빚게 된다. 그 결과 청중은 초조하고, 혼란스러워지고, 짜증나고, 그런 말을 한 사람에게 화내게 되고, 나중에는 완전히 모든 것을 다 내던져 버리게 된다. 청중을 사실의 파도에 휩쓸어 넣거나 자료 더미 속에 파묻지 마라. 정보전달을 하는 화자는 수많은 정보를 잘 다듬어서 적절한 속도로 적당한 크기로 잘라서 청자가 쓸모 있고 가치 있게 사용할 수 있도록 전달해야 한다. 다시 말해 정보를 잘 선택하라는 것이다. 청중은 딱히 무엇이 중요한지 중요하지 않은지 모른다. 전문가인 화자가 청중에게 무엇이 중요한지를 짚어주어야 한다. 담을 정보는 한 번에 일곱 개 정도(seven, plus or minus two)라는 원칙을 잊지 마라. 연구에 따르면 보통 사람이 한 번에 이해하는 요점의 수는 7개 정도이므로 전개할 요점 몇 개만 골라야 한다.


### 2. 청자에게 정보 조직의 틀을 제공하라

직소 퍼즐(jigsaw puzzle) 상자의 그림을 보지 않고 퍼즐 조각들을 맞추어 본 적이 있는가? 뒤죽박죽 된 퍼즐 조각을 가지고 있다면 먼저 큰 그림을 보고 어떻게 조각들을 맞추어져야 하는지 생각을 할 것이다. 이것은 여행을 떠나기 전에 지도를 보거나, 긴 글을 읽기 전에 도표를 먼저 보고 싶어 하는 것과 같은 원리다. 청자가 주제에 대한 전체 감각도 생기기 전에 그 주제의 세부적인 것들을 마구 들이대지 말아야 한다.

### 3. 간단한 것으로부터 복잡한 것으로 옮겨가라

지나치게 간소화되지 않도록 유의하면서, 먼저 기본적인 개념들을 늘어놓고 다음에 제한적인 것들, 예외적인 것들, 재미있는 관련되는 것들을 소개하는 것이 좋다. 어떤 사람이 마을로 이사를 왔다면, 그는 먼저 직장으로 가는 큰 길을 익히고, 그 다음에 지름길도 익히고, 경치 좋은 우회로도 알고 싶어 한다는 것을 생각하라.

### 4. 친근한 것으로부터 낯선 것으로 옮겨가라

어느 집단이라도 그 구성원들의 수준에서 당신이 출발한다면 어떤 주제라도 배울 수 있고 또 적정 수준까지 따라 올라올 수 있다. 교사들은 학생들이 현재의 지식수준보다 바로 한 단계 위의 수준에 초점을 맞추어 나갈 수만 있다면, 학습 진척도가 최상이라는 것을 경험에 의해서 잘 안다. 학생들이 알고 있는 내용만을 반복하면 그 주제에 도전해 볼만한 의욕이 생기지 않을 것이고, 역으로 학습자들의 수준보다 두세 단계 그 이상의 수준에 초점이 맞추어도 학습자들은 학습의욕을 잃고 말 것이다.

이 원칙은 잘 지키려면 무엇보다 청중 분석을 잘 해야 한다. 창의적인 발표자는 듣는 사람들의 경험과 직접 연결되는 사례나 유사한 것들을 생각해 낸다. 친근한 주제에 관련된 사례들을 들으면 학습자들은 새로운 것들을 이해할 수 있다는 자신감을 갖게 된다.

## 21b. 분명한 설명의 일반적인 원칙들에 충실하라

### 1. 조직자를 활용하라
발표를 듣는 사람들에게 어떻게 정보를 조직해야 하는지 암시를 주어라.

#### 이정표
조직자는 이정표다. 이정표는 나아갈 길을 지시해 주고, 어디를 지나왔는지 기억나게 해준다.

> 먼저, 제가 간단한 화이트소스를 만드는 법을 보여 드리고 나서 기본 조리법으로부터 시작하는 세 가지 발전된 소스에 대해 말씀 드리겠습니다.

> 그래서 그녀의 세 편의 시와 한 편의 소설에 나오는 이런 짧은 내용들을 통해 Sylvia Plath의 작품에 스며있는 두 주제를 다시 만날 수 있습니다.

#### 번호 매기기
번호를 매기면 내용을 분명하고 조직적으로 만들 수 있다.

> 복합 주거단지를 건설하는 복잡한 단계는 다음 세 가지 단계로 구분된다.
> 첫째, 적당한 지역의 매력적인 장소를 물색하는 것
> 둘째, 땅 구입을 위해 협상하는 것
> 셋째, 건축가, 건설회사와 계약하는 것

#### 약어 사용
약어(acronym)는 한 단어처럼 일련의 단어의 머리글자를 따서 만든 단어이다. 예를 들면, radar는 Radio Detecting And Ranging의 머리글자를 따서 만든 약어다. SETI는, Search for Extra Terrestrial Intelligence의 약어이고, GIGO는 Garbage In, Garbage Out의 약어다. 약어는 어떤 요점을 훨씬 더 잘 기억되게 만든다. 만약 비언어적 방법으로 공감을 표시하고 싶으면 SOFTEN을 기억하라.

[칠판에 쓴다]

**S**mile

**O**pen posture

**F**acial expression

**T**ouch

**E**ye contact

**N**odding

### 슬로건, 캐치프레이즈

약어와 같이 슬로건이나 캐치프레이즈 같은 방법도 요점을 잘 기억할 수 있도록 틀을 제공한다.

서랍 속에 지난 일 년 동안 한 번도 꺼내 본 적이 없는 파일들을 찾아 그것들이 실제 얼마나 가치 있는지 따져 보라. 이 때 페그 브래큰(Peg Bracken)이 먹다 남은 음식에 관해 "의심이 가면 버려라."고 충고한 것을 잊지 마라.

당신이 우편물을 열 때마다 분명한 결정을 내리도록 하라. '4D'를 활용하라 : 폐기(Drop), 보류(Delay), 위임(Delegate), 즉결(Do).

## 2. 강조법을 사용하라

핵심 요소에는 "매우 중요", "기억 필수" 그리고 "최고 중요"식의 메모와 같이 밑줄을 긋거나 두드러지게 표시를 하라.

목소리나 신체를 사용해서 강조할 수도 있다. 어떤 부분을 두드러지게 하고 싶다면, 더 크게 말하거나 오히려 더 부드럽게 말하라. 중요한 부분 앞뒤에서는 잠시 휴지를 두어라. 앞으로 몇 발자국 나가라. 중요한 부분에서는 심각한 표정을 지어라.

## 3. 기발한 사례를 들어라

청중이 잘 이해를 못하고 당혹스러워 할 때는 어떤 구체적인 사례를 들어도 그들은 납득하지 못한다. 이럴 때는 아주 간단하고, 때로는 기발하면서도 괴상한 사례를 가지고 시작할 수 있다.

> '윈윈(win-win)' 협상은 양쪽 모두 큰 희생이 없이 자신들이 중요하다고 생각하는 목표를 성취했을 때 이루어졌다. 필과 데이브는 룸메이트인데 두 사람 모두 상대방이 해야 하는 집안일을 소홀히 하고 있고 생각한다. 그 문제에 대해서 이야기를 나눈 후 두 사람은 동의했다. 데이브가 요리를 모두 책임지면, 필은 설거지를 책임지기로 합의했다. 두 사람 모두 잘 되었다고 생각한다.

다음, 복잡하고도 사실적인 사례들을 사용할 수 있다.

> 당신은 타던 차를 팔고 싶어 하고, 이웃 사람은 그 차를 사고 싶어 하는데 그 사람이 현재 현찰로 찻값을 지불할 수 없다고 생각해 보자. 그래서 그 이웃 사람에게 당신이 3주 동안 휴가를 다녀오는 동안 당신의 개와 화초

들을 돌봐 준다면 6개월짜리 어음으로 지불해도 좋다고 제안한다. 당신은 원했던 값에 차를 팔고, 휴가동안 집 돌봐줄 사람을 구하지 않아도 되니까 좋고, 이웃 사람은 당장 차를 구해 사용할 수 있고, 융자를 얻어 이자를 지불하지 않아도 되니까 만족한다.

마지막으로, 청중이 실제 삶에서 경험할 수 있어서 적용이 가능한, 복잡하고 정교하며 복합적인 사례를 들 수 있다.

이제 이런 원칙들이 실제 부동산 거래 협상에서 어떻게 적용되는지 살펴봅시다. 여기 도표에서 판매자가 우선적으로 요구하는 사항과 세부 협상 조건들이 첫째 칸에 정리되어 있고, 구매자가 우선적으로 요구하는 사항과 세부 협상 조건들이 둘째 칸에 나와 있습니다. 그럼, 이 조건들을 가지고 시작해 봅시다.

경우에 따라서는 하나의 사례가 계속 확장되거나 정교해져서 전체 발표에 통일성을 이루도록 할 수도 있다.

## 4. 비유를 사용하라

알려진 것과 알려지지 않은 것을 계속 비교하라. 아주 간단한 비유를 사용할 수도 있다.

핵발전소는 증기기관차와 같은 것입니다. 화부는 화덕에 석탄을 퍼 넣고 그것을 불태워서 보일러 안에 있는 물을 증기로 만들고, 그 증기는 파이프를 통해서 피스톤에 전달되고, 그 증기의 힘은 피스톤 막대기를 통해 바퀴에 전달하여 레일 위의 긴 열차를 끌게 됩니다. 여기서 석탄을 핵막

대기로, 피스톤을 터빈으로, 발전기를 동력 바퀴로 대체하면, 여러분은 핵
발전소를 건설하는 것입니다.

그런 연후에 차이점을 드러내서 말할 수도 있다.

물론, 증기기관차에는 얼굴 시커먼 기관사가 삥삥 소리 내는 밸브의 압력
계를 들여다보고 있고, 핵발전소에는 삼중 안전장치로 된 컴퓨터, 제어기,
측정기가 늘어 선 옆에 수많은 과학자와 기사들이 있다는 차이를 알 것입
니다. 무엇보다도 가장 큰 차이는 같은 양의 석탄에 비해서 플루토늄은 2
억 4천만 배의 잠재 에너지를 가지고 있다는 점입니다.

요점을 강화하고 더 많은 청중에게 호소력을 가지려면, 폭을 넓혀 여러 영
역에서 비유를 끌어오라. 스포츠, 영화, 자연 현상, 역사, 다른 문화 등등.

### 5. 다양한 채널과 모드를 사용하라

메시지를 다양한 채널을 통해서 전달하면 전달하고자 하는 내용이 좀 더
분명히 드러날 것이다. 말과 손과 시각적 도구들과 도표, 녹음된 자료들을
사용하라. 메시지를 강화할 수 있도록 되도록 여러 감각에 호소하라. 시도해
볼만한 규칙으로 다음과 같은 것이 있다. 내용이 아주 중요하거나 어려우면,
언어만을 사용해서 이해시키려 하지 말고 하나 이상의 다른 수단들을 이용
하도록 하라.

### 6. 반복과 여분을 활용하라

사람들은 여러 번 들은 것을 쉽게 배우고 기억한다. 중요한 원칙은 자꾸자
꾸 반복해서 같은 단어로, 혹은 다른 단어로 바꾸어서 외쳐라. 반복하라, 같은

뜻의 다른 단어로 바꾸어 말하라. 강화하라. 다시 다루어라. 재차 언급하라.

**연습 1.**

얼마나 많은 비유나 은유가 이 장에서 다루어졌는가? 그것들은 말하는 내용을 분명히 하는 데 도움이 되었는가?

**연습 2.**

다음 사람들에게 말할 때 당신은 어떻게 친숙한 것과 그렇지 않은 것을 연결시킬 수 있나?

   a. 오토바이 클럽 사람들에게 영양에 대해서 말할 때

   b. 공대 학생들에게 자기소개서 쓰기에 대해서 말할 때

   c. 초등학생들에게 멸종 위기의 종(種)에 대해서 말할 때

제22장

# 설득 전략

# | 설득 전략 |

철저한 논리 분석과 청중 태도에 대한 이해를 바탕으로 전략을 세워라. 최고의 설득 효과를 낼 수 있도록 내용을 선정하고 조직하라.

다른 사람의 태도와 행동을 변화시키기 위해 설득 화자가 먼저 해야 할 일은 무엇인가? 마무리를 멋지게(noble) 하는 것이 중요하므로 마무리 준비를 잘해야 한다고 말하기도 한다. 그러나 어떤 주장(advocacy)을 하기 위해서는 반드시 조사와 분석(inquiry)이 전제되어야 한다. 주제를 충분히 조사하고, 주제를 분석하고, 긍정과 부정의 증거 자료들을 검토하는 "숙제하기"를 해야 상대를 설득을 할 수 있다. 남을 설득하려면 설득의 원리에 따라 체계적으로 노력을 기울여야 한다. 그리하려면 먼저 사람들이 왜 그리고 어떻게 생각을 바꾸는지 알 필요가 있다.

설득 이론들은 많다. 아리스토텔레스의 이성(logos), 감성(pathos), 인성(ethos)이론부터 이차대전 후의 사회적 판단 이론(social judgement theory)과 인지 균형 이론(consistency theories) 모형, 현대의 많은 승낙 획득 전략들(compliance-gaining strategies)까지 다양하다. 이 이론들을 검증하는 것은 이 책의 범위 밖이므로, 필요할 때만 가끔 그 내용들을 언급하겠다.

추론(reasoning)의 장에서, 청자에게 근거 제시 단계를 밝혀 주장과 근거가 어떻게 연결되는지 알 게 하는 것이 바람직하다고 밝혔다. 설득의 경우에 그 단계를 제시하는 것은 윤리적으로 필요할 뿐만 아니라 실제적 (practical)이기도 하다. 연구에 의하면, 논증의 결과로 어떤 사람의 태도가 변하게 되면 그 사람의 실제 행동(behavior)을 쉽게 예측할 수 있고, 태도가 훨씬 더 지속되며, 다른 사람의 반박에도 태도가 바뀌지 않는다고 한다.[1] 요 컨대, "다른 사람들이 모두 그렇게 하니까 따라하는 것이 좋다고 전문가 Eddie가 말을 했기 때문에 이렇게 해야 한다(적용하라, 계속하라, 피하라, 그만 두라)"고 말하는 것보다는, "말씀드린 논리적 근거들을 따져볼 때 이렇게 하는 것이 바람직하다."고 말하는 것이 더 효과적이다. 논리적 분석을 통하여 상대를 설득하고자 하면, 논리적 타당성을 잘 따져보아 그렇게 하는 것이 타당하지 않느냐는 설득적 메시지를 산출해야 한다. 다른 대안보다 논리적 으로 더 타당하다는 점을 강조해야 한다. 이 방법은 논리적으로 따져보지 않고 주장만 내세워 청자를 설득하는 방법보다는 사실 더 어렵다. 그러나 잘 짜여지고, 논리적으로 증명된 주장이 훨씬 더 설득적이고 지속적이다.

## 22a. 설득의 목표를 분명히 하라

설득적인 말하기에서 목표를 분명히 하는 것이 매우 중요하다. 단순히 사람을 가르치거나 고무시키는 것이 아니라 사람을 변화시키는 것이 목표라면 쉽사리 저항에 부딪히게 된다. 무엇이 목표이고 무엇이 아닌지 정확하게 알아야 한다.(6c 참조) 목표가 실현 가능한 것(realistic)이어야 한다.

실제적인 행동의 변화를 추구하는 스피치와 단순히 행동이나 신념에 영향을 주고자 하는 스피치를 구분해야 한다. 태도가 행동을 하게 하는 기본

---

1) Richard E. Petty and John T. Cacippo, Communication and Persuasion: Central and Peripheral Routes to Attitude Change(New York: Springer Verlag, 1986), 5.

요인(predisposition)이기는 하지만 어떤 태도를 가지고 있다고 해서 그와 관련된 행동을 한다고 보장할 수는 없다. 재활용이 필요하다고 믿을 수는 있지만, 그렇다고 해서 그 사람이 에너지를 위해 쓰레기를 분리수거해야 한다고 홍보하고 다니는 것은 아니다. 일반적으로 행동의 변화를 원한다면, 행동 자체에 목표를 맞추고 청중들에게 이것을 하라고 해야지 이렇게 생각하라고 말해서는 안 된다. 그러나 비우호적인 태도를 보이는 청중들에게 말할 때는 예외이다.(22c. 3 참조) 이 경우에는 화자의 견해에 동의하라는 실현 가능한 목표를 설정해야 하는 편이 낫다. 너무 많은 것을 한꺼번에 요구하면 청중을 잃게 될 위험에 처하게 된다. 설득의 주된 목적이 마음의 변화인지 아니면 행동의 변화인지 자문해 보아라.

목표를 설정할 때는 요구의 본질에 따라 설득 유형이 달라진다는 점을 고려해야 한다. 대체로 물건을 사거나 어떤 후보자에게 투표하게 하는 것과 같이, "어떤 행동을 시작하게 하는 것"만이 설득이라고 생각한다. 채택하기로 알려진 이 목표는 네 가지 설득 목표 가운데 하나일 뿐이다. 설득을 통해 어떤 일을 중단하도록 하기도 하고, 계속하도록 하기도 하고, 시작하지 않도록 하기도 한다.[2]

숫자를 뽑도록 하는 것과 같이 신체 행동을 요구할 때는 다음과 같은 방식으로 설득한다.

- 훈련 프로그램을 채택하라.
- 건강 음식 먹기를 계속하라.
- 해로운 음식 먹기를 중단하라.
- 흡연을 피하라.

---

2) Wallace C. Fotheringham, Perspectives on Persuasion(Boston: Allyn & Bacon, 1966), 32.

설득이 항상 변화만 요구하는 것은 아니다. 계속하기와 중단하기는 해서는 안 될 일이 실현되지 않도록 "변화"할 것을 요구한다. 이 두 목표는 하지 않아야 할 일을 하게 되면 어떤 위험에 처하게 되거나 그 일로 인하여 스트레스를 받고 있을 때만 의미가 있다. 청중에게 숨쉬기를 계속하도록 설득할 필요는 없다. 축구 감독이 후원을 계속해 달라고 설득하는 경우는 후원자들이 시간이나 돈을 투자하지 않을 기미가 보이기 때문이다. "신용카드가 주는 일시적 만족에 빠지지 마십시오."라는 설득은 신용카드 문제가 심각한 문화에서만 의의를 가진다.

## 22b. 건실한 분석을 토대로 설득하라

주장에 앞서 조사와 분석을 해야 하는 것은 윤리적이고 실리적인 이유 때문이다. 설득 메시지를 구안하기 전에 먼저 논리적으로 과제를 분석할 책임이 설득 화자에게 있다. 설득 주제를 검토할 때 그 주제와 관련해서 반드시 답을 해야 하는 질문들을 찾아내는 과정을 6d에서 설명했다. 16a에서는 주장을 어떻게 근거와 연결시키는지에 관한 논거 제시 방식을 설명했다. 여기에서는 명제가 어떻게 유형화되며, 명제 유형에 따라 어떻게 논거를 제시하는지에 대해 좀 더 구체적으로 살펴보고자 한다.

### 1. 설득 목표가 요구하는 명제가 사실 명제인가, 가치 명제인가, 정책 명제인가 판단하라

스피치의 주제와 주장들도 명제 형태로 표현된다. 설득을 하기 위해 화자는 청중에게 제안한다. 명제에는 세 가지 종류가 있다. 사실 명제, 가치 명제, 정책 명제다. 핵심 내용을 어떤 유형의 명제로 표현하는 것이 화자의 의도를 분명히 하고, 설득 전략을 펼치는 데 가장 좋은지 판단하라.

## 사실 명제

어떤 것이 사실이라면 그것을 믿는 데 설득이 필요 없으리라 생각할 수 있으나, 예를 들어 '다른 행성에도 생명체가 있다'와 같이, 사실 영역 안에도 직접 검증되지 않는 이슈들이 있다. 이 질문은 사실에 관한 질문이지만 직접 확인할 방법이 별로 없기 때문에 우리가 가지고 있는 자료를 논리적으로 잘 따져서 가장 타당한 결론을 도출해 내야 한다. 다음은 이런 예들이다.

> 오스왈드(Lee Harvey Oswald)는 케네디(John F. Kennedy)를 단독으로 암살하였다.
> 하루에 커피를 두 잔 이상 마시면 췌장암에 걸릴 확률이 높아진다.
> 태양열로 전환하면 평균 가계비를 절약할 수 있다.

## 가치 명제

화자가 특정한 가치에 대하여 취하고 있는 입장을 입증해야 할 때가 있다. 이 입증의 목표는 어떤 것의 가치를 판단하여, 좋고 나쁨, 현명함, 어리석음, 공정함, 불공정함, 윤리적임, 비윤리적임, 아름다움, 추함, 충분함, 불충분함을 평가하는 것이다. 다음 예들이다.

> 배심 의무를 기피하려는 것은 잘못된 일이다.
> 자유기업체제가 노동자 계급에게 가장 경제적인 모형이다.
> 파커(Charlie Parker)가 가장 훌륭한 색소폰 연주자이다.

## 정책 명제

설득 주제들 가운데 가장 일반적이고 복잡한 명제는 특별한 행동의 과정 (special course of action)을 주장하는 정책 명제이다. 다음은 정책 명제의 예들이다.

> 연방 정부는 마리화나의 개인적인 사용을 합법화하여야 한다.
> 우리는 대통령으로 댄(Dan Huboi)에게 투표하여야 한다.
> 우리는 자녀를 사립학교에 보내야 한다.

이 주장들이 정책 명제인데 이때는 특정 집단이나 대표에게 권한을 주어 어떠어떠한 정책이나 프로그램을 채택하여야 하는지 구체적으로 밝혀야 한다. 그렇지 않으면, 주장에 '해야 한다' 나 '해서는 안 된다' 와 같은 문구를 포함하고 있을지라도, 실제로는 가치 명제의 일종일 뿐이다. 예를 들어, "탈루 세금을 차단해야 한다."는 "현재의 세금 제도가 나쁘다."라는 것의 다른 표현일 뿐이다. 이것이 정책 명제가 되려면, "의회는 석유 고갈 공제, 별장 공제, 본점 공제를 줄이기 위해 과세 구조를 바꾸어야 한다."와 같아야 한다.

스피치에서 주제란 하위 주장들의 지지를 받는 핵심 명제이다.(16a 참조) 명제들도 계층적이다: 가치 명제가 사실 명제를 전제로 하기도 하고, 가치 명제가 정책 명제의 방향을 설정하기도 한다. 혹은 어떤 일이 이루어져야 하는가 아닌가 결정하는 것은 어떤 것이 옳은가 그른가에 대한 입증에 의존하고, 이것은 다시, 어떤 사례들이 사실인가 아닌가를 먼저 입증해야 한다. 예를 들어, 다음 정책 명제들을 입증하기 위해서는 그 아래의 가치 명제를 입증해야 한다.

> 지방 정부는 지중해 과일 파리를 박멸하기 위하여 살충제로 항공 방역을 시작해야 한다/하지 않아야 한다.

중요한 농업 생산물을 보호하기 위하여 인간이 건강을 위협하는 위험을 무릅쓰는 것은 적절하다/적절하지 않다.

이 가치 명제를 수용하기 위해서는 먼저 세 가지의 사실 명제들이 입증되어야 한다.

살충제가 인간 건강에 미치는 영향은 아주 적다/크다.
살충제가 지중해 과일 파리를 없애는 데 효과적이다/아니다.
파리로부터 침해를 받고 있는 그 과일이 농업 경제 영역에서 중요하다/아니다.

**사실 명제** : **이다 / 아니다**
**가치 명제** : **좋다 / 나쁘다**
**정책 명제** : **해야 한다 / 하지 않아야 한다**

---

**연습 1.**

다음 명제들을 사실 명제, 가치 명제, 정책 명제로 구분하라.
1. 국제 우주 정류장(International Space Station)을 유지하는 비용은 천문학적이다.
2. MTV의 음악은 단순하고 재미가 없다.
3. 고양이가 개보다 애완동물로서 더 적합하다.
4. 아이들은 5세 이전에 외국어를 배워야 한다.

**연습 2.**

다음 일반적인 주제를 가지고 사실 명제, 가치 명제, 정책 명제를 만들라.

무신론

영양 섭취

욕설(durns)

## 2. 기본 검증 항목(stock issues)을 사용하여 주제를 분석하라

'기본 검증 항목들'을 사용하여 입증을 하게 되면 스피치를 준비하면서 시간과 노력을 줄일 수 있다. 예를 들어, 기본적인 논증 모형인 문제-해결 모형은 이미 그 효과가 검증된 모형이다. 기본 검증 항목을 잘 사용하면, 주장을 손쉽게 입증할 수 있고, 정당한 논리적 절차를 통해서 혹은 공식적인 토론을 통해서 쉽게 결론을 도출할 수 있다. 설득을 하고자 하는 개인이나 팀에게는 이런 책무를 수행해야 할 책임이 있다.

극단적인 예로서, 영국에서 살인에 대해 검사가 입증해야 할 책무들을 살펴보자. 영국에서는 법률적으로 살인을 다음과 같이 정의한다.

① 여왕의 호의(peace) 아래

② 현재 살아 있는

③ 분별력 있는 창조체가

④ 비합법적인 방법으로

⑤ 악의적인 고의성을 가지고 죽여서

⑥ 당한 사람이 일 년 이내에 죽음에 이른 행위

숫자가 매겨진 항목들을 검사는 입증해야 한다. 한 항목만 입증하지 못해도 살인이 성립하지 못한다. 다시 말해, 그 중 하나라도 조건이 만족하지 못하면, 예를 들어, 악의적인 고의가 없거나, 합법적이거나(정당방위처럼), 희생자가 가해 당한 이후 일 년보다 이틀을 더 많이 살아 있거나, 그러면 살인은 성립되지 못한다. 검사의 책무 부담이 아주 크긴 하지만, 이는 대중적으로 인정되고 합의된 것이다. 화자가 공식적으로 정립된 논증 모형이나 표준 검증 항목들에 따라 입증을 해야 하는 스피치도 있다. 정책 명제는 공식적인 논쟁 분석의 틀로 분석되므로, 기본 검증 항목이 특히 유용하다.

### 토론의 기본 검증 항목

정책 명제에 대한 공식적인 토론에서 화자가 어떤 변화를 주장하기 위해서는 먼저 다음 항목들을 철저히 검증해 보아야 한다.

- 변화에 대한 강한 요구가 있는가?
- 그 요구는 본질적으로 현재 시스템의 구조에 관련되는가?
- 제안된 해결책이 제시된 요구를 만족시킬 수 있는가?
- 제안된 해결책은 현실적이고 실제적인가?
- 제안된 해결책이 득이 실보다 큰가?

실제 토론에 임하기 전에 이 항목들을 통해서 주제를 분석해야 한다.

### 변화에 대항하는 검증 항목들

정책채택이 기본 목적인 스피치에는 위에 제시한 항목들이 그대로 적용된다. 시행되고 있는 정책을 거부하는 것이 목적인 스피치-단절(deterrence)이나 중단(discontinuance)이 목적인 스피치-에서는 이 표준 검증 항목이 역으로 적용해야 한다. 변화를 주장하는 사람에게 입증의 책무가 있기 때문에, 변화에 반대하는 사람은 단 한 항목이라도 부정적으로 입증하기만 하면 성공한다.

연습 3.

다음 각 주장들을 어떤 기본 검증 항목들을 통해서 점검하여야 하는가?

1. 복지 프로그램에 돈을 더 붓는 것이 제기된 문제를 해결할 수 있다.
2. 무이자 학자금 대출이 부모로 하여금 자식에게 가장 좋은 교육적 방법을 선택하도록 할 수 있다.
3. 우리 도시의 폭력 범죄가 손을 댈 수 없을 정도에 이르렀다.

## 22c. 청중이 화제와 화자에 대하여 가지고 있는 태도를 고려하여 스피치의 내용을 구성하여야 한다

**청중의 유형**

| 비우호적 | | | 중립적 | 우호적 | | |
|---|---|---|---|---|---|---|
| 강함 | 보통 | 약함 | 동의 안함 | 약함 | 보통 | 강함 |
| 비동의 | 비동의 | 비동의 | 비동의 안함 | 동의 | 동의 | 동의 |

이제부터 우호적, 중립적, 비우호적인 청중에게 어떻게 대처하여야 하는지 살펴보자.

### 1. 우호적 청중

우호적 청중들을 설득하는 것은 비교적 쉽다. 우호적 청중에게는 화자로서의 신빙성을 높이는 문제에 거의 신경 쓰지 않아도 된다. 화자와 같은 입장을 취하고 있는 청중들은 화자에 대해 이미 좋은 인상을 가지고 있다. 게다가 우호적 청중들은 주장에 대하여 내적인 갈등을 일으키는 일이 없다.

설득이 비교적 쉽다고 해서, 화자가 자신의 입장을 효과적으로 옹호해야 하는 책임이 줄어드는 것은 아니다. 잘 준비하지 않으면 청중의 지지를 서서히 잃어가게 된다. 우호적인 청중에게는 우호적인 태도를 굳히고 강화시키거나, 이론적인 토대 위에서 긍정적인 행동으로 옮길 수 있다.

### 청자의 지지를 강화하기 위하여 감정적인 호소를 하라

머리로 동의하는 것과 실행을 위해 약속을 하는 것의 차이, 약속하는 것과 실제 행동하는 것의 차이는 감정적인 문제에 기인하는 경우가 많다. 동의하는 것들은 아주 많지만 그 중 실제로 적극적인 관심을 가지는 항목들은 많지 않다. 적극적인 관심을 가지게 하는 항목들은 기본적인 욕구에 호소하거나, 핵심 가치와 관련되거나, 개인적인 삶에 영향을 주는 것들이다.

청자의 적극적인 관심을 얻기 위해서는 애국심이나 박애심이나 진보(progress)와 같은 기본적인 가치에 호소를 하거나, 생존, 안전, 지위 확보와 같은 기본적인 욕구에 호소하거나, 공포, 연민, 사랑과 같은 기본적인 감정에 호소해야 한다.

다음은 주장을 어떻게 강화할 수 있는지를 보여주는 예들이다. 20장의 예들도 참고하라.

### 논리적 강화

우리와 입장이 다른 건강에 대한 권리도 허용해야 공정하다.

### 감정적 강화

권리장전(Bill of Rights)에서 몇 가지 예외를 허용한다면 결국 어떻게 되겠는가? 우선은 국기를 태우거나 스킨헤드족(skinheads)들이 미국인으로서의 권리를 상실하게 되겠지만, 다음에는 우리에게도 똑같은 경우가 초래할 것이다. [공포에 호소함, 시민의 자유라는 핵심 가치에 호소함]

청자들은 주제가 자신과 개인적으로 관련이 없다고 생각하면, 동의는 하지만 행동으로 옮기지 않는다. 이럴 경우 화자는 다음 방식으로 주제를 개인적으로 관련짓게 해야 한다. 첫째, 청자의 개인적인 삶에 어떤 영향을 미칠 것인지 아주 구체적으로 제시하고, 행동으로 옮기면 상황이 달라질 것이라는 것을 보여주어라.

> 10달러 수표가 수단 난민의 한 가족을 일주일 동안 살릴 수 있습니다.
> 스위치를 끌 수 있는 이 보조 장치를 사용하면 일 년에 50달러를 절약할 수 있습니다.

청중에게 정서적인 호소를 할 때는 조심해야 한다. 우호적인 청중일지라도 나쁜 태도를 보이거나 쓸데없는 말을 하게 되면 과도한 인상을 갖거나 인신공격으로 받아들일 수 있다.

### 청중이 공적인 약속을 하게 하라

청자로 하여금 제안을 하게 하거나, 탄원서에 서명을 하게 하거나, 후보자에게 손을 들게 하거나, 발송 주소 목록에 이름을 써 넣게 하거나, 다른 사람에게 전하게 하라. 말로든 글로든 혹은 신체적으로든 공적인 약속을 한 사람들은 쉽사리 마음을 바꾸지 않는다.

### 행동을 선택할 수 있게 하라

다음과 같이 청중의 반응만으로 그쳐서는 안 된다. "그래요, 정말 누군가는 그 문제에 대처를 해야겠군요. 다음에 나도 참가해야겠어요." 여러 가지 선택 가능한 구체적인 행동 목록을 주면 청자들은 쉽게 행동으로 옮길 수 있다. 예를 들어, 후보자 대회에 참석한 사람에게, "다음에 운동 본부에 한

번 들려주세요."라는 식으로 말하지 마라. 대신 "여기 모인 모든 사람이 가두행진에 참여하거나, 저녁에 '전화로 부탁하기' 행사에 참여해 주십시오. 지금 나누어 드리는 종이에 서명해 주십시오. 이 방식으로 참여하기 어려우시다면, 저기 문에 서 있는 주디(Judy)가 여러분이 참여할 수 있는 다른 몇 가지 참여 방식에 대해 말씀해 드릴 것입니다."라는 식으로 말하라. 우호적인 청중에게는 막연하게 '무언가'를 하도록 성가시게 하지 마라. 구체적인 행동을 지시하고, 쉽고 즐겁게 그 행동을 할 수 있게 해 주어라. 편지를 쓰게 하려면 주소 목록을 주어라. 소금 섭취를 줄이게 하려면 소금이 덜 들어가는 조리법을 알려주어라.

논증을 간결하게 제시해서 청중들이 그 간결한 논증으로 다른 사람들을 적극적으로 설득하게 하라

우호적인 청중에게는 동기를 유발시키려고 애쓸 필요가 없다. 대신 논증을 제시하는 방식에 신경을 써야 한다. 우호적인 청중들은 대체로 화자의 가치와 신념을 공유하고 있기 때문에, 논증의 매 단계를 구체적으로 설명할 필요가 없다. 고전 수사학 이론에 의하면 약식 삼단논법(enthymemes)(간결한 논증 형식)은 매우 강력한 논증 형식이다. 화자가 생략한 논증 단계―대전제, 소전제, 결론―를 청자가 스스로 채워 넣는다는 것은 청자가 적극적으로 화자와 의미를 공유하는 데 참여하는 것을 의미한다. 은어나 머리글자나 암호를 사용하는 집단들이 서로 결속되는 것처럼, 우호적인 청자들은 어떤 것들을 당연한 것으로 여기면서 내적 결속감("in-group" feeling)을 형성하게 된다:

이 후보자를 뽑게 되면, 카터의 시대로 회귀하게 될 것입니다.[카터의 시대가 좋지 않았다는 것에 청자가 동의한다는 것을 당연하게 여김]

이 계약에 꼭 지지해야 합니다. 만약 계약이 성사되지 않으면 앞으로 5년 동안 교사들의 봉급은 인상되지 못할 것입니다. [교사들의 봉급 인상이 바람직하다고 청중이 동의하리라는 전제]

약식 삼단논법은 청중들에게 동질감을 형성하게 하지만, 청중이 정말로 화자와 신념을 공유하고 있는지 먼저 확인해야 한다. 그렇지 않으면 약식 방법은 역효과를 낸다.

### 청중이 다른 사람을 설득할 수 있게 자료를 제공하라

청자가 스스로 설득 화자가 될 수 있도록 자극하라. 청자들은 나중에 주장에 대해 중립적이거나 적의가 있는 동료나 이웃이나 친구들과 그 주제로 이야기를 나누게 된다. 이때 청자가 사용할 수 있도록 유리한 정보를 주고, 그 정보를 가능한 한 기억하기 쉽고 인용하기 쉽도록 만들어 주어라. 우호적인 청중에게 화자의 입장을 옹호하는 사례, 논증, 통계들을 제시하는 것은 지금 이 청중들을 설득하기 위함이 아니다. 오히려 제2의 청자들을 목표로 하고 있다. 제2의 청중들은 약식 삼단논법의 간결한 논쟁으로만 설득되는 사람들이 아니다.

자료를 제공하는 것은 청중이 반박에 부딪힐 때 답변할 수 있는 자료를 미리 제공해 주는 것이다.(22f 참조) 이것은 또한 청자들에게 반대하는 자들이 설득할 경우에 대비해서 미리 면역 주사를 놓는 것이다. 예를 들어보자.

정부의 경제 정책이 서민 노동자들을 위해 설계되었다고 주장하는 사람들을 만날 것입니다. 그 사람들에게 왜 부자들의 세금을 그렇게 많이 공제해 주어야 하느냐고 물어보십시오. 일 년에 300,000불을 버는 사람들은 50% 세금 공제를 해 주지만 일 년에 18,000불을 버는 사람들은 6%만 공제를 받고 있습니다. 그러면 그 사람들은 "아, 그 사람들은 새로운 직업을 만들어 내고 있잖아요."라고 대응할 것입니다. 그러면 이제 이렇게 물어 보십시오.……

## 2. 중립적 청중

청중이 중립적 태도를 취하는 이유는 다음 세 가지 중 하나이다. 관심이 없거나, 정보가 없거나, 아직 결정하지 못했거나이다.

### 관심 없는 중립적 청중에게는 자극적인 요인을 강조하라

청자가 주제나 입장에 별 관심을 보이지 않는 이유는 그것이 자신에게 직접적으로 영향을 미치지 않기 때문이다. 이 청중에게는 18장에서 언급한 자극적인 영향 요인들을 끄집어내어 보여주면서 그것이 아주 중요한 것임을 강조하여라. 관심과 집중을 얻으려면 그 주제가 자신들의 삶에 영향을 준다는 구체적인 실례가 있어야 한다.

여러분 중 많은 사람들은 아마 "그래서 어떻다는 거야? 실내에서 담배를 피운다고 해서 그게 뭐가 문제야? 이 나라는 자유 국가야, 그리고 연기를 마시는 사람은 담배 피는 흡연자이지 나는 아니잖아?"라고 할 것입니다. 그런데 간접 흡연자에게도 하루에 2개피에서 27개피의 담배를 피우는 정도로 폐에 나쁜 영향을 끼친다고 해도 "그래서 어떻다는 거야?"라고 하시 겠습니까?

화자가 제시하는 사실과 통계가 반드시 청자의 경험과 연관되어 있어야 한다. 유머와 사람들의 관심사를 중간 중간 끼어 넣어라. 생생하고 활력 있게 청중을 자극하는 데 특별한 노력을 기울여라.

정보가 부족하여 중립적인 청중에게는 화자의 입장을 명확하게 설명하는 내용을 강조하라

먼저 이해를 해야 주장에 동의할 수 있다. 청중에게 필수적인 배경 정보가 없다면 입장을 지지하는 내용들을 제시하기 전에 우선 시간을 들여 빈 정보를 채워주어야 한다.

주장을 명확하게 하는 것이 중요하다. 설명하고, 개념 정의하고, 예를 들고, 반복해서 말하라.(21 참조) 시각 자료가 도움이 된다. 간결하게 말하고 깔끔하게 내용을 조직하라.

화자가 강조하는 주장을 스피치가 끝날 때가지 화자가 기억할 수 있도록 해야 한다.


미결정으로 중립적인 청중에게는 논리적인 호소와 감정적인 호소를 혼합한 새로운 논증을 제시하여 신빙성을 높이라

미결정 청중은 주제에 관심도 있고 정보도 있지만, 양쪽 입장이 서로 팽팽한 상태다. 결정을 내리지 못하고 있는 청중의 고민을 화자가 이해하고 있다는 사실을 청중이 알도록 하라. 문제가 복잡하며, 양쪽 다 타당성이 있다는 것을 인정하라.

명확하지 않은 상태인데도 화자가 해결책으로 끌고 가면 청중들은 대개 불편해 한다. 청자들은 정당한 근거를 바탕으로 결정을 내리고자 한다. 이런 고민을 감소시켜야 한다. 전문적인 식견과 정직함을 바탕으로 의사소통하여 신뢰성을 높여라. 화자의 입장을 논증할 때는, 결정을 정당화할 수 있는 새로운 증거나 새로운 해석을 강조하라. 당연히 청중들은 반대편의 입장에서 검증할 것이다. 청자가 반대편의 입장에서 검증하리라는 것을 인정하고, 그에 대해 22f에 있는 기법들을 사용하여 대응하여야 한다. 그리고 청중들이 나중에 부딪히게 될 이러한 논증들에 대해 면역 처방을 해야 한다. 면역

처방을 해 놓지 않으면, 다른 논증들이 균형을 깨뜨리고 상황을 악화시킬 수 있다. 그러면 이제껏 쌓아놓았던 것이 헛수고가 된다.

간단히 말하자면, 충분히 입증해 놓은 논문들이나 책들을 제시하는 것이 마음에 결정을 내리지 못한 청중들에게는 가장 효과적이다. 논리적 논증 사이에 적절하게 정서, 본능, 가치에 호소하는 내용들을 삽입하면 효과적이다.

### 3. 비우호적 청중

머피의 법칙 : 잘못될 가능성이 있는 것은 반드시 잘못된다.
비우호적 청중 앞에서 화자에게 이 법칙이 적용되면, 오해 가능한 모든 것들을 반드시 오해한다.

비우호적 청중이 호전적인 것은 분명 아니다. 비우호적이란 개념은 약간 비우호적이거나 이제 막 의견이 달라지기 시작한 것들을 포함하고 있다. 청중의 비동의가 강할수록 화자와 화자의 메시지를 더 쉽게 거부할 수 있다. 어떤 방식을 써서 말을 하더라도 화자를 극단적인 과격파로 받아들일 수 있다. 가벼운 유머 하나만 던져도 화자를 천한 광대로 받아들인다. 확신에 찬 태도를 보이면 광신자로 낙인찍힌다.

동시에, 청중들은 화자가 처한 곤란한 입장을 인식하고 있다. 상황을 기품 있고 침착하게 처리하면 마지못하지만 존경을 얻어낼 수 있다. 비우호적 청중일지라도 화자가 열심히 노력하면 결과적으로 만족을 얻어낼 수 있다.

단 한 번의 스피치로 너무 많은 것을 기대하지 말라
비우호적인 청중에게 너무 많은 것을 기대하지 마라. 태도는 천천히 변한다. 대부분의 청중들이 심하게 비우호적이라면 단 10분의 스피치로 태도가 확 변하리라 기대하지 마라. 벽돌을 던지는 대신 계란을 던진다면 성공한 것이다. 주제 진술문을 수정하더라도 합리적인 성취 목표를 정하라. 예를 들면, 강한 부정에서 약간의 부정으로 변하게 하거나, 약간의 부정에서 중립으로 변하게 하는 것과 같은. 너무 강하게 밀어붙이면 거리감을 더하게 해서 원하지 않는 반대 방향으로 태도가 변하는 것과 같은 부메랑 효과가 발생한다. 아주 가망 없어 보이는 행동을 요구하지 마라. 예를 들어, 임신 중절 합법화를 지지하는 집단에게 임신 중절 금지를 위한 모금함에 돈을 기부하라고 요구하는 것은 자멸을 초래하는 것이다. 오히려 제기한 주장에 대해 생각해 보도록 부탁하거나, 합의점을 찾도록 함께 고민해 보자고 하는 것이 더 낫다.

### 공통점을 강조하라

화자와 청중 사이에 차이가 아주 클지라도, 화자의 의견과 경험이 겹치는 부분이 반드시 있기 마련이다. 비우호적 청중 앞에 서면, 어떤 목표와 가치를 공유할 수 있는지 자문하라. 청중이 강하게 동의하지 않더라도, 학교 통학 버스 운행은 아이들 교육에 대한 일반적인 관심이다. 청중은 실업 문제를 해결하는 것을 정부가 나서서 해결할 과제라고 생각하고 화자는 사기업이 이 문제를 잘 해결할 수 있다고 느끼는 상황에서도 실업 자체는 '나쁜 것'으로 모두 동의하고 있다.

공통 배경은 모든 스피치에서 중요하지만, 비우호적 청중 앞에서는 결정적이다. 시작 단계부터 스피치의 모든 내용에 이르기까지 이것을 강조하라. 공통성에 바탕을 둔 내용들을 전제로 삼아 논증의 과정을 이끌어가라.(16c 참조) 청중과의 차이점을 최소화할 때 의사소통의 토대가 마련된다.

### 명확한 논리와 폭넓은 증거를 토대로 삼으라

비우호적 청중은 화자의 입장에 대해 회의적이며, 감정적인 호소는 속임수로 치부하여 거부할 것이다. 이 청자를 설득하려면, 이 주장이 아무런 결점도 없고 공평한 증거의 지지를 받기 때문에 따를 수밖에 없는 입장이라는 것을 화자의 머리 속에 구축해야 한다. 이 청중에게는 논증의 모든 단계를 명확히 제시하여야 한다. 어떤 것도 생략하지 마라. 아주 당연해 보이는 사실들일지라도 논의하여 논증하라. 논증을 구축하고 있는 논리적 연관성을 구체적으로 설명하라. 화자의 입장을 과대하게 표현하지 마라. 주장하려 하지 말고 자료를 통해 입증해야 한다. "이 사례들이 입증하는 바는……"이라고 표현하지 말고, "이 사례들이 제안하는 바는……"이라고 표현하라. "흡연이 암의 원인이 된다."고 하지 말고, "흡연이 암을 유발하는 하나의 원인이다."라고 하라.

사실 증거와 통계 증거를 사용하고, 출처를 분명하게 밝혀라. 조사 결과를 언급할 때는 언제, 어디서, 어떻게 조사가 진행되었고, 이 내용의 출처는 어디인지 말하라. 증언을 근거로 쓸 때는 가능하면 거부할 수 없는 전문가나 이해관계가 없이 아주 존경받는 권위자를 인용하라. 화자와 같은 편을 인용하면 아무 도움이 안 된다.(15d 참조)

청자가 생각하고 있는 주요한 반박에 대해서는 정면으로 대응하라. 화자 입장의 기본 틀에 영향을 미치지 못하는 사소한 내용들을 인정하는 데 주저하지 마라. 반론에 대해 절대 비웃지 말고 이것을 적절하게 언급하여 힘 있게 대응하라. 반론을 논박하기 전에 반대편의 견해를 실제보다 더 기품 있게 언급하는 것이 화자에게 유리하다.


이미지의 신뢰도를 높이는 데 특별히 신경을 써라.

비우호적 청중에게 좋은 성격, 좋은 센스, 좋은 호의를 가진 화자로 보이는 것이 가장 중요하다.(19b 참조) 모든 스피치의 내용과 전달 방식에서 차분하고, 합리적이고, 공평하고, 박식하고, 마음이 통할 것 같은 화자의 이미지를 구축하도록 궁리하라. 판단이 적절한 유머는 긴장을 완화시키고 내용을 여유를 가지고 바라보게 해 주므로 이러한 이미지 구축에 도움이 된다. 유머가 화자 자신이나 화자의 입장, 공공의 적이나 대면해 있는 아이러니한 현상을 겨냥해야 한다. 절대 청중이나 청중의 믿음을 겨냥해서는 안 된다.

전투적으로 보이고 싶지 않겠지만, 화자의 입장을 확고히 견지해야 한다. 같은 점을 통해 공감을 조성하거나 사소한 것들을 통해 공감을 조성해야지, 쓸데없는 말을 하거나 지나치게 회유적인 태도를 취하지 마라. 비판적이거나, 신랄하거나, 방어적이거나, 편집적이거나(paranoid), 화를 내거나, 오만하거나, 비꼬거나, 허튼소리하거나, 선심 쓰는 체하고 싶은 유혹에서 벗어나라.

야유를 받거나 말이 전혀 통하지 않아 보여도 좌절하지 마라.(29c 참조) 태도는 서서히 변하는 것이고 길게 보자면 계속 품위와 합리성을 견지하는 것이 결국 해가 되지 않고 도움이 된다.


## 22d. 최적의 설득 효과가 나도록 내용을 조직하라

10장에서 논의한 스피치 조직 유형은-주제 중심 조직, 공간적 조직, 시간적 조직- 스피치 내용을 분석하여 조직한 방법이다. 결론을 이끌어내는 추론의 방식에 따라서도 조직을 할 수 있다. 연역적 조직, 귀납적 조직, 인과적 조직, 유추적 조직이 가능하다.(16 참조) 중심 내용 제시 순서에 따라 조직할 수도 있다. 여러 가지 조직 방식이 있으므로, 기존의 유형들이 딱 들어맞지 않는다면 다음에 제시하는 대안들을 고려해 보아라.

### 1. 동기화 연쇄 구조를 사용하라

알란 몬로(Alan Monroe)에 의해 수십 년 전에 개발된 동기화 연쇄 구조는 설득 스피치의 구조로 널리 사용되고 있다.[3] 심리학에 기반을 둔 이 형식은 청자들의 마음에 호소해서 심적인 상태가 변하기를 기대한다. 이 형식은 3장의 조직에서 예시한 것과는 달리 서두 부분과 결론 부분이 포함되어 있다.

| | |
|---|---|
| 관심(attention) | 화자는 우선 청중에게 동기를 부여하여 스피치를 듣게 해야 한다. |
| 요구(need) | 청자는 개인이 처한 문제를 의식해야 하고, 개선을 해야 할 강한 요구가 있다는 것을 인식해야 한다. |
| 만족(satisfaction) | 제시된 행위를 통해 문제가 완화되어야 한다. |
| 효과 제시(visualization) | 심리학적으로, 화자의 말에 따름으로써 얻는 이득과 그렇지 않아서 받는 손해를 생생하게 제시하는 것은 중요하다. |
| 행동(action) | 화자는 청자에게 무엇을 할 것인가 명백히 요구하면서 끝을 맺어야 한다. |

다음은 이 동기화 구조를 따르는 예이다:

**주제 진술** : 시외 출퇴근자들의 과도한 교통 체증을 줄이기 위해 경전철 시스템이 필요하다.

관심

서두

회의에서 중요한 보고를 해야 했기 때문에 넉넉히 직장에 도착하려고 평소보다 일찍 집을 나섰다. 끽 하는 브레이크 소리를 들었다. 알고 보니 앞

3) Raymie E. McKerrow, Bruce E. Gronbeck, Douglas Ehninger, and Alan H. Monroe, Principles and Types of Speech Communication, 14th ed.(Needham Heights, MA: Allyn & Bacon, 2000).

에서 경미한 사고가 났다. 어쩔 수 없이 나는 차에서 앉아 기다리고 기다리고 기다려야 했다. 그러는 동안 나는 짜증에서 분개를 넘어 점점 절망을 느꼈다. 직장에 한 시간 반 후에야 도착했고 회의는 끝나 버린 상태였다.

요구

I. 우리 시의 주요 상업 지역이 자동차에 지나치게 의존하는 것은 다음과 같은 여러 문제를 야기한다.

  A. 막심한 교통 혼잡

  B. 공해

  C. 시외 출퇴근자의 스트레스

만족

II. 이 문제를 완화시키기 위해 경전철을 도입해야 한다.

  A. (경전철의 정의)

  B. (노선 제안)

  C. (자금 조달책 제안)

효과 제시

III. 새 시스템이 막대한 개선을 할 것이다.

  A. (경전철을 도입한 시나리오)

  B. (경전철을 도입하지 않은 시나리오)

행동

결론

지역이 발의한 경전철 시스템을 지지합시다. 친구들에게 찬성하도록 격려합시다. 지역의 관리자들 게시판에 우리의 주장을 글로 씁시다. 사장에게 경전철 역에서 회사까지 무로 셔틀버스를 운행하도록 요구합시다.

이 구조는 표준적인 문제-해결 구조와 비슷하지만, 효과 제시 단계가 있다는 점에서 아주 다르다. 2단계의 요구를 단순히 논리적으로 만족시키는 대신에 3단계에 강력한 심리적인 단계를 설정하고 있다. 3단계에서는 청자가 집으로 돌아오는 두 가지 대조적인 상황을 상세한 이야기로 제시할 수 있다:

> 이 제안이 받아들여질 경우, 여러분의 모습을 그려 보십시오. 넉넉한 주차장에 주차한 후 아이를 경전철 역에 있는 아이 편의 시설에 맡겨놓고, 편안하게 전철의자에 등을 기댑니다. 전철 안에서 커피를 마시고, 신문을 읽고, 아침 회의에 필요한 자료를 검토하고, 편안한 마음으로 회사에 도착합니다.
>
> 그러나 이 제안이 받아들여지지 않을 경우, 여러분의 모습을 상상해 보십시오. 시외 출퇴근자들은 출근이나 퇴근하려면 거의 한나절을 차 안에서 힘들게 시간을 보내야 합니다. 사소한 교통사고만 나도 교통이 정체됩니다. 공해는 날로 심해질 것입니다. 고혈압이나 두통과 같은 건강에 대한 염려는 더 심해질 것입니다.

관심 단계를 잘 처리하여야 하고 요구 단계는 반드시 구체적이어야 한다. 만약 13장과 14장에서 논의한 서두와 결론의 다른 단계들이 명확성을 높일 수 있다면 배제하지 말고 포함시켜라.

## 2. 두 가지 대안의 이점을 대조적으로 제시하라

설득의 목표가 결국 청중이 두 대안 가운데 하나를 선택하도록 하는 데 있는 경우가 있다. 둘 중 어느 하나를 선택하여 해야 할 필요가 있다고 생각

하게 하거나, 그 선택이 '실행에 옮겨지도록/옮겨지지 않도록' 하는 경우가
될 것이다. 어느 경우이든지, 한 가지 선택이 다른 선택에 비해 더 낫다는 것
을 대조적으로 제시해야 하는데, 그렇게 하려면 각 주장에서 접전이 되는
비교 항목들을 잘 구조화하여 제시하여야 한다. 자원을 보존하자는 에너지
정책과 화석을 연료로 사용하자는 에너지 정책을 비교하여 제시하거나, 장
기 사용할 때의 가격과 단기 사용 때의 가격 중 어느 쪽이 더 경제적인지 대
비시켜 제시하여야 한다. 이쪽이 완벽하고 다른 쪽은 지독하다는 방식으로
강요하지 마라. 화자의 입장이 더 낫다는 식으로 설득하라. 비교우위 설득
논증에서 '균형에 토대를 두는 것(on balance)'이 인구에 회자되고 매우 효
과적이기 때문이다.


## 22e. 핵심을 가장 앞이나 뒤에 배치시켜라

이상적으로는 모든 논지와 논거들은 강해야 한다. 그러나 실제는 강도가
각양각색이다. 이것들이 아무렇게나 배열되어서는 안 된다. 사람들은 가장
처음에 말한 것(초두성 원리, the primacy principle)과 가장 나중에 말한
것(근접성 원리, the recency principle)을 잘 기억한다. 이 원리에 따르자
면, 논지를 중간에 배열하는 것(피라미드법보다 약한 것에서 강한 것으로
배열하거나(점충법), 강한 것에서 약한 것으로 배열(점강법)하는 것이 효
과적이다.
이 연구가 초두성 원리나 근접성 원리에 따라 내용을 구성하는 것이 가장
좋다는 것을 뜻하는 것은 아니다. 가장 좋은 방법은 주제에 대한 태도나 화
자의 신빙성 같이 청자에게 가장 중요하다고 생각되는 것들을 가장 먼저 말
하고 가장 나중에 다시 말하는 것이다. 그리고 복잡한 논지일 때는 내용을

미리 예고해 주고 나중에 요약해 주는 것이 매우 중요하다. 이런 식으로 구성하면, 청자들은 가장 처음과 가장 나중 모두에서 화자의 중요한 내용들을 모두 듣게 된다.

## 22f. 반대편의 주장도 화자의 주장과 함께 다루어라

시간이 제한되면, 주장만 할 것인지 아니면 반대편 주장을 들어 논박할 것인지 결정하기 어렵다. 전자의 경우 우선 반대편 주장으로부터 자기 약점을 방어하지 못하는 위험을 감수해야 한다. 후자의 경우 자기 논지를 전개시킬 수 있는 시간을 희생하는 것으로, 다른 자리에서 얼마든지 청중들에게는 반대편 주장을 소개할 수도 있을 것이다.

일반적으로 말하자면, 반대편 주장을 언급하는 것이 좋은 생각이다. 청중도 널리 알려진 논제들에 대해서는 잘 알고 있으므로 이 경우 청중은 주장보다는 반박을 기대한다. 화자가 처음 꺼내는 친숙하지 않은 논제에 대해서도 주장만으로 계속 끌고 가기를 원하지 않을 것이다. 계속 '긍정적인' 주장만 끝까지 몰고 가면 청중들이 동의할지 모른다. 그러나 몇 시간이나 며칠 후에 청자가 강력한 반대편 논박을 듣게 되면, 이전의 완전한 긍정 태도를 바꾸게 될 것이다. 반대편 주장을 몇 가지 언급하여 그것들을 논박해서 청중들을 면역시켜야 한다. 그러면 그 문제가 제기될 때 청자들은 "그래, 알아. 하지만 그런 주장에 넘어가지 말라고 했었지."라고 말할 것이다. 면역은 반대편에 대항하기 위해 '항체'를 형성하는 것이다.

### 1. 반대편 주장을 직접 언급하여 그것을 반박하라
어떤 주장에 반박하려면 다음과 같은 논박 단계를 사용하라.

1. 반대 주장을 공평하고 간결하게 소개하라.

2. 그 주장에 대한 자기 입장을 소개하라.

3. 증거를 제시하면서 주장을 전개하라.

4. 자기 논지를 요약하고 반대 입장과 어떻게 다른지 비교하여 제시하라.

다음은 짤막한 예시이다.

1. 근무 시간 자유 선택제가 생산성을 떨어뜨릴 것이라고 말합니다.

2. 대부분 일을 하는 목적이 돈을 버는 것이고, 가능하면 적은 시간을 들여 일을 하고자 한다는 점을 들어 이 주장이 잘못되었다고 생각합니다. 책임 있는 동반자로서 대접받는 직장인들은 자기 일에 자부심을 느끼며 자기 책임을 다하므로 생산적입니다.

3. 제 주장을 입증하는 연구 결과들이 많이 있습니다.[연구 결과들을 소개하여 설명한다.]

4. 결국, 이러한 사례들은 근무 시간 자유 선택제가 생산성을 감소시킨다는 주장이 잘못되었다는 점을 밝히고 있습니다. 지금까지 논의로 보자면 반대편 주장은 사람들이 일을 하는 이유를 잘못 전제하고 있다는 것을 알 수 있습니다.

여러 가지 방식으로 논박할 수 있다. 다음에 소개하는 사형 제도 반대 스피치에서는 주요 주장에 각각 반박 증거를 제시하면서 논박하고 있다.

Ⅳ. 사형 제도 옹호 주장은 제기된 반박들을 논박하지 못했습니다.

    A. 사형이 범죄를 막을 수 있다고 주장했습니다: 그러나 사실을 살펴보면 그렇지 않습니다.

B. 중범죄자들이 종신형을 살게 하는 것은 비용이 매우 많이 들어간다고 주장했습니다: 맞는 말이지만, 저비용으로 집단 살인의 문제를 정당화할 수는 없습니다.

C. 위험한 범죄자들이 가석방으로 풀려나와 생명을 위협하고 있다고 주장했습니다: 이것은 문제가 됩니다. 그러나 사형을 집행하는 것보다는 엄격한 가석방 제도로 이 문제를 해결할 수 있습니다.

각기 다른 방식으로 논박되었다는 점에 주의하라. 주장 A는 직접 부정했다. 주장 B는 수용했지만 그것이 중요하지 않다는 점을 지적했다. 주장 C는 어느 정도 수용하면서 다른 관점에서 분석했다. 반대편 주장을 논박하는 것이 그 주장을 완전히 부정하라는 뜻은 아니다. 수용할 수도 있고, 최소화할 수도 있고, 관련 없는 것으로 처리할 수도 있고, 논거로 든 증거나 기본 전제를 공격할 수도 있다. 제기된 문제를 당연한 것으로 여길 때에라도, 각기 다른 방법으로 대응할 수 있다.

### 2. 주장을 펼친 후에 반대편 주장을 논박하라

긍정–부정 순서가 부정–긍정 순서보다 항상 더 효과적이다. 청중이 모두 반대편 주장에 매료되어서 화자의 말을 들으려하지 않을 때만 예외이다. 그 경우에는 반대 주장을 즉각 논박하라.

**연습 4.**

당신이 확신하는 하나의 주장을 선택하고, 거기에 반대되는 주장을 떠올려 보라. 반대되는 주장에 대해 22f. 1의 네 가지 단계에 따라 스피치를 한다고 생각하고, 증거를 찾아서 논박하는 글을 써 보라.

제23장

# 말하기 맥락
# 적응하기

# | 말하기 맥락 적용하기 |

> 말할 때의 상황맥락과 청중의 기대에 맞춰가라.

이 책은 메시지 자체보다는 의미를 강조한다. 화자에게 중요한 것은 말해진 것이 아니라, 말을 통해서 창조되는 의미이다. 메시지나 텍스트는 이를 둘러싼 환경, 즉 맥락으로부터 의미를 취한다.(1b 참조) 화자와 청자 모두 메시지를 의미 있게 만드는 맥락에 의존한다. 그리고 말할 기회가 주어졌을 때 거기에 작동하는 규칙과 관습을 알면 화자 · 청자 모두 느끼는 불확실성을 줄이고 두려움을 최소화할 수 있다.


### 23a. 자신이 말할 맥락에 관한 것을 모두 알아두라. 즉 일반적인 기대, 특별한 형식, 화자와 청자에게 통용되는 무언의 기준 등

스피치 교육반, 발표 기능 훈련 프로그램, 스피치 대회, 사회자 모임과 같은 맥락 속에서 이루어지는 공식적 스피치는 다른 목적의 스피치보다 훨씬 더 기본적이고 중요한 것으로 간주된다. 그러면 '실제 세계에서' 평범한 사람이 공식적인 스피치 화자처럼 완전히 다른 주제의 짧은 설득적 스피치를 연이어 듣거나, 발표 스타일이나 발표 내용 조직에 대한 평가를 곁들인 발표 내용이나 스타일에 대한 질문들을 받게 되는 경우가 있는가? 물론, 교실과 대회장, 워크숍 등의 장소는 아주 현실적인 곳이다. 그러나 이들 장소는 의사소통 기능 연습이나 뛰어난 스피치를 칭찬하기와 같은 목적을 지닌 특별한 맥락을 제공하며, 이들 장소에서 작동하는 특별한 규칙과 기준이 있다.

이러한 장소가 아닌 곳에서, 만약 여러분이 이 책에서 논의한 기술과 권고들을 따라한다면, 어느 정도 효과가 있을 것이다. 우수한 기능을 지닌 천재적인 화자라도 어떤 상황이 특별한 형식의 지식을 요구한다면 당황할 것이다. 예를 들면, 정책에 관심이 많은 시민도 만약 의회 절차의 규칙을 몰라 발언권을 얻지 못한다면, 멋진 설득 주장을 준비하더라도 아무 의미가 없다. 야외 정치 집회에서 정치인들이 잘 써먹던 역동적인 발표 스타일도 텔레비전 토크 쇼에서는 웃음 세례를 받을 것이다. 또 상세한 시각적 보조 자료 없이 설계 검토 발표를 한다면, 그 엔지니어는 아마 자신의 신뢰에 큰 타격을 받을 것이다.

스피치가 일어나는 복잡한 맥락을 이해하기 위해서는 분석틀이 필요하다. 먼저 말하기의 1차적 목적이 무엇인지 생각하는 것이 도움이 된다. 그러나 많은 경우 정보적, 설득적, 정서적 목적들이 서로 혼합되어 있고, 그런 혼합은 자주 일어난다.(6c 참조) 말하기 맥락을 정의하는 또 다른 몇 가지 차원이 있는데, 다음과 같이 몇 가지 연속체로 나열할 수 있다.

공적 영역 ◄━━━━━━━━━━━━━━━━━━━━━━━━► 사적 영역

어떤 맥락은 말하기가 일어나는 현장이나 영역에 따라 부분적으로 달라

진다. 예측 가능한 배경 맥락은 법정, 대형 시민 광장, 성당 등에서 개최되는 모임이다. 하지만 같은 화제가 회자된다고 하더라도 완전히 다른 예측이 작동될 수 있다. 만약 그 스피치가 개인 사무실이나 거실에서 발생한다면.

공식적 품행 ◄————————————► 비공식적 품행

어떤 맥락은 고차원의 공식성을 요구한다. 화려한 옷차림새, 강연 제목과 존칭 형식의 사용, 우아한 낱말 선택 등. 나아가 질서 정연한 그리고 깃발, 공식적 인장, 화환 등으로 꾸민 배경을 요구하는 맥락도 있다. 맥락의 비공식성은 편한 복장, 이름 부르기, 구어적 스피치 형식, 일상적인 물건 배열 등을 통해 알 수 있다.

독백적 상황 ◄————————————► 대화적 상황

맥락은 참여자의 역할에 따라 정의된다. '독백적인' 상황에서는 두드러진 중심 화자가 이벤트나 1차적인 책임을 떠맡게 된다. '대화적인' 상황에서는 다른 참여자가 화제와 상호 작용의 형식을 모두 같이 책임지게 된다. 다른 연속체에서처럼 이 두 극단 중간에 놓이게 되거나 이 두 기준을 혼합하게 되는 맥락들도 있다. 예를 들면, 공적인 강연에서 핵심 화자가 질문과 대답 시간이 시작될 때까지 간섭이나 방해 없이 듣기만 하는 경우도 있다. 그러면 대화적 스피치에서 적용하는 기준이 먼저 일어나게 되는데, 이 때 그 핵심 화자가 또 다른 스피치를 하면 이는 부적절한 행위로 간주된다.

엄격한 규칙 ◄————————————► 개방된 규칙

모든 공적인 말하기는 어떤 면에서는 규칙에 얽매인 말하기다. 그러나 그러한 규칙들이 얼마나 명시적인지 또는 특별한지에 따라 엄청난 차이가 있다. 어떤 상황에서는 규칙이 매우 엄격하여, 누가, 얼마 동안, 무슨 주제로 말하여야 하는지 밝히고 있다. 공식적인 국회 회의에서, 화자는 발언권을 얻어야 하고, 국회의원 앞에서 자신의 이야기를 발의(發議)와 연결해야 한다. 재판 과정에서, 변호인은 일정한 방식과 시간 내에서만 질문이 가능하며, 모두(冒頭) 진술과 최후 진술 사이에서만 주장을 할 수 있다. 이런 것과 대조적으로 소규모 회의에서는 참여자가 언제든지 대화 마당을 차지할 수 있으며, 마음대로 주제를 바꿀 수도 있다. 후자의 경우 규칙은 암묵적이다. 즉 집단 구성원들이 너무 말을 많이 하거나 길게 하는 사람을 신속하게 제재할 수도, 점진적으로 고칠 수도 있다. 즉 각 사람에게 그 화제에 대해 자신의 입장을 말할 몇 분을 갖도록 하자고 제안함으로써.

화자 중심 권한 ◄─────────────────────► 청자 중심 권한

화자와 청자 사이에 권한 차이는 맥락에 불가피하게 영향을 준다. 때로 그 권한은 청자에게 있다. 즉 상관이 월급을 조절하고, 교사가 학점을 부여하고, 판사가 규칙을 만들고, 집주인 연합회가 프로젝트를 승인하기도 한다. 일반 상식이나 자기 보호, 또는 진정한 존경 등 무엇으로 동기화되었든 간에 이러한 고등 권한을 쥔 사람들 앞에서 강연을 할 때 일종의 속박이 화자에게 존재한다. 그 밖의 경우에는 화자에게 권한이 있다. 이때는 다음과 같은 기대가 수반된다. 즉 화자는 그 권한을 부정하지 않으나, 청자를 두렵게 하거나 협박하는 듯한 인상을 피하려고 그 권한을 종종 무시하는 선택을 하기도 한다.

지속적인 공동체 ◀━━━━━━━━━━━━━━━━━━━▶ 한시적인 집회

스피치 맥락은 참여자 사이의 관계에 따라 다르다. 이미 공고하게 결속된 집단과 함께 있을 때, 스피치는 전형적으로 집단이 공유하는 농담, 축약과 속기(速記) 표현의 사용, 공유된 역사 등을 언급하면서 청중을 끌어들인다. 왜냐하면 공동체 정신을 구축하는 데 시간을 소비할 필요가 없기 때문이다. 반면 각자 처음으로 함께 모인 그런 상황도 있다. 그 사람들은 일시적으로 공통된 화제나 화자에 관심이 있어서 모인 경우다.

대면하는 청중 ◀━━━━━━━━━━━━━━━━━━━▶ 확장된 청중

종종 스피치의 의도가 현재 참석하고 있는 사람들을 위한 것도 있다. 그러나 다른 경우, 스피치의 실제 맥락이 그 스피치를 읽거나 방송을 통해 듣는 좀더 폭넓은 청중을 포함하는 것도 있다.

이러 다양한 차원들은 스피치 맥락의 독특함과 복잡성을 보여준다. 화자는 상황에 존재하는 적절한 요인 분석을 제대로 해야 한다. 이 요인 중 하나라도 잘못 읽으면(예를 들면 기대된 공식성 차원) 스피치 효과를 떨어뜨릴 수 있다. 자신이 접하는 새로운 상황에 대해 질문을 하는 것을 두려워하지 마라. 자신이 어떤 행사를 책임지고 있다면, 초대할 내용과 공표할 내용이 공유된 기대와 서로 통하는지 확인하라. 사람들이 어떤 화제에 대해 '열린 대화'를 한 시간 동안 할 것으로 기대하고 왔는데, 55분 동안 독백적인 발표를 듣고 간다면 투덜댈 것이 분명하기 때문이다.

개별 말하기 맥락에서 부차적이지만 중요한 결정 사항 하나는 문화다. 미국 사업 맥락에서 시장(市場) 발표를 숙지하는 것은 일본에서 유사한 발표를 하는 것과 같지 않다. 다른 문화 기준과 기대에 대한 지식은 초대를 한

국제 손님에게 예의를 표하는 데 도움을 준다. 유럽에서 온 교수 한 명이 자신의 연구를 미국 대학 교수들과 공유하려고 초대받았는데, 그는 미국 대학 교수들이 각자 점심을 가지고 와서 자신이 공적인 발표라고 여기는 그런 발표 도중에 먹고 있는 것을 보고 충격을 받았다.

다음 절에 소개할 내용은 세 가지 종류의 맥락이다. 사업과 전문성, 시민성과 정치성, 사회성과 의식성(儀式性). 이런 것은 소개하기가 조심스러운데, 이를 일반화하기 위해서는 특수한 각각의 행사에 적용할 필요가 있기 때문이다. 예를 들면, 어떤 회사에서 퇴임식은 두 가지 기대, 즉 일터의 의사소통에 대한 기대와 사회적 의사소통에 대한 기대를 함께 묶을 수 있기에 그러하다.

**연습 1.**

7가지 맥락의 차원에 따라 다음 사건을 분류하시오.

　　a. 펩시콜라 경주

　　b. 노조 회의

　　c. 법정에서 개식사

　　d. 사업 철수

　　e. 결혼식 저녁 파티를 위한 예비 연습

　　f. 범죄 근절을 위한 이웃간 모임

　　g. 새 대학 총장을 소개하기 위한 언론 대책 회의

**연습 2.**

말하기 맥락이 달라질 수 있는 7가지 맥락 이외의 차원은 무엇인가?

## 23b. 직장 분위기를 잘 파악하라

일반적으로 사업장이나 전문가 집단에서 행하는 발표는 아주 조직적이다. 즉 이미 만들어진 형식이나 개발된 기준을 토대로 효율성과 명료성을 강조하며, 꾸밈없이 물 흐르듯이 스피치할 것을 요구한다. 발표 집단을 분석한 보고서에 따르면 특별히 주목을 끄는 전형적인 유인책 없이 시작하며, 일반적으로 화제를 전체의 복잡한 과제 속에 배치하는 논리 중심의 단계를 보여준다. 복사물을 포함한 시청각 보조 자료는 전문가 발표에 핵심이므로 시청각 보조 자료를 구두로 반복하는 데 시간을 허비하지 않도록 기술적인 부분들을 확인하고 조언 받을 필요도 있음을 보여준다. 또 어떤 집단의 조직 내에서는 공유하는 것이 목적이기에 청자들이 서로 거친 질문을 할 수도, 그리고 악역을 담당할 수도 있음도 보여준다. 팀 환경 속에서는 내부적 의사소통이 아이디어를 검토하는 방법이기도 하고, 아이디어를 개선하여 쓸데없는 손실이 발생하는 것을 예방할 수 있기 때문이다. 조직 내 의사소통은 팀 건설을 위한 건강한 약 한 첩이며, 조직 밖에 있는 타인을 위한 판매나 마케팅 발표에 대한 기대와는 매우 다를 것이다.

사업 맥락이나 전문가 맥락에서 행하는 전형적인 발표는 고용 인터뷰, 판매 인터뷰, 마케팅 발표, 기술 발표, 일년 또는 주기적 사업 보고서, 그리고 프로젝트 상태 보고 등이 있을 것이다. 다음 두 항목을 토의해 보자.

### 1. 취업 인터뷰나 직장생활을 위한 안내 지침을 따르라

전통적으로 직업 인터뷰에서는 신청자와 개인 상담자가 책상을 마주하고 있다. 그러나 많은 인터뷰는 집단 속에서 이루어지고 있다. 즉 다른 분야와 다른 수준을 지닌 수많은 사람들과 이루어지고 있다. 인터뷰와 유사한 성격을 지닌 다른 이벤트들은 위원들이 모인 장소에서 실행 검토를 하거나 판매 발표를 하는 것이다. 어떤 상황이든지, 질문에 대답할 것만을 준비해 온다면 성공하기 힘들다. 아무리 작은 집단이라 할지라도 집단을 상대로 스피치 한다면, 공식적인 말하기로서 지켜야 할 것들이 있는데, 다음과 같은 것들이 중요하다.

### 청중을 분석하라

자신을 인터뷰할 사람에 대해 모든 것을 알아두라. 만약 그 조직이 웹 사이트를 가지고 있다면, 우선 첫 단계로 웹 사이트의 정보를 발굴하라. 그리고 가능하다면, 그들의 이름을 정리하여, 그 이름을 발음하는 법을 배워라. 그리고 그 지위도 정리하여, 그들의 흥미와 다양한 전망에 대하여도 생각하라. 자신이 소개되었을 때, 그들의 얼굴을 이름과 역할과 재빨리 연관 지어라. 인터뷰를 하는 동안, 자신이 해야 할 대답을 그들이 전망하는 것에 맞추어라. "그 질문은 조사한 비용의 효과성과 같은 총괄적인 질문을 떠올리게 합니다. 마케팅 부서의 조사 책임자이신 Keenan 부장님이 그 문제를 항상 잘 처리하고 계시리라 믿습니다."

### 가장 먼저 무엇을 말할 것인지 준비하라

여러분이 처음 받는 질문은 아마 "그럼, 먼저 자신에 대해서 간단히 소개해 주세요. 어떻게 하여 지금 이 자리에 오게 되었는지, 그리고 어떻게 우리 직장에 관심을 가지게 되었는지 등."일 것이다. 이 질문을 들었을 때, 놀라거나 꺼리지 마라. 이런 폭넓은 질문에 대해 두려워하지 말고 약간 시간을 두고 침착한 어조로 자기소개의 목적에 적절하게 간단히 진술하라. 즉 면접관의 주의를 끌고, 공감대를 형성하고, 핵심 주장을 위한 틀을 구축하라. 인터뷰하는 날에 면접관이 자신의 이력서나 판매 계획서를 뚜렷이 기억할 것이라고 생각하지 마라. 면접관은 아마 1주일 전에 이미 그것을 읽었고, 기억해 내려면 다소 노력이 필요할 것이다. 당신은 이미 보낸 이력서나 판매계획서 내용을 그대로 다시 말할 수도 있지만, 면접관들이 관심있어할 내용이 있으면 덧붙여도 괜찮다..

모두 진술을 철학적 명제나 유리한 상황 진술로 전개할 수도 있다. 때로는 당신이 질문에 대한 대답을 해 나갈 때 계속 언급할 수 있는 특정 어휘나 주제를 내세워 말할 수도 있다. 그리고 당신이 여기 인터뷰하러 오게 만든 최근 경향이나 추세를 보여주기 위해 자신의 경험을 드러내 보일 수도 있다. 서비스나 생산물, 아이디어 또는 자신을 팔려고 하든지 모두 발언의 기회를 자신의 신뢰를 구축하는 데 사용하라.

면접관이 속한 조직을 칭찬하면 거의 손해보는 경우가 없다. 면접관의 조직과 그 조직이 하는 일에 대한 자신의 지식을 보여주되 가능한 특별한 인상을 남겨라.


### 직접적으로 그리고 간결하게 대답하라

어떤 인터뷰든지 30장에서 소개한, 질문에 대답하는 안내 지침을 검토하라.

집단 면접에서는 질문들을 한꺼번에 묶어라. "이 질문은 몇 분 전 Herman님이 제기한 훈련 이슈의 또 다른 면을 살펴보게 합니다." 어떤 공통된 통로를 자신의 모두(冒頭) 주장과 연관시킴으로써 종합하는 능력을 보여줄 수도 있다.


### 문제(P)-해결책(S)-결과(R)로 전개되는 진술 목록을 준비하라

PSR은 간단하고 기억 가능한 개인 성공 스토리이다. 이를 통해 한 '문제'를 간결하게 진술할 수 있으며, 그 문제에 대한 자신의 '해결책'을 기술할 수 있으며, 자신의 해결책이 가져다 줄 수 있는 유용한 '결과'들을 간략하게 진술하게 된다. 이 과정은 모두 90초 이내에 끝낸다. 문제를 기술하는 데 약 50%의 시간이 걸린다. 무대를 펼쳐 놓고 문제가 무엇인지, 만약 문제가 해결되지 않는다면 어떤 결과가 초래될지, 어떤 제약들이 있는지 검토하라. 해결책은 약 25%의 시간이 걸린다. 어떤 행동을 취할지, 그리고 어떤 기술과 능력을 발휘할지 등이다. 핵심 단계를 요약하고, 상세하게 설명하고자 하는 유혹을 피하라. 그러한 설명이 전문 영역에 대한 자신의 이해를 광범위하게 보여줄 수 있지만 다음에 이어질 질문을 위해 아껴라. 끝으로 결과는 간결하되, 가능한 수량화로 하고, 당신이 한 일로 생긴 직접적이고 장기적으로 효과를 담은 간결하고 강력한 기술이 되어야 한다. 당신이 그 일을 함으로써 얻은 수상 경력이나 타인의 인정이 덧붙으면 더욱 좋다.

예를 들면 다음과 같다.

문제

> 제가 조그만 소프트웨어 회사에서 출판 책임자로 일하고 있을 때, 저의 리더십과 관리 능력, 그리고 조직 기술을 진짜 시험 받을 때가 있었습니다. 당시 우리 회사는 전산소통 관리 패키지를 개발하여, 대규모 잠재적 고객을 상대로 시범 적용하고 있었는데, 고위층 회의에서 '판매부'가 완성된 설명서를 금요일부터 1주일 뒤 주기로 약속을 해 버렸습니다. 원래의 계획대로 하면, 8주 뒤에 그 설명서를 주기로 한 것이었습니다. 이것은 확실히 심각한 문제였습니다. 왜냐하면 그 설명서는 10가지 매뉴얼로 되어 있었고, 대부분의 매뉴얼은 시작도 하지 않은 상태였기 때문이지요. 그러나 만약 그 매뉴얼을 생산하는 데 실패하면, 마감 시간이 터무니없는 것은 말할 것도 없지만, 회사 이미지는 타격을 입을 것이고, 고객에게 출하할 기회도 타격을 입을 것이기 때문이었지요.

해결책

　저는 즉시 저의 참모진을 다른 프로젝트에서 소집해서 능력에 따라 일감을 나누어 주었습니다. 저는 회사의 다른 부서를 순회하면서 진행되는 프로젝트 상태에 따라 더 빠른 송부 날짜를 협상하였지요. 동시에 저의 참모진이 그 문제를 다루는 전문가에게 언제든지 접촉이 가능하다는 것도 확답 받았지요. 며칠 뒤, 저는 필요에 따라 작업량을 조절하며, 필요한 곳에 부속 프로젝트를 시달하고, 부서별 상호 협조 속에 작업을 마무리 하도록 시켰습니다.

결과

　약속한 금요일에, 10가지 매뉴얼을 담은, 800쪽의 설명서가 배달을 전문으로 하는 DHL 손에 넘어갔습니다. 그 결과 우리 팀은 더 강해졌지요. 회의에서 불가능한 목표를 던지더라도 확신을 가지고 대할 수 있었지요. 다른 부서는 궁지에 몰릴 때마다 우리 팀에 의존하게 되고요. 잠재적 고객들은 우리 설명서를 보고 매우 기뻐했지요. 그리고 오래 되지 않아 실질적으로 우리 고객이 되었지요. 그 결과 우리 회사는 1억2천만 불을 받게 되었습니다.

[표 23-1] 문제-해결책-결과 진술을 위한 주제

| 특수한 개인적 속성 | 결정성 | 다양성 |
|---|---|---|
| | 창조성 | 리더십 |
| | 구어/문어 소통 | 확신 |
| | 분석적 문제 해결 | 신속한 학습 과정 |
| | 조직 | 적응력 |

| 특수 작업 기술 | 보고서 쓰기 | 미수금 |
|---|---|---|
| | 감독 | 의학 지식 |
| | 수작업의 완벽함 | 정부와의 관계 |
| | 위기관리 | 컴퓨터 시설 |
| | 협상 경험 | 예산 준비 |
| 업적 | 설계되고 실행된 X | 개선된 생산성 |
| | 저렴한 비용 | 조직성과 방향성 |
| | 참모가 된 X | 고양된 고객 관계 |
| | X를 위한 전체 기록 | 채용되고 훈련된 X |
| | 목적과 목표 충족 | 고안된 새로운 전략 |

PSR의 수집물을 준비하면서 확신할 수 있는 것은 인터뷰할 때, 자신의 기능과 업적과 관련된 다양한 질문에 긍정적으로 반응할 준비를 해야 한다는 점이다. 90초는 하여튼 많은 시간이 아니나, PSR을 잘 하려면 간결함이 중요하다. PSR을 간략히 유지함으로 이것들을 좀더 잘 기억할 수 있으며, 자신의 면접관들로 하여금 어떤 특별한 주제에 관한 상세한 수준을 정할 수 있게 해 준다. 만약 면접관이 좀더 알기를 원한다면, 추가 질문을 할 것이며, 물론 더 심도있는 질문에 대답하기 위해서 당신은 추가 PSR을 준비할 수도 있다. 앞의 보기에서 면접관은 좀더 많은 것을 알기 위해 면접자가 어떻게 내부적으로 새로운 배달 날짜를 협상하였는지, 또는 가장 어려운 프로젝트 할당은 무엇이었는지 등을 질문할 수 있다.

PSR은 단지 취업 면접에만 필요한 것이 아니다. 이것은 수행 능력 검토 회의나 봉급 조정 회의에서도 매우 간편하게 사용할 수 있는 이들 경우는 당신이 몸소 나서야 자신의 이익뿐만 아니라, 조직의 이익을 발생시키는 수많은 경우들이다.

일련의 행사들이 마음속에 아직 참신하다고 느낄 때 PSR을 준비하고, 자신이 나중에 모든 결정적인 정보를 회상할 수 있다고 자신할 때까지 꼼꼼히 메모하라. 그리고 매년 연말 업무 수행 능력을 심사 받을 때까지 기다리지 마라. 다른 직장을 알아보아야 할 때까지 또는 학교를 완전히 마칠 때까지 기다리지 마라.

[표 23-1]은 비록 모든 것을 다 들어 있지는 못하지만, 대표적인 PSR용 주제 목록들이다.

### 연습 3.

[표 23-1]의 세 범주를 살펴보라. 개인적 속성, 작업 기술, 업적을 위해 PSR 하나를 개발해 보라.

면접이 끝날 때까지 효과적인 전달 기술을 유지하라

비록 자신이 비공식적인 무대에 앉아 있더라도 자신이 '인터뷰 무대 위에' 있다는 것을 잊지 마라. 그리고 26장과 27장을 보면서 전달 기술을 검토해 보라.

면접관 구성원 중 한 사람의 질문에 답할 때에도 전체 면접관을 골골 바라보면서 말하라.

### 2. 팀 발표를 설계하고 전달하는 데 유용한 일반 지침을 따르라

종종 한 팀이 집단 안팎의 청중을 대상으로 의사결정이나 과정, 그 결과에 대한 정보를 발표하는 형태를 조직 내에서 취하기도 한다. 일반적으로 발표할 정보는 부서 상호간의 접근을 필요로 할 정도로 복잡하기도 하다. 이것이 의미하는 바는 성공의 조건에는 좋은 말하기 기능뿐만 아니라, 기획과 조정, 그리고 팀워크이다.

모임을 만들어 준비를 위한 전체적인 계획을 세워라

직장과 같은 장소에서는 모든 사람들에게 감당하기 어려운 과제가 부과되기 때문에 프로젝트를 시작할 때에 계획 수립에 많은 노력을 기울이는 것이 절대적으로 중요하다. 잘 짜여진 계획은 참여자들이 자신들의 투자 시간을 효율적으로 사용하고 있음을 확신하게 한다. 발표를 하기 전까지 첫 번째 계획 모임을 잘 시작하게 하는 책임은 프로젝트 관리자에게 있다. 관리자가 수행해야 할 핵심적인 과제는 다음과 같다.

1. 목적을 명료화하라. 주주가 누군지, 주주들의 기대치가 무엇인지, 성공의 조건이 무엇인지 등도 확인하라.(6b와 22a를 참조)
2. 핵심 메시지, 주제 진술의 어구 등에 합의하라. 이런 구절은 모든 내용들이 평가될 때 시금석이 될 것이다.(6d 참조)
3. 팀 구성원 간에 일을 분담하라.
4. 시간표를 세우고, 중간 이정표와 실험 실시 기간도 포함시켜라.

내용과 화자 책임의 개요를 만들어라

개인 발표시 여러 단계로 나누어 조직하는 장점을 이해했다면,(5, 9, 10장 참조) 팀 발표가 왜 주어진 시간과 공간에서 개인 발표들의 연속이 아니라, '통합 스피치'로 되어야 하는지 알 수 있을 것이다. 집단 발표에서는 화자가 서로 반박하거나, 내용이 중복되거나, 핵심을 함께 누락하거나, 끼어들거나 남의 주장을 미리 하거나, 요점의 순서나 범위를 공공연하게 헝클어 버리는 경우도 생긴다. 일관성 있는 내용을 제공하고, 전문가적 이미지를 보여주기 위해서 각 팀의 구성원이 발표 전체의 그림을 그리고, 각 조각들이 전체와 어떻게 관련이 있는지 그림을 잘 그리는 것이 핵심이다.

개요 하나가 결정되기 전에, 집단은 브레인스토밍과 예비 결정하기 등에 전념할 필요가 있다. 화제가 좁혀지고 초점화 되면, 상세한 스피치 개요를 만들 필요가 있으며, 시작하기와 끝맺기, 전개 및 각 절마다 제한 시간, 필요한 시청각 보조 자료 및 장비 등을 완비할 필요도 있다.

의사 결정과 개요 다듬기 과정에서, 집단은 여러 쟁점들에 대해 의견이 합치되어야 한다.

발표를 어떻게 소개할 것인가? 팀 리더가 발표 소개를 하나, 첫 번째 화자에게 그 책임이 부과되기도 한다. 어떤 경우에는 시작하기의 줄거리를 제시하여, 청중이 듣고 싶어 하게 만들고, 청중에게 어떤 주장을 할지 말해주며, 팀 구성원을 소개하기도 한다. 이 책 스피치 상호작용 부분에서 Jennifer Gilderhus가 한 집단 스피치에서 시작하기 맛보기를 참조하라.(13장 참조)

발표의 핵심은 무엇인가? 각 부분들의 핵심은 전체 핵심 아이디어를 전개하는 데 분명한 목적을 제공한다. Andrea가 프로젝트의 자기 부분만 이야기하고, 그리고 Clint도 그렇게 하자고 집단이 단지 결정만 한다면, 각 부분들이 서로 연관이 있으며, 전체가 잘 맞을 것이라고 보증할 수 없다. 개인 스피치에서처럼, 단지 몇 개 핵심 아이디어나 몇 명의 화자만 있는 것이 좋다. 그러나 확장된 발표에서는 각 집단의 리더는 핵심 아이디어를 발표하고, 다른 화자가 그 화제의 하위 요점으로 작동하는 각 부분을 발표한다. 그러나 조직이 단순하거나 복잡하든지 간에 사전에 발표의 각 부분의 목적이나 그 부분에 할당된 시간에 대한 의견 합치가 필요하다.

발표를 어떻게 넘겨줄 것인가? 청중에게 발표의 전체 로드 맵을 떠올리게 할 필요가 있다. 한 부분에서 다른 부분으로의 전개는 각 부분을 통괄하는 집단의 리더가 담당하는데, 각 화자가 한 다리에서 다른 다리로 건너게 하는 책임을 맡기도 한다. 어떤 경우든, 전개의 원리(12장 참조)를 검토하는 것이 중요하고, 단지 "이제 Johnny 차례입니다."라고 말하는 것을 넘어서서, "일단 기초 설계가 완성되었으니, 시험할 필요가 있겠지요. John Carlton과 능력 있는 그의 팀을 소개하겠습니다. John은 우리가 만든 멋진 설계가 실제로 작동하고 있음을 단계별로 여러분에게 확신시켜 줄 것입니다."라고 말하는 것이 필요하다.

발표를 어떻게 마무리할까? 발표할 자료를 통합하고 검토하는 기능은 집단의 리더나 마지막 발표자가 할 것이다. 여기서 중요한 것은 여러 가지 논의된 사항들을 하나로 통합하고 긍정적 결론으로 마무리하는 것이다.(14장 참조)

질문을 어떻게 다룰까? 계획을 수립할 때는 각 부분 발표를 마친 뒤 질의 응답하는 시간을 준비하거나 좀더 전문적인 발표를 준비하거나 최종적인 질문을 받을 차례를 마련해야 한다. 누가 질문들을 정리해서 그 질문들을 적절한 발표자에게 할당하는 것인지 정해야 한다. 때로 그 핵심 발표에 실제로 참여하지는 않았지만, 질문과 대답을 하는 동안 도움이 될 만한 사람들도 참석토록 한다.(30장 참조)

### 요소를 통합하는 데 동의하라

어떤 조직이 재능 있는 개인의 단순 집합 이상, 즉 협동적인 팀임을 잠재적 고객이 알게 된다면 그는 마음이 든든할 것이다. 통일된 인상이나 상호 존중, 그리고 각 발표의 목표들이 하나로 되어 가는 팀워크가 던져주는 인상에 대해 상상해 보라. 분명히 조직화된 발표는 이런 이런 점에서 중요한 방법이다. 여기에 팀원 모두가 한 마음이라는 것을 보여주는 몇 가지 추가적 방법이 있다.

각 부분을 병렬적으로 만들어라. 이는 각 부분의 핵심 아이디어가 공통된 구절을 지니고 있음을 보여준다. "우리가 만든 기술적 혁명으로, 내년에 이 시장을 장악할 수 있을 것이다. …우리의 헌신적이고 지식이 풍부한 판매력으로, 내년에 이 시장을 장악할 수 있을 것이다. …우리의 변함없는 지원으로, 내년에 이 시장을 장악할 수 있을 것이다." 다른 부분의 하위 부분에도 같은 구조를 적절히 사용할 수 있을 것이다. 여러 부서가 관련되는 상황 보고서에도 각 부분은 다음과 같은 유형을 따를 수 있다. (1) 목표 재검토, (2) 날짜별 진행 상태, (3) 발생 가능한 문제, (4) 해결책, (5) 현재 일정.

공통된 주제나 어구를 사용하라. 전문적인 용어나, 생략어, 축약어와 같은 어휘를 개발하고, 집단 내에서 "합의된 목록"을 고수하기로 약속하라. 그래서 청자들이 똑 같은 대상을 가리키는 데도 불구하고 다양한 단어를 사용함으로써 혼란을 주지 않도록 하라. 일단 발표 요지가 자리 잡히면, 요점을 강조하는 방법을 찾아라. 그 요점은 자신의 조직이 취할 수 있는 독특한 접근법과 특수한 자질을 포착하는 것들이다. 핵심 주제가 공통된 어구를 포함하는 것처럼, 다른 통합 주제는 전체 발표에 걸쳐 의도적으로 언어를 병렬적으로 구성할 수 있다.

상호 교차 참조하는 기회를 마련하라. 존중하고 인정하는 마음으로 동료 발표자에게 말하라. '동료'와 같은 용어를 사용하라. 동료들의 요점을 간단간단히 예견하고 그들이 말한 것을 다시 언급하고, 동료들의 전문성을 인정하여 질문들을 동료들이 대답하도록 넘겨라.

일관성 있는 시각 메시지를 발표하라. 슬라이드, 발표용 소프트웨어, 다이어그램은 공통점이 있어야 한다. 과정을 시작할 때 상황판을 사용하는 것에 합의를 하고, 전문가를 임명하여, 여러 출처에서 나온 자료들을 통일하고 빛나게 하라.

발표 연습을 하라

자신들의 화제에 정통하고 그 부분에 대해 이야기를 자주 하는 바쁜 전문가들은 형식적인 연습 기간을 가지는 것을 꺼려한다. 연습은 개인 발표에도 중요하나, 여러 화자가 포함된 팀의 결속력을 강화하는 데도 필수적이다.

미진한 상태이더라도 초기에 적어도 한번은 처음부터 끝까지 짚어보라. 이렇게 하는 목적은 발표가 어떻게 함께 맞아떨어지는지 감을 찾고, 발표를 개선하는 기회를 찾고자 함이다.

마지막에 적어도 한번은 처음부터 끝까지 짚어보라. 이렇게 하는 목적은 전개를 좀더 매끄럽게 하고, 화자가 사용할 장비와 비디오 보조 장치에 익숙해지기 위함이다.

연습하는 단계에서 발표에 대한 피드백을 마련하라. 참여자는 상대방의 내용과 명료성에 대해 언급할 수 있다. 매니저뿐만 아니라, 연습 기간 중에 앉아 있는 조직의 다른 구성원도 연습 단계에서 제안을 하기 위해서다. 매우 중요한 발표를 위해서, 가상 청중 역할을 하는 사람들 앞에서 무대 위에서 시뮬레이션을 할 수 있고, 참여하는 각 사람의 발표 기술을 고쳐주고 리허설하는 것을 비디오 테잎에 담기 위해 의사소통 전문가를 초빙할 수도 있다.

리허설의 수준이 어떠하든지 간에, 전체적인 발표시간에 유의하라. 실제 발표 동안 팀이 정상적으로 작동하도록 각 발표자에게 시간되었음을 알리는 신호를 주는 것도 적절한 방법이다.

경험으로부터 배우도록 각 발표의 소감을 들어보라.

팀원들은 발표가 끝난 바로 직후, 성공적이든지 아니면 실망스럽든지 간에 어떤 점이 잘 작동되었는지 그리고 앞으로 무엇이 개선되어야 할지 솔직하게 말할 기회를 가져야 한다.


## 23c. 공공의 맥락과 정치적 맥락을 잘 파악하라

공동체나 정치 단위의 구성원으로서 말할 때, 누구나 이해 갈등이, 존재하는 맥락 속에 들어가게 된다. 다양한 집단이 동감을 하기 위해서는 말하는 사람들은 결속을 다지는 노력을 해야 한다. 이런 맥락은 존경이나 공통 토대를 강조하는 명시적 주장에서 두드러지게 나타난다. 예를 들면, 상대 정당의 대표들이 계속해서 "가장 뛰어난 South Carolina로부터 온 나의 동료"나 "존경하는 상원 의원과 나는 과거에 입법부에서 같이 활동했습니다. 후회가 되는 것은 내가 그녀의 주장에 어쩔 수 없이 동의를 하지 못할 때입니다."와 같은 내용을 어떻게 말하는지 주목하라. 민주 사회에서, 격렬한 토론이나 논증 과정을 통해 아이디어를 검증하는 것이 허용된다. 사회 질서는 스피치 형식을 제약하는 비교적 엄격한 규칙을 만들어 놓음으로 유지된다. 이상적이지만 인신공격은 금기시되고 있으며, 완전히 자기 이익만을 위한 주장 역시 해서는 안 된다. "다니기 몹시 불편하고, 사유 재산권이 침해되니 주차하지 마시오."라고 말하면서 우리는 대학 캠퍼스 주위 이웃 사람을 상대로 주차를 통제함으로써 문제 삼자는 것이 아니라 공동체는 대학의 특수성을 유지하고, 그 주민들이 대학에 좋은 이웃이 되도록 주민들을 자발적으로 참여시킬 필요가 있음을 말하는 것이다. .

열정과 우아함은 이 맥락에서 여전히 필요하다. 그리고 건전한 토론과 검증은 종종 공동의 가치를 추구하려는 노력으로 이어지기도 한다.

이 맥락에 알맞은 전형적인 말하기 상황은 공적 토론, 공동체 포럼, 법적 주장, 패널 토의, 정치 집회, 군중 집회, 토크 쇼 등이 있다.

**1. 심포지엄, 패널, 포럼, 또는 토론에 참여할 때, 개인 발표를 집단 형식에 맞추어라**

프로그램의 형식을 확인하고, 자신의 책임이 무엇인지 명확히 하라.

집단 발표의 형태는 매우 다양한데, 그 형태에 대한 표준은 일관성이 없고 서로 섞어서 사용하기도 한다. 대부분의 사람들은 자신이 '패널'에 초대된다면, 그 패널을 조직한 사람이 토론을 실제로 마련했는지 알아보는 정도의 준비만 할 것이다. 먼저 스피치 의사소통 텍스트에 가장 흔하게 사용되는 정의를 소개하면 다음과 같다.

**심포지엄** : 동일한 일반 화제의 다양한 양상을, 정보전달 형식에 초점을 맞추어, 몇 사람이 발표하는 시리즈 형식. 청중 질문이 종종 있음.

**패널** : 전문가 집단이 자기들끼리 한 화제에 대해 공적으로 토의하는 형식. 개별적으로 준비된 발표이며, 간혹 매우 짧은 형식의 모두(冒頭) 진술문이 있음.

**포럼** : 본질적으로 질문과 대답 형식. 한두 전문가가 다른 전문가 패널이나 저널리스트, 청중들로부터 질문을 받음.

**토론** : 구조화된 논쟁으로, 참여자들은 앞선 주장에 대한 찬반의 발표를 함. 그 주장은 말로 표현되기에 한 쪽은 입증의 부담을 지며, 입증

의 부담을 지닌 쪽은 모두 발언과 최종 발언의 혜택이 있음. 발표자는 옹호의 역할을 하며, 상대방을 설득하는 것이 아니라 청중을 설득하는 시도를 함.

그러나 프로그램을 준비하는 사람들이 용어를 이런 식으로 사용한다고 가정하지 마라. 가능한 많은 프로그램을 찾아서, 다음과 같은 질문을 해보라.

- 집단 발표의 목적이 무엇인가?
- 청중이 누구인가?
- 얼마나 많은 시간이 할당되었는지? 발표자들에게 그 시간이 어떻게 배당되었는가?
- 참여자 사이에 토의가 허용되는가? 청중으로부터 질문이 허용되는가?
- 다른 발표자는 누구인가? 무엇에 대하여 말하고 있는가? 어떤 순서로 하는가?
- 중재자나 토의 사회자가 있는가?

개인 스피치뿐만 아니라 집단 발표를 조심스럽게 준비하라. 집단 발표를 단지 대담(對談)으로 생각하지 마라. 자신이 비록 그 화제를 이미 잘 알고 있다고 하더라도, 조사 연구를 치밀하게 하고, 일반적인 개요를 계획하고, 핵심 사실이나 통계를 적은 노트를 가지고 있어야 한다. 적절하다면 비디오 보조 자료도 준비해야 한다. 공식적 당신 발표 차례를 대비해서 시작과 마무리를 위한 계획을 세워두어야 한다.

그러나 자신이 가장 잘하는 즉흥 스타일도 준비해야 한다. 왜냐하면 당신은 구성원 중의 한 사람이므로 독불장군처럼 말해서는 안 된다. 자주 다른 페널리스트를 언급하는 것이 좋다. "Larsen 양이 정신과 치료가 그렇게 비싼 이유 몇 가지를 말씀하셨습니다."거나 "저는 더 이상 자세한 의학 지식을 언급하지 않겠습니다. Nguyen 박사가 그 분야에 전문가이니까요." 또한 패널리스트들의 사전 협의가 없었다면, 관련된 화제에 대해 반복해서 언급하는 것이 불가피한 경우도 있다. 발표 중에 자신이 가장 좋아하는 보기나 통계를 들을 때, 미리 가져온 백업 자료를 재조직하거나 다른 것으로 대체해서 사용하라. 30장에 소개한 원리들을 다시 살펴보고, 질문과 대답을 주고받을 때 사용하라.

### 집단 발표 내내 자신의 비언어적 의사소통에 신경을 써라

집단 속에서 말할 때, 효과적인 전달 지침을 따라야 한다. 집단 속에서 자리를 잡고 있다는 사실은 통명스럽게 말하거나 지나치게 자유분방하게 말하는 것을 허용하지 않는다. 반대로 좀더 노력을 해서 시각적인 한계나 움직임의 한계를 보완할 필요가 있다.

너무나 많은 화자가 발표가 이루어지는 동안 자신들이 발표 무대에 있다는 사실을 자주 잊어버린다. 다른 화자가 말하고 있는 동안, 그 말을 경청하고 예의를 지켜라. 화자를 깔보는 형태가 아닌, 간단한 여러 가지 방식을 사용하며 고개를 끄덕이거나 얼굴 표정으로 반응하라. 무엇보다도, 휘파람을 불거나, 안절부절 하거나, 불신하는 찡그림을 함으로 청중의 주의를 흩트리지 마라. 그리고 지루함을 보이거나 미친 듯이 자신의 노트만을 봄으로써 당신의 신뢰를 떨어뜨리지 마라.

일반적인 말하기 기능의 결합과 더불어 이러한 제안은 대부분의 집단 상황에 적용하는 데 도움을 것이다. 공식적인 토론은 몇 가지 부가적인 해결 과제들을 던져준다.

## 2 공적인 토론에 필요한 공통 지침을 따르라

공식적인 교육 토론과 토너먼트 경쟁 토론은 이 책의 범위를 넘어선 기술을 필요로 한다. 전문 텍스트나 강좌를 도움을 받는 것이 적절할 것이다. 훌륭한 공적인 화자라면 선거 캠페인이나 대중 회의나 클럽 모임과 같은 비공식적인 토론에서 다음과 같은 규약을 기억해 두었다가 적용하면 도움이 될 것이다.

### 반대편 관점을 고려해서 준비하라

주제의 양면을 조사하여 당신이 맞닥뜨릴 수 있는 반대 증거들을 검토하라. 그리고 상대방의 가장 강한 변론과 자신의 가장 약한 변론을 살펴보라. 이렇게 하는 것은 당신이 토론을 준비하고 참혀하는 데 도움을 줄 것이다.

### 자신의 아이디어, 주장, 그리고 증거를 세 가지 일반적인 영역에 넣어 조직하라

우선, 자신의 입장에서 가장 좋은 변론을 개발하라. 이 변론은 모두(冒頭) 진술이나 기조(基調) 스피치로 사용할 수 있다. 다음은 상대방의 입장에 대한 공격이나 도전을 위한 계획을 세우는 일이다. 이 계획은 상대방의 변론을 논박하거나 반응하는 데 사용할 수 있다. 마지막으로 방어할 자료를 수합하는 일인데, 자신의 입장을 공박하는 것에 대한 대답으로 사용할 수 있다.

### 구조적 명확성과 주장의 확실한 근거에 특별히 유념하여 스피치를 시작하도록 준비하라

호의적이지 않은 청중에게 말할 때 다음의 일반적인 제안을 따르라.(22c. 3 참조)

### 토론의 반박 국면에서는 22f. 1의 지침을 따르라

시간은 일반적으로 제한적이기에, 핵심적인 쟁점에 몰두하라. 그리고 자신이 말하고자 하는 요점이 주는 반박 효과를 설명하라. 또한 상대방이 주장하는 논쟁의 기저 논리 구조를 어떻게 무너뜨렸는지 보여주라.

상대방의 변론을 약화시켰을 때, 그 부분을 특별히 쟁점화하여 깊은 인상을 남겨라.


### 시간을 아껴서 명확하고 설득적인 요약을 하는 데 사용하라

요점이 앞뒤로 갈팡질팡 하며 혼란스러운 토론을 할 때도 있다. 이 때 비록 부가적인 몇몇 특수 사례를 건너뛰더라도, 마지막 몇 분은 논쟁점을 초점화 하는 데 사용하고, 그 논쟁점이 어떻게 토의 도중에 출현하게 되었는지 해석하라. 그리고 설득적인 마무리 진술과 함께 자신이 가장 강조하고자 하는 요점을 부각하는 확실한 증거로 끝을 맺어라.


### 토론 내내 조용하고 전문가적인 품위를 유지하라

포커 게임이나 다른 경쟁적인 활동, 스포츠에서처럼, 감정은 때로 자기도 모르게 뛰어나온다. 하지만 전체를 조망하는 관점을 잃지 마라. 토론자의 사소한 말 한마디에 집착하는 것보다 장기적 신뢰를 유지하는 것이 더 중요하다. 비록 다른 토론자가 왜곡하거나 오해하더라도, 예의바르게 그리고 흥분하지 않는 태도를 유지해야 한다. 자신의 어조가 격렬할 수도 있으나, 결코 적대감을 지녀서는 안 된다. 자신의 주장을 청중에게 알리되, "내 반대파"라고 하지 말고, 상대방의 이름을 부르면서 하는 것이 좋다. 상대방의 주장을 존중하면서 하고, 좋은 내용이 있으면 수긍하라. 그러나 항상 명심해야 할 것은 다른 화자의 정직과 선한 의도를 예상하라. "그건 거짓말이야."라고 절대 말하지 말고, "제 생각에 그 숫자는 정확하지 않습니다. 여기 제가 찾은 것을 보여드리지요."라고 하라.

## 23d. 친교적 맥락과 의식적(儀式的) 맥락을 잘 파악하라

논쟁의 여지가 있지만, 가장 고대의 스피치 형태는 사람들이 단순히 자신이 관련되는 것들을 주장하기 위해 개발한 것들이다. 사람들은 몇몇 사람이 모여 대화를 하면서 자신의 일상적인 경험을 공유하고, 기쁨이나 슬픔, 분노 및 존경을 함께 공유하기도 한다. 친교 맥락이나 의식적 맥락에 존재하는 당연한 생각은 참여자들이 하나로 뭉쳐져 있다는 것이다. 이런 때는 차이를 언급하거나 공감을 활발하게 형성하자고 말해서는 안 된다. 단지 공감을 가정하고 그것을 축하하자는 것이다.

이 책에서 감정 환기적이라고 분류된 어떤 스피치는 정보를 전달하거나 행동을 바꾸기 위한 것이 아니라, 의식적(儀式的) 기능을 충족시키기 위해 설계된 것이다. 이러한 스피치들은 표준 형식을 따르며, 의식과 마찬가지로, 이런 형태의 친밀함은 참여자들의 감정에서 우러나온 만족의 근원이기도 하다. 올림픽 메달을 땄을 때의 행복한 순간과 누군가의 죽음을 슬퍼할 때의 순간이 전통적인 그리고 익숙한 의식에 수반될 때 약간의 색다른 의미를 지닌다. 이 때 어떤 말과 제스처, 그리고 행동들이 기대된다. 그런데 만약 메달 수여식이나 국가(國歌) 연주가 피자집 모임에서 발표되는 선물 인증서를 주면서 되풀이 된다면 그 올림픽 운동 선수는 틀림없이 실망하게 될 것이다. 이런 예에서 상상할 수 있겠지만, 당신이 이런 의식이 수반된 스피치를 할 때는, 분명한 선을 그어서 구분할 수 있는 전통이나 진부함에 불가피하게 따라가게 된다.

얼마나 예측이 가능하든지 간에 기본이라고 생각되는 것들은 지켜야 한다. '지나치게' 창의적으로 하지는 말되, 이런 예식 순간을 특별하게 그리고 신선하게 만드는 방법을 찾아내도록 노력해야 한다. 무엇보다도 상투적 구절이나 표현 방식의 남용을 피해야 한다. 특별히 주의를 기울여 준비하지 않으면 당신 스스로 다른 경우에는 결코 사용하지 않을 다음과 같은 진부한 말을 하고 있음을 스스로 알게 될 것이다.

> 이런 상서로운 행사에
> 제가 …… 하는 것은 참으로 대단한 명예와 특권입니다.
> 이는 우리의 존중의 자그만 증표이며……
> 더할 나위 없는 경애와 ……

이런 스피치에서 정보 교환은 부차적인 것이다. 스피치 스타일이 핵심 요소이다. 전하고자 하는 아이디어 두세 개가 기본이며, 이런 아이디어를 표현하는·방법과 언어, 타이밍을 찾는데 온 힘을 기울여야 한다. 의식 스피치는 일반적으로 매우 짧기 때문에 이런 일은 쉽다. 내용을 모두 기억을 하거나 부분적으로 메모를 하여 전달하는 것도 좋다.(24d 참조) 이 때 일상적인 스피치보다 좀더 높은 어조로 하되, 딱딱하게 보이거나 부자연스럽게 보이지 않도록 하는 게 좋다.

## 1. 관련된 사람들의 필요를 확인하라
의식적 스피치를 준비할 때 다음 두 가지 질문을 고려하라.

내가 '누구에게' 그리고 '무엇에 관한' 말을 할 것인가?
회사 사장으로 자신이 매년 누군가에게 안전 상을 수여한다고 가정할 때, 그 일은 아마 식상한 일일 것이다. 그러나 그 상을 받는 사람에게는 특별한 순간이다. 그 상을 받는 사람이 기억할 만한 말은 무엇인가? 그 사람이 기억할 만한 '독특함'을 전달하라. 비록 스피치의 형식은 스타일화 되겠지만, 내용은 개인적인 것이 되어야 한다.

내가 상대해서 말하는 사람들에게 필요한 것은 무엇인가?

대부분 의식적 또는 예식 연설에서, 그 연설이 어떤 집단이나 공동체를 위한 것이지, 자기 자신을 위한 것이 아니라고 생각한다. 사람들은 정보뿐만 아니라 감정을 공유하기 위해 함께 모인다. 그러나 이러한 감정은 초점이 없을 것이다. 생각할만하고 감동적인 스피치를 했다면, 청중 구성원의 감정을 상징화하고, 그들을 결속하게 만든 것이다. 그리고 연설을 통해 비전을 얻게 하고, 자신들의 경험 속에서 깊은 의미를 발견하게 할 수도 있다. 이와 같은 연설을 준비하는 초기에 자신이 마치 집단 (감정) 표현의 버스라도 탄 듯이 상상하라. 다음과 같은 내적 독백은 집단 동기화를 위한 조사 사례다. "우리 모두는 Gary에 대해 그런 감정을 가지고 있습니다. 그가 은퇴할 때 그에게 할 수 있는 가장 좋은 말은 무엇입니까?" "우리 시에서 살고 있는 많은 사람들은 이번 교환 학생 방문이 성공적으로 이루어지도록 열심히 노력했습니다. 그 따뜻한 환영을 무슨 말로 표현할 수 있을까요?"

이런 맥락에서 이루어지는 전형적인 말하기 상황은 수상을 발표하거나, 회의에 참석한 대표를 환영하거나 건배를 제의하거나 후보자를 지명하는 등이 될 것이다.

## 2. 다양한 맥락에 유용한 공통 지침을 따르라

### 수상과 훈장을 발표할 때

1. 청중을 놀라게 하는 전통이 없다면, 스피치 시작 부분에서 그 사람의 이름을 공표하라.
2. 그 사람이 어떻게 해서 훈장을 받게 되었는지, 그리고 누구에 의해서 그렇게 되었는지 설명하라.
3. 업적과 자질을 열거하는 것 이외에, 간단한 일화나 사건 기술을 하면서 그 사람만의 독특한 점을 짚어내도록 노력하라.

4. 손으로 만질 수 있는 장식이나 인증서, 열쇠 등이 있다면, 그것이 무엇을 상징하는지 설명하라.

## 찬사나 기념 연설을 할 때

1. 마음의 평정을 유지할 수 없을 것 같으면 이런 숙제를 떠맡지 마라.
2. 슬픔, 상실, 분노와 같은 공유된 감정을 받아들이되, 그런 감정에 붙잡혀 있지 마라.
3. 찬사 받을 사람의 훌륭한 점을 조명하고 축하하라. 참석한 사람 중 일부는 그 사람을 전문가 집단에서나 단지 사회적으로, 또는 오래 전에 또는 최근에 알았을 것이다. 그 사람의 인생의 여러 면을 건드려라. 유머나 순간들, 조명을 함께 받는 것을 꺼리지 마라.
4. 집단을 함께 묶는 구절을 사용하라. "우리 모두는 Eleanor를 돌보아왔습니다.", "저는 여기에 온 많은 사람들을 보고,……", "우리 모두는 그녀가 어떤 것을 믿었을 때 그녀가 얼마나 그것을 잘 지켜내는지 잘 알고 있습니다."
5. 상실을 좀더 큰, 그리고 낙관적인 전망으로 바꾸도록 노력하라. 삶의 연속성, 각 순간의 감동, 고통을 통한 성장과 같은 주제는 시간에 구애받지 않는 보편적인 것이다. 이런 철학적 개념은 여전히 사람을 위로하는 자원이다.
6. 특별한 종교적 신념이나 사회적 대의, 또는 정치적 대의를 고양하기 위해서 어쩔 수 없이 들어야 하는 청중의 고통을 즐기지 마라.

## 축배를 할 때

1. 만약 축배가 그 행사의 한 형식이라면, 시간을 미리 안배하여, 모든 사람이 적절한 시점에 손에 마실 것을 들게 하라. 무알콜 음료를 적절히

이용하면 모든 사람들이 다 참여할 수 있음도 명심하라.

2. 기본 아이디어를 정리하여, 선의를 담은 간단한 메시지를 만들고, 그것을 외워라.

3. 단어를 조심스럽게 선택하라. 유머, 언어 유희, 리듬, 비유, 속담 등이 축배에 어울릴 것이다. 재치 있는 영감이 떠오르지 않고, 책에 있는 축배가 구식이고 부자연스럽다면, 진중한 생각과 그 생각을 우아하게 말하는 것은 절대로 잘못이 아니다.

4. 축배가 몇 문장 이상이라면, 축배가 마칠 때까지 청중이 잔을 들지 않도록 하라. 스피치에서 하듯이 시작하고, 다음과 같이 마무리하라. "우리의 새로운 실험실 책임자를 위해 잔을 높이 듭시다. Sheila, 행운이 있기를, 그리고 성공하기를, 그리고 모든 문제는 하찮은 것이 되기를!"


## 상이나 공로패를 받을 때

1. 사전에 수락 스피치를 준비하는 것을 요청받지 않았다면, 자신의 언급을 단지 몇 문장으로 제한하라.

2. 상을 자랑스럽게 받아라.

3. 창피하거나 당황하는 모습으로 거절하는 듯한 제스처를 보이지 마라.

4. 상 받은 명예를 그것을 받을만한 사람들과 공유하라. 그러나 계속해서 고맙다는 종류의 지루한 말로 수상 발표 시간을 초과하지 않도록 하라.

5. 청중에게 선물 하나를 되돌려 주어라. 청중에게 진정한 찬사 한 마디나 통찰력 한 마디, 또는 청중과 관련된 우스운 이야기 하나를 들려 줄 수 있는가?

6. 그 훈장이 자신에게 무슨 의미가 있는지 미래 지향적인 진술로 끝을 맺어라.

## 23e. 다양한 상황에서 지도자 역할을 할 준비를 하라

지금까지 추천한 것은 상황과 관련된 것인데, 그 상황은 개별 화자와 마찬가지로 자신이 실제 존재하는 맥락 속으로 들어갈 필요가 있는 곳이다. 종종 사람들은 다행스럽게도(물론 불행할 수도 있지만) 지도자 역할을 해야 할 곳에 있는 자신을 발견할 것이다. 그 역할은 자신들이 말하기 맥락을 만드는 곳이다. 이런 경우, 타인들은 기본 규칙을 정하고 상호 작용을 원활하게 하는 지도자를 볼 것이다. 맥락만큼 다양한 지도자 역할이 있을 것이나, 몇 가지 공통된 제안 몇 가지를 제시하고자 한다.

**1. 프로그램이나 회의 진행을 맡을 때 조심스럽게 준비하라. 즉 형식을 깔끔하게 하고 참여자를 조정하고, 우발적인 것도 예측하라. 무엇이 일어날지, 그리고 어떤 순서로 할지 결정하라**

### 의제를 조심스럽게 계획하라

무슨 일이 어떤 순서로 일어날 것인지 마음에 정해라. 어떤 경우, 이미 발표 형식이 내규나 관습에 의해 마련되어 있기도 한다. 그럼에도 불구하고, 앞으로 잠재적 의제들을 당신이 잘 조절할 수 있도록 하는 메카니즘을 만들도록 하라. 그러나 얼마나 많은 사업 모임과 연회가 "간단한 몇 마디만"을 해 달라는 예기치 않은 요청으로 인해 스케줄이 망쳐지는지 모른다. 한 마디가 15분이 되고 30분 토론이 이어진다. 집단의 목적이 효과적으로 충족되도록 의사소통을 관리하는 것은 당신의 책임이다. 의제에서 절대 벗어나지 않도록 하고 전개 과정을 확고하게 이끌어라.

일반적으로 의제는 분위기에 따라 순서가 달라진다. 일상적인 보고, 알림, 소개 등을 앞부분에 하고, 핵심 화자, 발표, 토의순서로 이끌어라.

**프로젝트 회의를 위한 의제 예시**

   1. 환영사, 시작하기, 개관

   2. 목표 검토

   3. 진행 일정

   3. 예상 문제

   5. 해결책 확인

   6. 일정상 효과/예산

   7. 요약, 질문과 대답


**연회 또는 의식을 위한 의제 예시**

   1. 인사: 사회자로서 목적을 간단히 진술

     * 기도, 찬송, 국민 의례, 집단 의례(*은 선택 사항임)

     * 사회자로서 주제 배경에 대한 보충 언급

     * 공식적 환영사(시장, 주지자 등)

   2. 연단이나 귀빈석에 있는 훈장 받은 유명 인사 소개

     * 청중

     * 참석하지 않은 사람으로부터 온 전보나 메시지

   3. 예식 이벤트

     * 위원들이나 기획자들에게 감사

     * 선거 등을 공표

     * 수상, 발표

   4. 유명한 화자나 이벤트의 소개

     유명한 화자나 이벤트

   5. 사회자의 폐회

     * '빠른' 공표

* 축도, 찬송, 의식.

　코메디, 농담, 음악 전주와 같은 가벼운 오락은 2, 3 또는 4 사이에 끼어 넣을 수 있다. Heisman 트로피를 주는 것과 같이 의식을 행하는 것이 이벤트의 목적이라면 일반적으로 항목3과 4의 순서가 바뀐다.

### 국회 회의의 의제 예시
　　1. 개시 선언
　　　* 자격 검사하기; 출석 부르기; 방청객과 의원 소개; 기념 등.
　　2. 의제 승인
　　3. 예비 모임에서 결정한 시간 승인과 시간 발표(배분)
　　4. 담당관의 보고
　　5. 다른 공무원의 보고
　　6. 대기 위원의 보고
　　7. 특별 위원, 과제 담당팀의 보고
　　8. 기존 사업
　　9. 신규 사업
　　10. 공표
　　11. 정회

　회의나 프로그램에 참석하는 참석자 모두 그들이 다룰 의제와 역할을 분명히 이해하도록 만들라

　문서로 쓴 의제를 공식적 사업 회의에 참석한 모든 참여자에게 나누어 주라. 그리고 언제 그리고 어떻게 참여하게 될지도 확인하라. "제가 담당관의 보고를 위해 당신을 이런 방식으로 호명할 것입니다. 기금 조성을 위한 당

신의 아이디어를 살려서 새로운 사업 하단에 소개하십시오." 의사결정 회의를 위해, 모든 참여자들로 하여금 무슨 일이 있을지 알게 하여, 각자 적절한 정보와 생각을 미리 준비해서 오도록 하라. 연회 같은 비공식적 프로그램을 위해서는 의제를 쓰지 않아도 되나, 다음과 같이 당신의 계획을 모든 사람에게 통지해야 한다. "복화술사의 공연 바로 뒤에, 장학금 수여 발표와 관련된 내용을 여러 분에게 알려 드리겠습니다."

우발적인 모든 사건에 대비하라

당신이 어떤 행사나 회의의 의장일 때는 조정자나 원활한 진행자, 주최자이다. 그러나 '스타'는 아니다. 즉 집단 구성원이 '집단의' 목적을 효과적으로 그리고 즐겁게 만족하도록 그들을 도와주어야 한다. 이 목적을 달성하기 위해서는 당신이 의장을 맡을 행사를 시각화함으로써 준비하라. 그리고 새로 생기게 될 쟁점도 예측하라. 즉 사람들은 그것들을 토의하기 위해 관련 정보를 원할 것인가? 시간, 정책, 보고서, 그리고 참조 자료 등을 가져와야 할지도 모른다. 복사물, 슬라이드, 차트를 준비하여 사람들 앞에서 핵심 정보를 보여주라. 모인 사람들의 편리와 편안함을 고려하라. 사업 회의에서는 문서, 이름표, 청량음료, 쉬는 시간 등을 준비하라. 연회나 공적 프로그램에서는 의자 배열, 발표자가 마실 물, 시청각 장비 등과 같은 사소한 것까지 살펴보고 챙겨야 한다.

시작과 마무리 부분에 할 말을 신경을 써서 준비해야 한다. 그리고 프로그램의 각 단계를 이어주는 일관성 있고 우아한 전개를 위해 노력해서 "적절하게 진행되거나", "마지막까지 그러나 최선을 다하는" 모습을 보이도록 하라.

**포럼, 패널, 토론 사회를 볼 때**

1. 형식과 기본 규칙이 미리 모든 참여자에게 고지되었는지 확인하라. 그

리고·다음 발표자가 누구인지, 그리고 그들이 담당하고 있는 것이 무엇인지 서로 알게 하라.

2. 소개할 말을 준비하라. 그리고 토의될 화제에 청중이 주의를 기울이고 동기 유발이 되도록 하라.(13장 참조)

3. 발표 각 부분이 끝날 때마다 '간단한' 한두 마디 부분을 넘기는 전환 문장을 만들어라.

4. 시간을 엄격하게 제한하라. 프로그램 시작하기 전에 모든 발표자에게 이 점을 주지시키고, 시간이 경과했을 때, 주제넘지 않는 수준의 신호를 알려라. 만약 발표자의 시간이 초과되면, 정중하게 그러나 사과하는 형태가 아닌 모습으로 중단을 시켜라.

5. 토의 참여자가 균형을 이루게 하여, 회의 때 토의 양상을 조절하라. 만약 하나의 화제, 화자나 청중 구성원이 시간을 지나치게 사용한다면, 다시 정중하게 중단시키고, 토의를 계속해서 끌고 가라. 그러나 자신의 아이디어를 전개하기 위해 토의를 떠맡지 마라.

6. 끝맺기를 하면서 발표들을 정리하라.(14장 참조) 논리적 마무리는 실제로 출현된 요점을 즉석에서 요약하는 형태가 되도록 하라.


**예식이나 잔치의 사회자 역할을 할 때**

1. 적절한 분위기를 형성하는 시작하는 말을 계획하라. 그런 경우, 엄숙한 모임이거나 축하 모임이거나 정기적인 점심 모임이든지 간에 손님들이 환영받는 느낌이 들도록 하고, 이후 이벤트를 위해 어조를 조절하라.

2. 우아하고 간결하게 소개를 하라. 적절한 시기에 박수를 조절하고 유도하는 법을 배워라. 사람을 소개할 때, 청중의 반응을 조절하기 위한 박수 카드까지 갖고 있지 않을 것이다. 이 때 청중에게 자신의 어구나 억

양 변화를 통해 박수를 하라는 신호를 보내거나 박수를 중단하라는 요청을 하라.

## 2. 긍정적인 그리고 도움을 주는 환경을 구축하기 위해 책임을 맡으라

의제를 어떻게 잘 배분하고 분쟁해결을 할 것인가를 넘어서, 효과적인 리더는 집단이 의사소통의 목적을 충족시키는 데 도움이 되도록 상황맥락을 만들어 갈 수 있어야 한다.

### 그 맥락에 적절한 의사소통 모델을 철저히 검토하여 어조를 정하라

처음 그리고 리더십의 입장을 형성하는 사람으로서 자신이 취할 어조나 가정하고 있는 공식성의 수준 및 자기 자신을 보여줌으로써 사람들로 하여금 상황을 알게 할 필요가 있다. 그러면 대부분 똑똑한 관찰자는 의사소통의 규준을 읽고, 편안함을 느낄 것이다.

### 기본적인 의사소통 규칙을 정하라

때로 전개될 의사소통 방식을 좀더 명시적으로 만들 필요도 있다. 이런 경우, 리더는 '메타 소통적'이어야 하며, 대화 방식에 대해 말해야 한다. 예를 들면, 다음과 같다.

우리 모임에서는 손을 들고, 발표할 사람이 호명된 뒤에라야, 그 사람이 연단에 오를 수 있습니다.

조직의 사례를 공유하려고 이름이나 정보를 확인하고자 하는 것은 화제의 민감성 때문에 허용되지 않습니다.

되도록 많은 사람들에게 발언할 시간을 주어야 하기 때문에, 질문과 논평을 간단히 해 주시기 바랍니다.

오전에는 오늘 회의를 소집한 한 문제와 그 원인만 토의하고자 합니다. 점심 뒤에, 가능한 해결책을 모색할 것입니다. 미리 앞질러 가고 싶은 맘이 있더라도, 조금만 참아주시기 바랍니다.

### 규칙이나 규준 위반을 즉시 그리고 외교적으로 처리하라

모든 사람들에게 기본 규칙을 명심하도록 하라. "이 토의에서는 인신공격은 안 된다는 것을 꼭 명심해 주시기 바랍니다." 명시적인 기본 규칙이 없다면, 집단에게 바라는 규칙 몇 가지를 말하게 하라. "내가 보기에 우리 의제는 단 두 가지 요점이 있습니다. 4시까지 끝내야 하기 때문에, 한 가지 요점마다 10분씩 토의를 제한하는 안을 마련하고, 일단 우리가 모든 면을 다 검토한 뒤 좀더 깊이 있게 토의하는 것으로 되돌아오는 것이 좋지 않겠습니까?"

만약 한 개인을 발탁해야 한다면, 칭찬을 하면서 그렇게 하도록 하라. "Pour씨, 당신은 이미 그 문제에 관해 충분히 생각할 만큼 많은 경험을 했지요. 그럼 Pour의 경험이 필요한 다음 토의 영역으로 옮기도록 하지요."

**연습 4.**

어떤 환경 아래에서 한 집단은 의사소통 규칙이나 규준에 대해 암묵적으로 이해하는가? 그 경우 구성원이 좀더 명시적 토의나 메타 의사소통을 해야 할 필요가 있는가?

만약 당신이 의사소통 행사를 주최하고 있다면, 다음 각 상황에서 어떻게 할 것인가?

1. 한 사람이 초대받은 핵심 발표자에게 인신공격과 분노로 논박을 하고 있다.

2. 토론장 뒤쪽에서 세 사람이 속삭이면서 개인적인 대화를 하여, 집단의 분위기를 산만하게 하고 있다.

3. 사회적 쟁점에 대한 일반적인 토의에서 한 참석자가 매우 사적인 정보를 공개하고 극도로 감정적인 상태로 변해 간다.

4. 사업 회의에서, 한 고용자가 개인적인 관심사 하나를 일반적인 경제 정세와 연관 짓기 시작하고, 특정 정치 후보자를 지지하는 선거 홍보를 펼치고 있다.

# 제5부
# 발표하기

제5부

발표하기

## 서론

얼굴을 직접 맞대고 연설하는 것은 엄청난 부담을 화자와 청자 모두에게 부과한다. 그렇지만, 큰 모임에서 "기조 연설 발표 자료"가 기조 연설을 대체할 수 없을 뿐만 아니라 메모가 회의 역할을 대신할 수도 없다. 정보 전달은 전체적 의사 소통에서 일 부분에 불과하기 때문이다. 사람들은 공공 장소에서 결속감을 확실히 하고 집단적인 행동을 보여 주려고 모이기도 한다. 스피치는 그 즉석에서 이루어지는 화학 실험처럼 목소리, 신체, 그리고 화자의 인격이 결합되어 생생하게 사람의 마음을 움직인다. 훌륭한 연사의 스피치를 듣는 일은 매우 신나는 일이다.

"훌륭한 화자"란 어떤 이야기할 내용을 적절하게 잘 전달하는 사람을 의미한다. 사람들이 어떤 특정 화자에게 잘한다 못한다 이야기를 한다고 할 때 대개 그것이 지시하는 바는 그 사람의 말하기 수행에 국한된다. "그 친구는 내용도 없으면서 참 말은 잘 하는군."이렇게 말하는 것은 프레젠테이션 기술이 얼마나 중요한가를 단적으로 드러내 주는 말이다. 청중들은 설사 별 내용이 없다 할지라도 잘 정돈된 스피치를 듣고 싶어한다. 내용이 아무리 흥미진진하고 중요하더라도, 형편없이 전달되는 스피치는 듣고 싶어하지 않는다는 말이다.

스피치의 수행이 얼마나 중요한가를 인식하게 되면, 어떤 화자는 마치 배우처럼 스피치의 일거수 일투족을 준비할 것이다. 스피치 전달 차원에서 극단적이긴 하지만 원고에 다음과 같이 아주 상세하게 표시를 하는 이도 있을 것이다.


*날 가리키며*               *한 팔을 앞으로*

**<u>여러분과 저는</u> 이 끔찍한 문제를 함께 해결해야만 합니다.**

*청중을 지적하며*     *인상을 찡그리면서*    *손을 꼭 쥐고*      *두 걸음 왼쪽으로*

　　원고의 모든 부분에 무대에서 어떻게 할지에 대한 지시 사항을 적어넣는 일은 사실 불가능하다. 목소리와 신체 동작을 의식적으로 이 정도 수준에서 연출을 한다면, 스피치의 아이디어는 화자와 청자에게 잊혀지고 말 것이다.

　　1장에서 설명한 바와 같이, 배우의 연기 레퍼터리를 직접적으로 차용하는 일은 연극과 스피치가 근본적으로 다르기 때문에 부적절한 일이 될 수 있다. 배우라면, 그 어떤 역할을 상정하고, 다른 사람에 의해 쓰여진 문장들을 이야기하고, 연습한 바대로 모든 문장을 정확하게 연기하려고 할 것이다. 스피치를 해야 하는 화자라면, 당신은 자신을 드러내면서, 당신 자신의 말로 연설하고, 청중으로부터의 반응에 대처하도록 노력해야 할 것이다. 요컨대, 공적인 말하기로서의 스피치는 연기라기보다는 대화에 가까운 것이다.

　본절에서 우리는 수행으로서의 스피치에 반대되는 생각의 상호작용으로서의 스피치를 강조하는 이른바 자연스러운 전달 이론(natural theory of delivery)의 접근방법을 취할 것이다. 그렇다고 공식적 스피치의 수행의 측면을 부정하는 것은 아니다. 수행은 완전히 새로운 유형의 말하기라기보다는 확장된 형태의 대화로 개념화될 때 가장 효과적일 수 있다.

　말하는 화자 당신 자신보다는 스피치 목표를 중심으로 의식하라. 역설적으로, 당신이 스피치 전달에 대해서 생각을 덜하면 할수록, 더 효과적으로 스피치를 잘해낼 수 있을 것이다. 아마도 당신은 어떤 화자가 매우 딱딱하고 기계적으로 스피치를 하고 나서 안도의 한숨을 쉬고 청중의 질문을 받는 것을 보았을 것이다. 이때 갑자기, 엄청난 변화가 이루어진다. 질의 응답 시간에, 핵심을 명확히 하면서, 화자는 보다 풍부한 얼굴 표정과 보다 다양한 어조와 몸동작을 취할 것이다. 아마도 그 화자는 "이제 스피치를 마쳤다. 이제 이 사람들과 진짜 이야기를 할 수 있군." 이렇게 생각할지도 모르겠다. 화자의 말하기 태도가 스피치 수행 차원에서 상호작용 차원으로 바뀌면서 훨씬 더 좋은 말하기를 가능하게 한 것이다.

　이러한 변화를 좀더 자세히 설명해 보도록 하자. 우리는 말하기 수행이라기보다는 소통을 훨씬 더 많이 연습해 왔다. 자연스러운 전달 이론은 스피치 기술에 대해 의식적으로 생각하지 않고 당신이 매일 여러 시간을 원활하게 의사소통을 잘 하고 있다는 가정에 기반을 둔다. 당신이 대화에 몰두해 있을 때, "자, 지금 이맛살을 찌푸리면서 손가락으로 가리켜야지." 이렇게 대화를 멈추고 생각하지는 않는다. 메시지를 소통할 때 하던 것처럼 그저 자연스럽게 말하라. 만일 스피치 내용에 신경을 써야 한다면 그 자체에 신경을 쓰도록 하라. 어떤 화자에게나 가장 중요한 스피치 전달의 목표는 스피치를 대화의 개념으로 내재화하는 것이다. 일단 당신이 청중과 상호작용을 하고 있다고 느끼게 되면, 다른 대화에서 서로 말을 주고 받는 것처럼, 말하기를 즐기면서 자신감과 실제적인 말하기 기술을 증진시켜 갈 수 있을 것이다.

우리가 성공적인 스피치는 당신이 일상 생활 속에서 말하는 것처럼 하면 된다고 말하는 것인가? 만일 당신의 일상적인 말하기가 요점도 없고, 문법에 맞지 않는 문장으로 산만한 것이라면 결단코 아니다. 우리가 말하는 것은 자연스러운 전달 이론은 당신의 공적인 말하기 스타일이 사적인 말하기 스타일보다 못하지 않음을 확실히 하고자 할 뿐이다. 이상적으로는, 당신의 스피치는 생생하면서도 거침이 없어야겠지만 사실 이렇게 말하는 것은 쉬운 일이 아니다. 50명 앞에서 이야기하는 것은 세 사람 앞에서 이야기하는 것과 매우 다른 것이다. 다수의 대중 앞에서 소리를 내고 자신을 드러내는 일은 처음엔 매우 어색한 일일 수 있다. 그렇지만 다른 사람처럼 행동하지 않고 자신의 대화 스타일을 조금 더 확장해서 과장할 수 있어야 한다. 당신 자신이 되어라. 사람 안에는 여러 가지 모습의 자아가 있고 이러한 여러 자아들은 각기 다른 방식으로 연합해서 이야기하게 된다. 공적 말하기의 적절한 모델은 연인들의 친밀한 속기도 아니고 친한 친구들 사이의 장황한 전화 대화 스타일도 아니다. 친구에게 신이 나서 이야기하는 모습이나 강력하게 어떤 의견을 피력하는 자기 자신의 모습을 마음 속에 그려보라고 권하고 싶다. 자기 자신이 가장 생생하고 생동감있는 대화 상황 속에 있다고 생각해 보라. 이제 당신 자신의 보다 내성적인 측면들일랑 무시해 버려라. 당신은 여러 사람들의 관심의 집중을 받는 자리에 선택되었기 때문에 이제는 가장 외향적이면서도 발전적인 측면을 가동시켜야 한다.

물론 이렇게 하는 일이 쉬운 일은 아닐 것이다. 공적인 말하기를 둘러싼 공포감이 자신의 가장 수줍어하고, 변명하기 좋아하고, 자기 방어적인 모습을 자극할 것이 뻔하기 때문이다. 자연스럽게 스피치하는 일이 사실은 자연스럽게 느껴지기보다는 차라리 단상 밑에 숨어버리고 싶다는 생각이 들 것이다. 그럼에도 불구하고, 당신은 자기 자신이 되어 가장 자신감있는 모습으로 자신을 표현하는 말하기를 배워야 한다. 과거에 생동감 넘치면서도 효율적으로 스피치를 했던 성공의 경험을 떠올려 보는 것도 좋은 방법이다. " 며칠 전 점심 시간에 여행했던 경험에 대해서 이야기했던 것처럼 의사소통하고 싶다. 이 자리에서는 정말 편안해하기 어렵겠지만, 스피치를 통해서 나를 드러내 보이고 싶다."고 생각하라.

효율적이면서도 자연스러운 말하기는 또한 방해받지 않는 것이어야 한다. 청중들은 "진짜 어색한 제스처로군." 혹은 "정말 목소리 좋군"과 같이 생각하지 않는다. 대신에, 청중은 당신이 무슨 이야기를 하는가에 주의를 집중한다. 만약 당신이 음성이나 언어, 혹은 신체적인 동작의 문제를 가지고 있다 하더라도 너무 연연해 하지 말라. 한 번에 의식하면서 설정할 수 있는 목표가 몇 가지나 될 것인가에 대해 현실적으로 생각하라. 한 번에 동작 언어의 측면에서 한 가지, 음성적 전달 측면에서 한 가지 정도의 목표만 선정해서 집중적으로 노력하는 것도 매우 좋은 방법이다. 일단 이러한 목표를 숙달하게 되면 자기도 모르는 사이에 자신감을 갖게 되고, 다른 부족한 측면들은 차근차근 보강해 나가면 될 것이다. 다시 말해, 스피치를 하는 동안 당신이 의식적으로 주의를 기울이는 대부분의 영역은 당신이 전달하고자 하는 메시지와 청중에 관련된 영역이 될 것이다.

# 제24장
# 말하기 전달 양식

# | 말하기 전달 양식 |

주제, 청중, 행사 성격에 맞는 전달 방식을 선택하라.

말하기를 즉석에서 아무 준비없이 즉석에서 할 것인지, 간단하게 메모한 것을 가지고 할 것인지, 완결된 원고를 보고 읽을 것인지, 아니면 모든 내용을 암기해서 할 것인지를 일찌감치 결정해야 한다. 주로 어떤 특정 방식을 선호해서 말하기를 하더라도, 순전히 한 가지 양식만으로 된 말하기는 없음을 인식할 필요가 있다. 이미 알고 있는 바와 같이, 이 각각의 말하기는 말과 글쓰기, 그리고 실제 수행의 요소가 독특하게 혼합되어 있다. 예를 들면, 간단한 메모에 의지해서 하는 말하기라 하더라도, 도입부와 결론부는 원고를 준비해 놓고 부분적으로 외워서 하는 방식이 일반적이다. 또한 어떤 화자라도 예기치 않은 역습을 가하는 훼방꾼을 만날 수 있으므로 이들의 공격에 대비해야만 한다.

## 24a. 대부분의 말하기 상황에서는 간단한 메모를 이용하는 즉석 연설 양식을 사용하도록 한다

간단한 메모를 이용하는 즉석연설(extemporaneous speaking)은 가장 일반적인 공적인 말하기 양식이다. 이 양식은 때때로 아무 준비 없이 그야말로 즉흥적으로 말해야 하는 즉흥 연설(impromptu speaking)과 혼동이 되곤한다. 그 자리에서 자연스럽게 이루어진다는 점 등이 공통되기는 하지만 간단한 메모를 이용한 즉석연설 양식이 좀 더 구조화되어 있다는 점에서 다르다. 이 말하기 방식은 화자가 간단한 개요를 중심으로 생각의 흐름을 구조화하고, 말할 내용을 철저하게 준비하고, 편안하게 대화하듯 말할 수 있을때까지 연습하는 것이 가능하다. 그러나 낱말들을 지나치게 고정된 방식으로 있는 그대로 읽어나가는 방식은 절대 금물이다.

대부분의 교사나 법정에 선 변호사, 판매원, 한 번에 몇 시간 또는 하루의상당 부분을 말하기에 할애해야 하는 사람들의 경우에는 몇 개의 단락을 단위로 축자적인 말하기를 준비하기보다는 몇 가지 아이디어들을 중심으로말하기를 준비하는 것이 좀 더 실제적이면서도 현실적인 방법이다. 그렇지만 가끔 대중 앞에서 말하기를 해야 하는 경우에도, 이렇게 간단한 메모를이용한 즉석연설 방식은 일단 잘 익혀 놓기만 하면 영향력이 있으면서도 자신감 있는 말하기를 할 수 있게 해 준다. 이 방식의 말하기는 좀 더 자연스러우면서도 격의없이 이야기 하는 것을 가능하게 해 준다. 말하기를 할 때특정 낱말들을 기억하는 데 초점을 맞추기보다는 자신의 아이디어와 이에대한 청중의 반응에 주안점을 두면 갑자기 머릿속이 하얘지는 경험을 하게될 가능성이 훨씬 더 줄게 된다. 간단하게 메모한 것을 가지고 즉석에서 연설하는 방식은 청중의 반응에 보다 유연하게 대응할 수 있게 해 준다. 만약당신이 내용이 혼란스러워서 해명이 필요하다고 생각되는 부분에 대해 청중들이 알겠다는 듯이 고개를 끄덕여주는 모습을 보인다면, 이에 대한 예를들어주지 않고 다음 부분으로 이야기를 진행시키면 된다. 반대로, 어떤 부분에서 예상치 못한 청중의 반발이나 기대했던 반응을 접할 수 없는 경우라면보다 많은 시간을 할애해야 한다.

간단한 메모를 활용한 즉석 스피치는 다음의 네 단계를 거쳐 준비한다.

## 1. 충분히 잘 정리된 개요로 시작하라

9, 10, 11장에서 제안된 바와 같이, 자료를 논리적이면서도 효율적인 방식으로 배열하라. 〈Speech Builder Express〉가 개요 작성과 관련된 전반적인 도움을 제공해 줄 것이다. 그러나 본서에서 논의된 스피치 준비하기의 단계와 유형은 프로그램의 왼쪽 네비게이션 메뉴에서 스피치 개요 완성하기 부분을 선택하도록 하라. 또한, 〈Speech Builder Express〉는 각각의 스크린 위에 "Export to Word" 버튼을 포함하고 있는데, 작업한 것을 워드 프로세싱 환경으로 보내면 텍스트를 조작할 수 있는 여러 가지 범위의 선택 사양들을 접할 수 있게 된다.

## 2. 전문 원고로 된 개요를 준비했다면 이것을 핵심어나 핵심 어구 중심의 개요로 전환하라

완전한 문장으로 된 개요는 스피치 내용을 충분히 논리적으로 전개해 나갈 수 있도록 보증해 주는 도구로 기능할 수 있다. 그렇지만 완전한 문장으로 구성된 개요는 스피치에서 사용하게 될 경우에는 문어체 양식이라는 점에서 문제가 있다. 전문 개요의 문장들은 구어체가 아닌 문어체이기 때문에 이 원고를 읽어가는 방식을 취하다 보면 자칫 지루하고 생동감 없는 스피치가 되기 쉽다. 즉, 원고 위에 쓰여 진 글자들에 갇혀서 제대로 의도한 것들을 표현하지 못할 가능성이 있는 것이다. 이러한 이유 때문에, 완전한 문장으로 된 개요는 핵심어나 핵심 어구 중심의 개요로 바꾸는 것이 바람직하다. 예를 들면, 11b에서 완전한 문장으로 된 개요의 핵심 사항 IV는 "제2차 세계 대전 당시, 여성들은 전혀 중요하지 않은 부차적 노동력으로 활용되었다." 였다. 이러한 전문 원고의 개요는 "2차 대전시-부차적인 노동력" 정도로 정리될 수 있을 것이다. 이러한 핵심 어구 중심의 개요는 전문 원고로 된 개요에서 파생된 구조를 유지하면서 단계 3을 통해 스피치를 전개해 가며 즉석에서 순발력 있게 활용할 수 있다.

### 3. 스피치를 말로 표현해 보라

이렇게 간략한 개요를 가지고 자신의 아이디어를 말로 표현하는 연습을 해 보라. 어색한 문장이나 내용이 급격하게 전환되는 부분을 조심스럽게 관찰하면서 자신의 말소리에 귀 기울여 들어보라. 두 번 정도 연습 과정을 거치게 되면, 문장 구조나 리듬 등이 어색한 표현들은 걸러낼 수 있을 것이다. 세 번, 네 번, 다섯 번 정도 이 과정을 반복하다 보면 말하기 주제에 대해서 한결 친숙해지게 되면서 긴장감도 누그러지고 좀더 다양한 문장 구성을 실험해 볼 수 있는 여유도 생기게 된다. 또한 여러 가지 생각들을 표현하는 데 꼭 한 가지 방법만 있는 것이 아니라는 점도 발견하게 될 것이다. 같은 내용을 다섯 번 정도 매번 다르게 말하다 보면 마지막 세 번 정도 작업한 것은 어느 정도 엇비슷한 수준을 유지하게 될 것이다.

### 4. 간략한 개요를 스피치용 메모로 바꾸라

25c를 참조하여 내용을 손쉬운 시각적 단서들을 포함한 형식으로 바꾸어 보아라.

**24b. 공식적인 준비가 불가능한 경우라면, 성공적인 즉석 말하기를 위한 네 가지 단계만이라도 기억하라.**

그 누구라도 아무 준비없이 즉석에서 중요한 스피치를 제대로 잘 해낼 수는 없다. 제아무리 상황이 요구하는 것에 맞춰 유창하게 말할 수 있는 능력을 지닌 훌륭한 연사일지라도 대개는 간단한 메모를 활용하여 스피치를 한다. 즉흥적으로 하는 스피치에 대한 환상 때문에 스피치는 준비 없이 해도 된다는 생각을 갖지 않도록 하라.

다음은 아무 대책없이 즉석에서 스피치를 할 수밖에 없게 만드는 몇 가지 경우들이다.

■ 변명의 여지가 없는 경우: 게으르거나 지나치게 자신감 넘치는 연사들은 충분히 준비할 시간이 있어도 아무 준비 없이 대처한다. 당연히 조잡하기 이를 데 없는 어휘의 나열, 빈약한 구성, 반복, 뻔한 내용, 근거가 없는 주장의 나열 등으로 청중의 귀한 시간을 허비하게 만든다.

■ 말하기 사태를 미리 대비하지 못하는 경우 : 대개 즉석연설은 화자가 상황이 무엇을 요구하는지, 어떤 일이 일어날 것인지를 조금만 분석해서 준비하면 대처할 수 있다. 기자 회견장에서 어떤 전문가가 특정 질문에 어색하게 답하는 것은 다양한 관점을 지닌 질문자들을 예상해 보고 이들이 어떤 질문을 할 것인지를 미리 생각해 보는 노력을 하지 못했기 때문이다. 이는 결혼식에서 미처 축배를 준비하지 못한 신랑 들러리가 그의 책무를 충분히 인지하지 못한 것과 같은 경우이다.

■ 전혀 예상치 못한 상황에서 스피치를 해야 할 경우: 가끔 스피치에 대한 준비는 물론이고 자신이 사람들 앞에서 뭔가를 이야기해야 한다는 예상조차 하지 못한 채 스피치를 해야 할 때가 있다. 회사 이사가 회의실에 몰려든 50여명의 시위자들 앞에서 준비된 말하기를 하지 못하는 것은 충분히 변명의 사유가 될 수 있다. 마찬가지로, 만약 갑작스럽게 상을 받게 된 어떤 사람이 2시간 동안 이를 수락한다는 취지의 연설을 해야 한다면 그 역시도 매우 난감한 상황이 될 것이다. 또는 회의석상

에서 갑자기 동료 중의 누군가를 지명해서 왜 그가 후보자로 적임자인지에 대하여 말해 보라는 요청을 의장으로부터 받게 된다면 또 얼마나 당황스러울 것인가?

만약 당신이 이렇게 변명의 여지조차 없이 예기치 못한 상황에서 뭔가를 이야기해야 할 경우에 처한다면, 그 해법은 본서의 5장과 8장, 그리고 11장에서 찾기 바란다. 다음은 이런 경우와 관련해 도움이 될 만한 지침들이다.

## 1. 침착함을 유지하라

사과하면서 스피치를 시작하지 말라. 상황은 매우 난감하겠지만, 청중들은 멋진 스피치를 당신에게 기대하고 있을 것이다. 스피치를 매끄럽게 하지는 못하더라도 적어도 전혀 동떨어진 이야기는 하지 말아야 한다. 천천히 자신감 있게 말하라. 스스로에게 자신이 언제나 충분히 준비하지 못한 채 스피치를 해 왔음을 상기하라. 어떠한 일상적 대화 상황에서도, 당신은 그저 말만 하는 것이 아니라 다음에 무슨 말을 해야 할지를 계획한다. 언제나 마음 속으로 내용을 구상하고 있는 것이다. 스피치 상황에 수반되는 스트레스 때문에 그 사실까지도 잊어서는 안 된다.

침착함을 유지하게 되면, 갑자기 스피치를 해야 한다는 것을 알게 된 순간으로부터 실제 스피치를 시작하게 되는 그 순간까지의 짧은 시간을 충분히 활용할 수 있게 된다. 강단까지 걸어 나가는 30초, 혹은 다음 순서로 스피치를 해야 하는 시간까지 남아 있는 10분 동안이라도 스피치에 대하여 집중적으로 준비할 수 있어야 한다. 비록 그 시간이 매우 짧을지라도, 스피치를 준비하는 단계는 다 똑같다. 주제를 선택하고, 내용을 구성하고, 첫 문장과 마지막 문장을 준비하면 되는 것이다.

## 2. 주제를 선택하라

주제에 관한 몇 가지 가능한 대안들의 목록을 매우 빠른 속도로 적어본다. 머릿속으로 이 목록들을 나열해 보거나 혹 시간이 허락한다면, 종이와 연필을 이용해도 좋다. 가장 확실해 보이는 대안을 생각해 봄으로써 자신이 말하고자 하는 주제와 지금 논의되고 있는 주제를 연계시키는 방법을 발견해 보도록 한다.

## 3. 내용 구성의 틀을 선택하라

꼼꼼하게 개요를 작성할 시간이 없다고 해서 아무렇게나 요점 없이 중구난방으로 스피치를 해도 좋다는 특권을 누릴 수 있는 것은 아니다. 말하기 주제를 다음과 같은 단순한 틀로 구성해 볼 수 있을 것이다:

과거-현재-미래

찬성과 반대

문제와 전망

내용의 요점이 직접적인 관심사로부터 보편적인 관심사로 진행되는 동심원 구성 (예: 집, 학교, 지역사회; 지방에서, 국가에서, 전 세계에서)

주제와 관련된 서로 다른 각각의 영역으로 나누어 전개하기 (예: 정치계, 사회계, 경제계; 실제적, 이론적, 도덕적 함의 등)

말하기 주제를 이러한 구성적 틀을 중심으로 구분한 다음, 설명, 예시, 이야기, 사실, 통계치 등과 같이 각각의 아이디어를 발전시키고 뒷받침하기 위한 방법을 찾아보아라.

만일 시간이 허용한다면, 간단한 개요를 작성해 보라. 하다못해 휴지 조각에 몇 개의 핵심 낱말만 적어 놓아도 일단 스피치를 시작하고 나서 안심이 되고 곁길로 빠지지 않게 된다.

### 4. 가능하면, 첫 문장과 마지막 문장은 꼭 계획하라

준비 없이 스피치를 해야 하는 경우, 첫 문장과 마지막 문장을 어떻게 말할 것인가의 문제는 가장 어려운 부분이다. 처음 시작을 이상하게 하면 순식간에 청중의 주의가 분산되어 버리고 만다. 또한 스피치를 어떤 문장으로 매듭지을지를 생각해 두면, 곁길로 빠져서 허둥지둥하는 것은 피할 수 있게 된다. 스피치의 시작과 끝을 생각해 두면, 이리저리 배회하는 것을 피하고 개성 있는 즉석연설을 할 수 있게 된다. 문장 A로 시작해서 문장 B로 매듭을 지어야 한다는 것을 알게 되면, 말하기의 반은 준비가 끝난 셈인 것이다.


### 24c. 원고를 읽으면서 연설을 할 때는 시간을 엄수하면서 정확하게 발음하되, 구어체로 대화하듯이 하라

원고를 가지고 연설하는 것이 가장 손쉽고 안전한 방법이라는 잘못된 통념이 만연되어 있다. ("나는 익숙한 화자가 아니니까, 완전한 문장으로 된 원고를 작성하는 것이 좋겠어.") 이러한 통념이 간단한 메모를 활용하여 즉석에서 연설하는 것을 피할 수 있게 하는 변명이 될 수는 없다. 원고를 읽어가는 방식은 잘못하면 즉석에서 간단한 메모를 가지고 스피치를 하는 경우보다 더 치명적인 결과를 가져오기 쉽다. 초보 수준의 화자가 원고에 의지해서 스피치를 하다 보면, 문장의 맥이 끊기기 십상이고 단조로운 음성으로 청중과 눈조차 맞추지 못하게 되기 때문이다. 원고를 이용하여 스피치를 하는 것은 다음의 상황으로 한정하라.

- 할당된 시간이 제한적이고 융통성이 없을 경우: 이런 경우는 전형적으로 방송 미디어의 예를 들 수 있다. 짤막한 논평은 스케줄에 맞게 단 몇 초간의 시간도 지연됨이 없이 정확하고 압축적으로 이루어져야 할 필요가 있다.

- 말로 표현하는 것이 지극히 위험할 경우: 생각을 말로 표현하는 여러 가지 방법들이 용인 가능하긴 하지만 말로 표현하는 데 있어 작은 차이도 받아들여지지 않을 경우가 있을 수 있다. 때때로, 제대로 어휘를 선택하지 못할 경우 심각한 결과를 초래할 수 있다. 이 대표적인 사례로 위기 상황시 세계의 지도자들이 행하는 대중 연설을 들 수 있다. 위기가 심각하면 심각할수록, 영향력있는 지도자의 연설은 자칫 대학살을 촉발시킬 수도 있는 오해를 사전에 불식시킬 수 있도록 한층 정확성을 기해야 할 것이다. 정확성이 결여된 말하기가 소송과 분쟁으로 치닫게 되는 경우도 있다. 몇몇 민감하고 감정이 실릴 수 있는 주제의 경우, 잘못 선택된 어휘는 자칫 적개심을 부추기고, 마음을 다치게 하는가 하면, 예기치 못한 사건들을 야기할 수 있다. 화자는 또한 여러 복잡한 자료와 특화된 외연을 지닌 많은 낱말들을 포함하고 있는 기술 보고서나 연구 보고서 원고를 적절히 이용할 수 있어야 할 것이다.

- 문제가 특히 중요한 경우: 비록 세계 3차 대전이 촉발되는 것이 아니라 할지라도, 정확성이 한결같이 요구되는 몇몇 경우들이 있다. 정확성을 필요로 하는 경우는 내용보다는 오히려 문체와 관련해서 발생한다. 스피치를 할 때는 일상어를 사용하는 상황에 비해서 훨씬 압축적이고, 고상하면서도, 위트가 넘치고 품격있는 언어를 사용해야 한다. 예를 들면, 축사를 해야 할 경우, 원고를 활용하면 보다 절제된 어휘와 리듬감 있는 문장, 세련된 어조로 스피치를 할 수 있을 것이다.

## 1. 구어체 스타일로 원고를 쉽게 읽을 수 있도록 준비하라

스피치 원고를 작성하는 일이 곧 좋은 글은 어떻게 써야 하는가에 대한 작문 규칙으로부터 벗어나는 것은 아니다. 일단 전문 원고 개요로 작업을 시작하라.(11장 참조) 스피치 개요를 이루는 문장들은 논리적인 가이드 역할을 할 뿐 실제 스피치 원고가 아님을 기억하라. 개요를 실제 스피치 원고로 전환하는 작업을 위해서는 스피치 내용을 소리 내어 말로 하면서 이를 종이 위에 옮겨낼 수 있어야 한다. 원고를 소리 내어 읽어 가면서 눈이 아닌 귀로 점검할 필요가 있다. 글을 쓰고, 또 다시 고쳐 쓰면서, 크게 소리 내어 읽다 보면, 구어체 스타일의 리듬감을 살려낼 수 있다.(17장 참조)

이때 녹음기가 매우 유용하다. 자신의 목소리를 귀 기울여 들으면서 좀 어색하고 이상한 문장들을 찾아서 손질을 해야 한다. 원고 읽는 것을 들어줄 친절한 친구가 있다면 금상첨화가 아닐 수 없다.

최종적으로 스피치 원고가 어느 정도 완성이 되면, 다음과 같은 지침을 토대로 하여 사본을 만들도록 한다.

1. 원고는 육필 원고로 작성하지 말고 여백을 많이 두고 행간을 널찍하게 두어서 프린터로 깔끔하게 인쇄하도록 하라. 어떤 연사들은 활자 크기가 큰 것을 선호하기도 한다.
2. 대문자와 소문자를 표준적인 문장 형식에 맞게 표기하라. 대문자로만 표기된 문장은 읽기가 어렵다.
3. 두꺼운 종이에 인쇄하라. 너무 주름이 많거나 얇은 종이는 피하라.
4. 활자는 검정색으로 읽기 편하게 하라. 활자체가 너무 희미해서 읽을 수 없다면 곤란하다.

**[도표 24-1] : 읽기 편하게 구안된 원고의 예**

①

(모든 사람이 알고 있는 바와 같이,) 만약 당신이 어디론가 거처를 옮기고 싶어 한다면 뭔가 매력적인 그 무엇 때문일 것입니다. 58세가 되어서 플로리다나 나폴리같은 곳에서 크고 활동적인 부동산 매매 위원회의 회원이 되셨을 때 당신은 새롭고 도전적인 사업에 새롭게 출발할 수 있게 될 것입니다.

어떤 분은 토지 전문가이십니다. 또 어떤 분은 모텔이나 호텔에 대해서 모르는 것이 없습니다. 제가 아는 어떤 여성분은 아파트에 관심이 많습니다. 또 어떤 분은 해안가에 위치해 있는 집에 관심이 많습니다. 제가 어디를 바라보든지 내 앞에 누군가 계십니다. 하는 수 없이, 저는 진실을 받아 들여야겠습니다. <u>세상의 모든 것들은 나름대로 다 장점들을 가지고 있다!</u>

(청중 중에서 한 사람의 이름을 불러볼까?)

1분간

[도표 24-1]은 스피치를 하기 편하게 구안된 원고를 예시해 놓은 것이다. 화자가 어떻게 원고의 여백에 적절한 표기 체계를 활용하여 강조해야 할 부분과 쉽게 원고 내용을 파악할 수 있도록 해 놓았는지를 확인하라.

어떤 말하기 상황에서는 화자가 원고를 직접 손에 들기보다는 OHP와 같은 기자재를 활용해서 읽어야 할 경우도 있을 수 있다.

## 2. 스피치를 할 때 편하게 읽을 수 있도록 원고와 충분히 친숙해지도록 하라

원고를 보고 읽는 방식으로 스피치를 할 때 생기는 가장 어려운 문제는 자칫 구어체가 아닌 문어체로 말하고 청중과 눈을 맞추지 못하게 될 수 있다는 점을 지적할 수 있다. 비록 모든 낱말들을 원고로 작성하더라도, 그냥 보고 읽어서는 안 된다. 원고가 충분히 편안해질 정도로 자주 소리 내어 읽는 연습을 하라. 구어체로 원고를 작성하는 방법을 숙지하게 되면, 긴 문장들을 부자연스러운 억양으로 숨가빠하면서 읽는 우를 범하지 않게 될 것이다.

24c. 1에 제시된 것처럼 활자화되어 읽기 쉽도록 구안된 원고는, 원고를 읽어가는 방식으로 스피치를 하는 동안 청중들과 눈을 맞출 수 있도록 하는 것이 필수적이다. 적절한 공간 및 시각적 단서가 표시되어 있는 원고는 주기적으로 청중을 보면서 스피치를 진행하더라도 읽어야 할 부분을 놓치지 않도록 해 준다. 지속적으로 청중과 눈을 맞출 수 있어야 청중과의 교감이나 그들로부터의 피드백을 경험할 수 있게 된다. 가끔씩 원고에서 눈을 떼고 한번씩 휙 청중들을 훑어보는 것만으로는 청중들의 반응을 살필 수 없을 뿐더러 이러한 행동은 청중들의 주의를 흐트러뜨릴 수 있다. 만약 스피치를 충분히 연습했다면, 편안하게 고개를 들고 쫓기지 않는 차분한 모습으로 청중들을 바라볼 수 있을 것이다.

어떤 경우라도 첫 문장과 마지막 몇 문장만은 절대로 읽지 말라. 이 부분만큼은 암기해서 자연스럽게 청중에게 말을 건네듯이 전달하면서 청중들과 시선을 교환할 수 있어야 한다. 또한 결정적인 촌철살인의 어구가 있다면 그 역시 절대로 보고 읽어선 안 된다.

## 24d. 짧고 중요한 스피치는 외워서 하라

내용을 외워서 하는 스피치는 문자 그대로 원고 없이 진행하는 방식을 뜻한다. 이러한 방식의 스피치는 원고를 읽는 것 자체가 적절하지 않고 짧게 마쳐야 하는 상황에 적절하다. 이러한 스피치는 건배를 제의한다거나 훈장을 수여하거나 답례사를 해야 하는 것과 같이 의례적인 성격이 강한 경우에 많이 활용된다.

### 1. 낱말 하나 하나를 외우기 전에 스피치의 구조를 암기하라

아이디어의 주요 흐름을 내재화하는 데 도움이 되는 몇 개의 핵심어휘를 익혀라. 예를 들면, 그 해 우수 판매 직원을 시상해야 하는 상황이라면, 다음과 같은 개요를 익혀서 짤막한 스피치를 준비한다.

> I. 수상자 선정 과정
> II. 올해 수상자의 판매 실적
> III. 판매왕으로서의 수상자의 자질

혹은 더욱 간단하게

> 과정
> 기록
> 자질

등의 개요를 숙지한다.

## 2. 여러 번 스피치 원고를 소리 내어 읽어 보고 단락을 중심으로 좀더 자세히 연습한다

언제나 의미에 집중한다. 문장만을 독립해서 연습하기보다는 한 번에 전체 단락들을 중심으로 논리적, 개념적 통일성을 확보하는 데 역점을 둔다.

## 3. 연습할 때는 자신이 스피치하는 모습을 떠올려 보라

실제 연설하는 상황과 무관하게 단순히 원고를 읽어 내려간다고 생각하지 말라. 장소를 가득 메운 청중들을 실제 대면해서 당황하거나 중심을 잃는 일은 없어야 할 것이다.

## 4. 스피치를 할 때 얼지 않도록 하라

다시 한 번 스피치 내용에 편안해지도록 함으로써 청중과 눈을 맞추고 유대감을 가질 수 있도록 한다. 긴장감 때문에 시선이 허공을 맴돌거나 몸이 빳빳하게 굳는 일이 없어야 할 것이다.

## 5. 갑자기 아무 생각도 나지 않는다면 다음 낱말을 찾기보다는 준비된 메모에 의지해서 전체 스피치의 구조를 확인하라

전달해야겠다고 생각한 요점을 중심으로 말을 하게 되면, 생각을 정리하고 암기한 내용을 점검하면서 스피치를 할 수 있게 된다.

제25장
# 말하기 연습의 단계

# | 말하기 연습의 단계 |

> 스피치를 완성하고 세련되게 다듬기 위해서는 연습 단계를 활용하라. 3
> 단계로 연습할 시간을 만들어라.

발표시간을 충분히 앞두고 말하기 연습을 큰 소리로 하라. 이것을 통해 스피치를 완성할 수 있다. 다른 사람으로부터 피드백을 받고 전달 방법을 세련되게 완성하라.

## 25a. 효율적인 피드백을 할 수 있도록 인적 자원을 확보하라

### 1. 가능하면 동료나 친구 등 스피치를 배우는 사람들로 구성된 도우미 그룹을 형성하라

많은 사람들에게 스피치의 피드백을 받을 수는 있겠지만 비슷한 목표를 가진 사람들에게 피드백을 받는 것이 가장 좋다. 스피치 강좌에서라면 토론과 스피치 연습을 함께 하기 위해 만나는 동료 학습자들이 좋다. 동료들로부터 협조를 얻어내는 것은 사업과 전문 분야, 정치 및 시민단체 등 여러 분야에서 그 가치를 인정을 받고 있다. 가장 효율적인 화자들은 자신의 발표를 개발해 나가는 동안 서로서로 그들의 프리젠테이션을 정기적으로 평가한다.

## 2. 효율적인 피드백과 스피치 비평을 위하여 가이드라인을 설정하라

발표자들로 구성된 모임 내에서는 상대방의 스피치에 대해 평가를 할 때 기본 규칙을 확립하는 것이 좋다. 종종 발표자가 토론을 이끌고 25b. 2에 나타난 대로 본인이 가장 관심을 지니고 있는 분야에 대해 평가를 부탁할 수도 있다. 건설적인 피드백을 위해 2d를 참조하라.


## 25b. 3단계의 연습을 활용하여 개요서 수준의 스피치를 완성작으로 끌어 올리라

스피치 연습을 위해서는 시간표를 작성해야 한다. 연습 시간을 많이 갖는 다고 해서 반드시 더 좋은 것은 아니다. 스피치나 보고서에 있어서 과도한 연습은 스피치를 김빠지게 하고 발표할 주제에 대해 화자 스스로가 흥미를 잃어버리게 될 위험이 있다. 하지만 대부분의 발표자들은 그 반대의 실수를 더 많이 하며, 이 경우 결과는 더욱 문제가 많다. 두 가지 상황 중 어느 하나라도 빠지지 않기 위해서는 연습시간을 잘 계획하고 단계별 시간표를 작성하여, 시간표대로 잘 따라야 한다.

연습 단계를 이행하는데 있어서 그 단계를 고정시켜놓고 반드시 그대로 따라야 하는 것은 아니다. 5a에 나타난 대로 창조적 과정은 계속되므로 연습의 각 단계들 사이의 시간을 너무 짧게 계획함으로써 이 시간 동안에 발표에 대한 충분한 숙고가 이루어지지 못하는 우를 범해서는 안 된다. 3일 동안 한번은 아침에 한번은 저녁에 하는 식으로 일어서서 실전처럼 발표연습을 하는 것이 연달아 한꺼번에 6번 연습을 하는 것보다 훨씬 더 낫다. 연습시간을 단기간에 몰아넣는 것보다는 긴 시간에 걸치도록 배치하는 것이 연습과 연습 사이 기간 동안에 숙고를 통해 좀 더 새로운 아이디어를 공급받고 다듬을 수 있게 한다.

시간표를 계획하는 방법에 있어 반드시 따라야 할 정답은 없다. 스피치의 유형이 다양하고 준비하는데 걸리는 시간도 차이가 있기 때문에 정확한 연습 횟수를 획일적으로 규정하기는 어렵다. 표 25-1에서는 세 가지 유형의 스피치에 대한 시간 계획을 보여준다. 이것을 이용하면 독자들의 상황에 맞는 시간 계획표를 작성할 수 있다.

연습 시간표를 작성할 때 발표 능력에 따른 개인적 차이를 고려해야 한다. 예를 들면, 능숙한 발표자가 교실 스피치를 준비한다면 마지막에 하는 하루 3번의 연습은 필요 없고 한번 만으로도 족할 것이다. 자신의 발표 능력을 솔직하게 평가해 보고 그에 따라 시간표를 작성하라.

### 1. 초기 연습 단계에는 발표 윤곽에 살을 붙여라

초기 연습 단계에는 아이디어의 윤곽만 잡혀 있는 단계이므로 그 윤곽에 언어적 요소들을 가미하고 논리적인 언어 구조로 바꾸는 작업을 하게 된다.

발표 윤곽을 내면화하고 여러 번에 걸쳐 끝까지 읽으며 사고의 논리적 흐름에 대해 친숙해져야 한다. 책상이나 테이블에 앉아 자신의 방식으로 대화하듯이 말하라. 자기 자신에게 설명하며 반은 생각하고 반은 말하듯이 하라.

이 단계에서는 조용한 장소를 선택해서 스피치를 최종적으로 결합하여 실제 말해보라. 일어서서 자신이 발표할 때 내는 목소리로 말하라. 혼자말로 하듯이 말하지 말라. "예를 들어 말씀드리겠습니다."라고 했으면 실제로 예를 들어라. 어색한 구절이나 구문, 잘못된 어휘 선정 등을 늦게 발견하는 것보다는 일찍 발견하는 것이 더 나을 것이다. 발표 상황을 머릿속에 떠올리고 자신을 그 상황 가운데 두라. '이것은 연습 단계이다.' 라고 생각하지 마라. 실제 상황이라 생각하고 청중들의 얼굴을 떠올리고 그들에게 말하듯 하라. 이 시점에서는 제스쳐나 음성의 변화 등을 다듬는 것에는 너무 신경쓰지 마라.

이 단계에서 종종 스피치 노트의 개요를 어느 정도 잡고 있을 수도 있다. 하지만 이것을 고정시키지 마라. 표현을 조금씩 손보면서 스피치 전체를 다듬다보면 얼마든지 변할 수 있다. 자신을 특정 어휘들의 틀 안에 가두어 놓지 마라.

**[표 25-1] 스피치 유형에 따른 연습 스케줄**

| 스피치 유형 | 준비 시작 | 예비분석, 연구, 윤곽 잡기 등이 완료되는 시기 | 초기 연습 단계 | 중간 연습단계 (피드백) | 최종 연습 단계 (다듬기) |
|---|---|---|---|---|---|
| 정책 연설 | 수 주 전 | 1주 전 | 1-2주 전:동료들과 아이디어를 교환<br>5-6일 전:하루 한번 스피치를 통해 연습 | 4일 전:연습 장면을 녹화하여 조언자들과 함께 본다. | 3일 전:친한 사람들에게 스피치를 한다. 피드백을 받는다. 한 번 더 큰 소리로 연습한다.<br>스피치 당일 :큰 소리로 한번 연습, 회의 참가 직전 노트를 읽는다. |
| 강의실 스피치 | 10일 전 | 4일 전 | 4-10일 전:친구들과 스피치에 관해 이야기<br>4일 전:개요를 여러 번 읽을 것. 두 번 큰 소리로 연습 | 3일 전:친한 사람들에게 스피치를 한다. 피드백을 받는다. 한 번 더 큰 소리로 연습한다. | 2일 전부터:하루 1-3회 큰 소리로 연습, 개요와 노트를 여러 번 읽는다.<br>스피치 당일:큰 소리로 한번 연습, 스피치 직전 노트를 읽는다. |

| 업무 회의 등에서의 통상적인 보고 | 24시간 전 | 전날 저녁 | 전날 오후나 저녁:친구나 동료들과 기본적 아이디어에 대해 이야기<br>전날 저녁:1-3번 큰 소리로 연습 | 업무 회의날 아침:가능하면 동료들에게 보고 해 본다. | 스피치 당일:큰 소리로 한번 연습, 스피치 직전 노트를 읽는다. |
|---|---|---|---|---|---|

### 2. 피드백을 받기 위해 중간 단계의 연습을 활용하라

자신의 발표 내용에 대해 어느 정도 익숙해지면 최종적인 마무리 작업에 들어가기 전에 자신의 스피치에 대한 피드백이 필요하다. 이 작업은 주로 시간표로 보아 가운데에 배정을 한다. 내용과 문체, 전달방법 등에 관한 피드백을 기본적인 스피치 형태를 갖추기도 전에 너무 일찍 받으면 아직 형태를 갖추지 못한 부분들에 대해서는 피드백을 받을 기회를 잃어버리게 된다. 반대로 피드백을 너무 늦게 받으면 조언을 받은 유용한 정보들을 자신의 발표 속으로 자연스럽게 배어들게 할 시간적 여유가 없다.

타인의 앞에서 스피치를 연습하고 그들의 피드백을 구하라

5c에 나타난 바와 같이 사람들은 아이디어 개발에 있어 좋은 메아리일 뿐만 아니라 피드백의 가장 좋은 대상이다. 동료, 가족, 친구 등 타인으로부터 다양한 반응을 구하라. 얻을 수 있는 것을 취하되, 지지하는 사람들을 넘어서 자신이 대하게 될 실제 스피치 대상인 청중들에 가까운 입장에서 비판적으로 스피치를 평가하라. 예를 들어 만일 고등학생을 대상으로 스피치를 한다면 십대인 조카들이나 친구들에게 물어 보라. 스피치 예행연습을 할 때는 실제 대상인 청중들 앞에 있다고 생각하라. 현재 리허설하는 청중이 절친한 친구라 하더라도 마치 공식석상인 것처럼 행동하라.

스피치의 내용과 전달 방법에 대해 진솔한 피드백을 구하라. 한 사람의 의견을 마치 전부인양 받아들이지는 마라. 그 사람 또한 다른 어느 사람과 마찬가지로 변덕과 편견을 지닌 사람일 수 있다. 그러한 이유로 인해 한 사람보다는 여러 사람 앞에서 피드백을 받는 것이 더 좋다.

"제 스피치가 마음에 드십니까?"라는 질문을 해서는 안 된다. "좋았어요."라든지 "내 생각에 괜찮았어요."등과 같은 모호한 답변은 별로 큰 도움이 안 된다. 다음과 같은 질문들을 통해서 구체적인 비평을 이끌어 내고 그들로부터 명백한 답변을 구하는 것이 좋다.

"제가 말하려고 하는 가장 중요한 논점은 무엇이라 생각하십니까?" 이러한 질문에 그들이 논점을 대답하지 못한다면 스피치의 구조를 다시 한번 재고해 보아야 한다. "내가 관철시키려고 하는 주제는 무엇입니까?" 라고 할 때 그들이 주제를 말할 수 있어야 한다.

위의 두 가지 질문에 대해 대답할 수 있어야 세부적인 사항으로 진행할 수 있다. 당신은 특정의 목적을 가지고 스피치를 하고 있으며, 스피치의 전체적인 목적을 사람들이 이해하지 못한다면 나머지 세부적인 것들은 더 이상 의미가 없다. 스피치의 목적을 사람들이 명확하게 이해하고 있다면 다음으로 아래의 질문들을 해 볼 수 있다.

- "내 생각이 논리적인 순서로 전개가 됩니까?"
- "스피치가 여러분의 주의를 잘 끕니까? 어떤 부분이 지루하던가요? 혼란스러운 부분은 어느 부분입니까?"
- "내 요점을 입증하였나요?"
- "내가 현재 진행 중인 부분을 잘 소개하였나요?"
- "결론 부분은 잘 요약하였나요?"

- ■ "음성이 자연스러웠습니까?"
- ■ "틀에 박힌 매너리즘은 없었나요?"

연습장면을 녹화 또는 녹음하고 분석하라

사람들을 대상으로 리허설을 하는 것 다음으로 좋은 것은 비디오 테잎으로 녹화하는 것이다. 비디오 카메라가 없으면 비디오클럽에서 대여를 할 수도 있다. 만일 스피치 강좌를 수강 중이라면 아마도 스피치 학원에 사용가능한 기계가 있을 것이다. 어떤 스피치 학원은 비디오 시설을 갖춘 곳도 있다. 당신의 회사에도 이러한 목적으로 비디오 장비를 갖추고 있을 것이다.

녹화 후 재생해서 당신의 발표 장면을 볼 때에는 자신으로부터 빠져 나와서 비디오 화면을 마치 다른 사람인양 바라보아야 한다. 이 때에는 일시적으로 메시지나 가상의 청중에게 관심의 초점을 맞추었던 것을 발표자인 화자 자신에게 돌려야 한다. 청중이 되어서 이전에 제기되었던 질문을 자기 자신에게 던져 보라. 친구가 내가 발표 중에 "제 뜻은..."이란 말을 불필요하게 자주하며 스웨터를 잡아 뜯는다고 했을 때는 믿지 않았지만 비디오 자료를 이용하면 그 말이 진실이었음을 확인하게 될 것이다. 여기서 주의해야 할 점은 지나치게 자신에 대해 비판적이 되어서는 안 된다는 것이다. 고칠 점만 바라본다면 비디오 자료를 통해 자기 자신을 바라보는 일은 아주 괴로운 일이 될 것이다. 자기 자신이 잘 하고 있는 점도 비디오 자료에서 발견하라. 코의 모양, 귀가 얼굴 밖으로 나온 모양, 녹음된 음성이 실제 자기가 느끼는 음성과 다르다는 점 등 신체적인 특성에만 너무 몰두하지 말라. 이 경우 나 혼자 보다는 더 균형적인 관점을 제공할 수 있는 친구나 코치와 함께 비디오 자료를 보는 것이 더 나을 수 있다.

비디오 카메라가 여의치 않는 경우에는 녹음을 하는 방법이 있다. 이 경우 시각적인 정보는 얻을 수 없지만 내용이나 박자, 음성 등은 피드백을 받을 수 있다. 종종 발표 계획을 짤 때, 특히 창조적인 과정 단계에서 더 이상 진전이 없을 때 녹음기를 좀더 일찍 사용하는 경우가 있다. 녹음기를 사용하여 듣다 보면 좋은 아이디어나 어휘가 생각이 나기도 하며, 자신의 아이디어나 표현들을 친구들과 듣고 대화 나누다보면 보완할 것들이 떠오르기도 한다.

거울 앞에서의 연습은 단 한차례로 한정한다

거울 앞에서의 발표 연습은 일반적으로 득보다 실이 더 많다. 이 방법을 쓸 경우 피드백이 더 지연되는데, 말하기를 한 후 발표의 내용과는 좀 동떨어진 시시콜콜한 부분으로 관심을 분산시키는 역할을 한다. 거울을 사용할 경우 말하는 내용과 말하는 방법 사이에서 주의력을 분산시키게 된다. 자세와 제스쳐, 얼굴표현 등 시각적 표현 등을 확인할 만한 다른 수단이 없을 때에 한해서 거울 앞에서 한번 정도만 연습해 볼 것을 권한다.

**3. 문체와 전달 방법 등을 마무리하기 위해 마지막으로 몇 번의 연습 기회를 가지라**

이 시기가 되면 스피치의 기본적인 내용은 다 파악이 되었고 큰 변화를 주기는 어렵다.

마지막 연습 시간은 실제 상황처럼 하라

만일 시청각 기자재를 이용한다면 마지막 연습 시간에 활용할 수 있도록 미리 준비하라. 노트카드에 대해서도 마찬가지이다. 시간적 여유를 충분히 고려하여 점검하여라. 많은 청중 앞에서 마이크로 스피치하는 것은 예행연습 때 적은 수의 청중 앞에서 할 때에 비해 더 큰 성량을 요구하게 된다. 마지막 예행연습 때는 좀 뻔뻔스럽더라도 실제 스피치를 할 때처럼 큰 소리로 당당하게 발표할 필요가 있다.

노트와 개요서를 끝까지 읽되 이것만으로 최종 예행연습을 대신할 수 있다고 간주하지는 말라.


### 25c. 스피치의 안내 역할과 만약의 사태를 위해 스피치 노트를 준비하라

스피치 노트와 개요서를 혼동하지 마라. 이 두 가지의 역할은 다르다. 개요서는 스피치가 논리적 구성을 따르는지 알기위한 것이지만, 스피치 노트는 실제 스피치를 할 때 보조적 역할을 하기 위한 것이다.

개요서나 말씨처럼 노트도 몇 가지의 초안이 필요하다. 노트를 만들고 필요시 그것에 낙서 표기도 하라. 처음 작성한 내용을 끝까지 고수할 필요는 없다. 노트에 조금씩 덧붙여 가는 것은 마음 속에서 스피치를 확립해 나가는 훌륭한 방법이다.


### 1. 스피치 노트에는 핵심 단어나 핵심 문구, 직접적으로 인용할 내용을 기록하라

요점을 평행하게 그리고 상호 배타적으로 전체 문장을 다 적는 개요서와는 달리 스피치 노트는 고정된 형태가 존재하지는 않는다. 단어나 문장의 한 부분 혹은 한 두 마디의 문장 등 어느 것이나 기록할 수 있다. 연습을 하면서 기록할 필요를 느꼈던 것이면 어느 것이든 노트에 기록할 수 있다.

연습을 하면서 핵심 단어뿐만 아니라 발음이 어려운 문장을 기록해 두거나 미묘한 리듬을 지닌 문구를 기억해야 할 필요를 느낄 수도 있다. 노트에는 긴 문장이나 복잡한 통계자료 등 기록된 대로 정확히 인용해야 하는 문장을 기록할 수도 있다.

하지만 노트는 어디까지나 노트임을 명심해야 한다. 노트를 지나치게 길고 자세히 기록하면 즉흥적인 스피치가 아닌 원고형 스피치가 되고 만다. 노트는 참고하기 위한 자료이지 그대로 읽기 위한 것이 아니다.

### 2. 발표할 때 도움이 되도록 스피치 노트는 한 가지 형태로 만들어라

스피치를 하는 상황은 여러 가지가 있으며,(23장 참조) 그 상황에 따라 노트의 형태가 달라진다. 국제 포럼에 초청받은 연사라면 4x6인치 카드를 사용할 것이다. 법정에 선 변호사라면 스피치 도중 규격 패드를 참조하더라도 잘 어울릴 것이다. 프로젝트의 매니저는 자기의 슬라이드를 보여주는 랩탑 컴퓨터 화면에서 파워포인트 노트 페이지를 슬쩍 슬쩍 볼 수도 있다. 이 모든 경우에는 25c.1의 조언이 적용된다.

게다가 어떤 형태로든 노트를 만드는 데 있어서 적용 가능한 형식이 있다. 단어와 구절은 크게 적고 적절히 뛰어 써서 잘 정돈한다. 카드 번호를 크게 하고, 밑줄, 들여쓰기, 별표, 형광색 표시, 서로 다른 색깔로 표시 등 시각적인 단서를 잘 표시해야 한다. 이렇게 하는 이유는 한 눈에 자신이 원하는 것들을 쉽게 찾을 수 있기 때문이다. 스피치 노트에는 스피치 도중 내려야 할 몇 가지 선택들에 대해서도 단서를 제공한다. 시간 기록은 필수적이다. 노트의 한 구석에 "만일 시간이 8분 이상 걸리면 [6번 카드/4번 지점/10번 슬라이드]로 넘어가라." 와 같은 내용을 기록할 수도 있다. 스피치에서 꼭 짚고 넘어가지 않아도 되는 부분은 다른 색깔로 표시할 수도 있다. 노란색깔로 표시된 예들은 "내 논점에 대해 청중들이 동의하지 못할 때 이 내용을 추가하라. 그렇지 않으면 생략하라."라는 뜻일 수도 있다.

독서 카드에 스피치를 준비하라

많은 사람들은 노트를 4x6인치나 5x8인치 카드에 적는 것을 좋아한다.

8.5x11인치 종이는 너무 크고 헐렁헐렁하여 연사용 탁자에 올려두면 당신의 몸짓이나 움직임을 자유롭게 할 수가 없다. 이것을 피하는 방법 가운데 하나는 만일 노트가 한 페이지인 경우 8.5x11인치 종이 노트를 마닐라 폴더에 붙여서 종이가 빳빳해 지면 세울 수 있도록 하는 것이다. 8.5x11인치 종이 노트는 대개의 경우 너무 큰 반면 3x5인치 독서카드는 너무 작다. 만일 3x5인치 카드에 글씨가 읽힐 수 있을 만큼 충분히 크게 적는다면 노트의 분량이 상당히 두꺼워 질 것이다.

독서카드 방식의 노트를 선택한다면 중간 크기의 독서카드가 스피치 도중 손에 쥐고도 손쉽게 제스쳐나 동작을 펼칠 수 있다. 이렇게 되면 청중들의 주의를 산만하게 만들지도 않을 것이다. 노트를 사용하는 것에 대해 청중들에게 너무 부끄러워 할 필요가 없다. 오히려 정직하게 노트를 참고한다는 것을 보여 주라. 손으로 가리고 은밀하게 슬쩍슬쩍 본다고 해서 청중들이 당신이 아무런 자료도 없이 스피치를 한다고 믿지는 않는다.

반대로 너무 노트를 자주 참조해서 노트 속에 파묻히지는 말라. 잠깐 내려다보고 다음에 무엇이 있는지를 살펴 본 다음에 그것에 대해 이야기하도록 하라. 만일 당신이 노트 속에 코를 파묻고 말해야 할 정도라면 스피치를 제대로 준비하지 않은 것이다.


스피치 노트를 발표용 소프트웨어 프로그램 안에서 준비할 수도 있다

발표용 소프트웨어 프로그램에서 슬라이드를 준비할 때 슬라이드 노트를 함께 기록할 수도 있다. 어려운 발음의 단어 혹은 문장이나 정확한 데이터, 25c.1에서 언급한 인용 문장 등을 여기에 기록할 수도 있다. 하지만 기본형으로 저장되어 있는 폰트를 고수함으로써 글씨가 너무 작아 읽기 어렵게 되는 일은 없도록 하라. 아울러 25-1에 나타난 대로 다른 시각적인 단서를 달 수도 있다. 8.5x11인치 종이를 쓰지 않는다면 인쇄물의 위쪽 여백을 잘라내

어 필요한 크기에 맞게 사용할 수도 있다.

## 25d. 스피치를 주어진 제한 시간에 맞추라

스피치 준비에 관한 섹션에서는 스피치의 주제를 선정할 때 주어진 시간 분량에 맞추어 준비하도록 권하고 있다. 대개는 스피치 준비가 상당히 진행 되기 전까지는 스피치가 시간이 얼마나 걸릴 것인지를 정확히 알기 어렵다. 즉흥적인 스피치에서는 아이디어의 형태나 말하는 스타일, 리듬 등에 따라 소요 시간에 차이가 난다. 여기서 청중의 반응을 상상해보는 것이 도움이 된다. 대부분의 초보 발표자들이 연습 때에 발표하는 속도는 그들이 실제 스피치에서 명확하게 의미를 전달하기 위해서 필요하다고 느끼는 속도보다 는 빠르다. 연습을 실제 상황에 가깝게 하면 할수록 시간을 잘못 추정할 가 능성이 줄어든다.

스피치의 시간을 재기 위해 시계를 찬 손목을 자꾸 쳐다보지는 마라. 단지 스피치 시작 시간과 끝나는 시간을 기록하면 된다. 스피치 도중 손목을 자 꾸 쳐다봄으로써 오히려 부자연스러운 행동을 나타내게 된다. 예를 들면 만 일 시간이 많이 소요되었다고 할 때 마지막 몇 분을 남겨두고 속도가 평소 속도의 2배로 빨라진다든지, 혹은 반대로 시간이 많이 남는다고 할 때 지루 할 정도로 속도가 느려지는 상황이 발생할 수 있다. 길이의 문제를 해결할 수 있는 현명한 방법들이 있다. 먼저 스피치의 부분별로 시간을 측정하는 것이다. 이것은 다른 사람에게 부탁하여 개요서의 어떤 지점을 시간을 측정 하게 하거나 녹음을 함으로써 자신이 직접 시간을 측정할 수 있다.

서론, 본론, 결론 등 스피치의 각 부분에 대해 상대적인 시간 소요를 살펴 보라. 일반적으로 본론은 75% 정도의 시간을 소요하는 것이 좋다. 혹시 서론에서 너무 많은 시간을 소비하고 있지는 않은가? 각각의 논점에 대해 상대적인 시간 분포를 살펴보라. 혹시 첫 번째 논점에만 반 이상의 시간을 소비하고 있지는 않은가? 첫 번째 논점이 그럴만한 가치가 있는가?

## 만일 스피치가 너무 길다면

1. 전체 요지를 줄이는 것을 고려하라.(주제에 맞추어 조절하라)
2. 보조적 증거와 예를 찾아보고 이중의 노력이 드는 내용은 잘라내라(하지만 잘라낸 부분을 따로 저장하라. 질문과 답변 시간이나 토론 부분에서 그 내용이 필요할 수도 있다).
3. 예시(illustration)를 예(example)로 바꾸어 보라. 모든 내용을 다 설명하여 말하기보다는 짧은 한마디로 모든 내용을 알려줄 수 있는 고사성어나 속담 등을 활용하라.
4. 스피치의 주제에 비추어 핵심적이지 않으면 긴 이야기나 농담 등은 생략하라.
5. 기술적이거나 자세한 정보를 알려주기 위해서는 스피치 이외에도 핸드아웃이나 시청각 자료 등을 십분 활용하라.
6. 가능한 한 압축된 언어와 문장을 사용하고 단순하게 말하라.

## 만일 스피치가 너무 짧다면

1. 다른 요점들에 비해 충분히 전개되지 않은 중요한 요점들이 있는지 찾아보라.
2. 본인의 개인적인 발표 특성으로 인해 너무 간결하게 말하고 있지 않은지 살펴보라. 이 책의 다른 부분에서도 여러 번 언급했듯이 구어(口語)는 지나가면 잊어버리기 마련이다. 따라서 반복과 윤색, 그리고 예시 등을 통해 청중 한 사람 한 사람이 당신이 강조하고자 하는 논점을 깊

이 새겨들을 수 있도록 해야 한다.

3. 당신이 모든 논점을 입증했다는 것을 확인해라. 당신이 논리의 비약이나 지나친 가정을 하지 않았다는 점을 확실히 하기 위해 동원된 증거들을 재확인할 필요가 있다.

4. 연구를 좀더 많이 하라. 도서관에서 자료 찾기를 너무 일찍 포기했을 수도 있다.

스피치 수업에서는 최소한의 제한 시간에 도달하지 못한 경우 벌칙이 있는 경우도 있다. 하지만, 그런 상황이 아닌 경우에는 주어진 20분 가운데 15분만 소요했다고 해서 화를 내는 사람은 없다. 하지만, 20분을 할당받았는데 40분을 쓴다면 다른 많은 사람들의 스케줄을 방해하는 결과를 가져온다.

능숙한 화자들은 스피치의 각각의 요소들에 걸리는 시간을 항상 잘 알고 있다. 시작에서 전체 내용이 끝나는 시간을 재면 화자가 시간을 잘 맞춘다는 것을 확인할 수 있지만, 그들은 각각의 단계별로 시간 소요를 알고 싶어한다. 그것을 알면 실제 스피치 상황에서 발생하는 여러 가지 변화에 대해 적응하는데 도움이 되기 때문이다.(29장 참조)

연습의 단계에 있어서 매번 스피치를 할 때마다 동일한 시간이 소요되는 단계에 이르면 각 부분마다 소요되는 누적 시간을 노트에 체크하라. 예를 들면 서론에 대한 노트의 우측 하단에 "2분"이라고 적고, 첫 번째 요지 뒤에 "5분", 두 번째 요지 뒤에 "8분" 등과 같다.(그림 25-1 참조)

스피치의 각 요소들에 소요되는 시간을 알고 있으면 돌발 상황에 대해서도 결코 불안해하지 않고 시간적 적응을 할 수 있는 예를 살펴보자.

계획에 따라 첫 번째 논점에 5분을 할애했는데, 스피치 도중 청중들로부터 피드백을 받은 결과 확실히 이해시키기 위해서는 8분을 써야겠다고 마음을 먹게 되었다. 이때 두 번째와 세 번째 논점에서 일화(逸話)부분을 빠뜨림으로써 3분을 구해오기로 결정했다.

어떤 프로그램을 진행 중인데 현재 시간적으로 지연되고 있다. 하지만 다른 스케줄이 있기 때문에 최종적인 시간지체가 허용되지 않는 상황이다. 진행자가 발표를 30분에서 10분으로 단축해 달라고 부탁한다. 이 때 당신은 각각의 논점에 소요되는 시간을 조합하여 가능한 단축된 형태의 스피치로 재구성한다.

어떤 사람들은 자기 내면에 정확한 시계가 있어서 외부적인 단서가 필요 없는 경우도 있다. 하지만 우리들 대부분은 그렇지 못하며 이 경우에는 시계를 벗어서 쉽게 볼 수 있도록 탁자 위에 올려놓거나 동료로 하여금 약속된 시간이 되면 신호를 보내도록 할 수도 있다. 하지만, 시계를 너무 지나치게 믿지는 마라. 연습과 시간 측정을 통해서 발표에 익숙해지는 것이 중요하다.

## 25e. 스피치 직전의 몇 시간을 한번의 최종적인 통독과 적절히 편안한 심리 상태를 유지하기 위해 남겨 두라

어느 날 오후 또는 저녁에 중요한 스피치를 한다고 가정해 보자. 이 경우 스피치 전날 저녁 즈음이면 이미 스피치가 다듬어지고 이미 스피치 내용이 익숙하고 편안하게 느껴져 있을 것이다. 연습 시간을 몇 시간 정신없이 하는 것이 결코 좋지 않다는 것을 명심하라. 스피치를 하는 날 아침에는 아무런 부담없이 연습할 수 있는 시간을 마련하라. 그날 낮 활동을 하는 동안 발표 개요서나 노트를 한번은 보고 싶어 질 것이다. 이 때 불안해 진다면 4c나 4d에 나타난 바와 같이 심리적 이완이나 가시화 기술을 시도해 보라.

스피치를 하기 전 마지막으로 개인적으로 조용히 준비할 수 있는 시간에는 개요서와 노트를 살펴보는 것이 좋다.

이것은 집이나 사무실을 떠나기 직전이나 건물 바깥의 벤치에 앉아 있는 동안에 가능하다. 발표 전 마지막 수 분 동안에는 서론과 결론을 살펴보라. 스피치의 기본적인 구조 즉 거시적인 개념을 그려보라.

스피치를 구성하는 동안 어떻게 준비하는 것이 당신으로 하여금 강단에 오르기까지 가장 편안하게 할 것인지 항상 생각하는 것이 좋다. 스피치 이전 충분한 시간동안 당신의 정상적인 페이스로부터 멀어지게 하는 상황을 미리 예측하고 그 상황을 피하거나 약화시킬 수 있는 방법을 강구하라. 발표 당일은 드라이클리닝 한 옷을 찾거나 현금을 인출한다고 정신없이 헤매지 않도록 미리 하루를 계획하라. 만일 스피치 바로 직전에 어떤 회의가 있고 그 회의가 통상적으로 당신에게 상당히 스트레스를 주는 회의였다면 참석하지 말라. 다양한 자극들에 대한 나만의 특유한 반응들을 미리 의식하고 있어라. 만일 당신이 배부른 상태에서는 제대로 일을 하지 못한다면 연회장의 뷔페는 먹지 말고 샐러드만 먹도록 하라. 간단히 말해서 다소 이기적이 되더라도 자신의 컨디션이 최상이 될 수 있도록 자신을 잘 관리하라. 당신이 그토록 오랫동안 준비해온 스피치를 발표할 때 편안하고 자신 있게 할 수 있다면 그것은 당신 자신과 청중들 덕분이다.

## 25f. 연습할 때 빠지기 쉬운 함정들을 피하라

### 1. 실제 말을 하지 않고 머리 속으로만 하는 연습

앞서서 스피치에 대해 생각하고 개요서를 통독하는 것이 큰 소리로 리허설을 하는 것을 대신할 수는 없다. 입으로 실제 발음을 하면서 하는 연습은 어휘에 익숙해지고 시간을 측정하기 위해 필수적이다. 입으로 연습하는 것을 마지막 순간까지 미루지 않도록 하라.

### 2. 너무 많은 비판자들

어떤 화자들은 자기가 아는 모든 사람에게서 피드백을 받고자 하며, 이 가운데 대부분의 사람들은 순순히 협조한다. 다양한 의견들을 받는 것은 좋은 일이다. 하지만 "너무 길다"와 "너무 짧다", 혹은 "너무 심각하다"와 "너무 가볍다"와 같이 서로 반대되는 의견들을 수용하는 것은 때로는 혼돈스럽다. 궁극적으로 이것은 나 자신의 스피치이므로 판단에 대해 신뢰할 만한 몇 명의 사람들로부터 코멘트를 받고 난 다음에는 어떤 조언을 따를 것인지 결정하고 스피치를 완결하도록 하라.

### 3. 지나친 준비

이것은 드문 상황이나 어떤 화자들은 너무나 열심히 리허설을 해서 기계적으로 반복하는 수준이 된다. 1c. 5에서 나타난 바와 같이 쓰기나 발표하기에 지나치게 의존한 나머지 화자들은 어휘의 원래 의미에 대한 모든 감각을 잃어버리고 청중의 반응을 무시하게 될 수 있다.

### 4. 청중을 의식하기보다는 자기를 의식하는 것

타인이나 녹음을 통해 피드백을 받는 일부 단계를 제외하고는 화자인 나 자신으로부터 떠나 나의 메시지와 당신이 원하는 청중의 반응을 의식하라. 연습할 때에도 그들을 마음속에 상상하며 하라. 다시 한번 강조하지만 행위자적 기질이 대화자로서의 기질을 능가하지 않도록 하라.

제26장

# 음성 전달

# | 음성 전달 |

분명하고, 정확하고, 대화하듯이 말하라. 흥미와 강조를 위해 음성 전달에 변화를 주어라.

준비, 조직, 내용, 스타일 중 어느 하나 중요하지 않은 것이 없듯이 음성을 전달하는 것도 말하기의 핵심적인 부분이다. 말하려는 내용이 중요한 순간에 들리지 않거나 이해되지 않는다면 얼마나 시간 낭비이고 정력 낭비이겠는가. 음성이 전달되는 기제인 조음, 숨 조절, 내뱉기 등에 관해 잘 알고 있어야 한다. 또한 음성의 전달이 자연스럽고 대화하듯이 들리도록 음성의 스타일을 발달시키는 것이 대단히 중요하다. 화자가 목소리를 떨거나 갑자기 말을 멈추면, 청중은 불쾌감을 느낀다. 경매인이나 목사님의 정형화 된 단조로운 말투를 제외한다면, 대부분의 공적인 말하기는 방을 가득 채울 만큼만 소리가 커지는 사적인 말하기처럼 말해져야 한다.

음성은 지문처럼 사람마다 제각기 다르다. "자기 소리를 갖는 것"은 사회적 정체감을 확립하는 중요한 방법이다. 한 사람의 말하기 방식이 그 사람의 개성뿐만 아니라, 그 사람이 타고난 민족과 문화적 유산까지도 드러낸다. 다문화 사회에서 일상의 말하기는 새로운 목소리를 포함하기 위해 늘 변화한다. 공적인 말하기 기술을 발달시키기 위해서 자신만의 고유한 음성을 가다듬어야 한다.

## 26a. 들리고 이해할 수 있게 말하라

### 1. 모든 청중이 들을 수 있을 정도로 충분히 크게 말하라

미숙한 화자에게는 어떤 성량도 크게 느껴질 것이다. 이것은 충분히 이해할 수 있다. 일상 생활에서 대화 수준 이상으로 크게 말해야 하는 경우는 거의 없다. 심지어 시끄러운 축구 경기장에서 소리 지르듯이 말해야 하는 경우에도 상대가 제대로 이해하고 있는지 없는지 살피지는 않는다. 서양 문화에서는 큰 소리로 말하고 눈에 띄는 것을 촌스러운 행동으로 간주한다. 이런 점이 청중 앞에서 적당한 성량을 사용하는 데 있어서 또 다른 차원의 난점이다.

크게 말하는 것을 편안하고, 자연스럽게 만드는 유일한 왕도는 연습이다. 자신의 귀로 들리는 성량은 무시하고, 친구나 먼 거리에 놓아둔 녹음기에 도움을 구하라. 우리가 원하는 목표는 일상 대화의 리듬과 변화를 유지하면서도 크게 말하는 것이다. 큰 소리를 내길 원한다고 해서 드릴 파는 사람처럼 고함지르진 마라. 연습을 통해, 이렇게 하기 위해서는 각각의 구에 더 많은 호흡이 필요하고, 평소처럼 호흡을 멈춘 채 유지하기 위해 호흡을 조절하는 법을 발달시켜야 한다는 것을 알게 될 것이다.

음성을 저 멀리에 있는 방구석까지 밀어 보낸다는 느낌의 이미지를 떠올려 보라. 그러다보면 고개를 꼿꼿이 들고 입을 크게 벌리는 것과 같이, 자연스럽게 숨을 내뱉는 데 도움이 되는 행동을 하게 될 것이다.

소리를 쥐어짜내지 않고, 얼마 만큼 크게 청중에게 말할 수 있는지 알고 있어야 한다. 장외 유세장에서 한 시간 동안 말할 수 있는가? 열두 사람이 있는 큰 방에서 십 분 동안 자신의 한계에 도달할 정도로 말할 수 있는가? (만약 청중이나 방이 성량에 비해 너무 크다면 마이크 사용을 요구하라) 성량을 키우는 연습을 계속하라. 일반적으로 평균 청력을 지닌 50~60명 정도 사람들에게 앰프의 도움 없이 대화하듯이 말하는 것을 목표로 삼는 것이 적당하다.

## 2. 청중이 따라올 수 있는 속도로 말하라

자기 나름의 노하우를 활용하여 분당 250단어를 말하는 능숙한 화자도 있지만, 대부분의 사람은 그처럼 빠르게 말하면 명료함을 잃는다. 말하기의 평균 속도는 약 분당 150단어 정도이다. 말 속도를 측정하기 위해 쉬운 신문이나 잡지 기사를 하나 고르라. 그 기사를 3~4분 동안 소리 내어 읽고, 그 기사의 단어 수를 읽은 시간으로 나누어 보라. 단, 가능하면 대화하듯이 자연스럽게 읽어야 한다. 만약 분당 200단어보다 빠르게 말하거나 분당 100단어보다 느리게 말한다면, 청중이 이해하는 데 어려움을 느낄 것이다. 말이 너무 빠른 화자는 청중에게 평소보다 더 빠르게 정보를 해독하고 처리하도록 요구하게 된다. 단어들이 서로 상관이 없는 양 느릿느릿 말하는 화자는 청중이 단어를 어디에 갖다 붙여야 할지 지루하게 기다리게 만든다.

일반적으로 스피치를 할 때에는 보통 대화를 할 때보다 조금 느리게 말하도록 계획을 짜는 것이 필요하다. 좀 더 크고, 분명하게 말하기 위해서 특별한 호흡법이 필요하다. 한 문장을 한 번에 끝까지 쭉 말하고 숨을 헐떡이기보다는 구와 구 사이에서 숨을 한 번 쉬는 것이 더 자연스럽다. 실제 소요 시간을 확인하기 위해서, 실제와 같은 성량과 속도로 연습하는 것이 필요하다.

## 3. 또렷하고 자연스럽게 단어를 발음하라

공적이거나 사적인 자리에서 말을 할 때, 사람들은 every를 every라고 발음하지 않는다. 친한 친구 간에는 "아직 안 먹었니?(did you eat yet)"라고 말하는 대신에 "jeetyet?"라고 말하기도 한다. 그러나 공적인 말하기를 하는 상황에서는 화자와 청자 간의 거리나 소음 때문에 많은 정보가 사라질 수 있다. 그래서 정확한 발음으로 말하는 것이 중요하다. 소리를 내기 위해 혀와 치아, 입술을 사용하여 각각의 소리를 분명히 발음하라. "goverment"라고 하지 말고 "government"로 발음하고, "hundred"라고 하지 말고

"hunnerd"라고 분명하게 발음해야 한다. 웅얼거리거나 단어를 묶어서 말하거나, 구를 통째로 빼먹어서는 안 된다.(만성적인 조음문제에 관해서는 26d.2 참조)

또박또박 발음하면서도 자연스럽게 말할 수 있다. 남들 앞에서 말할 때 사용하는 별도의 말하기 방식을 개발할 필요는 없다. 평소의 대화 방식에 약간의 정확성을 첨가하는 연습을 하기만 하면 된다. 어떤 사람은 더 공식적이거나 '배운 사람'처럼 말해야 한다는 생각에 사로잡혀서 지나치게 분절해서 단어를 발음하거나 매너리즘에 빠진 듯이 말하기도 한다. 하지만, 그들의 기대에 반하는 결과를 얻게 될 뿐이다. 학식이 있어 보이기보다는 뻐기는 것처럼 보이거나 신파조로 보이고, 약간 어리석어 보인다. "thuth"라고 말하는 것이 자연스러운 시점에서 "thee"라고 말하지 마라. "wouldn't"라고 말해야 하는 시점에서 "would not"라고 말하지 마라. ("wunt"라고 발음하지 말고 "wouldn't"라고 발음하라.) 표준어 규정에 따르면 몇몇 음절은 축약될 수도 있다. 하지만 이 절차를 바꾸어서는 안 된다. 대부분의 사람들이 Congratulations를 "con grad ja lations"라고 발음하지만, "Con grat you lations"가 정확한 발음이다.

**4. 청중이 악센트를 이해하는 데 어려움을 느낀다면, 이를 보완하는 특별한 대응책을 마련하라**

지방출신이거나 미국 원어민이 아니라면, 자신의 말을 청중이 이해하지 못할까 걱정이 될 수도 있다. 자신의 악센트를 없애거나 숨기려 하지 말라. 말하기 방식은 고유한 개성의 일부이다. 그런 차이가 흥미와 매력을 더해 줄 수도 있다. 청중을 확실히 이해시키기 위해 다음의 제안을 따르라.

1. 가장 중요한 내용으로 도입을 하지 말라. 청중이 화자의 발음과 악센

트에 적응하는 시간을 가지도록 도입을 활용하라. 청중이 적응하는 데
는 몇 분 걸릴 것이다.

2. 평소 대화를 할 때보다 더 천천히, 또박또박 말하라.

3. 청중이 보내는 피드백에 순발력 있게 대처하라. 청중이 잘 모르는 눈
치면, 생각을 다시 한 번 천천히 들려주어라. 분명치 않은 어휘를 사용
하거나 핵심어를 잘못 발음하면 청중에게 혼동을 줄 수 있다. 중요한
단어는 다른 동의어로 설명해 주어라.

영어 원어민이 아니라면, 다음의 두 가지 팁이 청중의 이해도를 높이는데
도움이 될 것이다.

1. 모음을 길게 발음하라. 다른 언어와는 달리, 영어는 자음보다 모음에
더 많은 의미를 담고 있다. 이상하게 들리겠지만, 모음을 길게 발음하
려고 노력하라.

2. 각 구가 하나의 긴 단어처럼 들리도록 앞단어의 끝소리와 뒷단어의 첫
소리를 혼합해서 발음하라. 이것은 영어의 악센트가 고르지 않게 들리
는 것을 줄여진다.

더 자세한 내용은 다음 문헌을 참고하라.

Porter Patricia A., and Margaret Grant. Communicating Effectively in
    English: Oral Communication for Non-Native Speakers, 2nd ed.
    Belmont, CA:wadsworth, 1992.

Raifsnider, Barbara. American English Pronunciation Program for
    Speakers of English as a Second Language and Native Speakers with
    Strong Regional Accent. New york: Living Language. 1999.

## 26b. 음성에 변화를 주어서 의미를 강화하고, 흥미를 자극하라

발음이 좋은 사람이 성량이나 높낮이, 속도에 변화를 주지 않고 힘없이 말을 한다면, 자신의 장점을 낭비하는 것이다. 변화와 움직임은 정적이거나 예측할 수 있는 것보다 본질적으로 더 흥미롭다. 17장과 18장에서 우리는 청중의 관심을 유지하기 위해서 단어나 사례의 선택에서 다양성이 얼마나 중요한지 강조한 바 있다. 음성에 변화를 주는 것도 마찬가지로 중요하며, 참신함의 요구를 넘어선다. 음성은 단지 단어를 전달하는 데 그치지 않고, 메시지를 강화하거나 약화시키는 데 사용되기도 한다. 대기 오염에 관한 스피치에 다음의 두 문장이 포함되어 있다고 가정해 보자.

> 오염의 단계가 높을 때 내 머리카락이 퍼석퍼석한 것 같았고, 나는 머리를 더 자주 감았다.
> 우리 도시에 오염 경보가 발생할 때마다, 많은 사람들이 만성 호흡기 질환으로 죽었다.

두 문장을 같은 톤의 목소리로 말하는 것은 두 문장 모두가 중요하다는 것을 암시한다. 속도와 강세에 변화를 줌으로써 청중에게 무엇이 중요한 것인지, 이 말이 농담인지, 심각한 것인지, 풍자인지 그리고 어떤 감정인지까지도 알려줄 수 있다.

### 1. 음성의 높낮이에 변화를 주라

단조로운 톤으로 말하는 것은 청중에게 "나는 그 주제에 관심이 없다. 나는 다른 사람의 관심을 끄는 재주가 없다."고 말하는 것과 같다. 열의가 없는 음성 전달은 단어의 선택이나 내용에서 뿜어져 나오는 활력을 다 빼앗아가 버린다. 변화는 에너지와 자신감을 암시하고, 화자에 대한 신뢰감을 높여준다. 그러나 높낮이를 잘못 조절하면, 의미를 흐리거나 반대 의미를 뜻하게 되기도 한다. 이를테면, 주장이나 단언을 의문문처럼 발음하여 반대 의견임을 표명하는 식이다.

만약 한 옥타브의 음역으로 노래 할 수 있다면, 한 옥타브의 음역으로 말할 수 있다. 모든 음역을 다 활용하여 말하는 것을 두려워할 필요는 없다.

### 2. 말하는 속도에 변화를 주라

청중이 편하게 느끼도록 말의 평균 속도를 청중에게 맞추어야 한다. 하지만 말하는 속도에 변화를 주는 것은 분위기를 조성하거나 강조를 하는 데 효과적이다. 천천히 말하는 것은 화자가 사려 깊고, 심사숙고하고 있다는 이미지를 만들어 주며, 연기를 하는 것 같은 느낌을 주기도 한다. 문장의 끝 부분에서 잠시 말을 멈추는 것은 청중에게 화자가 중요하고 가치 있는 생각을 이제 막 말하려 한다는 것을 알려주는 기능을 한다. 말을 빨리 하는 것은 흥분과 활력을 보여준다. 다음의 예처럼 말을 느리게 하다가 갑자기 빠르게 하면 극적인 효과가 생겨난다.

[천천히] 우리가 이 운영 시스템을 도입한 이후로, [빠르게] 의도적인 결근이 줄어들었고, 생산성과 사기, 판매량, 이윤은 증가하였습니다.

앞의 예는 속도 그 자체 만큼이나 속도의 변화가 중요하다는 것을 보여준다. 다음의 예는 빠른 속도에서 느린 속도로의 변화가 가져오는 효과를 보여주기 위한 것이다. 다음을 큰 소리로 읽어야 한다면, 첫 번째 문장은 점점 더 빨리 말하고, 두 번째 문장은 매우 천천히 말할 수도 있다.

[빠르게] 그 후 몇 시간 동안 그들은 그녀의 방, 나무 위의 집, 운동장을 살펴보았고, 그녀의 친구들에게 그녀를 보았는지 물어보았으며, 마을을 샅샅이 찾아 다녔고, 모든 이웃들에게 물어보았습니다. [천천히] 그녀가 스쿨버스에서 내린 이후로 그 누구도 에밀리를 보지 못하였습니다.

첫 번째 문장의 **빠른** 속도는 온화한 분위기가 미쳐버릴 듯한 근심, 걱정으로 바뀌었음을 전달한다. 이어진 두 번째 문장의 느린 속도는 소름끼치는 현실을 등장인물들이 수용하였음을 전달한다.

### 3. 성량에 변화를 주라

발언 효과를 노리고 성량을 뚝 떨어뜨렸는데도 저 멀리 구석에 있는 청중들이 들을 수 있어야 하고, 그러면서도 강조하기 위해 성량을 더 크게 할 여지가 있어야 한다.

성량을 뚝 떨어뜨리는 방법은 은밀한 분위기를 불러일으킴으로써 흥미를 자극할 수 있다.

저는 끔찍한 한 주를 보냈습니다. 가망이 거의 없었고, 판매도 늘지 않았지요. 막 학교를 졸업한 피 끓는 젊은이에게는 너무나 힘든 시기였습니다. 반면에 늙은 존의 옆에 언제나 손님이 바글댔고, 그의 손에는 서명된 계약서가 늘 들려 있었습니다. 저는 그가 저의 불쌍한 모습을 보고, 일말의 동정심을 품었을 거라고 추측합니다. 왜냐하면 그가 저에게 걸어와서 이렇게 말했기 때문입니다. "스미스, 자네는 대단한 세일즈맨이 될 수 있어. 다만 한 가지 일을 잘 못하고 있을 뿐이야."
[부드러운 목소리로] 이것이 그가 해준 말입니다. …

다음은 내용을 강조하기 위해 성량을 높인 예이다.

시위원회는 집 옆에 또 다른 여인숙의 건축을 허가했습니다. 대학은 우리
의 도로를 주차장으로 이용하고 있습니다. 주(州)의 가석방위원회는 가석
방자들을 도심으로 내몰고 있습니다. 멀리서 온 매춘부들이 매일 밤 2번
가에 집결하고 있습니다. [큰 목소리로] 또 어떤 일이 일어날지 알고 싶으
십니까?

## 26c. 표준 발음을 구사하라

### 1. 습관적으로 잘못 발음하는 단어를 확인하라

단어를 발음하는 데 있어서 몇몇 차이는 필연적이며 어떤 문제도 유발하
지 않는다. 뉴잉글랜드에서 온 한 사람은 "I went to a pahty"라고 발음할
것이고, 펜실베이니아에서 온 사람은 "cot a cold"라고 발음할 것이다. 텍사
스에서 온 사람은 "ovah heah"라고 발음할 것이다. 청중이 특정 지역에 대
해 적대적 편견을 가지고 있지 않다면, 이들 사투리는 아무런 부정적 영향
도 미치지 않을 것이다. 그러나 어떤 사람이 "wash"를 "warsh"로 말하거나
"ask"를 "ax"로 말한다면, 청중들은 이를 비표준어라고 생각하고 화자의
교육 수준이나 능력, 지능에 대해 의식적으로든 무의식적으로든 모종의 결
론을 내릴 것이다. 이러한 종류의 속물적인 언어관은 불공평하다. 하지만 사
람들의 관점을 바꾸게 하기 보다는 몇몇 발음을 바꾸는 게 더 쉽다.

[표 26-1]의 목록을 보면, 우리도 이러한 발음 상의 실수를 범하고 있음을
확인할 수 있다. 잘못 발음하고 있는 단어가 한두 개라면 쉽게 고칠 수 있다.
대여섯 개라면 외부의 집중적인 도움이 필요할 할 것이다. 성장 환경이나

나쁜 귀 때문에 몇몇 단어를 잘못 발음하고 있고, 그 때문에 특정 집단 사람들과 의사소통하는 데 어려움을 겪을 수도 있다. 연습 상대로부터 피드백을 받으면 미처 깨닫지 못했던 실수를 인식하는 데 도움을 받을 수 있다.

**[표 26-1] Pronunciation Errors**

| Word | Proper | Improper |
|---|---|---|
| get | get | git |
| just | just | jist |
| across | a cross | a crost |
| nuclear | nu clee ar | nu cyou lar |
| perspiration | pers pir a tion | press pir a tion |
| strict | strict | strict |
| escape | es cape | ex cape |
| compulsory | com pul sory | com pul so rary |
| recognize | rec og nize | reck a nize |
| library | li brar y | li berry |
| mischievous | mis che vous | mis chee vious |
| theater | THEE a ter | thee A ter |
| picture | pic tchure | pit chure |
| surprise | sur prise | sup prise |
| comparable | COM per able | com PARE able |
| larynx | lar inks | lar nix |
| relevant | rel a vant | rev a lant |
| drowned | drowned | drown ded |
| et cetra | et cet era | ek cet era |
| February | feb roo ary | feb you ary |
| temperature | temp per achure | temp achure |

## 2. 익숙하지 않은 단어의 정확한 발음을 확인하라

읽을 수 있는 어휘와 말할 수 있는 어휘는 다르다. 눈으로 본 적은 있지만 발음해 본 적이 없거나 들어본 적이 없는 단어가 있을 수 있다. 다른 사람에게 들려주고 피드백을 받은 적이 없기 때문에 자기 나름의 방식으로 발음할 것이고, 그 와중에 소리를 더하거나 뒤집어서 발음하는 것도 있을 것이다. 그런 발음에 너무나 익숙해져서 발음이 틀렸을 가능성을 추호도 의심치 않을 것이다. 만약 당신이 (Eleatorial 대신) Eleatorial College라고 발음하면서 그 대학에 대해 스피치를 한다면, 청중은 당신이 그 대학에 대해 얼마나 지식이 있는지 의심할 것이다. 상담자의 필요를 언급하면서 당신이 생각할 때는 "empathically"로 말했으나 청중이 듣기에는 "emphatically"로 들렸다면 청중은 혼란스러워 하거나 재밌어 할 것이다. 연구 도중에 간혹 만나는 단어들의 정확한 발음을 확인해 보라.

어렸을 때 익숙하지 않은 단어는 소리 내어 발음하라고 배웠을 것이다. 그러나 첫 수업시간에 island를 "iz-land"라 발음하고, pneumatic을 발음하느라 사투를 벌였을 때 이 방법이 얼마나 위험한 것인지를 알게 되었을 것이다. 익숙하지 않은 단어의 발음에 관해 가정하는 것이 얼마나 어리석은 짓인지에 관해 배웠을 것이다. 화자가 단어 발음을 가정하는 것은 여전히 지혜롭지 못한 일이다.

지명은 항상 주의 깊게 조사해야 한다. Beaulieu라는 단어를 보면 "Bowl yew"라고 발음할 것 같다. 그러나 그 이름을 가진 영국 마을은 "Byewlee"로 불린다. 유사하게 Leicester는 "Lester"로 발음된다. 이집트의 Cairo는 "Kie row"로 발음되고, 일리노이 주의 Cairo는 "Kay row"로 발음된다. 뉴욕의 Houston Street는 "Howston"이라 하지만 텍사스에 있는 것은 "Hyew ston"이라 한다.

미묘한 발음의 차이가 문제가 되기도 한다. "Apricot"일까, "aypricot"일까?, "Har *rass*"일까, "*har* rass"일까? Vietnam, Peking, Caribbean은 어떻게 발음해야 할까? 복수의 발음이 존재하거나 발음이 바뀌는 중에 있다면,

우리말화가 되고 있는 중이라면, Nagorno-Karabakh 같은 생소한 이름이라면, 사전은 별 도움이 되지 못한다. 일반적으로 국영 방송 아나운서의 발음이 가장 정확하다고 한다. 아나운서의 발음을 따라하거나 공동체의 저명한 지도자의 발음을 따라하는 것이 대개는 안전할 것이다.

발음과 관련해서는 다음의 문헌을 참고하라.

Dauer, Rebecca M. Accurate English: A Complete Course in Pronunciation. Englewood Cliffs, NJ: Prentice-Hall/Regents, 1994.

Prator, Clifford H., Jr., and Betty Wallace Robinett. Manual of American English Pronunciation, 4th ed. New york: Holt, 1985.

Silverstein, Bernard. NTC's Dictionary of American English Pronunciation. New York: McGraw-Hill, 1994.

Yates, Jean. Pronounce It Perfectly in English (with 3 cassettes). Hauppauge, NY: Barrons Educational Audio, 1995.

## 26d. 음성 전달을 저해하는 요소를 찾아서 없애라

청중이 말하는 내용보다 말하는 방식에 관심을 가질 때, 스피치는 그 힘을 잃기 시작한다. "그녀는 '솔직히'를 열다섯 번 말했어.", "왜 목소리를 가다듬지 않지?", "너무 변화무쌍해서 정말 짜증나." 음성과 말하는 스타일은 생각을 전달하기 위한 드러나지 않은 수단이어야 한다.

음성 전달을 저해하는 습관을 자각하기도 어렵고 고치기도 어렵다. 음성의 매너리즘을 가까운 동료와 화자 자신은 익숙해서 모르고 지나치겠지만, 새로운 청중은 금방 알아차린다. 25장의 제안을 따라서 피드백을 받도록 하

라. 수행을 객관적으로 보기 위해 비디오 테이프와 오디오 테이프, 그리고 주위의 비평을 활용하라. 문제를 똑 떼어내어 공적인 말하기만의 문제로 치부해서도 안 된다. 과다하게 사용한 구나 거칠고 짜증나는 목소리는 일상 대화에서도 문제가 될 것이다. 일상 생활의 말하기 방식을 고침으로써 점차적으로 그리고 영구적으로 문제를 바로잡겠다고 결심하라.

## 1. 음질 상의 문제를 확인하라

이상적으로 보이는 부드럽게 울리고 노래하는 음성은 우리의 능력 밖일 수도 있다. 효과적인 말하기를 위한 완벽한 음성이란 존재치 않는다. 다만 선호되는 음역(音域)이 있을 뿐이다. 음질과 음색의 많은 부분이 후두와 비강의 크기나 모양에 의해 결정된다고 해도, 다음의 문제들이 없다면 그 범위 내에서 자기 나름의 음성을 찾을 수 있을 것이다.

### 거칠고, 쉬고, 갈라지는 음성

이러한 특징은 목의 압박, 성대의 긴장이나 상처 등에 의해 발생한다. 이러한 음성은 허스키하고 거칠며 날카롭게 들리는데, 화자가 화가 나 있거나 무뚝뚝한 사람이라는 인상을 준다.

### 헐떡거리고, 가늘고, 약한 음성

이러한 특징은 부적절한 공기의 흐름, 과도한 호흡, 부자연스러운 가성으로 말하기 등의 요인으로 인해 발생한다. 그 결과로 들리는 부드럽고 어린이 같은 음성은 권위나 힘이 없는 듯한 인상을 준다.

### 비성과 코 막힌 소리

코를 지나는 공기의 부적절한 흐름이 이러한 문제를 만든다. 코를 통해 지나치게 많은 공기가 유출되면 비성이 나고, 너무 적은 공기가 유출되면 코 막힌 소리가 난다. 이들 문제는 우선 m, n과 ng의 발음에 영향을 끼치고, 짜증이 나 있거나 꽉 막힌 사람이라는 인상을 주게 된다.

## 2. 조음 상의 문제 확인하라

많은 사람이 장애라 부를 정도는 아니지만, 의사소통을 저해하는 문제를 가지고 있다. 장애를 가지고 있는 사람은 자신의 문제를 확실히 알고 있지만, 작은 문제를 가지고 있는 사람은 자신의 문제를 알지 못한다.

자음이나 혼합된 자음을 발음할 때 발생하는 불규칙한 변화를 주의 깊게 들어보라. 많은 조음 상의 실수가 "solution"을 "tholution"으로 발음하거나 "these"를 "dese"로 발음하는 것처럼 소리를 서로 바꾸는 형태를 보인다. slushing, hissing, whistling의 s나 lazy의 l, r처럼 소리를 왜곡하는 것도 흔히 범하는 실수이다. 소리를 더 하거나("athlete"를 "athalete"로, "realtor"를 "realator"로) 소리를 빠뜨리는 실수도("doing"을 "doin"으로, "regular"를 "reglar"로) 간혹 일어난다. 조음 상의 문제 중 일부를 확인했다면, 그것이 매번 일어나는 것인지, 조음 환경에 따라 달라지는 것인지를 확인하라. 이를테면, lazy의 r은 단어의 시작부분에는 나타나지 않고, 중간 부분에만 나타날 것이다. "rabbit"은 발음할 수 있지만, "turkey"는 "tuw-key"로 발음할 것이다. 따로 떼 놓았을 때는 잘 발음하는 소리도 다른 소리와 섞어놓으면 잘못 발음하는 경우도 있다. 똑같은 r소리를 cr, gr, dr 환경에서는 잘못 발음할 수 있다.

조음 상의 문제가 귀에 거슬리는 정도에 그치지 않고, 화자가 의도했던 바와 정반대의 메시지를 청중에게 전달할 수도 있다. 소리가 대체되는 현상은 언어 발달 과정의 일부이고, 아이가 보다 정교하게 소리를 구분하게 되면 자연스럽게 사라진다. 그러나 "wange of pothibilities"란 말을 들은 청중은 단어를 통해 전달되는 유능하고 지적인 이미지와 소리를 통해 전달되는 미성숙한 이미지 간에 충돌을 경험한다. 왜곡된 소리는 또렷하고 간결한 프레젠테이션과 충돌하는 조잡한 이미지를 불러일으킨다. 사실을 간명하게 잘 전달하지만, "the projection for the net fishcal year sheem to shupport our prediction of sholid growth potential"처럼 s발음이 부정확한 화자가 만들어내는 조화롭지 못한 이미지를 떠올려보라. 조음 실수를 아기나 술 취한 사람의 말하기와 연관시키는 것은 비논리적이고 불공평하다. 그러나 청중은 무의식적으로 그렇게 한다는 것을 알고 있어야 한다.

### 3. 불필요한 간투사나 군더더기말을 확인하라

문장이나 생각 사이에 잠깐 쉬는 것을 두려워해서는 안 된다. 휴지(休止)를 의미 없는 소리나 구로 채우는 것은 좋지 못하다. 화자가 긴장해 있을 때 1초는 10초처럼 길게 느껴지고, 그 공백을 뭔가로 채우고 싶은 갈망은 강력하다. 다음의 질문에 관해 생각해 보아라.

- 모음화된 휴지를 사용하는가? 어, 음, 에 등
- 휴지를 음성이 아닌 소리로 채우는가? : 입맛 다시기, 혀 차기, 목 헹구기, 코로 킁킁대기 등
- 문장이 끝나면 무의식적으로 킥킥대는가?
- 특정 단어나 구를 위치에 상관없이 과다하게 반복하는가?

후자는 피드백을 요구하던 데서 기원했을 것이다. 복잡한 생각을 말한 다음에 확인 차 묻던 "내 말을 알아듣겠니(Do you know what I mean?)."가 "y' know"로 변형되어, 화자가 불확실함을 느낄 때마다 튀어나오는 것이다. 여기서 조금 더 나아가 "y' know"를 그냥 군더더기말로 사용하게 되었다.

다음 예에서 "y' know"는 "어" 이상의 아무런 의미도 없다.

One of the, y' know, advantages of joining a credit union, y' know, is
the low-interest auto loans, y' know.

다른 반복 표현들은 부적절한 표현에 대해 무의식적으로 사과하려던 데
서 기원한 것 같다. "or whatever"를 모든 문장 끝에 사용하는 것이 그러한
예이다.

원래의 의미를 잃어버리고, 무절제하게 마구 사용되는 단어나 구로는 다
음과 같은 것들이 있다.

okay?

y' know

see

like

I mean

or whatever

and so on and so forth

et cetera

in other words

so to speak

you might say

right?

## 4. 반복되는 억양의 패턴을 확인하라

다른 사람의 말을 들으며 자라는 매우 어린 시절 동안 문장에는 음성의

높이에 변화를 줘야하는 논리적이고 자연스런 위치가 있다는 것을 배운다. 영어의 경우 의문문은 끝 부분을 올려서 말하고, 평서문은 끝 부분을 내린다. 일상 대화에서 우리는 의식하지 않은 채 다양한 억양을 사용한다. 그러나 공적인 말하기 상황에서는 문장의 뜻이나 문법 구조는 도외시하고 모든 문장을 똑같은 억양 패턴으로 전달하는 경향이 있다. 화자가 내용에 대해 생각하지 않고 있거나 긴장해 있거나 원고를 그냥 읽고 있거나 암기하고 있는 내용을 회상하고 있을 때 이런 형상이 일어난다. 단조롭고 수면제 같은 패턴의 억양은 청중을 꿈나라로 쉽게 안내한다.

### 5. 체계적인 자기 개선 프로그램과 전문가의 도움으로 음성 전달을 저해하는 습관을 없애라

자기 개선 프로그램

문제를 알고 있고 그것을 바로 잡으려는 열의가 강하다면, 아마 고대 그리스의 데모스테네스처럼 간단한 행동 계획을 고안할 수 있다. 그는 입에 조약돌을 가득 채우고 파도 소리에 대항해 말하는 것을 연습함으로써 자신의 조음과 발성 문제를 극복하였다. 이 방법이 많은 현대 화자들(특히 모래만 많은 캔자스에 살고 있는 화자)에게는 적합하지 않을 것이다. 그러나 다른 방법이 많이 개발되어 있다. 발성과 호흡을 연습하는 데 도움이 되는 책과 테이프, CD가 많이 있다. 이들 자료에는 혀 꼬기와 같은 많은 연습 활동이 포함되어 있다. 다음과 같은 책으로 시작하면 된다.

Hahner, Jeffrey C., Martin A. Sokoloff, and Sandra L. Salisch. Speaking
   Clearly: Improving Voice and Diction, 6th ed. (with pronunciation CD-
   ROM). New York: McGraw-Hill, 2002.

Modisett, Noah F., and James G. Luter, Jr. Speaking Clearly: The Basics of
    Voice and Articulation, 4th ed. Minneapolis: Burgess, 1996.
Wells, Lynn K. The Articulate Voice, 4th ed. Boston: Allyn & Bacon, 2004.

만성화된 습관을 고치기 위해서는 행동 수정 프로그램을 선택해야 할 것이다. 다이어트나 금연에 탁월한 효과가 있는 이 접근 방식은 서서히 형성된 습관은 서서히 제거해 나가야 한다는 원리에 기초해 있다. 오래된 행동을 새로운 행동으로 바꾸고, 새로운 행동은 보상을 받는다. 구성 단계는 간단하다.

1. 현재의 행동을 평가해라. 저해하는 습관의 정확한 빈도를 측정하라.
2. 구체적이고 현실성 있는 목표를 세워라. 10분 말하는 동안에 거의 20번 정도 "okay?"를 말한다면, 10번으로 줄이는 것으로 목표로 하라.
3. 행동을 점검하라. 발전 상태를 간단히 추산하지 말라. 친구에게 세어 달라고 하거나 테이프에 녹음하라. 발전 상태를 차트에 표시하라.

강력하게 동기화된 사람에게는 결과를 아는 것 자체가 보상이다. 발전 상태를 양화된 형태로 보는 것만으로도 목표를 향해 계속 나아갈 수 있다. 그러나 보다 가시적인 보상을 줄 수도 있다. 가시적인 보상이 목표를 지향하는 데 유용하다고 판단되면, 목표에 도달했을 때 보상을 주겠다고 스스로에게 약속할 수도 있다.

전문가의 도움

전문가의 도움 없이 원인을 규명하거나 문제를 해결하기가 매우 어려운 문제도 있다. 전문가의 도움을 구할 때에는 시간과 비용뿐만 아니라 문제의 본질과 심각성을 고려해야 한다. 다음 목록을 보고, 적합한 전문가에게 자문을 구하라.

- 스피치 치료사는 매우 심각하거나 만성적인 조음·음성 문제 해결에 큰 도움이 된다.
- 음성 연기 지도자는 극장, 라디오, 텔레비전과 관련된 일을 하고 있을 것이다. 그들은 음질이나 구술, 발음 등을 향상시키는 데 도움을 줄 수 있다. 지방과 관련된 일을 하고자 하거나 다양한 변이형과 표현법을 배우고자 한다면 관련 강좌를 수강하는 것도 고려해 보라. 연기 강좌는 이들 영역을 발달시키는 데 도움이 될 뿐만 아니라, 신체 동작을 향상시키는 데에도 도움이 될 것이다.
- 화법 교사와 화법 컨설턴트는 음성, 조음, 강조, 표현과 관련하여 도움을 줄 수 있다. 대개 음성 전달에 관한 저서는 내용 생성 및 조직과 통합되어 있다.

제27장
# 신체적 전달

| 신체적 전달 |

말하기의 내용을 보완해주는 시각적 효과가 생기도록 신체적 전달의 방법을 사용하라.

청자는 듣는 것보다 훨씬 더 많이 본 것의 결과에 반응한다고 해도 과언이 아니다. 말은 확신에 찼지만, 다리를 떤다거나 손가락을 만지작거린다든가 하는 행동을 하면 신뢰 없는 이야기를 하는 격이 된다. 어설픈 태도나 냉담한 표정으로 "난 지금 아주 행복해요."라고 말 한다면 거짓말을 하고 있음을 나타내는 것이다. 말하기를 연습하거나 실질적으로 말하기를 할 때, 시각적으로 드러나는 이미지에 대하여 신경을 쓰라. 음성적 말하기와 더불어 메시지를 청자에게 전달할 때 메시지의 의미와 동떨어진 행동을 하지 않고 중도적인 행동을 할 수 있도록 하는 것이 이 장의 목표이다.


## 27a. 외모에 신경을 쓰라

당신의 첫인상은 어떠한가? 키가 크고 무뚝뚝해서 사람들에게 첫인상으로 위협감을 주지는 않는가? 10년 정도 어려보인다는 얘기를 듣지는 않는가? 분명 육체를 변화시킬 수는 없다. 그러나 인상이 말하기 목표를 성취하는데 영향을 미친다면, 보완하도록 노력해야 할 것이다. 특히 발표의 시작 부분에서 말하기 내용과 신체적인 특성을 조절하여 사용함으로써 잘못된 인상을 바로잡아라.

특별한 말하기를 준비하면서, 머리 모양, 차림새, 의상 등이 청중과 의사 소통하는 효과가 있음을 고려하라. 청중의 의상을 따라 입을 필요도 없고, 흉내내고 싶지도 않을 것이다. 그러나 스타일 면에서 차이가 있음에도 불구하고, 외모에 신경을 썼고, 중요한 행사에 참여하기 위해 준비를 하였다는 느낌을 주도록 해야 한다.

이상적인 방법은 의상이 자신의 개성과 자신의 장점을 잘 드러내고, 주제 넘지 않게 입었다는 느낌을 주는 것이다. 종교적, 문화적, 직업적 규준을 고려해야 한다. 어떤 나라, 직업, 사회적 배경에 따라서는 청바지이나 스포츠 자켓이 발표할 때 괜찮은 복장으로 간주되기도 한다. 대체적으로 보수적인 비즈니스 옷차림을 하라. 눈에 띌 필요는 없다. 그러나 청중들은 좀더 특이한 색깔에 눈길을 주며, 눈을 끄는 보석, 인습적이지 않은 의상의 조화에 관심을 두며, 매력적인 의상에 관심을 기울이기 마련이다.

### 27b. 주의집중을 방해하는 나쁜 버릇을 고쳐라

주의집중을 방해하는 나쁜 버릇에 빠지는 것은 두 가지로 범주화할 수 있다. 발표 내내 나타나는 것들(안경을 올리는 것, 머리를 귀 뒤로 넘기는 것, 손가락으로 소리내는 것)과, 그리고 말하기를 하는 상황에서만 나타나는 것들(소리나게 메모장을 뒤적이는 것, 발뒷꿈치로 소리내는 것, 볼펜으로 탁자를 치면서 딱딱 소리내는 것)이 있다. 이러한 신체적 습관 외에 "있잖아요…, 있잖아요…(y' know…, y' know…, y' know…)"와 같이 음성적인 습관도 있다. 본질적으로 정신을 산란하게 하는 행동은 거의 없다. 정신을 산란하게 하는 행동은 어떤 행동의 반복이다. 음성적 습관과 같이 다른 사람이 지적해주지 않으면 똑같은 행동을 반복하고 있다는 것조차 알지 못할 것이다. 그러한 문제를 해결하기 위한 가장 좋은 방법은 습관적 버릇을 파악하는 것이다. 습관적 버릇을 아는 것만으로도 그 문제를 충분히 해결할 수 있다. 의사를 전달할 때 피드백을 받기 위해서 2d와 25a에 기술한 실제적인 연습 방법을 사용하도록 하라. 정신을 산란시키는 습관적 버릇은 하룻밤 사이에 나타나는 것이 아니다. 또한 하룻밤 사이에 습관적 버릇이 제거될 수 있다고 생각하는 것도 비현실적이다. 습관적 버릇을 제거하기 위해서 세워야 될 목표는 26d. 5에 기술된 행동 변화 연습을 적용하여 습관적 버릇의 빈도를 감소시키는 것이다.

## 27c. 편안하지만 긴장을 늦추지 않는 자세로 앉거나 서라

일반적으로, 말을 할 때는 서서 한다. 서 있으면 청중이 관심을 두기 쉽고 청자가 화자를 바라보기 쉽기 때문이다. 물론 예외도 있다. 열댓 명의 사람들이 둥그렇게 앉아 말하는 친밀한 상황에서는 앉아서 말한다. 패널토의와 같은 경우에는 사회자도 앉아서 말하게 된다. 이 때 영향력을 균등하게 분산시킬 수 있으며, 간단한 메모를 한 손에 움켜쥐고서, 어떠한 소품도 없이 말하기 때문에 연사용 탁자가 없이 편안하게 말하는 것을 배울 수 있다. 이런 훈련 후에는 어떤 상황에든지 쉽게 적응을 할 수 있다. 적절한 변형으로는 깊은 몰입을 보여주기 위해서 탁자에 기댄다든지, 공식적인 분위기를 바꿔보기 위해서 탁자나 책상의 모서리에 서본다든지 하는 것이 있다. 연사용 탁자 앞에서 움직인다든지, 한 손으로 탁자를 짚고서 한쪽 끝에 서 있다든지, 탁자 중앙에서 벗어나서 서 있는 것은 힘이 없어 보이게 하고 공적인 화자라는 인상을 무디게 한다. 그러나 군대적인 사관생도와 같이 긴장되고 엄격한 자세는 피하는 것이 좋다. 특히 무릎을 꼿꼿하게 하지 않도록 주의한다. 그렇게 하면 비틀거린다거나 쓰러질지도 모를 위험성이 있기 때문이다.

## 27d. 말하는 동안에 움직인다면, 목적과 관련성이 있는 행동으로 하라

연사용 탁자에 서서 적절하고 완벽한 스피치를 할 수 있다. 그러나 대부분의 스피치는 적절한 시기에 행동을 추가함으로써 완벽한 말하기가 된다. 청중에게 가깝게 다가간다든지, 오른쪽이나 왼쪽으로 약간 움직인다든지 하는 것은 말하기에 강조와 변화를 줄 수 있다. 청중 쪽으로 움직이는 것은 청중의 일부와 접촉을 하게 할 수도 있다. 게다가 신체적인 움직임은 말하기하는 동안의 긴장을 풀어줄 수 있는 건설적인 방법이다.

의도있는 움직임을 하도록 하라. 방 주위를 신경 거슬리게 움직이는 것은 혼란을 야기할 것이다. 움직일 것인지 말 것인지를 결정하지 못한 화자의 움직임은 혼란을 야기할 수 있다. 이런 화자는 이리 저리로 아무렇게나 움직인다. 움직이려면, 방향을 결정해야 한다. 적어도 두 세 발자국을 앞쪽으로 움직이거나 대각선 방향으로 움직이도록 하라. 멈추었을 때는 청중과 눈을 마주치고 몸을 청중 쪽으로 향하도록 하라.

움직이는 순간에 생각을 강화할 수도 있다. 그러나 일반적으로 복잡한 것을 설명할 때나 감정적인 예를 말하거나 힘 있는 주장을 할 때는 움직이는 것이 효과적이지 못하다. 신체적 움직임은 전환점, 즉 분위기, 문맥 혹은 형식이 변한다는 신호가 필요한 지점에서 행하는 것이 효과적이다.

## 27e. 제스처를 할 수 있도록 손을 자유롭게 유지하라

"손을 어떻게 해야 할지 모르겠어요."라는 말은 스피치에서 가장 빈번하게 나타나는 고민거리를 표현한 말이다. 상호작용을 하는 대화에서는 자연스럽고 편안하게 제스처를 구사하면서 손을 사용하는 사람도 스피치를 할 때에는 손이 거추장스럽다는 것을 느낀다. 스피치에서 손을 어떻게 해야 하는가는 일상대화에서 손을 어떻게 해야 하는가의 문제와 흡사한 문제이다. 예를 들면, 어떤 사람은 손을 사용하지 않는 것이 매너라고 생각한다. 또 어떤 사람은 손을 잘 사용하는 것이 좋은 제스처라고 생각한다. 제스처를 조금하거나 많이 하거나 간에, 손을 사용하여 묘사하거나 지점을 가리키거나 과장하거나 강조하는 제스처를 하기 마련이다.

어떤 제스처가 스피치에 어울릴지를 일일이 계획할 필요는 없다. 만약 스피치에서 각 어휘마다 제스처를 할 준비를 하는 화자가 있다면, 귀가 손상된 사람들에게 노래를 불러주는 사람이나 제스처 게임을 하는 사람을 보는 듯한 느낌이 들 것이다. 불가피하게 계획해야 한다면, 말하기 전이나 직후에 잠시 제스처를 구안해보도록 한다. 주의해야 할 점은 소리와 행동이 따로 노는 영화처럼 되지 않도록 하는 것이다.

말하고자 하는 화제에 몰입하여 청자와 의사소통을 할 때, 제스처를 구사한 적절한 지점에서 청자들의 반응이 나올 것이다. 그러나 이러한 일은 손이 자유로울 때 일어나는 현상이다. 대다수의 화자들은 손을 철저하게 못 움직이게 하거나 손을 통제하는데 부자연스러워 한다. 다음 사례와 같이 금해야 할 제스처는 하지 말라.

- 제스처를 하지 못하도록 두 팔을 가슴에 엇갈리게 놓는 방식과 같이 팔짱을 끼지 마라.

- 팔이나 손목을 엉덩이에 갖다 대지 마라.
- 왼쪽 팔을 오른 쪽 팔에 괴지 마라.
- 다리를 벌리고, 손을 열중쉬어 자세로 만들지 마라.
- 허리쯤에서 손깍지를 끼어 손가락이 뒤엉키게 하지 마라.
- 가슴쯤에서도 손깍지를 끼어 손가락을 뒤엉키게 하지 마라.
- 얌전한 척하는 것처럼 손을 붙잡지 마라.

물론 이러한 것들이 잠시 동안의 행동으로는 용인될 수 있다. 문제는 팔다리의 위치가 문제가 아니라, 열심히 말하고 있는 동안에 자신도 모르게 그 행동이 고정화 될 가능성이 있다는 게 문제이다. 메시지에 더 몰입하게 되면, 청자들이 그것에 반응할 것이고, 자연스러운 제스처도 따라 나오게 될 것이다. 부자연스러운 자세로 고정화 한다면, 그 결과는 예측하기 어렵다.

그렇다면, 손을 어떻게 해야 할 것인가? 첫째, 조각난 메모장처럼 손을 흐트러뜨리지 말며, 탁자를 치지 말 것이며, 생산적이지 못한 부자연스런 움직임을 해서는 안 된다.

- **맥베드 숙녀형** : 손을 쥐어짜거나 말 실수를 없애려는 행동을 해서는 안 된다.
- **행복한 주머니형** : 키, 동전, 또는 주머니의 여러 가지 물건들을 찰랑거리거나, 꼼지락거리면서 만져서는 안 된다.

둘째로, 인위적으로 꾸미는 행동을 하지 말라. 다리 옆선에 가만히 손을 두거나, 허리 쯤의 위치로 카드를 잡고 있거나, 단상을 가볍게 잡거나, 주머니에 자연스럽게 손을 두는 것(주머니에서 잔돈을 세거나 찰랑거리게 해서는 안 된다)이 좋다. 팔이나 손목, 손가락을 자연스럽게 해야 손을 자연스럽게 움직일 수 있다.

## 27f. 계속 시선을 맞추어라

가능하면 대다수의 청중을 보면서 말할 수 있도록 말할 내용에 익숙하도록 준비하라. 서양의 문화에서는 다른 사람의 얼굴을 바라보는 것이 열린 마음으로 화자의 말을 받아들일 준비가 되어있고 화자의 말에 흥미가 있다는 표시이다. 반면에 눈을 마주치지 않고 딴 짓을 하는 것은 무성의한 행동이며 화제가 전환되기를 바란다는 표시로 받아들인다. 사람들은 대부분 화자의 머리 꼭대기를 보는 것이 아니라 얼굴을 쳐다본다. 만약 화자가 천장을 쳐다보거나 창문을 쳐다보면서 이야기 한다면, 이것은 청자가 화자의 말에 집중하지 못하도록 방해하는 격이 된다. 잠시 동안 청자들의 관심이 천장이나 창문 쪽으로 쏠릴 수도 있다. 그리고 청자들은 이상하다고 생각할 것이다. 일반적으로 시선 맞춤은 화자로 하여금 자신의 메시지를 청자가 어떻게 받아들이고 반응하는지를 알 수 있게 해 준다. 시선 맞춤은 청자의 얼굴을 읽을 수 있게 해 준다. 뒷줄에 앉아 있는 사람들의 머리를 쳐다보거나 머리 윗부분을 쳐다보는 것처럼 잘못된 시선 맞춤은 많은 것을 놓치게 한다.

스피치의 초반에 성공적으로 스피치가 되지 않는다 싶으면, 고개를 끄덕이는 청자나 긍정적인 얼굴 표정을 하고 있는 청자를 찾도록 하라. 그들을 보게 되면 힘을 얻게 될 것이다. 점차 스피치가 진행되면서, 시선의 폭을 넓히려고 노력하라.

실제적으로 개개인 청중의 눈을 보고, 적어도 3초정도 시선 맞춤을 유지하라. 청중의 얼굴을 한 줄씩 미끄러지듯 보지 마라. 무작위로 전체에 걸쳐서 눈을 마주치도록 하라. 낮잠 잘 때 고개를 꾸벅꾸벅 거리듯 고개를 움직여 쳐다보지 말라. 왼쪽, 중앙, 오른쪽, 중앙, 왼쪽…등을 보라. 자신이 자동적으로 잘 하고 있는지, 아니면 청중의 일부를 무시하는 경향이 있는지를 알려주고 조언해 줄 친구나 동료를 만들어서 조언을 들어 보아라.

어떤 스피치에서나, 혹 원고가 있는 스피치일지라도, 85%이상의 시선을 사람들에게 맞추어야 한다. 가장 중요한 것은 도입에서 결론에 이르는 동안 내내 시선 맞춤을 유지하는 것이다. 특별히 핵심을 말하는 부분이나 중추적인 논쟁을 하는 부분에서 시선 맞춤을 유지하는 것이 중요하다.


## 27g. 분위기와 논조를 반영하거나 예측케 하는 표정을 지으라

말하기에 대한 긴장으로 인해 굳은 표정을 짓지 않도록 주의하라. 자연스러운 얼굴 표정은 효과적인 의사소통을 위한 좋은 방법이다. 일반적으로 얼굴 표정이 바뀌게 될 때 화자의 마음 상태나 분위기가 변한다는 것을 미리 알려주게 된다. 유쾌한 얼굴 표정을 걱정스럽고 찡그린 모습으로 바꾸는 것은 "좀 심각한 말씀을 드리겠습니다. 여러분"이라는 진부한 표현을 사용하는 것보다 좀 더 효과적인 분위기 전환 방법이다.

오만상을 찌푸리고, 미소를 짓고, 얼굴을 찡그리는 것 등에 대해 계획을 세울 필요는 없다. 중요한 것은 단지 자연스럽게 솟아나는 감정을 약간 과장되게 표현하는 것이다. 면대면 상황에서 행하는 미묘한 뉘앙스 같은 것은 뒷줄에 앉아있는 청자에게까지 도달하지 못할 것이다.

모든 문명에 있어 똑같은 의미를 갖는 한 가지 표현 방법은 미소이다. 대부분의 화자는 이 효과적인 방법을 간과하거나 잘못 사용한다. 스피치를 하는 동안 쉬지 않고 똑같은 모습으로 치아를 드러내면서 웃는 표정을 짓는 것은 무표정만큼이나 좋지 못하다. 하지만 미소가 화자의 메시지를 강화시킬 수 있을 때마다 자연스럽게 미소를 짓는 것이 좋다는 것을 기억하라. 미소는 친밀한 관계를 만들고, 선의를 보여주며, 화자와 청중을 편안한 상태로 만들어주는 가장 쉬운 방법이다.

# 제28장
# 프레젠테이션 보조자료

# | 프레젠테이션 보조자료 |

> 메시지를 뒷받침하는 프레젠테이션 보조자료를 효과적이고 적절하게
> 사용하라.

상황과 맥락에 따라 하나의 또는 일련의 프레젠테이션 보조자료가 메시지의 소통을 효율화하는 데 도움을 줄 수 있다. 프레젠테이션 보조자료는 음성의 내용과 전달을 넘어 또 하나의 의사소통적 차원을 추가하는 대상이나 실체이다. 일반적으로 프레젠테이션 보조자료는 시각적이지만 필요에 따라 청각적이거나 시청각적일 수 있다. 또한 보조자료가 분절적인지 연속적인지에 대한 질문 또한 필요나 맥락에 의존한다. 만일 하나의 보조자료나 일련의 보조자료가 각각 다른 목적 하에 서로 다른 매체로 제작되었다면 그것은 분절적인 것으로 보아야 하는가? 아니면 파워포인트 프레젠테이션과 같은 동일한 기술로 만들어진 유사한 항목들의 통합체로 보아야 하는가? 가령, 3종 경기에서 경쟁에 대한 말하기를 보충하기 위하여 화자가 실제 트라이애슬론 자전거를 보조자료로 도입하고, 또 수영과 구동 장치에 대한 훈련 계획과 선택을 보여주는 차트, 다이어그램과 더불어 포스터를 제시하고 심지어 수영에서 사이클링으로 그리고 사이클링에서 달리기로 옮겨가는 데 활용하는 기법을 담은 짧은 비디오 클립을 보여줄 수 있다. 이 경우는 준비하고 보여주기 위하여 각각의 다른 장치를 사용하기 때문에 분절적이고 분

리된 항목이다. 연속적인 보조자료의 예는 말하기의 모든 요점과 하위 요점을 텍스트로 갈무리할 수 있는 유비쿼터스 파워포인트 프레젠테이션 슬라이드이다. 또 프랑스의 고딕 건축물을 35mm 슬라이드 쇼로 분류할 수도 있다. 이 둘은 말하기의 연속적 배경 막을 형성하는 이미지의 보완적 "흐름"이다. 그러나 프레젠테이션에서 연속적 보조자료가 반드시 전자 매체일 필요는 없다. 칠판걸이에 놓인 일련의 포스터나 플립 차트는 "동일한 기술로 생산된 유사한 항목의 통합된 연속체"이며 연속적 관점에 있다. 그러나 전자 형태의 연속적 보조자료는 다른 것들에서는 볼 수 없는 도전 과제를 제기한다.-이 도전 과제들은 28a. 2, b. 2, b. 3과 d에서 설명한다.

물론, 같은 말하기에서 분절적이고 연속적인 보조자료를 모두 사용하는 것을 금하지는 않는다. 즉, 일에 따라 제격인 도구가 있다는 것만이 정답이다.-지배적인 보조자료는 투사된 파워포인트 프레젠테이션임에도 불구하고 트라이애슬론 자전거는 유용한 소품이 될 수 있다. 그러나 그러한 조합은 조직상의 부담이 될 수 있다는 점에 주의하라. 이에 관하여 28a. 1을 참고할 것.


**28a. 프레젠테이션 보조자료를 사용하여 어떤 과정으로 행동하는 것이 자신이 설명하고 명료화하고자 하는 요점에 적합한지 그리고 말하기의 맥락에 적합한지 결정하라**

어떤 항목이나 주제가 프레젠테이션 자료에 의해 표상될 수 있는가? 그리고 그것들이 표상되어야 하는가? 첫 번째 단계는 하나의 보조자료가 그 맥락 내에서 자신의 말하기 목표를 달성하는 데 도움이 되는지를 결정하는 일이다. 그리고 나서 그것들을 만들어내고 제시하는 데 어떤 형태를 취하고 어떤 도구를 사용할지 결정하는 것은 다음 단계이다.

혼자서 말하기만 하는 경우보다 시각적 프레젠테이션 보조자료를 활용하여 더 명확하고 신속하게 목적을 달성할 수 있는 장소가 있고, 음성으로 기술하는 것보다 청각 보조자료를 활용하여 더 명확하고 신속하게 목적을 달성할 수 있는 장소가 있다. 반대로, 잘못 사용되었거나 과도하게 사용된 보조자료는 말하기의 아이디어를 방해하고 말의 속도를 늦춘다. 보조자료는 메시지를 뒷받침하기 위한 것이지 그 자체가 메시지는 아니라는 점을 기억하라. 프레젠테이션 보조자료에 과도하게 의존하게 되면 요점과 아이디어의 분석이나 개발에 더 많은 시간을 할애할 수 없게 된다. 그리고 때때로 화자는 말하기를 준비하는 데보다 보조자료를 준비하는 일에 더 많은 시간을 쓰게 되는 함정에 빠질 수 있다.

또 다른 고려사항은 맥락이다. 어떤 환경에서는, 아마 직업 세계에서는 지나치게 자주, 자신의 특정 주제에 유용한지에 상관없이 화자가 슬라이드 쇼를 보여줄 것이라는 기대를 한다. 이렇게 하지 않으면 상황의 규범을 위반하는 것이고 화자의 신뢰성을 위태롭게 하는 일이 될 수 있다. 일반적으로 졸업 연설과 같은 상황에서는  아무런 보조자료가 사용되지 않을 것이라고 생각한다. 이러한 종류의 정보를 찾아내는 것은 말하기 계획 과정의 중요한 부분이다.

### 1. 프레젠테이션 보조자료가 적합한지 확인하라

만일 프레젠테이션 보조자료를 사용하기로 먼저 결정을 한 후에 내용 중 어떤 부분이 보조자료로 표현될 수 있는지 검토한다면 이는 마치 개의 꼬리를 잡고 몸통을 흔드는 격이다. 보조자료의 필요성은 자신의 목적을 달성하고 말하기의 목표를 추구하기 위해 가장 좋은 방법을 찾고 자료를 분석하는 과정에서 나타나게 된다. 비교해야 할 복잡한 자료가 있는가? 대개는 보조자료에 적당한 주제가 있다. 정서적인 면을 강조할 필요가 있는가? 이는 또 다른 보조자료의 가능성이다. 반복적인 주제가 있는가? 이 역시 보조자료가 필요한 또 하나의 경우가 될 수 있다.

프레젠테이션 보조자료를 활용하는 가장 분명한 두 가지 이유는 낯설거나, 복잡하거나, 전문적인 개념을 설명하는 것과 특정의 메시지를 강조하는 것이다. (이러한 것들을 행하기 위해 사용하는 접근법은 사용하고자 하는 보조자료가 분절적인지, 연속적인지에 따라 어느 정도 변형될 것이다. 2와 3 아래쪽을 참고) 유전학자는 분자가 자기 복제를 어떻게 하는지에 대해서 말할 때 DNA 이중 나선구조의 와이어-프레임 모형을 사용하는 것이 유용하다고 생각할 수 있다. 청중에게 음주 운전 벌칙의 중요성을 강조하고자 하는 화자는 교통사고 사망 원인 중 음주 운전의 비율이 압도적으로 높음을 보여주는 "파이" 차트 그래프를 활용하여 교통 사고율을 자세히 설명하는 방식을 선택할 것이다. 청중이 래그타임(Ragtime), 스트라이드(Stride), 부기우기 (Boogie Woogie) 피아노 스타일을 구별하여 이해하는 것을 돕고자 한다면, 화자는 당김음이 사용된 래그타임의 악보화, 스트라이드의 뛰는 듯한 움직임, 부기우기의 가속화된 블루스풍을 강조하기 위하여 Jelly Roll Morton, Fats Waller, Meade Lux Lewis의 짧은 오디오 클립을 틀어주는 방법을 선택할 것이다.

말하기를 분석하기 전에 보조자료를 사용하기로 결정하는 것이 "개의 몸통을 흔드는" 것과 마찬가지이듯이, 자신이 보여주고자 하는 것이 무엇인지 결정하기에 앞서 그것을 만들어 사용할 기술이나 기법을 결정하는 것도 그러하다. 자신이 어떤 개념을 보여주고자 하는지 먼저 생각하고 나서 그러한 개념을 구체적이고 쉽게 이해하기 위해 필요한 기호나 형태가 무엇인지 결정하고 마지막으로 그것을 만들고 제시하는 가장 좋은 방법을 결정해야 한다.

## 2. 자신의 목적에 가장 잘 맞는 형태와 기법을 결정하라

어떤 종류의 프레젠테이션 보조자료가 자신의 말하기에 유용할 것이라고 결론을 내렸다면 자신에게 해야 할 다음 질문은 이것이다. 그것을 만들기 위해 무엇을 사용할 것인가? 그리고 그것들을 어떻게 제시할 것인가? 이 질문들에 답하기 위해서는, 28. 1에 제시한 바와 같이 말할 장소의 물리적 환경을 조사해야 한다. 일단 그 장소의 특징을 시청각적 요소와 관련하여 알게 되었다면 그 공간에서 어떤 보조자료가 효과적일 것인지에 대한 선택을 시작할 수 있다.(28a. 3을 참조) 보조자료를 제작하기 위한 시간이 얼마나 되는지도 고려할 필요가 있다. 보조자료를 보여주고 작동하는 데 시간이 얼마나 드는지, 그 보조자료가 이동 가능한지, 그것을 만드는 데 어떤 기술을 이용할 수 있는지, 말할 장소에서 이용할 수 있는 기법은 무엇인지 등도 생각해 보라.

### 다양한 접근 방법

보조자료의 필요성를 생각해 본 후에, 내용을 명료화하는 몇 개의 그래프와 사진과 함께 요점을 강조하는 텍스트를 마련한다. 이러한 보조자료를 만드는 데에는 여러 가지 방법이 있다. 즉, 포스트를 만들거나, 플립차트를 준비하거나 슬라이드를 보여줄 수 있다. 특정한 요점에 강조를 두고 싶을 경우에는 텍스트나 이미지나 소리와 함께 다루는 방법을 선택할 수 있을 것이다. 또한, 요점의 핵심을 담은 사진을 사용하거나 그 요점을 관련짓는 오디오 파일을 사용할 수도 있다. 가령, 허리케인과 그에 대한 대비에 관하여 말할 때 한 가지 요점을 보완하기 위하여, "물에서 달려 나오라. 그리고 바람을 피하라."와 같은 슬로건을 제시하거나 허리케인 앤드류(Andrew)에 의해 발생한 플로리다의 농장 피해 상황을 사진으로 제시하거나 또는 강하고 날카로운 허리케인 강풍의 소리를 오디오 클립으로 들려줄 수도 있다.

또 다른 각도에서, 얼마나 많은 항목이나 이미지를 보여주고자 하는지 생각해 보라. 만일 수가 얼마 안 된다면, 말하기의 짧은 부분을 위하여 프레젠테이션 자료를 만들고 시끄러운 프로젝터를 들여와 어두운 방에서 시연하는 등의 수고를 하기보다는 포스터나 모형을 만드는 것이 더 적절할 것이다.

### 프레젠테이션 소프트웨어

우리는 이미 이 장의 도입 부분에서 마이크로소트프 사의 파워포인트를 언급하였다. 이용할 수 있는 다른 프레젠테이션 소프트웨어 패키지로는 Corel Presentations(WordPerfect Office에 포함된 응용프로그램), Freelance Graphics(Lotus SmartSuite에 포함된 응용 프로그램), Keynote(Apple 사), ProPresentations(Harvard Graphics 사), 그리고 종교 단체, 법무 법인, 의료기 업체 등에서 사용되는 다양한 패키지 등이 있다. 일단 프레젠테이션 소프트웨어를 사용하기로 결정을 내렸다면, 결과물이 어떤 물리적인 형태를 취할 것인지 결정해야 한다. 슬라이드로 확대하고, 인쇄하고, 포스터로 붙이고 또는 오버헤드 프로젝터로 사용할 투명 필름으로 인쇄하거나, 인쇄하지 않고 소프트웨어 프로그램에서 직접 투사되도록 할 수도 있다. 출력물의 형태가 어떠하든 28b.1, 2와 28d에 있는 설계 제안에 특히 주의를 기울이라.

### 3. 시각적 프레젠테이션 보조자료를 위해서 대상이나 개념의 표상이 취하는 형태를 결정하라

어떤 대상을 시각적 프레젠테이션 보조자료로 표상하는 세 가지 방법을 살펴보자. 그 중 하나는 자신이 전할 정보에 가장 잘 맞을 것이다.

### 대상 또는 대상의 물리적 복제

새로운 카메라 렌즈 부착 시스템의 단순성을 보여줄 때 화자는 실제 카메라와 렌즈를 사용하여 커플링의 편리함을 보여줌으로써 자신의 말에 힘을 실을 수 있다. 이와 같은 경우 내용을 전달하는 데 그 자체로 더 많은 말을 필요로 할 것이다. 또, 장비가 작기 때문에 더 큰 집단에서 이런 식으로 보여주는 것은 효과적이지 않다. 이 때, 화자는 메시지를 명료화하기 위하여 실물보다 더 큰 모형을 사용할 수 있다. 반대로, 트라이애슬론을 두기에 장소가 너무 좁을 경우 화자는 유사한 효과를 얻기 위하여 실물을 포스터 크기의 사진으로 바꾸어 사용할 것이다. 또 다른 대상들은 분명히 나노 제조 분자 로봇이나 U.S.S. Carl Vinson처럼 사용하기에 너무 작거나 너무 크기 때문에, 크기를 확대하거나 축소하여 복제하는 것이 불가피하다.

대상과 복제품 사이에 결정을 내릴 때에는 다른 고려사항이 있다. (의료 전문 집단을 제외한) 대부분의 청중은 화자가 실물보다는 인간 심장의 인공 복제물을 사용하여 판막 구조와 그것의 기능을 설명해 주다면 고맙게 생각할 것이다.

### 그림 복제

여기에는 사진, 스케치, 계획도, 그림, 슬라이드, OHP 필름, 컴퓨터 애니메이션, 필름 클립, 비디오테이프 등이 포함될 수 있다. 이것은 보조자료의 분절적 형태와 연속적 형태에 모두 사용될 수 있다. 만일 카메라 렌즈 커플링을 쉽게 해 주는 기계 장치 그 자체가 아주 복잡하다면, 화자는 모든 부품의 상호작용을 보여주기 위하여 3/4 분해도의 약도를 사용할 수도 있다. 근육 조직을 보여주고자 하는 화자는 큰 심장 사진을 선호할 수도 있다. 다시 말하면, 무엇을 사용할지, 어떤 기술이 그것을 준비하고 제시하는 데 가장 적절한지를 결정하는 데 중요한 요인은 대상의 크기와 청중의 크기이다.

### 그림 기호

그림 기호는 좀 더 추상적인 개념에 사용되고 그래프, 차트, 지도, 중요한 단어와 어구 목록을 포함할 수 있다.

한 줌의 달러 지폐에 불을 붙이는 것은 아마 청중들의 주의를 끌겠지만 경제의 하강 상태를 말할 때에는 지난 20년 동안의 달러 구매력을 보여주는 선 그래프만큼 유용하지는 않을 것이다. 산호세의 항공사진은 지역 정책에 대한 말하기에서는 시 의회 구역 경계를 보여주는 지도만큼 적절하지는 않을 것이다. 만일 화자가 표어, 힘 있는 문구, 제품명 등을 강조하고자 한다면 적절한 문자로 표현된 포스터가 도움이 될 수 있다. [그림 28-1]은 다소 일반적인 그림 기호를 보여준다.

각각의 차트나 그래프의 종류는 특정 종류의 정보에 가장 적합하다. 가령, 일반적으로 선 그래프는 막대 그래프보다 추세를 보여주는 데 더 적절하고, 원 그래프는 선 그래프보다 전체에 대한 부분의 관계를 보여주는 데 더 좋다. [표 28-1]은 자신이 제시하고자 하는 데이터에 효과적인 것을 선택하는 데 도움이 되는 몇 가지 사례와 함께 각 유형의 선호되는 용법을 보여준다.

**[그림 28-1] 그림 기호**

원 그래프　　　　　　　　　　선 그래프

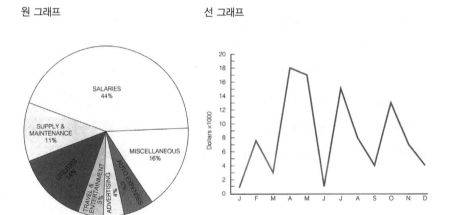

## [그림 28-1] 그림 기호

막대 그래프

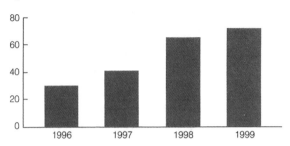

주해 지도

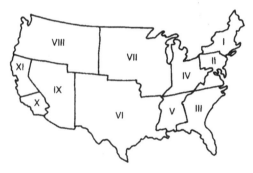

슬로건이나 기억하기 좋은 어구

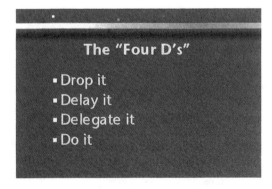

[표 28-1] 차트, 그래프, 표 이용하기

| 유형 | 주된 활용 방법과 사례 |
|---|---|
| 막대 그래프 / 픽토그램 | 비교 특히, 양이나 빈도 비교하기<br>■ 은행별 이율<br>■ 컴퓨터 운영 체제별 사용자 수<br>■ 지역별 판매고 |
| 선 그래프 | 시간에 따른 추세나 변화를 보여주거나 또는 한 요소가<br>또 다른 요소에 의해 받는 영향을 보여주기<br>■ 5년 간 매년 신규 서비스 가입자 수<br>■ 운동 수준에 따른 심장 박동 수<br>■ 1년 간 매월 상해 사건 수 |
| 원 그래프 | 부분과 전체의 관계, 상대적 비율, 백분율 등을 보여주기<br>■ 부서별 프로젝트 비용<br>■ 정당 선호도별 유권자 수<br>■ 전 세계의 대륙별 헤로인 생산량 |
| 흐름도 | 과정 즉, 관련된 일련의 결정이나 행위를 보여주기<br>■ 문제의 원인을 조사하고 해결하는 단계들<br>■ 조직 내 정보의 흐름<br>■ 컴퓨터 조립하기 |
| 표 / 격자 | 대량의 데이터를 한꺼번에 보여주거나(표), 분절된 요소를<br>병치하거나 비교하기(격자)<br>■ 남녀 평균 수명을 보여주는 보험 통계표<br>■ 연령 및 장소에 따른 풍진 감염률<br>■ 상품별 특징 비교 점검표 |

그래프 유형을 잘못 사용하면 자신의 데이터에 실제로는 제시되지 않은 정보나 의미를 전달할 수도 있다는 점에 주의하라. [그림 28-2]는 두 개의 상이한 그래프를 사용하여 2002년 미국 자동차 생산 데이터를 보여준다. 선 그래프는 연결된 점이 존재하지 않는 전체 주 가운데서 일부 주의 추세나 방향을 암시하기 때문에 이 정보에 사용하기에 바람직하지 않다. 막대 그래

프는 보는 이로 하여금 전체를 혼동하지 않고 비교할 수 있게 해 준다.

## 28b. 보조자료는 명료하게 다룰 수 있도록 준비하라

**1. 프레젠테이션 보조자료는 전체 청중이 볼 수 있고, 명확하게 들을 수 있게 만들라**

말 할 장소의 특징과 청중의 크기에 부합하도록 보조자료의 종류와 크기를 결정하라. 가능하다면 설비를 미리 살펴보는 것이 도움이 될 것이다. 방 뒤편에 서서 장면을 떠올려 보라. 투사된 프레젠테이션, 슬라이드, 영사슬라이드를 위한 스크린은 방의 크기에 맞게 커야 하고 프로젝터는 초점 거리가 스크린을 채울 만큼 길어야 한다. 만일 비디오 테이프를 보여주고자 한다면, 모니터가 뒤쪽 열의 사람들이 볼 수 있을 만큼 높이 걸려 있거나 모든 사람이 양질의 화면을 볼 수 있도록 모니터의 수가 충분해야 한다는 점을 확인하라. 음향 장비는 방의 크기에 맞는지 그리고 주위 환경의 소음이 적당한지를 점검하라.

만일 실물 크기의 모형이나 분절된 보조자료 중 하나의 밑그림을 가지고 있다면, 포스터나 모형처럼 말하면서 그 공간 주위를 움직이며 그것이 놓일 곳에 놓아보라. 만일 보조자료가 너무 작다면, 분명 그것을 확대할 필요가 있다. 모형 부분은 구별할 수 있을 만큼 충분히 커야 한다. 어떤 점에서, 방은 하나의 포스터, 플립차트, 또는 화이트보드가 효율적으로 기능하기에는 너무 크다. 그러한 조건에 직면했을 때에는 슬라이드 프로젝터, 오버헤드 프로젝터, 또는 디지털 프로젝터의 사용을 고려하라. 반대로 보조자료가 방의 크기에 비해 너무 크거나 자신이 다루기에 너무 벅차다면 그 규모를 줄이라.

[그림 28-2] (a)부적절한 그래프 (b)적절한 그래프

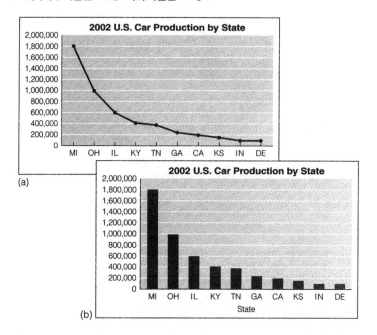

(a)

(b)

[그림 28-3] (a)지나치게 정교한 그림 (b)윤곽이 뚜렷한 그림

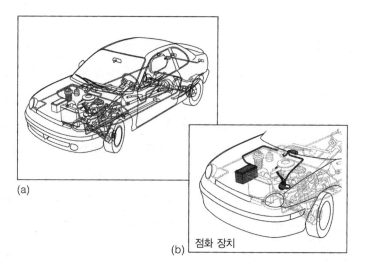

(a)

(b) 점화 장치

## 2. 시각 프레젠테이션 보조자료는 단순화 · 명료화하라

과도하게 정교한 시각 보조자료는 구상하지 말라. 시각 보조자료는 청자가 한 부분을 다른 부분과 쉽게 구별하는 데 필요한 정도의 세부사항만을 담고 있어야 한다. [그림 28-3]에 있는 자동차 엔진 단면도 두 개를 살펴보라. 오른 편에 있는 것은 점화 장치를 보여주고자 한다면 사용하기에 더 좋을 것이다. 그것은 청중이 점화 장치를 연료 시스템, 냉각 시스템, 공기 조절 시스템 등과 구별하는 데 초점을 맞추지 않고, 그것이 자동차 엔진의 나머지 부분과 관련 하여 어디에 있는지에 대한 정보를 제공한다. 마찬가지로 지도, 차트, 그래프, 모형, 사진을 너무 많은 데이터와 함께 모아서 화자가 어느 부분을 가리키는 지 청중이 이해하지 못하도록 만들지 말라. 가령, 시 의회 구역만을 보여주는 지도 하나와 시에서 구 관리 구역만을 보여주는 지도를 하나 가지고 있어야 한다. 선 그래프에 너무 많은 선을 그어서 청중이 하나의 선을 가로질러 따라 가는 동안 "잘못된 방향 전환"을 하는 위험에 빠지는 상황을 피하라. 사진은 대상을 따로 분리하거나 다른 대상과 관련지어 초점화하고자 할 때 사용한다.

어떤 시각 보조자료에 대해서 표현하든지 단순하고 친숙하게 말하라. 부 분과 개념들에 이름을 붙이는 데 꼭 필요한 외에는 더 이상 말을 하지 말라.

정보를 확산시킬 때에는 지속성을 유지하라. 만일 원 그래프를 첫 번째 보 조자료로 사용한다면 유사하거나 관련된 정보를 다루는 어떤 후속 보조자 료도 원 그래프라야 한다. 만일 플립차트나 화이트 보드 또는 손으로 쓴 어 떤 다른 수단을 사용한다면 선명한 검은 글씨로 표시하라.

대상이나 기호의 서로 다른 측면을 드러내기 위해 색깔을 사용하라. 옅은 파랑, 빨강, 노랑 부분이 있는 큰 모형 심장은 완전히 실제적으로 보이지는 않으나 청중은 설명을 따라가는 동안 그것을 각기 다른 부분으로 기억하기 가 훨씬 더 쉬울 것이다.

프레젠테이션 소프트웨어 패키지는 출력하고 투사하거나 컴퓨터 투사 시스템을 사용하여 직접 투사할 수 있는 슬라이드를 만들 수 있게 해 준다. 다음 제안을 염두에 두고 오버헤드와 슬라이드를 효율성 있게 만들어 보라.

1. 단순한 서체를 사용하라. 서체를 두 가지 초과하여 한 시트에 혼용하지 말라. 화려한 서체를 피하고 바탕 음영, 윤곽선 폰트, 시각적 "소음"에 해당하는 그 밖의 장식적 변형을 멀리하라.
2. 제목과 텍스트에는 대문자와 소문자를 사용하라. 대문자로만 인쇄된 문장은 읽기가 더 어렵다.
3. "여백"을 많이 사용하라. 즉, 시트에 너무 많은 정보를 채우지 말라. 정보를 단순화하고 말을 자세하게 하라.
4. 슬라이드 전체의 연속성을 유지하라. 설계 주제를 정하고 각각의 슬라이드에 그것을 실행하라. 가령, 만일 테두리나 배경을 사용하려면 모든 슬라이드에 그렇게 하라. 만일 한 시트에서 목록에 큰 점(●)을 사용했다면, 다른 슬라이드에서 목록에 너무 많은 대시(−)를 사용하지 말라.

### 3. 청중 효과를 극대화하기 위해 시각 보조자료를 설계하라

시각 보조자료의 설계와 형태는 신뢰성을 증진하고, 유머를 더하며, 제시된 데이터 이상의 정보를 제공하거나 아니면 청자의 흥미를 유지한다.

전문성이 있어 보이는 보조자료는 다듬어진 어조로 말하는 데 기여할 수 있다. 적절히 사용된다면, 컴퓨터는 힘차고 명료한 보조자료를 만드는 것을 도와줄 것이다. 그러나 컴퓨터가 유일한 선택은 아니다: 미술용품점은 문자, 스텐실, 채색 플라스틱 다양한 기하학적 형태로 변형시킨다. 온갖 종류의 단순한 그림자료들, 그 중에는 비예술적이지만 깔끔하고 재미있는 시각 보조자료도 있다.

만일 컴퓨터를 활용하여 2차원의 보조자료를 만든다면, 수 많은 프레젠테이션 소프트웨어 패키지가 템플릿에 미리 정해진 디자인 속성 즉, 색깔, 테두리, 서체 등을 제공한다. 이것들은 시트 간 연속성이 유지되고 유형이 읽을 수 있을 만큼 크다는 것을 쉽게 확인시켜 준다. 이러한 탬플릿을 기술하는 매뉴얼은 대개 표시 방법에 따라 그것들을 범주화한다. 즉, 어떤 것은 레이저 프린터를 쓰지 않고 직접 투사할 때 적합하고, 어떤 것들은 35mm 슬라이드를 만들고자 할 때 적합하며, 어떤 것은 자료를 스크린 위에 보여주고자 할 때 적합하다. 지침을 따르라. 그리고 35mm형 탬플릿에서 생산된 오버헤드의 흑백 레이저 프린터는 아마 선명치 않은 그래픽 요소 때문에 흐릿하고 읽기 어려울 것이다. 특정의 범주 내에서, 더 단순한 디자인 중 하나를 선택하라. 많은 탬플릿이 과도하게 복잡할 수 있고 어떤 것들은 제시된 자료에서 주의를 딴 데로 쏠리게 하는 디자인 요소를 가지고 있다-이것은 자신이 말하는 동안 발에 대고 짖어대는 개와 마찬가지로 시각적인 방해를 하게 된다.

시각적 프레젠테이션 보조자료의 어떤 형태에 대해서든, 만일 특정한 색깔이 묘사되고 있는 대상이나 개념과 연합되어 있다는 생각이 널리 퍼져 있지 않다면, 기본적이고 이국적이지 않은 색깔을 사용하는 것이 가장 좋다. 그리고 물론 숲은 녹색, 물은 청색 등과 같이 표준적인 용도가 있다.

이러한 방향을 따라, 말하기 주제를 강조하는 방식으로 시각적 보조자료를 구성할 수 있다. 가령, 막대 그래프를 사용하여 벌목 수입의 연도별 차이를 나타내는 대신, 적절히 관련된 차원을 나타낸 픽토그램 수형도로 대체하라. (여기에서 주의할 것-만일 상대적 높이만을 따른다면, 대상의 상대적 부피는 척도 밖에 있을 것이고 그래픽은 오도할 것이다.) 또는 대상의 배열-집, 미사일, 열등생 모자를 쓴 막대 모양-이 각각의 대상이 표상하는 것은 주택 공급의 출발, 전략 탄두, 또는 실패한 학생이다. 언어적 메시지를 납득시키기 위하여 시각 자료를 활용하는 특히 정교한 방법은 레이건(Reagan) 전 대통령이 텔레비전에 나와서 미국 국민에게 자신의 세금 부과 계획을 제시할 때 표현되었다. 그는 자신이 계획한 결과로 나타날 정부의 재정 지출안과 반대자가 계획한 결과로 얻게 될 지출안을 구체화하는 선 그래프를 보여주면서 이렇게 말했다. "우리의 계획은 여기 견실한 선으로 표현된 바와 같고……" "민주당의 제안은……점선으로 표현되었습니다." 그의 입장을 보여준 그래프 상의 견실한 선은 안정성과 사려깊은 계획의 외양을 갖고 있었던 반면, 허약한 점선은 중량감이 없고 체계가 서지 않는 반대자의 생각을 표상하는 것처럼 보였다.

## 28c. 프레젠테이션 보조자료를 말하기와 자연스럽게 결합시키라

프레젠테이션 보조자료가 분절적이든 연속적이든, 손으로 들고 있든 투사하든, 보는 것이든 듣는 것이든, 그것은 말하기와 이음매가 없는 한 부분이 되어야지 방해 요소가 되어서는 안 된다. 관점을 보완하고 논증하는 적절한 보조자료를 선택하는 것은 이러한 결합을 손쉽게 하는 방법이다. 선택하는 보조자료의 구조적 적합성을 넘어, 보조자료 도입을 부드럽게 할 수 있는 몇 가지 방법이 있다.

### 1. 보조자료로 연습하라

보조자료는 그것으로 몇 차례 연습할 만큼 일찍 준비되어야 한다(25b.3을 볼 것). 이것은 요구되는 어떤 변화를 자신에게 알려줄 것이다. 그것에 친숙해지면 프레젠테이션을 하는 동안 서투른 실수를 하지 않게 된다.

### 2. 보조자료를 사전에 준비해 두라

청각 보조자료의 경우, 시작할 지점에 테이프나 CD를 맞추어 놓고 버튼만 누르면 되게끔 해 두라. 만일 컴퓨터를 투사하고자 한다면, 프로그램을 깔고 파일을 열어 두라. 청중이 폴더 구조를 더듬어 가는 과정을 수고롭게 보지 않도록 하라.

### 3. 시선을 유지하라

시각 보조자료를 설명하는 동안 청자를 바라볼 수 있도록 자료에 친숙해 지라. 종종, 화자는 청중에게서 돌아서서 시각 보조자료를 보면서 말하는 경우가 있다. 이것은 화자가 피드백을 받을 수 없게 하며 청자가 귀를 쫑긋거리게 만든다.

### 4. 분절적인 시각 보조자료를 사용할 때 말을 계속하라

과정을 보여줄 때에는 휴지 기간이 길어지지 않도록 하라. 만일 다소 복잡하거나 바라는 결과를 얻는 데 많은 단계가 요구된다면, 텔레비전 요리 쇼에서 힌트를 얻어 다양한 국면을 보여줄 일련의 보조자료를 미리 준비하라. 그렇게 함으로써 자신과 청중이 무언가가 일어나기를 기다리는 기간을 피할 수 있다. 가령, 화자는 이렇게 말할 수 있다. "그 다음에 여러분이 두 개의 블록을 접착제로 붙이고, 이렇게 함께 눌러준 후, 접착제를 건조시키세요. 여기 이미 건조된 게 있습니다. 이제 다음 단계를 보여드리겠습니다.……" 어떤 과정에서 시간 지체가 발생하는 것을 피할 수 없을 때에는, 간극을 채울 여담—그 과정과 관련된 약간의 역사 따위—을 준비하라.

### 5. 보조자료를 주의산만하게 제시하지 말라

분절된 시각 보조자료를 사용할 준비가 될 때까지는 그것을 보이지 않게 하거나 끄거나 덮어 두거나 청중에게서 방향을 돌려놓으라. 목적에 맞게 사용한 후에는 그것을 즉각 치우거나 원상태로 복귀시키라. 만일 오버헤드 프로젝터나 유사한 장치를 사용한다면 냉각 팬 돌아가는 소리를 제거할 수 있도록 꺼 놓으라. 특정한 관점을 뒷받침하는 차트와 그래프의 파워포인트 프레젠테이션 같은 연속적 시각 보조자료의 경우는 각각의 내용 슬라이드 사이사이에 여백 슬라이드를 끼워 놓으라. 내용 슬라이드 중 하나와 관련된 요점에 대한 설명을 끝냈을 때, 여백 슬라이드로 이동한 다음, 다음 요점에 대한 설명으로 들어갈 시점에 다음 내용 슬라이드를 보여 주라. 만일 플립 차트를 사용한다면 그것을 준비할 때 각각의 다른 시트를 사용하라―이것은 여백 슬라이드와 같은 효과를 주며 같은 방식으로 사용하면 된다.

방에서 어떤 물건을 돌려가며 보게 하는 것은 주의를 흐트러뜨리는 소곤거림을 유발할 수 있기 때문에 삼가는 게 좋다. 이 규칙은 특히 특이한 대상을 다루거나 청중의 규모가 작을 때 유연하게 적용되어야 하지만 말하기가 끝난 후에 그것을 돌려 보는 것이 아마 가장 적절할 것이다―말하자면, 협의를 하는 기간이 좋다. 마찬가지로 유인물은 말을 마친 후 나누어주어야 한다. 청중이 지금은 듣고 나중에 읽어보게 하라(물론, 이것이 절대적인 규범이 될 수 없는 주로 비즈니스 상황과 같은 맥락도 있다. 23b 참조).

마지막으로, 프레젠테이션 보조자료를 잘 다루지 못하면 당황할 수 있다. 차트의 순서가 맞는지, 모형이 잘 준비되어 있는지, 장비가 완벽하게 작동하는지 확인하라. 주의깊게 연습하여 프레젠테이션 보조자료와 관련된 큰 실수를 피하고, 시작할 시간 내에 도착하여 접속 케이블, 핀, 테이프, 확장 코드, 여분의 프로젝터 전구, CD-ROM 백업 등을 준비하고 자신의 계획을 한번 그려보라.

### 28d. 프레젠테이션 소프트웨어를 이용할 때의 이점, 제약, 위험을 이해하라

프레젠테이션 소프트웨어는 화자에게 주어진 복합적인 은총이라고 볼 수 있다. 한편으로, 그것은 일관되고 매력적인 슬라이드와 유인물을 만들 수 있게 해 준다. 다른 한편으로 그것은 화자가 말을 하기보다는 개요를 서술하는 정도의 지위에 놓이게 한다.

## 1. 텍스트 슬라이드는 간단하게 하라

프레젠테이션 소프트웨어 응용프로그램에 부속되어 있는 탬플릿은 슬라이드를 간단하게 만들 수 있도록 설계되어 있다. 즉, 만일 지정되어 있는 크기로 서체를 사용할 경우 너무 많은 단어와 개념이 하나의 슬라이드에 잡다하게 들어가 이해하기 어려워진다. 다음과 같이 하는 것이 좋다. 글꼴의 크기 제약을 나름대로 멋지게 해결하려는 유혹을 피하라. 그 대신, 자료를 조직하는 더 좋은 방법을 모색하고 언어를 절감하여 최소화하라.(9장과 10장 참조)

애니메이션 효과를 활용하거나, 극적 효과를 얻기 위하여 특정 순서로 슬라이드의 어떤 요소를 노출시키거나 가장 직접적인 요점에 초점을 맞추기 위하여 "애니메이션 구성"를 사용할 수 있다. 이것은 자제해서 사용해야 한다. 과용하게 되면 효용성이 떨어진다. 마찬가지로, 패키지로 딸려 오는 음향 효과를 자제하라. 효과음이 있는 슬라이드는 다섯 개면 족하다. 서른 개의 슬라이드에 효과음이 적용된다면 그것은 자극이 되지 못할 것이다.

## 2. 일관성을 유지하라

적절히 사용된다면 프레젠테이션 소프트웨어는 슬라이드를 일관되게 훑어보는 데 도움을 준다. 탬플릿은 형태를 일관되게 하는 데 도움이 되며, 프로그램에 설정된 색상 틀, 슬라이드 배경과 패턴 등이 다른 요소들을 일관되게 하는 데에도 매우 효과적이다. 이러한 도움을 받았다고 하더라도, 자신의 슬라이드에 어떤 불일치하는 부분이 없는지 직접 점검할 필요가 있다. 캡션을 살펴보라. 글씨체가 모두 보라색 14포인트 명조체인가? 아니면 그

중 어떤 것이 녹색 14포인트 굴림체인가? 요소들의 배치는 어떠한가? 요소들이 다른 사례들과 관련하여 한 지점에서 다른 지점으로 건너뛰는 것처럼 보이지는 않는지 슬라이드 쇼를 실행해 보라. 또 일관성을 위하여 이동 효과와 애니메이션 구성같은 다른 특징들도 점검해 보라. 가끔씩 특히 이전의 프레젠테이션을 재활용한 경우 이러한 혼동이 생겨서 대부분의 슬라이드는 "어둡게 사라지는" 이동을 하는데 어떤 슬라이드는 "오른쪽으로 지워지는" 이동을 하는 경우가 있다.

### 3. 클립 아트는 사려 깊게 사용하라

슬라이드를 소프트웨어와 함께 제공되는 수많은 클립 아트 그래픽으로 "장식하려는" 유혹을 피하라. "장식"을 한다는 것은 손쉬운 시각적 상징으로 자신의 메시지를 한 차원 높이거나 요점을 상기시키기 때문에 클립 아트를 사용하는 것이 아니라 사람들이 그것을 기대하거나 채워야 할 여백이 있기 때문에 그것을 사용한다는 것을 의미한다. 인기 있는 소프트웨어 패키지는 매우 널리 알려져 있기 때문에 친숙한 클립 아트 이미지—가령, 테이블 주위에 서 있는 기업인의 이미지나 유비쿼터스 비즈니스 악수와 같은 이미지—를 사용하면 메시지가 참신하지 않게 보일 수 있다. 뿐만 아니라 텍스트 주위에 흩뿌려진 지나치게 많은 이미지는 마음을 산만하게 할 수 있다. 서로 다른 스타일의 이미지(가령, 한 사람의 선 그림에 이어 또 다른 사람의 만화적 이미지가 뒤따르는 경우나 저해상도의 비트맵 이미지에 이어 날카로운 포스트스크립트 이미지가 뒤따르는 경우)가 역시 마음을 산란하게 할 수 있다.(28d. 2 참조)

### 4. 슬라이드의 보조자가 되지 말라

회의장에서 볼 수 있는 일반적인 장면은 수십 또는 수백 명을 수용할 수 있는 방에 위압적인 한두 개의 대형 스크린이 있고 그 옆에 화자가 어두운 조명 아래 왜소하게 웅크려 서서 컴퓨터 모니터 책상에 몸을 반쯤 가린 채 마우스를 클릭하면서 옷깃에 소형 마이크를 달고 시스템의 결함에 대해 말하는 것이다. 여기에서 분명한 문제점은 방이 어둡고 초점이 기계에 맞추어져 있으며 화자의 공간이 컴퓨터의 앞으로만 한정되어 있어 "보조자료"가 오히려 방해가 되기 때문에 청중과의 연결이 잘 되지 않는다는 점이다.

만일 자신이 이러한 프로젝션을 이용하는 상황에 있다면 잠재적인 어려움을 극복할 수 있는 조치들을 취하라. 컴퓨터 조작을 도울 수 있는 동료나 친구를 확보하여(충분히 연습했다는 확신을 가지고 28c. 1과 29b 참조) 자유롭게 돌아다니면서 청중과의 시선을 유지하라. 만일 불가피하게 장비를 조작해야 하거나 어두운 조명을 유지해야 한다면 목소리에 변화를 주어 이동성과 시각성의 결여를 보완하라(26b 참조). 가능하다면 핵심적인 삽화나 요점을 슬라이드로 제작하여 보여주되 나머지 시간은 스크린을 여백으로 남겨 두라.

[그림 28-4]와 [그림 28-5]는 두 개의 텍스트 중심 슬라이드를 보여주는데 첫 번째 것은 28b. 2와 28d. 1과 3에 제시한 디자인 지침을 많이 위반하고 있다. [그림 28-4]에서는 제작자가 너무 많은 것을 텍스트로 나타내려 하고 있어 일종의 "따라 읽기" 슬라이드가 되어버렸다. 일관되지 않은 클립 아트는 빈 공간을 채우고 메시지를 예고하는 기능이 전혀 없다. 슬라이드 제목 텍스트에 가해진 변형은 그것을 더욱 읽기 어렵게 한다. 두 번째 슬라이드는 좀 더 나은 접근 방법을 취하였다. 완결된 문장 대신 핵심 어구를 사용하여 메시지를 명료화하였고 이를 통해 화자는 자신을 밀어내는 대신 자신을 뒷받침하고 있다. 이 형태는 크고 가독성이 있으며 보는 이의 주의를 끄는 과도한 요소들과 다투지도 않는다.

[그림 28-4] 과도한 텍스트 슬라이드

OPPORTUNITIES!
• 우리는 용역 주문 관리 및 소프트웨어 제공에서 주도적인 위치를 점유하고 있다.
• 우리는 강력하고, 역량 있고, 수준 높은 프로젝트 관리를 하고 있다.
• 우리의 시장은 급격하게 성장하여 대형화하고 있다.
– 63억 달러에 이르는 2006년 업무용 소프트웨어 시장 규모
– 좀 더 정교한 업무용 소프트웨어의 수요를 창출하고 있는 산업 환경
– 패키지 솔루션으로의 전반적 이동
• 우리는 차별화된 제품과 솔루션을 제공할 수 있다.
– 우수 고객 명단의 확보
– 복잡한 업무를 지원하는 독특한 솔루션
– 강력한 전문 지식
– 경쟁적 위치 확보 및 기술적 우위
– 유력한 업무 및 기술 파트너들

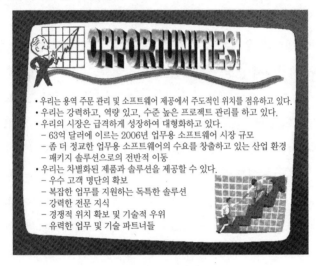

[그림 28-5] 효과적인 텍스트 슬라이드

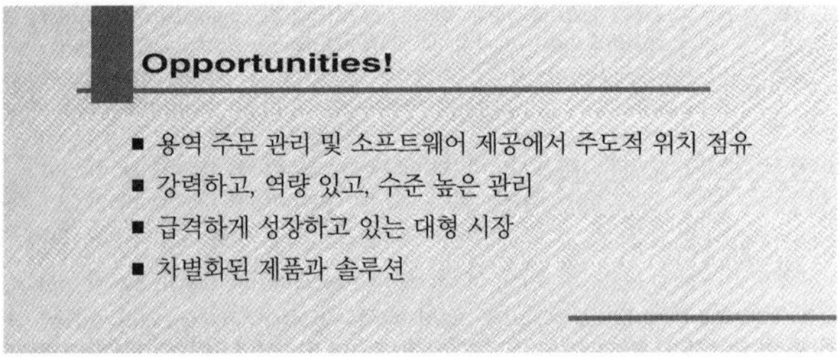

Opportunities!
■ 용역 주문 관리 및 소프트웨어 제공에서 주도적 위치 점유
■ 강력하고, 역량 있고, 수준 높은 관리
■ 급격하게 성장하고 있는 대형 시장
■ 차별화된 제품과 솔루션

**연습**

다음 각각의 화제에 활용될 수 있는 별도의 프레젠테이션 보조자료 유형 세 가지를 제시하라.

- 카 풀 전용차로 설치
- 수표는 어떻게 처리되는가
- 자물쇠의 작동법
- 군 복무 의무 제도화

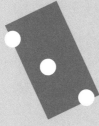

# 제29장
# 말하기 상황의 적용

# | 말하기 상황의 적용 |

> 실제 말하기 상황이 그것을 마음 속에 떠올려 보는 것과 달라질 것에 대비하라. 여러가지 다른 대안으로 나쁜 상황을 극복할 수 있도록 준비하라.

만약 300명 정도가 모일 것이라고 들었는데 20명의 사람만이 나타났다면 당신은 어떻게 할 것인가? 동성의 청중을 예상하고 있었는데 남여 혼성의 청중들이 보인다면, 또는 호의적인 청중을 기대하였는데 호의적이지 않다는 것을 알게 되었다고 가정한다면, 말하는 동안 그 혼란과 야유를 어떻게 할 것인가? 이렇게 갑작스럽게 변한 사태를 감당하기 위해서는 연습을 통해 말하기 과정의 여러 지침들을 몸에 익히고, 있는 그대로 상황에 반응하여 행동해 버리고 싶은 유혹을 뿌리쳐야만 한다. 말하기를 시작하면 잠시도 생각하는 것을 멈추지 말라. 준비했던 많은 시간에도 불구하고, 말하기는 말하는 순간에 생성된다. 수많은 전략의 선택은 말하기를 시작하기 전까지 결코 완성될 수 없을 것이다. 그러나 직면하게 될 우발적인 사건들에 대해 생각하는 데 시간을 투자하면 어떤 불쾌한 충격들도 피할 수 있다. 말하기 실행과 준비를 할 때, 그렇게 될 가능성이 높은 것뿐만 아니라 가능성 낮은 것도 고려하라.

## 29a. 말하는 동안 청중들의 반응을 수용하고 그에 대한 대안을 계획하라

화자와 청자의 주고받는 말하기는 단지 소리내어 읽는 것보다 더 많은 장점을 만들어 낸다. 각각의 서로 다른 청중들과 상호작용하는 매 시간마다 비롯되는 흥미로운 경험 때문에 화자는 같은 보고서를 지루하거나 밋밋하지 않게 12번이라도 제시할 수 있는 것이다. 변화와 적용은 말하기의 활력을 유지한다. 적용은 고생스럽게 배워야만 하는 새로운 기술이 아니다; 적용은 일상 대화에서 행하는 편집 감각과 분위기의 좀 더 구조화된 변형일 뿐이다.

### 1. 조정을 위한 몇 가지 일반적인 원칙을 따르라

**만약 청중들이 지루해 하거나 피곤해 보인다면**
1. 좀 더 재미있는 유머나 참신한 새로운 것을 사용하라.
2. 좀 더 구체적인 예시를 들어라.
3. 청중들에게 좀 더 직접적인 근거들을 사용하라.
4. 직접적인 참여를 청하라-청중들에게 예시를 들어달라고 하거나 동의를 표시하는데 손을 들어 달라는 등을 요청하라.
5. 기술적인 설명이나 통계자료는 생략하거나 단순화시켜라.
6. 좀 더 생생하게 전달하라.
7. 신체적 변화를 꾀하라-예를 들어, 연사용 탁자 주변을 돌거나 책상 위에 앉아라.
8. 짧게 끝내라. 프로그램이 늦게 진행되었다면, 하위 요점을 잘라내고 논의를 결론으로 유도한 후 끝내라.

## 만약 기대했던 동의를 얻지 못하고 있다면

1. 공통된 기반을 강조하라.

2. 목표를 조정하라; 너무 많은 의욕을 갖지 말라.

3. 신뢰감 형성에 자투리 시간을 사용하라.

4. 공정한 청자의 판단에 호소하라. "당신이 나에게 동의하던 그렇지 않던 간에 당신이 제 의견을 들어 줄 것을 확신합니다."


## 만약 생각했던 것 보다 청중들이 정보를 훨씬 덜 가진 상태라면

1. 예상을 확인하라. "분열과 용해의 차이에 대해 얼마나 많이 알고 계신지요?" 혹은 "다마스크 강철에 대해 얼마나 알고 계신가요?"와 같이 질문하라.

2. 분명하게 하는데 적합한 지원 자료들을 더 많이 사용하라. 알고 있는 것과 알고 있지 않은 것을 비교하는 정의, 설명, 예시, 여증, 재진술 그리고 유추를 사용하라.

3. 전문적인 내용들은 좀 더 삭제하라.


## 만약 생각했던 것 보다 청중들이 정보를 훨씬 더 많이 가지고 있다면

1. 기본 자료들을 압축하고 그것을 확인하는 방식으로 말하라; "여러분 대부분이 알고 계시듯이…"

2. 연구 내용 중에 좀 더 전문적이거나 추상적인 자료들을 끌어오거나 삽입하라.

3. 화제에 대해 아직 해결되지 않은 것으로 생각되는 문제나 질문들을 소개하라.

4. 말하기를 짧게 끝내고 화제에 관한 토론을 청하라.

**만약 생각했던 것보다 청중들이 훨씬 더 이질적이라면**

1. 전형적인 청중의 구성원으로 여겨지는 대상에게 근거 자료와 사용 언어를 맞춰 조정하라. 예를 들어 현저하게 눈에 띄는 인종을 파악하거나 평균 연령을 가늠하라.

2. 다양한 층의 청자들이 존재함을 인식시키는 자료를 첨부하라, 그러나 말하기의 주된 논점은 바꾸지 말라. 예를 들어, 청중 속의 아동에게는 텔레비전 쇼를 근거로 들거나 동의하지 않는 10%의 청중에게는 신뢰감을 형성하는데 몇 분의 시간을 써라.

**주의**(caveat) : 청중들을 분류하는 데 지나치게 반응하지 말라. 청자들에게 화자에게 적응할 시간을 주고 말하는 동안 그들에게 인상을 심어 주라. 청중의 분위기에 따라 접근하고 극단적으로 행동하지 말라.


**29b. 주의산만을 방지하는 단계적 조치를 취하고 주의산만을 해결할 수 있는 전략들을 익혀 두라**

머피의 법칙은 특히 말하기 상황에서 물리적인 환경과 기계적 장치와 결합하여 그 힘을 드러낸다. 다음 제안들은 이 효과를 어떻게 피하거나 완화할 수 있는가에 관한 것이다.


**1. 주의산만의 가능성을 파악하기 위해 프레젠테이션 환경과 장치들을 확인하라**

말하게 될 장소에 일찍 도착하고 방을 둘러보라. 화자와 전달할 내용에 초점을 맞추는 집중력을 확보하기 위해 필요한 어떤 것이 있다면 바꾸라. 예를 들어, 만약 방에 창문이 있다면, 블라인드를 치거나 좌석 배치를 조정하여 청자들이 햇빛에 의해 방해 받는 것을 피하게 할 수 있다. 눈에 거슬리는 물건이나 차트 등은 치우거나 보이지 않게 덮어씌워야 한다. 의자들은 발표 유형에 맞게 대형을 맞춰 두는 것이 좋다. 주변 환경의 소리를 중화시킬 확성기가 필요하거나 밖의 소음 때문에 창문을 닫을 필요가 있는지 등을 확인하기 위해 음향을 테스트하라.

만약 전기적 장치를 사용한다면, 방안의 전기 콘센트를 찾고 실제로 적절하게 작동하는지 테스트해보라. 만약 장비를 제공받는다면 대체 장비를 갖추고, 여분의 밸브, 배터리, 등을 함께 달라고 하라. 소개된 이후에는 마이크의 음량을 확인하는 시간을 가질 수 없다. 만약 컴퓨터를 사용한다면 프로젝트 시스템이 호환되는지를 확인하라.

불가피하게, 통제할 수 없는 산만함을 유발하는 몇 가지 원인들이 존재할 것이다. FAA가 당신이 말하게 될 건물 전역의 모든 민간 항공편을 취소해 달라는 요청을 받아들이지 않을 것은 분명하지만, 할 수 있는 모든 조정의 기회를 가져야 한다. 캐서린 햅번(Katharine Hepburn)은 뮤지컬 코코 (Coco)가 상연되는 기간 내내 자신의 솔로 공연이 있는 낮 공연마다 극장 건너 편의 건설 공사를 멈추도록 한 바가 있다.

### 2. 말하는 동안 별 영향이 없거나 사소한 주의산만 요소는 무시하라

주의산만을 다루는 첫 번째 규칙은 화자 스스로가 주의산만하거나 그렇게 보이지 않도록 하는 것이다. 그러는 동시에 화자는 청자의 집중력을 유지하는데 자신의 에너지를 은근히 불러 일으켜야 한다. 시간에 늦게 도착한 사람이 화자의 뒤쪽 문을 통해 들어오는 바람에 모든 사람들의 시선이 그 쪽으로 쏠렸을 경우, 화자마저 그 쪽을 향해 고개를 돌림으로 방해를 정당화해서는 아니 된다. 머리 위에서 형광등이 깜박거릴 때도 당황하는 기색을 보여서는 아니 된다-단지 약간 더 크게 말하거나, 좀 더 생동감 있게 하거나, 어떤 별도의 주의집중-유머나 스토리텔링과 같은 장치를 덧붙여라.

### 3. 주의산만을 말하기 속에 녹여 당신의 의도로 전환시켜라

자주하는 이야기 중 하나는 정치가의 연설이 우는 아기에 의해 중단되었다는 것이다. "그 어린애를 비난할 수는 없었다."라고 그는 회고했다. 또 다른 경우 어느 화자가 한 웨이터가 큰 소음을 일으키며 접시 트레이를 떨어뜨릴 때 말을 멈춰야만 했다. 그는 이어서 "저 소리는 대학연합 체육부가 언론에 의해 장학금에 관한 구설수에 올랐을 때, 어떻게 박살났는지를 잘 나타내 주는군요."라며 말을 이어갔다. 과연 누가 선출되었을지 추측해보라.

### 4. 실제로 말하기를 멈추는 것이 필요할 때는 할 수 있는 한 최대한 빨리 처리한 후 청자들을 다시 되돌아오게 하라

당신의 일은 말하기이지-문을 닫거나, 전화를 받거나 온도 조절기를 조작하는 것 등이 아니다. 만약 문제에 대해 아무도 관심을 보이지 않는다면, 말하기를 멈추고 다시 일을 진행할 수 있도록 모두가 재빨리 그것을 처리해야만 한다.

두 가지 수준의 방해가 있다. 첫째 수준은 말하기를 멈추지 않는 상태에서의 방해이다 : "…그것은 행동하는 단계에서 수용될 수 있습니다. 누가 문을 두드리지 않고 가만히 서 있나요? 아, 사람들이 안으로 들어오기 위해 기다리고 있군요. 두 번째 요점으로 저는 여러분이…을 고려하기 원합니다."

두 번째는 화자나 청중의 구성원들에 의해 어떤 행동이 취해지는 동안 말을 멈추는 것이다. 그 행위의 결과가 만족스럽게 된 후-예를 들어, 열로 소스라쳐 놀란 사람이 옆에 있던 다른 사람들에게 도움을 받은 후-계속 진행할 수 있으며, 중단하기 전에 했던 말의 요점을 요약함으로써 계획을 보

충할 수 있다 : "이렇게 잘 처리해 주셔서 감사합니다. 지금 여러분들은 기억하시는 것과 같이, 조금 전 저는 …에 대하여 말하고 있었습니다."


## 29c. 언어나 비언어적인 훼방꾼을 직접 다루려고 하기보다 차라리 그 방해에 침착하고 단호하게 대응하라

화자가 직면할 수 있는 가장 최악의 주의산만은 의도적인 방해꾼이다. 그 문제는 조직적으로 말하기 목적을 훼손하고 심지어 말하기를 중단시킬 정도로 술을 많이 마시고 오거나 망상에 사로잡힌 청자와 같은 경우이다. 대개 29b 단계에 따라 대응하라. 그러한 방해들에 반응하라. 무시하라. 만약 그렇게 할 수없다면 내편으로 만들어라. 만약 그렇게 할 수 없다면, 정면 대응하라.

화자는 언제나 청중에게 신뢰감을 유지하고, 말하기의 목적 달성에 방해되는 어떤 것도 원하지 않음을 기억하라. 당신은 결코 침착성, 체면, 또는 평정을 잃고 싶지 않다. 당신은 결코 훼방꾼의 수준으로 폄하되기를 원하지 않을 것이다.


### 1. 언어적 훼방꾼

만약 화자 스스로가 훼방꾼을 인정하기 시작한다면, 화자는 그 상황의 통제권을 잃게 되고 훼방꾼의 시험에 빠지게 된다. 방어적 자세로 들어서지 말라. 예를 들어, 함부로 이름을 부르는데 맞서 방어하지 말라: "넌 사기꾼이야!" 혹은 "당신은 주변에 신경을 쓰지 않는군." 과 같은 것을 부인하는데 시간을 낭비하지 말라. 비난을 다루지 말고 실제 내용을 다루어라.

### 제1단계 전략

분별력있고 공정한 이미지나 분위기를 형성하라

비록 훼방꾼이 당신에게 무대를 내주어야 하는 기본예절조차 무시한다할지라도 대화를 거절하지 않는다는 것을 분명히 하라. 훼방꾼에게 그것이 그들의 진심이라는 측면에서 좋은 점수를 주라.

정당한 행동을 호소하라

"제 의견은 저의 3개월 간 중국 여행에 기초한 것입니다. 이러한 경험을 설명하는 동안 제 말을 들어 주시겠습니까? 그 다음 우리는 당신의 이의를 듣겠습니다."라고 말하라.

공통 기반을 형성하라

"우리 모두는 우리의 아이들에게 가장 최고의 교육을 제공하기를 원합니다. 만약 이것이 가장 중요하다고 생각하지 않았다면 아무도 여기에 있지 않을 것입니다."라고 말하라.

결코 훼방꾼의 관점을 원천봉쇄하려는 듯이 보이지는 말라. 각각의 그들은 하나의 관점을 나타내며, 당신은 청중들이 당신을 이성적인 사람으로 봐주기를 원한다. 물론, 훼방꾼이 진실하다할지라도 복합적인 문제에 지나치게 단순화된 분석을 적용한다면, 이에 관하여 청중들과 논의해야 한다.

### 제2단계 전략

예의를 갖춰 행하는 과정에서 청중들이 당신을 부차적인 사건을 즐기거나 방해받는 것을 기분 좋게 여기는 사람으로 여기기를 원하지는 않을 것이다. 이제 그 훼방꾼을 제거하고 말하기를 지속해 나가야 할 때다.

이제 충분하다

만약 훼방꾼이 온당한 사리분별로 누그러지지 않는다면, 그때 "제 생각에 이미 당신의 뜻을 제시하였다고 생각합니다. 이제 정말 저는 당신에게 앉아서 제가 말을 계속하도록 하게 해주실 것을 부탁드릴 수밖에 없습니다."와 같이 말할 수 있다. 그래도 만약 훼방꾼이 그렇게 하지 않는다면 청중들이 그 사람에게 그만할 것을 말하도록 하거나 보안요원에게 그 사람을 데리고 나가도록 요청한다.

재치 있는 대답

마지막 방책으로, 힘 있고 요점 있게 되묻기를 함으로써 훼방꾼을 제압하는 것은 때로 적절하다. "재치 있는 말"의 효과적인 사용은 두 가지 능력에 달려 있다. 즉, 재치 있고 현명하게 생각하는 능력과 청중을 정확히 파악하는 능력이다. 만약 청자들이 훼방꾼에게 자극받아 참지 못하고 있다면, 당신의 발언을 환영할 것이다. 그러나 만약 당신이 그들의 분위기를 잘못 파악하였다면, 오히려 성질이 나쁘거나 속 좁은 사람으로 보이게 될 위험이 있다.

## 2. 비언어적 훼방꾼

좀 더 자주 만나게 되는 훼방꾼들이 있다. 눈길을 돌리고, 안절부절 만지작거리며, 한숨을 내쉬며, 귓속말을 하고, 쪽지를 돌리는-이러한 것은 그들의 전형적 행태이다. 그들은 그리 심하게 소리 내어 신경 쓰이게 하지는 않는다. 그러나 그들은 화자에게 동의하지 않으며 자신들이 지루해한다는 사실을 알리기 원하는 것이다. 만약 화자가 그들의 행동에 초점을 맞춘다면, 화자의 자존감은 좀먹기 시작할지 모른다. 그런 사람들은 화자가 그들에게 관여하려할 때, 화자의 모든 주의력을 빼앗아 갈 수 있다.

대체적으로 비언어적 훼방꾼을 다루는 길은 그 사람을 무시하는 것이다.

때때로 그러한 청중이 있는 쪽으로 완전히 시선을 주지 않아야 할 수도 있다. 대신 긍정적인 신호를 보여주는 사람들에게 시선을 맞추고 훼방꾼들에게 시선이 쏠리는 것은 피하는 게 좋다.

만약 훼방꾼들을 피하는 것이 어렵게 느껴진다면, 다음의 방법을 시도해보라.

1. 만약 그 사람의 이름을 안다면, 말하기 중간에 칭찬의 의미로 그 이름을 부르라. 이것은 훼방꾼의 관심을 가져오든지, 당황하게 하든지 하여 그들을 예의바르게 만들 것이다.
2. 만약 당신 스스로 충분히 자신이 있다면, 그 사람이 물러설 때까지 비언어적 훼방꾼에게 계속 시선을 맞추어라.

만약 그 훼방꾼이 교실이나 중요한 회의석상에서 문제를 일으킨다면 화자는 그 사람에게 개인적으로 말하거나 나중에 따로 볼 것을 요청할 수 있다. 그 사람은 자신의 방해 행동을 저지하도록 하여 화자의 주의를 끌었다는 사실만으로 충분히 만족스러워질 수 있다.

그러나 화자는 청중에게 자신의 해석을 지나치게 마음대로 반영하는 것을 피해야 한다. 종종 교사들은 일년 내내 교실에서 팔짱을 끼고 불쾌한 표정으로 앉아 있던 학생이 저 끝에서 나타나 "이 번이 제가 경험했던 가장 최고의 반이었어요." 라고 말하는데 놀라곤 한다. 인상을 찌푸리고 있는 사람은 두통이나 소화불량 혹은 단지 집중하느라 그럴 수도 있다. 청중들이 당신에게 보내는 비언어적 의사소통의 내용에 대하여 성급한 결론을 내리지는 말라.

제30장
# 질의응답의 방법

# | 질의응답의 방법 |

> 질의응답 시간을 통해 가능한 많은 사람들에게 메시지를 이해시켜라. 준비는 철저하게, 대답은 분명하게, 그리고 상호작용과정에서 조정권을 쥐고 있어라.

질의응답 시간은 말하기 목적을 성취할 수 있는 또 다른 좋은 기회이다. 말하는 동안 청중의 욕구에 부합하려 했다면, 이제 어디까지 접근했는지 확인할 수 있다. 청자의 질문으로부터 분명하지 않았던 내용과 논쟁이 될만한 것들을 알 수 있다. 질의응답 시간을 총기 부대에 대응하지 마라. 청자와 열의를 나누고, 화제에 대한 생각을 들어라. "질문해 주셔서 감사합니다.", "좋은 질문입니다.", "그건 흥미롭네요. 전 그렇게 생각하지 못했는데요." 등처럼 반응하며 성의를 보여라.

말하기가 끝났다고 해서 효과적인 전달을 위한 노력을 포기해서는 안 된다. 계속 시선을 맞추고, 조바심내거나 중얼거리지 마라. 실제로 질의응답 시간 동안 청자들이 좀 더 편안한 상태가 되므로 화자의 전달력이 향상되기도 한다.

## 30a. 질의응답 시간을 준비하라

말하기 준비 단계부터 질의응답 시간이 중요함을 명심하라. 매 요점마다 제기될 수 있는 질문을 예상하라. 말하기 연습을 하면서 친구로부터 미리 질문을 받아 보는 것도 한 가지 방법이 된다. 질문을 정확하게 예측할 수 없더라도 일부 질문들은 충분히 예측 가능하다. 아주 복잡하고 어려운 질문일수록 큰 목소리로 예상 답변을 연습하라. 이것이 유명 인사들이 기자 회견을 준비하는 요령이다.

이상적으로 조사한 것이 많아서 이용할 수 있는 재료가 지나치게 많다면, 시간적 제약을 고려해야 한다. 질문자에게 그 많은 재료를 일일이 끌어다 놓지 말아야 한다. 그것을 충분히 검토하여 질문에 맞게 쉽게 재가공하여 설명한다.

특별히, 유용한 근거 자료는 다양한 적용 방안을 생각해 놓는다. 예컨대, 노동력에서 여성의 위치를 말하고자 할 때,(11b 참조) 미국에 한정하여 말하고 있으므로 일본 여성 노동자에 대한 유쾌한 이야기를 하지 않는다. 그런데 말하기 하루 전에 그 이야기의 소소한 부분까지 연습했다면, 어떤 청중이 다른 문화의 여성은 어떠한가라고 질문이 들어오면 그 부분에 대해 정확하게 말할 수 있다. 이와 유사하게 Flo Kennedy의 놀라운 통찰－"우리는 작은 개미이지만, 모든 개미들이 힘을 합하면 집도 허물 수 있다."－을 잠깐 기억해서 여성의 잠재적 힘을 이용한 그들의 욕구를 논의할 때 사용한다. 말하기에서 사용한 Woodside시 공무원의 남녀 소득 격차에 관한 통계를 문제시할 때를 대비하여, 다음의 보완 카드를 마련하라. (1)조사의 표본 틀에 대한 설명, (2) 직업군에 따라 다른 통계치 (3) 비교할 만한 8개의 다른 주요 도시들의 통계

## 30b. 청자의 질문에 직접적으로 대답하라

청자가 금방 질문하지 않거나 질문들 사이의 간격이 길어져도 걱정하지 마라. 청자도 생각을 정리하려면 시간이 필요하다. 어떤 경우 청중에게 질문하면서 시작할 수도 있다. "여러분의 회사에서 차별 철폐(affirmative action) 프로그램을 설치하는 데 어떤 문제가 있습니까?"로 다시 반문할 수 있다.

질문자를 분명히 하기 위해 지명하고, 질문하는 동안 눈을 맞추어라. 질문을 이해하지 못했다면 이해한 대로 질문자에게 다시 말해보고 그것이 정확한지 묻는다. 그것이 맞다면 전체 청중에게 다시 질문을 언급하면서 그것에 대한 답을 직접 하라.

확실하게 질문에 답하라. 단순함을 벗어나기 위해 답변을 확대하고 상세화하면, 논의 자체가 너무 산만해져 쟁점을 벗어날 수 있다. 한마디로, 질문에는 한 문장으로 직접 답하라. 강조하기 위해서 다음과 같이 처음과 끝에 이 문장을 넣는다.

> **처음** : 예, 핵발전소 건립에 반대합니다. 적어도 다수의 안전 문제가 충분히 해결되기 전까지는요. 그 이유는…

> **마지막** : …그래서 제가 생각하는 이러한 심각한 문제들 때문에, 당신의 질문에 대한 나의 답변은 예, 지금은 핵발전소 건립에 반대합니다.

질문을 받았을 때 마땅한 답이 없다면 어떤가? 이때 속임수를 쓰지 마라. 그보다는 모른다는 것을 인정하라. 만일 답이 될 수 있는 어떤 아이디어가 있다면 질문자에게 그 출처를 말해준다. 청중 가운데 질문에 대한 답을 아는 사람이 있으면 그들로부터 도움을 받는다. 또는 다음에 좀 더 진지하게 논의할 기회를 갖자고 청자에게 약속한다.


## 30c. 질의응답의 기능에서 벗어나는 질문은 받지 마라

질의응답 시간은 전체 청중에게 쟁점을 분명히 전달하기 위한 것이다. 개별 청자가 이 시간을 특수한 문제로 상세한 협의를 하려고 하거나 자신의 의견을 주장하려고 하면, 본 궤도로 논의가 진척되도록 조정해야 한다.

문제 있는 질문자의 몇 가지 유형에 대해서는 단호하고 재치 있게 상황을 통제해야 한다.


### 1. 일장 연설을 하려는 자

이런 사람은 화자에게 동조하거나 동조하지 않거나 간에, 화제에서 벗어나려는 딴 속셈이 있다. 이런 사람의 특징은 화자에게 뚜렷한 질문이 있기보다는 청중의 주목을 받으려고 한다는 데 있다. 이때 화자가 "당신의 질문이 무엇입니까?"라고 묻는 것은 효과적이지 않다. 그 사람은 그것에 대해 "~에 대해 반대하십니까?", "~에 대한 입장은 무엇입니까?"라고 말하며 다시 5분을 할애하려 할 것이다. 문장 끝에 뛰어들어 그 사람이 말한 것들 중에서 일부를 관련시켜 질문을 만들고 이에 답변한 후, 반대편에 있는 다른 질문자들로 시선을 옮긴다. "그래서 그것이 집행 면에서 상당히 비효율적이어서 이 문제나 다른 문제가 해결될지 모르겠다고 하셨죠? 대답하기 곤란한 질문인데요, 최근 정부 당국이 재조직되면서 우리의 노력에 대해 우호적일 것이라고 봅니다. 저쪽에 다음 질문 있나요?"처럼 질문자를 바꾸어라


### 2. 길게 대화를 나누려는 자

이런 사람은 진짜 질문으로 시작하지만 화자가 대답할 때 자신의 발언권을 포기하지 않는다. 오히려 그는 후속 질문이나 답변에 대한 논평으로 맞서고, 새로운 논의를 시작하기도 한다. 때때로 이런 사람은 무료로 전문적 조언이나 처방을 바라고, 공공연히 그러함을 감추지 않는다.

또 다른 경우, 이런 사람들은 단지 화자와 화자의 생각에 매료되어, 마치 공식석상의 화자와 청자라기보다는 칵테일 파티에서 만난 손님들처럼 길게 대화를 나누고 싶어한다. 이런 사람을 다루는 최선의 방법은 단호하게 말을 끝낸 후 경의를 표하고 초대 의사를 밝힌다. : "고맙습니다. 당신 의견은 저에게 다른 각도의 통찰력을 보여주었습니다. 언제 시간이 되면 저와 함께 그것에 대해 좀 더 논의하면 좋겠습니다."

### 3. 싸우려는 자

지적인 정면 반박과 통찰력 있는 질문이 있을 수 있는데, 이 경우 화자에게 동조하지 않은 청중이라도 그 질문은 환영할 만하다. 그러나 때때로 어떤 질문자들은 부적절하게 논쟁적이고 화자에게 적의를 갖고 인식 공격을 하기도 한다. 이 사람들은 질문에 답을 구하는 것이 아니라 당신의 신뢰를 무너뜨리려고만 한다. 화자는 그들이 화를 계속 내도록 욕설을 듣고 있지만 마라.(야유 대처법은 29c 참조) 그 사람의 질문에서 핵심이 담긴 비난의 일부만을 가려내어 다시 풀어 말하고, 그것만 차분하게 이성적으로 답변하라.

질문 : 당신같이 정신 나간 파괴자들이 그 독성이 가득한 쓰레기를 우리의 강에 처박아 두는 바람에 우리의 아이들과 모든 동물들이 죽어가는 것은 어떻게 생각하세요?

대답 : 질문하신 분은 독성이 있는 쓰레기 처리에 문제가 있다고 지적하셨는데요, 그 문제와 저희 회사가 무슨 관련이 있나요? 글쎄…

요컨대, 이렇게 난폭한 사람에 대해서는 외교적으로 반응한다. 야유하는 사람과 달리 이들은 이미 깊숙이 관여하고 있음을 명심하라. 섣불리 그들의 입을 막기 위해 변칙을 쓰거나 유머를 구사해서는 안 된다. 그리고 이해하기 어려운 질문과 잘못된 정보로 오해가 있는 질문을 받았다면, 긍정적으로 반응해야 한다. 질문자를 곤란하게 하거나 실수를 지적하는 말은 피한다.

**나쁨** : 글쎄요, 내가 이미 말했듯이…

**좋음** : 이 통계는 차후에 다시 검토하겠습니다.

**나쁨** : 당신은 분열과 융합을 완전히 혼동하고 있습니다.

**좋음** : 많은 문제가 핵분열과 관련됩니다. 핵융합 반응은 아주 다른 것입니다. 이것은 다음처럼…

좋지 않은 질문이라도 존중하고 그것을 좋게 전환하는 방법을 모색하라. 청중은 예민하고 혼동을 겪는 질문자에게 연민을 느끼기 마련이다. 화자가 그들을 편안히 대하면 청중의 호의를 얻을 수 있다.

## 옮긴이

**이창덕**  경인교육대학교 국어교육과 교수
〈질문행위의 언어적 실현에 관한 연구〉, 《삶과 화법》(공저),
《교사화법교육》(공저) 외 다수

**임칠성**  전남대학교 국어교육과 교수
《대인관계와 의사소통》(역서), 《삶과 화법》(공저),
《대인의사소통》(역서) 외 다수

**심영택**  청주교육대학교 국어교육과 교수
《언어교수의 기본 개념》(역서), 《삶과 화법》(공저),
《말꽝에서 말짱되기》(공저) 외 다수

**원진숙**  서울교육대학교 국어교육과 교수
《글쓰기의 문제해결전략》(역서), 《교사화법교육》(공저),
《삶과 화법》(공저) 외 다수

**민병곤**  경인교육대학교 국어교육과 교수
〈논증교육의 내용연구〉

**전은주**  부산대학교 국어교육과 교수
《말하기·듣기 교육론》, 《21세기 국어교육학의 현황과 과제》(공저) 외 다수

**권순희**  전주교육대학교 국어교육과 교수
《청자지향적 관점의 표현교육》, 《교사화법의 이론과 실제》(공저) 외 다수

**노은희**  한국교육과정평가원 연구원
〈상황맥락 도입을 통한 말하기 지도 연구〉,
〈대화지도를 위한 반복표현의 기능연구〉 외 다수

**유동엽**  공주교육대학교 국어교육과 교수
〈토의대화의 논쟁양상에 대한 담화분석〉,
〈논제의 교수학습 내용과 방법에 관한 연구〉 외 다수

**서현석**  한국교원대학교 초등교육과 겸임교수
〈말하기·듣기 수업과정 연구〉, 〈소집단 학습대화의 발화교체 구조〉 외 다수